中华人民共和国海船船员适任考试培训教材

船舶管理

Ⓜ 中国海事服务中心组织编写
🛆 中华人民共和国海事局审定

大连海事大学出版社
人民交通出版社

ⓒ 中国海事服务中心 2012

图书在版编目(CIP)数据

船舶管理:电子电气专业 / 牛小兵,蒋德志,王宝军主编.—大连:大连海事大学出版社;北京:人民交通出版社,2012.8(2016.5 重印)
中华人民共和国海船船员适任考试培训教材
ISBN 978-7-5632-2727-3

Ⅰ.①船… Ⅱ.①牛… ②蒋… ③王… Ⅲ.①船舶管理—职业培训—教材 Ⅳ.①U692

中国版本图书馆 CIP 数据核字(2012)第 176076 号

大连海事大学出版社出版

地址:大连市凌海路1号　邮编:116026　电话:0411-84728394　传真:0411-84727996
http://www.dmupress.com　　E-mail:cbs@dmupress.com

辽宁新华印务有限公司印装	大连海事大学出版社发行
2012 年 8 月第 1 版	2016 年 5 月第 3 次印刷
幅面尺寸:185 mm × 260 mm	印张:18.25
字数:466 千	印数:6001～9000 册
责任编辑:杨子江　杨冠尧	版式设计:海　大
封面设计:王　艳	责任校对:苏炳魁

ISBN 978-7-5632-2727-3　　定价:55.00 元

编委会成员

编 委 会 主 任	陈爱平
编委会常务副主任	郑和平
编 委 会 副 主 任	郭洁平　李恩洪　侯景华
编　　　　　委	韩杰祥　朱可欣　梁天才　王玉洋
	陈国忠　梁　军　郑乃龙　王长青
	韩光显　葛同林　黄燕品　刘克坚
	温宇钦

前言

《中华人民共和国海船船员适任考试和发证规则》(简称11规则)已于2012年3月1日起生效,新的《中华人民共和国海船船员适任考试大纲》也将于2012年7月1日开始实施。为了更好地指导帮助船员进行适任考试前的培训,进一步提高船员适任水平,在交通运输部海事局领导下,中国海事服务中心组织全国有丰富教学、培训经验和航海实际经验的专家共同编写了与《中华人民共和国海船船员适任考试大纲》相适应的培训教材。本教材编写依据STCW公约马尼拉修正案,采用图文并茂的形式,改变了长期以来以文字为主的教材编写方式。本教材的创新模式对今后的船员适任培训具有重要的指导意义。

本套教材知识点紧扣考试大纲,具有权威、准确、系统、实用的特点,重点突出船员适任考前培训和航海实践需掌握的知识,旨在培养船员具备在实践中应用知识的能力,并可作为工具书帮助船员上船工作使用。

本套教材由航海英语、船舶操纵与避碰、航海学、船舶结构与货运、船舶管理(驾驶)、(高级)值班水手业务、高级值班水手英语,轮机英语、船舶动力装置、主推进动力装置、船舶辅机、船舶电气与自动化、船舶管理(轮机)、(高级)值班机工业务、高级值班机工英语,电子电气员英语、船舶电气、船舶机舱自动化、信息技术与通信导航系统、船舶管理(电子电气)、电子技工业务、电子技工英语组成。

本套教材在编写、出版工作中,得到了各直属海事局、航海院校、海员培训机构、航运企业以及人民交通出版社、大连海事大学出版社等单位的关心和大力支持,特致谢意。

中国海事服务中心
2012年3月

编者的话

《STCW公约马尼拉修正案》于2012年1月1日起正式生效实施,修正案中增加了"电子电气员"的职位。受中华人民共和国海事局委托,中国海事服务中心组织编写海船船员适任考试培训教材,本书就是这套系列教材之一。

《船舶管理》(电子电气员适用)根据中华人民共和国海事局制定的《中华人民共和国海船船员电子电气员适任考试大纲》编写,满足STCW公约马尼拉修正案的要求,适用于750 kW及以上船舶电子电气员适任证书培训、考试,也可作为航海类大专院校的教学用书。

本书按照修正案和适任大纲的要求,主要介绍了与海船电子电气员相关的法规、船舶电气管理、领导力与团队工作技能、船舶机械运行基础等方面的知识。全书共分七章,第一章国际公约、法规和我国的有关规定;第二章传热学、力学和流体力学的基本知识;第三章船舶机械工程系统运行的基础知识;第四章船舶防污染程序与设备;第五章船舶安全用电;第六章是船舶电子电气管理;第七章领导力和团队工作技能的运用。

本书由大连海事大学牛小兵、青岛远洋船员职业学院蒋德志、大连海事大学王宝军主编(主编排名不分先后)。其中牛小兵编写了第五、六章,蒋德志编写了第一、四、七章,大连海事大学王宝军编写了第二、三章。本书由大连海事大学张春来、张存有主审,中国海事服务中心张凤羽参加了主要审定工作。

大连远洋运输公司马文华、大连海事大学李建民为本书提供了部分资料,在此一并表示感谢。

对于电子电气技术管理人员而言,《船舶管理》是一门崭新的科目。由于编者水平有限,时间仓促,不足之处和差错在所难免,竭诚希望同行和广大读者批评指正。

编　者
2012年3月

目 录

第一章 国际公约、法规及我国的有关规定 ………………………………… 1
    第一节 防止船舶对海洋环境污染的相关公约 …………………………… 1
    第二节 国际海上人命安全公约 …………………………………………… 13
    第三节 海员培训、发证和值班标准国际公约(《STCW 公约》)
    ………………………………………………………………………………… 35
    第四节 港口国监督与美国 90 油污法 …………………………………… 39
    第五节 《2006 年海事劳工公约》的基本知识 ………………………… 45
    第六节 中华人民共和国防止船舶污染海洋相关法规 ………………… 48
    第七节 中华人民共和国海船船员考试和发证规则 …………………… 58
    第八节 中华人民共和国船员条例 ………………………………………… 65
    第九节 《NSM 规则》及船舶应变部署 ………………………………… 70
    第十节 《中华人民共和国船舶安全检查规则》与船旗国管理 ……… 78
    第十一节 中华人民共和国船员违法记分管理办法 …………………… 82

第二章 传热学、力学和流体力学基本知识 ……………………………… 85
    第一节 传热学 …………………………………………………………… 85
    第二节 力学基础 ………………………………………………………… 87
    第三节 流体力学知识 …………………………………………………… 91

第三章 船舶机械工程系统运行的基础知识 ……………………………… 95
    第一节 船舶主动力装置 ………………………………………………… 95
    第二节 机舱辅助机械 …………………………………………………… 103
    第三节 操舵系统 ………………………………………………………… 121
    第四节 装卸货系统 ……………………………………………………… 130
    第五节 甲板机械 ………………………………………………………… 133
    第六节 生活系统 ………………………………………………………… 136

第四章 船舶防污染程序与设备 …………………………………………… 140
    第一节 船舶防污染一般程序与油污染处理技术 ……………………… 140
    第二节 油水分离系统 …………………………………………………… 144
    第三节 排油监控系统 …………………………………………………… 154
    第四节 生活污水及船舶垃圾处理装置 ………………………………… 157

第五章 船舶安全用电 ·· 160
第一节 触电原因及预防 ·· 160
第二节 安全用电 ·· 168
第三节 电气防火知识 ·· 169
第四节 船舶电子电气系统的接地 ·· 170
第五节 油船预防静电起火和爆炸 ·· 172
第六节 IP 防护等级 ·· 174
第七节 电气防爆知识 ·· 175

第六章 船舶电子电气管理 ··· 184
第一节 日常工作基础知识 ·· 184
第二节 船舶电子电气设备检验与维修 ·· 191
第三节 电气测试和测量设备 ·· 201
第四节 船舶电工材料 ·· 210
第五节 函电及相关文件管理 ·· 221

第七章 领导力和团队工作技能的运用 ·· 234
第一节 船上人员管理和培训的实用知识 ·· 234
第二节 运用任务和工作量管理的能力 ·· 237
第三节 运用有效资源管理的知识和能力 ·· 247
第四节 运用决策技能的知识和能力 ·· 262
第五节 沟通与交流 ·· 266

附录 电子员最低适任标准规范 ·· 279
参考文献 ··· 284

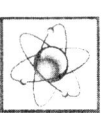

第一章 国际公约、法规及我国的有关规定

第一节 防止船舶对海洋环境污染的相关公约

《1982年联合国海洋法公约》第一条把海洋污染定义为：人类直接或间接把物质或能量引入海洋环境，其中包括河口港湾，以致造成或可能造成损害生物资源和海洋生物、危害人类健康、妨碍包括捕鱼和海洋的其他正当用途在内的各种海洋活动、损坏海水使用质量和减损环境优美等有害影响。

船舶对海洋污染的特点是污染物种类繁多而且成分复杂；污染持续时间长，危害大；污染范围广。通常，船舶对海洋污染的方式按污染物的种类可分两大类：油类污染和非油类的有害物质污染。油类污染可分为操作性排放和事故性排放两种途径。操作性排放主要指油舱压载水、洗舱水以及机舱中设备运转时排出并漏入舱底的油料而形成的含油污水的排放。此外，还包括操作失误造成的排放。事故性排放是指船舶在航行中由于各种原因而发生的触礁、碰撞、搁浅、失火等意外事故，使货油舱、燃油舱柜破损而造成的排放。事故性排放还包括营救船舶、货物或人员生命安全而进行的应急排放。因此防止船舶对海洋污染，一是从法律上约束其行为，二是加强并改善操作技术。

世界上主要的防污染公约有《MARPOL 73/78 公约》、《1969 年国际干预公海油污事故公约》、《1969 年国际油污损害民事责任公约》、《1971 年设立国际油污损害赔偿基金公约》、《1972 年防止倾倒废物及其他物质污染海洋公约》、《1990 年国际油污防备、反应和合作公约》、《1996 年国际海上运输有毒有害物质损害责任和赔偿公约》、《2001 年国际燃油污染损害民事责任公约》、《2001 年国际控制船舶有害防污底系统公约》、《2004 年国际船舶压载水和沉积物控制与管理公约》等。

一、国际防止船舶造成污染公约（MARPOL 公约）

（一）国际防止船舶造成污染公约的发展

1954 年 4 月由英国政府组织在伦敦召开各海洋国家参加的第一次国际防止油污染会议，制定了《1954 年国际防止海洋油污染公约》，于 1958 年 7 月 26 日生效。随着现代工业的发展，船舶数量越来越多，事故导致的污染越来越严重，而且事故赔偿审理也就更为困难。此外，污染不仅是油类，其他一些有毒有害物质、船舶生活污水、船舶垃圾等对海洋的污染也日趋严重,这样该公约就显得不足。

1973 年政府间海事协商组织 IMCO 在伦敦召开国际海洋污染会议,制定了第一个不限于油污染的具有普遍意义的《1973 年国际防止船舶造成污染公约》,简称《MARPOL 73 公约》,它是一个综合性防止海洋污染的国际公约。该公约共有 20 条,另附有两个议定书和五个附则。由于技术、经济方面的原因该公约迟迟不能生效,但严重的海洋油污染事故促使各国要求进一步采取行动防止船舶造成海洋污染。

IMO(国际海事组织)于 1978 年 2 月 17 日在伦敦召开国际油船安全与防污染会议,通过了《MARPOL 73 公约 1978 年议定书》。在会议上对附则 Ⅰ 作了许多修正,而且允许各缔约国把附则 Ⅱ 推迟到 1978 年议定书生效后 3 年再生效。由于 1978 年议定书吸收了 1973 年公约的内容,而且将"公约"和"议定书"的各项规定作为一个整体文件理解和解释,因此称《MARPOL 73/78 公约》,于 1983 年 10 月 2 日生效,附则 Ⅰ 和附则 Ⅱ 与公约同时生效,是强制的。

1997 年 9 月 15 日~26 日,IMO 在总部伦敦召开"MARPOL 73/78"缔约国大会,批准新增加附则 Ⅵ《防止船舶造成空气污染规则》。至此,现行《MARPOL 73/78 公约》有正文 20 条,六个附则和两个议定书。IMO 第 52 届环保会(MEPC 52)于 2004 年 10 月 11 日~15 日在 IMO 总部伦敦召开,通过了《MARPOL 公约》附则 Ⅰ、附则 Ⅱ 及《IBC 规则》修正案,于 2007 年 1 月 1 日生效。2009 年 7 月 13 日~17 日,IMO 在伦敦举行了第 59 次会议(MEPC 59)。通过了 MARPOL 73/78 附则 Ⅰ 的修正案——防止海上油轮船对船之间转驳货油过程中造成海洋污染。该修正案将以默认接受程序于 2011 年 1 月 1 日生效。

(二)《MARPOL 73/78 公约》的核心精神及对船舶的监管

公约对控制船舶排放、操作程序、操作人员、操作记录和应急管理等方面提出了要求,它是公约的核心。《MARPOL 73/78 公约》通过以下 3 个途径对船舶进行监管:

船旗国,负责对有关构造及设备根据公约进行检验和发证,明确污染物排放标准,对特殊操作制定操作程序和手册,并要求对操作进行记录。

港口国,通过检查船舶外观、船舶证书、操作程序和记录来判断是否符合公约要求。

沿海国,船舶发生或可能发生污染事故,应就近向沿海国报告,沿海国应给予帮助。

(三)《MARPOL 73/78 公约》议定书

1. 议定书 Ⅰ 关于涉及有害物质事故报告的规定

议定书 Ⅰ 是按照《MARPOL 73/78 公约》第 8 条的规定制定的。其主要内容有:报告的责任;报告的时间;报告的内容;补充报告;报告的程序。

2. 议定书 Ⅱ 仲裁

议定书 Ⅱ 是按照《MARPOL 73/78 公约》第 10 条的规定制定的。在 2 个或 2 个以上的缔约国之间对本公约的解释或应用发生争议,一缔约国向另一缔约国提出仲裁请求时,得设立仲裁庭。仲裁庭由 3 名仲裁员组成:由有争议的每一方各指定 1 名仲裁员,并由这 2 名仲裁员协议指定第三名仲裁员担任首席仲裁员。仲裁庭应在设立之日起 5 个月内提出其裁决书,必要时允许不超过 3 个月的延期。仲裁庭的裁决书应附有裁决理由的说明,此项裁决书为终审裁决,不得上诉,并应将其通知 IMO 秘书长。当事各方应立即按裁决书执行。

(四)《MARPOL 73/78 公约》附则

《MARPOL 73/78 公约》的六个附则是:

附则 Ⅰ 防止油类污染规则;

附则Ⅱ 控制散装有毒液体物质污染规则;
附则Ⅲ 防止海运包装有害物质污染规则;
附则Ⅳ 防止船舶生活污水污染规则;
附则Ⅴ 防止船舶垃圾污染规则;
附则Ⅵ 防止船舶造成空气污染规则;

其中附则Ⅰ和Ⅱ为必选附则,附则Ⅲ、Ⅳ、Ⅴ、Ⅵ为任选附则。

1. 附则Ⅰ 防止油类污染规则(Regulations for the Prevention of Pollution by Oil)

MEPC 59次会议通过了《MARPOL 73/78 公约》附则Ⅰ修正案。修订后的附则Ⅰ共有8章。第1章 总则;第2章 检验和发证;第3章 所有船舶机器处所的要求;第4章 油船货油区域的要求;第5章 防止油污事故造成的污染;第6章 接收设备;第7章 固定和移动平台的特殊要求;第8章 海上油船之间船对船转驳货油,内容是防止在船对船转驳货油操作时造成海洋污染。

除另有明文规定外,本附则的规定适用于所有船舶。

附则Ⅰ规定的特殊区域有:地中海区域、波罗的海区域、黑海区域、红海区域、海湾区域、亚丁湾区域、南极区域、西北欧水域、阿拉伯海的阿曼区域和南非海域。

附则Ⅰ规定,凡驶往本公约其他当事国所管辖的港口或近海装卸站的150 GT及以上的油船和400 GT及以上的其他船舶,均应按规定进行初次检验或换证检验,取得"国际防止油污证书"(International Oil Pollution Prevention Certificate,简称IOPP证书)。IOPP证书应按与本附则样本相一致的格式写成,证书后附有船舶结构和设备记录。IOPP证书应至少英文、法文或西班牙文写成。若同时使用发证国的官方文字,则在遇有争议或不相一致的情况时,应以发证国官方文字记录为准。IOPP证书的有效期限应由主管机关规定,但不得超过5年。若船舶未在规定的期限内完成相关检验,或证书没有按照规定予以签注,或船舶改挂另一国的国旗时IOPP证书失效。

此外,船舶还应持有船上油污应急计划、油类记录簿等防污染文书。如有未经主管机关许可,对结构、设备、各种系统、附件、布置或材料作了重大的改变,证书将失效。

附则Ⅰ其他规定如下。

(1)排油的控制

主要分为所有船舶机器处所的舱底和油船货物区域两种情况。

(2)对排油监控系统和滤油设备的规定

(3)油类记录簿

根据《MARPOL 73/78 公约》附则Ⅰ的规定,凡150 GT及以上的油船以及400 GT及以上的非油船,应备有"油类记录簿"(Oil Record Book)第Ⅰ部分(机器处所的作业);凡150 GT及以上的油船,还应备有"油类记录簿"第Ⅱ部分(货油/压载的作业)。

当船舶进行下列任何一项机器处所的作业时,均应填写"油类记录簿"第Ⅰ部分:

①燃油舱的压载和清洗。

②燃油舱污压载水或洗舱水的排放。

③油性残余物(油泥和其他残油)的收集和处理。

④机器处所所积存的舱底水向舷外排放或处理。

⑤添加燃油或散装润滑油。

倘若发生意外排放或其他特殊排油情况,应在"油类记录簿"第Ⅰ部分中说明这种排放的

情况和理由;滤油设备的任何故障均应记入"油类记录簿"第Ⅰ部分。

"油类记录簿"第Ⅰ部分的每项记录应由负责该项作业的轮机员签字,每记完一页由船长签字。"油类记录簿"第Ⅱ部分的每项记录应由负责该项作业的驾驶员签字,每记完一页由船长签字。填写"油类记录簿"时,日期、作业代号字母和项目编号应记入相应的栏目内,即除地点、方法用文字写明外,其余一律使用序号。"油类记录簿"应逐行、逐页使用,不得留有空白间隔。对残油的处理操作,无论是用焚烧炉烧掉还是排入接收设备都要详细记录,这是机舱处所油类记录簿的核心内容。"油类记录簿"记完最后一页应留船保存3年。

"油类记录簿"使用船旗国的官方文字记录,但持有IOPP证书的船舶,还应有英文或法文或西班牙文记录,当有争议或不一致时,以船旗国官方文字的记录为准。记录簿中的任何记录可制成副本,但要求船长证明该副本是该项记录的正确副本。这样的副本可以在任何法律诉讼中作为该项记录所述事实的证据。

(4)接收设备

特殊区域外,本公约各当事国政府有义务在装油站、修理港以及船舶需要排放残油的其他港口设置满足需要的接收设备,以接收油船和其他船舶留存的残油和油性混合物,并不会对船舶造成不当延误。

特殊区域内,凡海岸线与任何特殊区域相邻接的本公约当事国政府,应保证在该特殊区域内的所有装油站和修理港,都备有足够的接收和处理来自油船的所有油污压载水和洗舱水的设备。此外,该特殊区域以内的所有港口还应备有足够的接收来自一切船舶的其他残余物和油性混合物的设备。这类设备应有足够的容量,以满足需要,不对船舶造成不当延误。

(5)船上油污应急计划

根据《MARPOL 73/78公约》的规定,凡**150 GT及其以上的油船**和**400 GT及其以上的非油船**,均应备有经主管机关批准的"船上油污应急计划"(Ship Board Oil Pollution Emergency Plan,简称SOPEP),"计划"编制的目的是指导船长和船上高级船员有效处理油类的意外排放,以确保采取必要措施,**阻止或最大限度地降低意外排放并减轻其对水域环境的影响**。其核心是报告和控制排放行动,而"控制排放行动"的核心是最大限度减少跑油及危害海洋环境的措施。计划应使用船长和高级船员的工作语言或他们精通的语言编制,以方便使用。如果所用语言不是英文,还应提供英文的译文。

"船上油污应急计划"主要由强制性规定、非强制性规定和附录三部分组成。

①强制性规定,这部分至少应包括下述四部分:

第一部分,船长或其他负责报告油污事故的人员应遵循的程序。

第二部分,发生油污事故时联系的当局或人员的名单。船舶发生污染事故,需要进行通信联系的应包括:沿岸国联系人、港口联系人、与船舶有关的重要联系人。

第三部分,事故发生后,为减少或控制排放所立即采取的措施的详细说明书。

第四部分,处理污染时与政府及地方当局协调船上行动的程序和船上联系点。

②非强制性规定。本部分不是强制性规定,由船东决定是否纳入"计划"。这些附加资料虽然非《MARPOL 73/78公约》附则Ⅰ/37和Ⅱ/17的要求,但可以是船舶停靠港口的地方当局的要求,或可以是对船长在应急响应时提供附加的帮助。这些资料包括,但不限于以下内容:

A."计划"评审程序。

B.培训和演习程序。

C.记录保持程序。

D. 船东/经营者公共事务政策。

E. 船舶图纸和资料。

F. 船载应急响应设备。

G. 货物具体应对资料(核准载运 NLSs 的船舶)。

H. 参考材料。

③附录部分：

A."计划"应至少包括沿海国家与地区联系人一览表、港口联系人一览表、船舶重要联系人一览表、船舶图纸或资料。

B. 简明流程图(考虑在船上展示流程图)、国家和地方当局的作用和职责的资料、其他参考资料也可作为"计划"附录内容。

2. 附则Ⅱ　控制散装有毒液体物质污染规则(Regulations for the Control of Pollution by Noxious Liquid Substances in Bulk)

附则Ⅱ是必选附则,除另有明文规定外,本附则适用于所有准予运输散装有毒液体物质的船舶。

(1)有毒液体物质的分类

就本附则规定而言,有毒液体物质应分为以下4类：

①X类。这类有毒液体物质,如从洗舱或除压载的作业中排放入海,将被认为会对海洋资源或人类健康产生重大危害,因而应严禁向海洋环境排放该类物质。

②Y类。这类有毒液体物质,如从洗舱或除压载的作业中排放入海,将被认为会对海洋资源或人类健康产生危害,或对海上的休憩环境或其他合法利用造成损害,因而对排放入海的该类物质的质和量应采取限制措施。

③Z类。这类有毒液体物质,如从洗舱或除压载的作业中排放入海,将被认为会对海洋资源或人类健康产生较小的危害,因而对排放入海的该类物质应采取较为宽松的限制措施。

④OS类。以 OS(其他物质)形式被列入《国际散装化学品规则》第18章污染类别栏目中的物质,并经评定认为不被列入本附则所规定的 X、Y 或 Z 类物质之内,因为目前认为当这些物质从洗舱或除压载的作业中排放入海时,对海洋资源、人类健康、海上休憩环境或其他合法的利用并无危害。排放仅含有被列为"其他物质"的物质的舱底水或压载水或其他残余物或混合物,不应受本附则任何要求的约束。

(2)防污染证书

对于任何从事前往公约其他当事国所辖港口或近海装卸站航行的散装运输有毒液体物质的船舶应按照本附则规定进行初始检验或换新检验,取得"国际防止散装运输有毒液体物质污染证书"(International Pollution Prevention Certificate for the Carriage of Noxious Liquid Substances in Bulk,简称NLS证书)。NLS证书应采用本附则规定的格式,并应至少为英文、法文或西班牙文写成。如同时使用发证国的官方文字,则在遇有争议或不相一致的情况时,应以发证国官方文字记录为准。

NLS 证书的有效期限应由主管机关规定,但不得超过 5 年。

(3)有毒液体物质残余物排放控制

对有毒液体物质或压载水、洗舱水或其他含有该类物质的混合物的残余物排放控制应符合要求。

（4）程序和布置手册

准予装运 X、Y 或 Z 类物质的每艘船舶应备有经主管机关认可的"程序和布置手册"。如果是国际航运船舶，其所使用的语言既非英文、法文，也非西班牙文，则条文内容应包括其中一种语言的译文。

（5）货物记录簿（Cargo Record Book）

凡本附则适用的船舶，应备有一本"货物记录簿"，每项记录应由负责该项作业的高级船员签字，每一页还应由船长签字。对持有 NLS 证书的船舶，"货物记录簿"的记录应至少使用英文、法文或西班牙文写成。如果使用了船旗国的官方语言，则在出现争议或不一致时，应以此官方语言为准。"货物记录簿"应存放于随时可以取来检查的地方，除了没有配备船员的被拖船只外，均应存放在船上。"货物记录簿"在完成最后一次记录后应保留 3 年。

（6）船舶海上有毒液体物质污染应急计划

每艘准予载运散装有毒液体物质的 150 GT 及以上的船舶，应备有主管机关认可的"船舶海上有毒液体物质污染应急计划"。该应急计划应根据 IMO 制定的导则要求，并应以船长和驾驶员所用的工作语言写成。

对本公约附则 I 应备有"船上油污应急计划"的船舶，此计划可以与"船上油污应急计划"结合使用。在此情况下，该计划的标题应为"船上海洋污染应急计划"。

3. 附则Ⅲ 防止海运包装有害物质污染规则（Regulations for the Prevention of Pollution by Harmful Substances Carried by Sea in Packaged Form）

该附则是任选附则，除非另有明文规定，本附则的规定适用于装运包装形式有害物质的所有船舶。就本附则而言，"有害物质"系指那些在《国际海运危险货物规则》（《IMDG 规则》）中确定为海洋污染物的物质，或符合本附则附录中衡准的物质。"包装形式"系指《IMDG 规则》中对有害物质所规定的盛装形式。

4. 附则Ⅳ 防止船舶生活污水污染规则（Regulations for the Prevention of Pollution by Sewage from Ships）

附则Ⅳ是任选附则，该附则于 2007 年 2 月 2 日正式对我国生效。

（1）"生活污水"的定义

就本附则而言，"生活污水"系指：

①任何形式的厕所和小便池的排出物和其他废弃物。

②医务室（药房，病房等）的洗手池、洗澡盆和这些处所排水孔的排出物。

③装有活动物的处所的排出物。

④混有上述定义的排出物的其他废水。

（2）适用范围

本附则适用于 400 GT 及以上和小于 400 GT 但经核定许可载运 15 人以上的从事国际航行的船舶。主管机关须确保，在 1983 年 10 月 2 日之前安放龙骨或处于相应建造阶段的现有船舶，应尽可能按本附则生活污水排放的要求进行装备，以排放生活污水。

（3）防污染证书

①对于任何从事前往公约其他当事国所辖港口或近海装卸站航行的船舶，在按照本附则的规定进行初次检验或换新检验后，应发给"国际防止生活污水污染证书"（International Sewage Pollution Prevention Certificate，ISPP 证书）。

②ISPP 证书应由主管机关或经主管机关正式授权的任何人员或组织签发，不论何种情

况,主管机关对证书负有全部责任。应主管机关的要求,ISPP证书也可由他国政府代发或代签。

③ISPP证书应采用规定的格式,并应至少为英文、法文或西班牙文写成。如同时使用发证国的官方文字,则在遇有争议或不相一致的情况时,应以发证国官方文字记录为准。

④ISPP证书的有效期限应由主管机关规定,但不得超过5年。

⑤如果没有在规定的期限内完成有关检验或船舶改挂另一国船旗,ISPP证书失效。

(4)生活污水排放标准

2006年10月13日通过的MEPC.159(55)决议颁布了生活污水处理装置排放的新国际标准,新标准适用于2010年1月1日及以后吊装到船舶上的生活污水处理装置。美国对生活污水处理装置排放标准也作了规定。

(5)岸上接收设施与标准排放接头

要求本公约各当事国政府,须确保在其港口和装卸站提供足以满足船舶使用需要的接收生活污水的设施,而不造成对船舶的不当延误。

5. 附则Ⅴ 防止船舶垃圾污染规则(Regulations for the Prevention of Pollution by Garbage from Ships)

附则Ⅴ是任选附则,除另有明文规定者外,本附则适用于所有船舶。

垃圾,系指产生于船舶正常营运期间并需要持续或定期处理的各种食品、日常用品和工作用品的废弃物(不包括鲜鱼及其各部分),但本公约其他附则中所规定的或列出的物质除外。

(1)特殊区域

包括:地中海区域、波罗的海区域、黑海区域、红海区域、海湾区域、北海区域、南极区域以及包括墨西哥湾和加勒比海的大加勒比海区域。

(2)在特殊区域外处理垃圾

①一切塑料制品,包括但不限于合成缆绳、合成渔网、塑料垃圾袋以及可能包含有毒或重金属残余的塑料制品的焚烧炉灰烬,均禁止处理入海;

②对于下述垃圾,应尽可能远离最近陆地处理入海,但在任何情况下均禁止:

A. 在距最近陆地不足25 n mile将漂浮的垫舱物料、衬料和包装材料处理入海。

B. 在距最近陆地不足12 n mile将食品废弃物和一切其他垃圾,包括纸制品、碎布、玻璃、金属、瓶子、陶器及类似的废弃物处理入海。

③如果上述A中的垃圾,在经粉碎机或磨碎机粉碎或磨碎后,且能通过筛眼不大于25 mm的粗筛,则可允许尽可能远离最近陆地处理入海,但在任何情况下禁止在距最近陆地不到3 n mile处理入海。

(3)在特殊区域内处理垃圾

①除本附则规定的"例外"情况外,禁止将下述垃圾处理入海:

A. 一切塑料制品,包括但不限于合成缆绳、合成渔网、塑料垃圾袋以及可能包含有毒或重金属残余的塑料制品的焚烧炉灰烬。

B. 一切其他垃圾,包括纸制品、破布、玻璃、金属、瓶子、陶器、垫舱物料、衬料和包装材料。

②除本款③的规定以外,废弃食物处理入海应尽可能远离陆地,但在任何情况下,应离最近陆地不少于12 n mile。

③在泛加勒比海区域将已经过粉碎机或磨碎机处理的废弃食物处理入海,应尽可能远离

陆地,但在任何情况下,离最近陆地不应少于 3 n mile。这种经粉碎或磨碎的食品废弃物应能通过网眼不大于 25 mm 的粗筛。

(4)接收设备

各缔约国政府有义务在其管辖的港口和装卸站设置满足需要的垃圾接收设备,而不使船舶发生不当延误。

(5)告示、垃圾管理计划和垃圾记录保存

①告示:

A. 总长度为 12 m 或以上的船舶均应张贴告示以使船员和乘客知晓关于垃圾处理的规定。

B. 告示应以船上人员的工作语言书写,对航行于其他缔约国政府管辖权范围内的港口或近海装卸站的船舶,告示还至少应采用英文、法文或西班牙文中的一种来书写。

②垃圾管理计划。400 GT 及以上的船舶和核准载运 15 名或以上人员的船舶,均应备有 1 份船员必须遵守的"垃圾管理计划"。该计划应就收集、储藏、加工和处理垃圾以及船上设备使用等提供书面程序,还应指定负责执行该计划的人员。该计划应按符合 IMO 制定的指南,并用船员的工作语言书写。

③垃圾记录簿(Garbage Record Book)。400 GT 及以上的船舶和核准载运 15 名或以上人员的船舶,其航行于其他缔约国政府管辖权范围内的港口或近海装卸站,以及从事海底矿产勘探和开发的固定和浮动平台,均应备有 1 份"垃圾记录簿"。

A. "垃圾记录簿"应记录每次排放作业或完成的焚烧作业,并应由主管高级船员在焚烧或排放当日签署。船长应在垃圾记录簿完成记录的每一页上署名。

B. "垃圾记录簿"的每项记载应至少用英文、法文或西班牙文书写,如果这些记载也使用该船船旗国的官方语言书写,在发生争执或有不同意见时,以船旗国官方语言的记载为准。

C. 每次焚烧或排放记录应包括日期、时间、船位、垃圾种类和被焚烧或排放的垃圾的估算量。

D. "垃圾记录簿"应存放在船上可在合理时间取来检查的地方。该记录簿应在作最后一次记录后保留 2 年。

E. 如发生本附则例外条款所指的排放、泄漏或意外落失,"垃圾记录簿"上应记录落失的情况和落失的原因。

F. 缔约国政府主管当局可以对停靠本国港口或近海装卸站适用本条的任何船舶的"垃圾记录簿"进行检查。

6. 附则Ⅵ 防止船舶造成空气污染规则(Regulations for the Prevention of Air Pollution from Ships)

附则Ⅵ是任选附则,除另有明文规定者外,本附则的规定适用于所有船舶。2006 年 8 月 23 日对我国生效。

(1)检验

①凡 400 GT 及以上的船舶以及所有固定和移动钻井平台和其他平台,应进行初次检验、换证检验、中间检验、年度检验、附加检验。

②对小于 400 GT 的船舶,主管机关可制定相应措施,以确保其符合本附则的适用规定。

(2)证书的签发或签注

驶往其他缔约国管辖权范围内的港口或近海装卸站的所有 400 GT 及以上船舶以及驶往其

他缔约国主权或管辖海域的平台和钻井平台应按本附则规定进行初次或换证检验,取得"国际防止空气污染证书"(International Air Pollution Prevention Certificate,简称IAPP证书)。此证书须由主管机关或任何经其正式授权的个人或组织签发或签注,在任何情况下,主管机关对证书负有全部责任。

(3)证书格式和有效期限

①IAPP证书须按规定的格式写成,并须至少为英文、法文或西班牙文中的一种。如同时使用发证国的官方语言,则在有争议或不一致时,以该国官方文字记录为准。

②IAPP证书的有效期限应由主管机关规定,但不得超过5年。

③若船舶未在本附则规定的期限内完成相关检验;或IAPP证书未按本附则的规定予以签注;或船舶变更船旗国,IAPP证书失效。

(4)船舶排放控制要求

船舶排放控制的对象包括消耗臭氧物质、氮氧化物(NO_X)、硫氧化物(SO_X)、挥发性有机化合物、船上焚烧及燃油质量。

①消耗臭氧物质。所有船舶在新装或更新设备时,禁止使用含有消耗臭氧物质的装置;禁止故意排放消耗臭氧物质(包括在系统维修、检验或处置过程中发生的排放);当消耗臭氧物质从船上卸下时,应送入合适的接收设备中。

②氮氧化物(NO_X)。安装在2000年1月1日以后建造或经过重大改装的船上,输出功率为130 kW及以上的柴油机排气中,依其额定转速不同,氮氧化物排放限值可分成三个等级,如表1-1所示。应急柴油机、安装于救生艇上或只在应急情况下使用的任何设备或装置上的发动机不受本条规定限制。

2000年1月1日或以后至2011年1月1日以前建造的船舶上安装的船用柴油发动机或在此期间替换或加装的柴油发动机,其氮氧化物排放量应符合第Ⅰ级标准。

2011年1月1日或以后建造的船上安装的船用柴油发动机或在此期间替换或加装的柴油发动机,其氮氧化物排放量应符合第Ⅱ级标准。

表1-1 氮氧化物排放限值

发动机额定转速 n(r/min)	氮氧化物排放限值(g/kW·h)		
	第Ⅰ级	第Ⅱ级	第Ⅲ级
$n<130$	17.0	14.4	3.4
$130 \leq n < 2\,000$	$45.0 \cdot n^{(-0.2)}$	$44.0 \cdot n^{(-0.23)}$	$9 \cdot n^{(-0.2)}$
$n \geq 2\,000$	9.8	7.7	2.0

2016年1月1日或以后建造的船上安装的柴油发动机或在此期间替换或加装的柴油发动机,当船舶在排放控制区外航行时,其氮氧化物排放量须符合第Ⅱ级标准,当船舶在排放控制区内航行时,须符合第Ⅲ级标准。

1990年1月1日或以后但在2000年1月1日以前建造的船舶上所安装的、输出功率超过5 000 kW且每缸排量在90 L或以上的船用柴油发动机,其氮氧化物排放量须符合第Ⅰ级排放标准。对实施第Ⅲ级排放标准的可行性,IMO将在不迟于2013年完成技术发展状况审核,如果经审核确定船舶无法满足实施条件,将推迟该款所规定的时间期限。

③硫氧化物(SO_X):

A.船上使用的任何燃油,其硫含量不得超过下述限值。

2012年1月1日以前,4.50% m/m;2012年1月1日及以后降至3.50% m/m;2020年1月1日及以后降至0.50% m/m。

B. 排放控制区域内船上所用燃油的硫含量。

目前,IMO划定的硫氧化物排放控制区(SECA)包括波罗的海区域和包括英吉利海峡在内的北海海域。

船舶在SECA内营运时,船上所用燃油的硫含量在2010年7月1日以前不得超过1.50% m/m,2010年7月1日及以后降至1.00% m/m,2015年1月1日及以后降至0.10% m/m。

C. 欧美国家对船舶使用低硫燃油的要求。

根据欧盟法令要求,自2010年1月1日起,在欧盟港口停泊(包括锚泊、系浮筒、码头靠泊)超过2 h的船舶,不得使用硫含量超过0.1% m/m的燃油(该要求不适用于停掉所有机器而使用岸电的船舶);船舶靠泊后应尽早转换为低硫燃油(硫含量不超过0.1% m/m),船舶开航前尽量晚切换成高硫燃油;燃油转换操作应记录在船舶日志上。

美国加利福尼亚州率先在美国执行更为严格的沿海船舶污染气体排放标准,要求从2009年7月1日起,在加利福尼亚水域内和基线24 n mile内的所有船舶的所有主机和辅助柴油机和辅助锅炉都使用硫含量不超过1.5% m/m的船用轻柴油(DMA)或硫含量不超过0.5% m/m的船用柴油(DMB),从2012年1月1日起,所有驱动机器和辅助柴油机和辅助锅炉使用硫含量不超过0.1% m/m的船用轻柴油(DMA)或船用柴油(DMB)。

④挥发性有机化合物(VOCs):

A. 所有指定液货船挥发性有机化合物释放控制港口或装卸站的当事国,须保证在其指定的港口和装卸站配备经该当事国根据IMO制定的蒸气排放控制系统安全标准认可的蒸气排放控制系统,并确保该系统的操作安全及能防止造成船舶的不当延误。

B. 受到VOCs排放控制的液货船须配备主管机关认可的蒸气排放收集系统,并须在装载有关货物时使用该系统。根据本条要求安装了蒸气排放控制系统的港口或装卸站,可以在生效日期之后的3年内接纳没有安装蒸气收集系统的液货船。

C. 载运原油的液货船须在船上备有并实施经主管机关认可的挥发性有机化合物管理计划。对于国际航行船舶,用船长和高级船员的工作语言编写,如船长和高级船员的工作语言不是英语、法语或西班牙语,则应包括其中一种语言的译文。

⑤船上焚烧:

A. 船舶正常操作过程中产生的污泥和油渣可在主或辅发电机或锅炉内焚烧,但不得在港口、码头和内河中时进行。除此之外,船上焚烧只允许在船上焚烧炉中进行。

B. 禁止在船上焚烧下列物质。

受附则Ⅰ、Ⅱ或Ⅲ管辖的货物之残余物或相关被污染的包装材料;多氯联苯(PCB);所含重金属超过限量的附则Ⅴ定义的垃圾;含有卤素化合物的精炼石油产品;不是在船上产生的污泥和油渣;废气滤清系统的残余物。

C. 禁止在船上焚烧聚氯乙烯,但在已获发IMO型式认可证书的焚烧炉内焚烧除外。

D. 2000年1月1日或以后建造的船舶上的焚烧炉,或2000年1月1日或以后在船上安装的焚烧炉,须符合IMO制定的船上焚烧炉标准技术规范的要求。

E. 按上述D项要求安装的焚烧炉,在该炉运行期间须随时对燃烧室气体出口温度进行监测。如焚烧炉为连续进料型,在燃烧室气体出口温度低于850 ℃时,不得将废弃物送入该焚烧装置。如焚烧炉为分批装料型,该装置须设计成其燃烧室气体出口的温度在启动后 5 min 内达 600 ℃ 且随后稳定在不低于 850 ℃ 的温度上。

二、国际船舶压载水和沉积物控制和管理公约

2004 年 2 月,关于船舶压载水管理的外交大会在伦敦 IMO 总部成功召开,大会最终通过了《国际船舶压载水和沉积物控制和管理公约》(简称《压载水管理公约》)。该公约由 22 个条款和 1 个附则组成,附则《船舶压载水和沉积物控制和管理规则》(以下简称《规则》)又分为 5 个部分:A 部分为一般规定,包括定义、适用性、例外和免除的具体规定;B 部分为对船舶的管理和控制要求,包括压载水管理计划、压载水记录簿、船舶压载水管理、压载水交换、船舶沉积物管理、高级和普通船员的职责;C 部分为对若干地区中的特殊要求,包括额外措施、有关在若干地区中的压载水摄入的警告和有关的船旗国措施以及信息通报;D 部分为压载水交换标准、压载水性能标准、压载水管理系统的认可要求、原型压载水处理技术及海事组织对标准的检查;E 部分为检验证书的颁发或签注、证书的格式和期限等方面的具体规定。

该公约在合计船舶吨位占世界商船总吨位的 35% 以上的至少 30 个国家政府批准、接受或加入 12 个月后生效。除该公约中另有明文规定者外,该公约应适用于有权悬挂某一当事国国旗的船舶;以及无权悬挂某一当事国国旗但在一当事国管辖下营运的船舶。

(一) 定义

① "压载水管理"系指旨在消除、无害处置、防止摄入或排放压载水和沉积物中的有害水生物和病原体的机械、物理、化学和生物的单一或综合方法。

② "有害水生物和病原体"系指如被引入海洋,包括河口或引入淡水水道则可能危害环境、人体健康、财产或资源、损害生物多样性或妨碍此种区域的其他合法利用的水生物或病原体。

③ "船舶"系指凡在水环境中运行的任何类型的船舶,包括潜水器、浮动器具、浮动平台、FSUs 和 FPSOs。

(二) 压载水管理计划

载有压载水的每艘船舶应在船上携带并实施主管机关核准的压载水管理计划。计划以船舶的工作语言写成,如果使用的语言不是英文、法文或西班牙文,则应包括其中一种的译文。

(三) 压载水记录簿

每一船舶均应在船上备有压载水记录簿。该记录簿可以是一种电子记录系统,也可以被列入其他记录簿或系统中。压载水记录簿的记录事项应在船上至少保留 2 年,此后应由公司至少保存 3 年。每项记录应由高级船员或相关作业的负责人员签字,且每记完一页应由船长签字。压载水记录簿应使用船方的工作语言及英文、法文或西班牙文的一种。若同时使用了船旗国官方语言记录时,在发生争端或有不一致时,应以此种记录事项为准。

(四) 船舶压载水管理

公约附则 B 部分根据船舶的建造时间和压载水容量对船舶的压载水处理提出了不同的要求,如表 1-2 所示。

表 1-2 公约附则 B 部分规定的压载水管理时间表

船舶建造时间	压载水容量 $C(m^3)$	执行标准
2009 年之前	$1\ 500 \leq C \leq 5\ 000$	2014 年之前至少符合压载水更换或压载水性能标准，其后至少符合压载水性能标准
2009 年之前	$C < 1\ 500$ 或 $C > 5\ 000$	2016 年之前至少符合压载水更换或压载水性能标准，其后至少符合压载水性能标准
2009 年之后	$C < 1\ 500$	至少符合压载水性能标准
2009 年之后（包括 2009 年）但在 2012 年之前	$C \geq 5\ 000$	2016 年之前至少符合满足压载水更换或压载水性能标准，其后至少符合压载水性能标准
2012 年之后（包括 2012 年）	$C \geq 5\ 000$	至少符合压载水性能标准

（五）压载水更换

进行压载水更换的船舶：

①凡可能时，压载水更换均应在距最近陆地至少 200 n mile、水深至少为 200 m 的地方进行；当船舶不能按以上要求进行压载水更换时，应在尽可能远离最近陆地的地方，并在所有情况下距最近陆地至少 50 n mile、水深至少为 200 m 的地方进行。

②在距最近陆地的距离或水深不符合以上所述参数的海区中，港口国可与邻近或其他国家协商，视情指定船舶进行压载水更换的水域。

③由于恶劣天气、船舶设计或应力、设备失灵或任何异常状况，压载水更换会对船舶的安全或稳性、船员或旅客构成威胁，则应视情不要求进行压载水更换。

④当船舶被要求进行压载水更换但却未按本条要求进行更换时，其理由应在压载水记录簿中作出记录。

⑤不应为符合①款的要求而要求船舶偏离其预定航线或推迟航行。

（六）船舶沉积物管理

所有船舶均应按本船的压载水管理计划的规定，清除和处置被指定承载压载水的处所中的沉积物。要求船舶在设计和建造时提供安全通道进行沉积物的清除和采样。各当事国应确保在其指定的进行压载舱清洗和维修作业的港口和码头内提供充足的接收设施接收沉积物。

（七）压载水更换标准

①进行压载水更换的船舶的压载水体积更换率应至少为 95%。

②对于使用泵入顶出方法更换压载水的船舶，3 倍于每一压载水舱体积的排出应视为达到 95% 更换率的标准。少于该体积 3 倍的排出，如船舶能证明达到了至少 95% 的体积更换，则也可被接受。

（八）压载水性能标准

①按本条进行压载水管理的船舶的排放应达到：每立方米压载水中最小尺寸大于或等于 50 μm 的可生存生物小于 10 个；每毫升压载水中最小尺寸小于 50 μm 但大于或等于 10 μm 的可生存生物小于 10 个。

②指示微生物的排放不应超过规定浓度。

（九）压载水管理的检验和发证

400 GT 及以上的船舶，不包括浮动平台、移动储存装置（FSUs）和移动生产、储存或卸载装置（FPSOs），应接受下文规定的检验：

①初次检验,在船舶投入营运前或在首次颁发国际压载水管理证书前进行。

②换证检验,按主管机关规定的、不超过5年的间隔进行。

③中期检验,在证书的第二个周年日之前或之后的三个月内或在其第三个周年日之前或之后的三个月内进行并应替代一次年度检验。中期检验应在国际压载水管理证书上作出签注。

④年度检验,在每一周年日之前或之后的三个月内进行。年度检验应在国际压载水管理证书上作出签注。

⑤额外检验,视情可为全面或部分检验,应在实现完全符合本公约所必需的结构、设备、系统、配件、装置和材料的改变、更换或重要修理后进行。该检验应确保任何此种改变、更换或重要修理被有效作出,从而使船舶符合本公约的要求。此种检验应在国际压载水管理证书上作出签注。

主管机关对经初次检验合格的船舶颁发国际压载水管理证书,证书有效期最长5年。

第二节 国际海上人命安全公约

《国际海上人命安全公约》(The International Convention for the Safety of Life at Sea,简称《SOLAS公约》)是一个旨在对船舶及设备、船员操作、公司管理和船旗国管理等实施有效控制从而保障海上人命安全的国际公约,也是海上人命安全方面最古老、最重要的公约。其主要目的是提供船舶构造安全、设备安全和安全操作的最低标准,同时要求船旗国有义务确保悬挂其船旗的船舶达到这一要求,船舶达到公约标准的证据是必须持有公约规定的有效证书。

一、《1974年国际海上人命安全公约》概述

1912年4月14日,英国建造的一艘45 328 GT的豪华客船"泰坦尼克(Titanic)"号在从英国驶往美国的处女航中与冰山相撞,在北大西洋沉没。在这次历史上空前惨重的海难发生后,1914年1月20日签订了第一个《国际海上人命安全公约》(《SOLAS公约》)。公约的主要内容涉及船舶构造、分舱、救生和消防设备、无线电通信、航行规则和安全证书等方面。由于第一次世界大战爆发,公约没有生效。此后,在1929年、1948年、1960年召开了第二次、第三次、第四次国际海上人命安全会议,分别制定和通过了《1929年国际海上人命安全公约》(1933年起生效)、《1948年国际海上人命安全公约》(1952年11月19日起生效)、《1960年国际海上人命安全公约》(1965年5月26日起生效)。1974年10月,第五次国际海上人命安全会议在伦敦召开,会议最终通过了《1974年国际海上人命安全公约》。该公约于1974年11月1日起正式被采用,并于1980年5月25日起生效。我国于1980年1月7日加入了该公约,并于公约生效之日起对我国生效。

现行的《SOLAS 74公约》包括:公约正文;公约附则;议定书以及若干修正案。公约正文有13个条款,包括公约的一般定义,适用范围,法律、规则,不可抗力情况,紧急情况下载运人员,以前的条约和公约,经协议订立的特殊规则,修正,签字、接受、核准和加入,生效,退出,保存和登记,文字。公约的核心部分是公约的附则。

(一)《SOLAS 74公约》附则目录

第Ⅰ章 总则(适用范围、定义、检验与证书和事故)

第Ⅱ章 构造(船舶结构,分舱与稳性,机电设备,防火、探火和灭火)

第Ⅲ章　救生设备与装置
第Ⅳ章　无线电通信
第Ⅴ章　航行安全
第Ⅵ章　货物装运
第Ⅶ章　危险货物装运
第Ⅷ章　核动力船舶
第Ⅸ章　船舶安全营运管理
第Ⅹ章　高速船的安全措施
第Ⅺ章　加强海上安全的特别措施
第Ⅻ章　散装船的附加安全措施

(二)《SOLAS 74 公约》议定书

1.《SOLAS 74 公约》的 1978 年议定书

《SOLAS 74 公约》的 1978 年议定书是 1978 年 2 月在伦敦国际油船安全与防污染会议上通过的,并于 1981 年 5 月 1 日生效。该议定书在检验发证、操舵装置、雷达、惰性气体装置和证书格式登记方面对公约提出了补充要求。

2.《SOLAS 74 公约》的 1988 年议定书

国际检验与发证协调体系会议在 1988 年 11 月 11 日通过的议定书《1988 年 SOLAS 议定书》于 2000 年 2 月 3 日生效,并替代了 1978 年议定书。由于《SOLAS 74 公约》、《LL 66 公约》、《MARPOL 73/78 公约》所规定的检验与发证的间隔期与公约生效的日期都不相同,船东为了实施船舶检验,不得不调整船舶航行计划以适应到期的检验日期,这给船公司运作带来不便。为此,IMO 通过《SOLAS 74 公约 1988 年议定书》实现建立一个检验与发证协调系统(HSSC),使上述各种检验能同时进行,且各公约的证书有效期除客船的安全证书为 12 个月外,其余全部统一协调为 5 年。

(三)公约的性质

《SOLAS 74 公约》包含了为增进航运安全的各种各样的强制性措施。其主要目的是提供船舶构造安全、设备安全和操作安全的最低标准,同时要求缔约国政府有义务确保悬挂其国旗的船舶达到这一要求;公约规定船舶必须持有公约规定的有效证书,并作为达到公约标准的证据。当缔约国政府认为抵港的外国籍船舶不能充分履行公约时,有权对其进行监督检查。

IMO 将 1993 年的第 18 届大会通过的 A.741(18) 号决议《国际船舶安全营运和防止污染管理规则》纳入《SOLAS 74 公约》第Ⅸ章内容,并成为强制性要求。2002 年 12 月召开的 IMO 海上保安外交大会,通过了《SOLAS 74 公约》第Ⅺ-2 章的新规定和《国际船舶和港口设施保安规则》,将公约的范围延伸至包括港口设施,但关于港口设施的规定应只涉及船/港界面活动。这使《SOLAS 74 公约》的性质在以下两个方面发生了重大变化:

①《SOLAS 74 公约》已由原有的"纯技术"公约变成"技术管理"公约。原有的《SOLAS 74 公约》附则共有 8 章,除第Ⅲ/18 条(关于弃船训练和操练)涉及管理方面内容以外,其余条款为技术性条款。但是新增的第Ⅸ章和第Ⅺ章内容多是有关管理方面的。这标志着 IMO 对海上人命安全和环境保护方面所采取的措施,在指导思想上有了一个很大转变,即意识到人为因素在确保海上安全和防止海洋污染中所起的重要作用。

②《SOLAS 74 公约》的范围从原有的船舶扩大到岸基。由于《ISM 规则》和《ISPS 规则》的实施,该公约不再局限于船舶本身,而是涉及了岸上的公司和港口设施。因此,可以说将《SO-

LAS 74 公约》的内容扩大到了岸基。

下面仅介绍《SOLAS 74 公约》中的"无线电通信"、"航行安全"、"国际船舶安全营运和防止污染管理规则(ISM 规则)"、"国际船舶和港口设施保安规则(ISPS 规则)"等章节的部分内容。

二、无线电通信

《SOLAS 74 公约》附则第Ⅳ章是无线电通信,该章的内容在 1988 年进行了全面修改,将标题"无线电报和无线电话(Radiotelegraphy and Radiotelephony)"改为"无线电通信(Radio Communications)"并引入了全球海上遇险和安全系统(The Global Maritime Distress and Safety System,简称 GMDSS)。该系统从 1992 年 2 月 1 日至 1999 年 2 月 1 日逐步实施,同时逐渐取消莫尔斯电码,所有从事国际航行的客船和 300 GT 及以上的货船根据航行的海区(A1,A2,A3 和 A4)必须配备规定的无线电通信设备。

"A1 海区"系指至少由一个具有 DSC 报警能力的甚高频(VHF)岸台的无线电话所覆盖的区域,该区域可由各缔约国政府规定。

"A2 海区"系指除 A1 海区以外,至少由一个具有连续 DSC 报警能力的中频(MF)岸台的无线电话所覆盖的区域,该区域可由各缔约国政府规定。

"A3 海区"系指除 A1 和 A2 海区以外,由具有连续报警能力的 INMARSAT 静止卫星所覆盖的区域。

"A4 海区"系指除 A1、A2 和 A3 海区以外的区域。

1. 无线电装置

(1) 每艘船舶应设有在其整个预定航程中均能符合要求的无线电装置。

(2) 每台无线电装置应:

①安装在机械、电气或其他干扰源的有害干扰不会影响其正常使用的地方,从而确保电磁兼容性,避免与其他设备和系统产生有害的相互干扰。

②安装在最安全和易操作的地方。

③防止受水、极端温度和其他不利环境条件的有害影响。

④配备独立于主电源和应急电源的可靠的、永久布置的电气照明,为操纵无线电装置的无线电控制台提供足够照明。

⑤清楚地标明船舶呼号,船舶电台识别码及适于无线电装置使用的其他代码。

(3) 航行安全所需的 VHF 无线电话频道控制器,应设在驾驶室指挥位置附近,可供立即使用,必要时应具有能从驾驶室两翼进行无线电通信的设施,此要求可由手提式 VHF 设备予以满足。

(4) 在客船上,遇险控制板应安装在指挥位置。该控制板可以设有一个单独按钮,当按下这个按钮时,船上所有具有遇险报警功能的无线电通信装置发出遇险警报,或者为各个装置各设有一个按钮。无论是单个按钮还是多个按钮被按下时,控制板上均应有清晰的视觉显示。应设有防止单按钮或多个按钮误操作的设施。如果卫星应急无线电示位标用做发送遇险警报的第二种措施,且不能被遥控,则应可在驾驶室指挥位置附近安装一个附加的卫星应急无线电示位标。

(5) 客船按下遇险控制板上的按钮时,应能连续和自动地将船舶位置资料传送至初始遇险警报动用的所有相关无线电通信设备。

(6)对于客船,遇险报警板应安装在指挥位置。遇险报警板应能对任何遇险报警或船上收到的警告发出视觉和听觉指示,并且还应指示出通过何种无线电通信业务接收到该遇险警报。

2. 无线电设备

(1)每艘船舶应设有下列装置。

①1台能发送和接收的VHF无线电装置:

A. 在156.525 MHz(70频道)频率上的DSC。其应能从船舶通常驾驶的位置,在70频道上启动遇险报警的发送。

B. 在156.300 MHz(6频道)、156.650 MHz(13频道)和156.800 MHz(16频道)频率上的无线电话。

②1台能在VHF 70频道上保持连续DSC值班的无线电装置,该装置可以与上述①条A款所要求的功能分开或相结合。

③1台能在9 GHz频带上工作的雷达应答器,该应答器:

A. 应安装在可方便使用的地方。

B. 可以是对救生艇筏要求的雷达应答器之一。

④1台能接收国际NAVTEX业务广播的接收机(如果船舶航行在具有国际NAVTEX业务的任何区域)。

⑤1台接收来自Inmarsat增强群呼系统的海上安全信息的无线电设备(如果船舶航行在Inmarsat所覆盖的,但不具有国际NAVTEX业务的任何区域内)。但是,如果船舶仅航行在具有高频(HF)直接印字电报海上安全信息业务的区域,而且该船已装设了能接收这种业务的设备,则可免除本要求。

⑥1台卫星应急无线电示位标(卫星EPIRB。仅航行于A1海区的船舶可以装有1台EPIRB以代替卫星EPIRB)。该示位标应:

A. 能通过在406 MHz频带上工作的极轨道卫星业务发送遇险报警,或如果船舶仅航行在Inmarsat所覆盖的区域,能通过在1.6 GHz频带上工作的Inmarsat对地静止卫星业务发送遇险报警。

B. 安装在易于接近的位置。

C. 可随时由人工释放并能由1人携入救生艇筏。

D. 当船舶沉没时,能自由漂浮,并当浮起时,能自动启动发送遇险报警。

E. 能人工启动发送遇险报警。

(2)每艘客船都应设有从船舶通常驾驶的位置与现场用航空频率121.5 MHz和123.1 MHz进行以搜救为目的的双向无线电通信的设备。

3. 值班

(1)船舶在海上时:

①如安装有VHF无线电装置,应在VHF的DSC70频道保持连续值班。

②如安装有MF无线电装置,应在DSC遇险和安全频率2 187.5 kHz上保持连续值班。

③安装有MF/HF无线电装置的船舶,在DSC遇险和安全频率2 187.5 kHz和8 414.5 kHz频率上以及至少在DSC遇险和安全频率4 207.5 kHz、6 312 kHz、12 577 kHz或16 804.5 kHz中的一个频率上保持连续值班,视一天中的时间和船舶所在的地理位置而定,可用扫描接收机来保持该值班。

④安装有 Inmarsat 船舶地面站的船舶,应对卫星岸对船的遇险报警保持连续值班。

(2)船舶在海上时,应在向该船舶航行区域发布海上安全信息的适当频率或多个频率上,对海上安全信息的播发保持无线电值班。

(3)船舶在海上时,如实际可行,应在船舶通常驾驶的位置在 VHF16 频道上保持连续守听值班。

4.电源

(1)船舶在海上时,应始终可获得足够的电源供无线电装置工作,并对作为无线电装置的 1 个或多个备用电源组成部分的蓄电池进行充电。

(2)船舶应设有 1 个或多个备用电源,当船舶主电源和应急电源发生故障时,向无线电装置供电,以便进行遇险和安全通信。该 1 个或多个备用电源应能同时供电给所要求的 VHF 无线电装置,MF 无线电装置,MF/HF 无线电装置,(但不必同时向各自独立的 HF 和 MF 无线电装置供电)或 Inmarsat 船舶地面站(视船舶配备所依据的海区或多个海区而定),以及供电给任何附加负载,其供电时间至少为:

①对于船舶配有的应急电源,如其完全符合所有相关要求(包括向无线电装置供电),1 h。

②对于船舶配有的应急电源,如其不完全符合所有相关要求(包括向无线电装置供电),6 h。

(3)1 个或多个备用电源应独立于船舶推进动力及船舶电力系统。

(4)除 VHF 无线电装置以外,2 个或 2 个以上其他无线电装置能同 1 个或多个备用电源相连时,应能在所规定的时间内,同时向 VHF 无线电装置和下述装置供电:

①能同时与 1 个或多个备用电源相连的所有其他无线电装置。

②如果其他无线电装置中仅 1 台能同时和 VHF 无线电装置一起与 1 个或多个备用电源相连,则应取其他无线电装置中耗电最大的 1 台。

(5)1 个或多个备用电源可用于向所要求的电气照明供电。

(6)如备用电源是由 1 个或多个可充电的蓄电池组成,则:

①应设有对这些蓄电池自动充电的装置,该装置应能在 10 h 内通过充电使蓄电池达到最小容量要求。

②应按不超过 12 个月的间隔期,使用适当的方法对不在海上的船舶检查蓄电池或蓄电池组的容量。

(7)作为备用电源的蓄电池的位置和安装应确保:最有效的使用;合理的寿命;合理的安全;不论充电与否,蓄电池的温度保持在出厂说明书规定的温度范围内;和在任何气候条件下,充足电的蓄电池至少达到所要求的最少工作小时数。

(8)如果需要将船舶的导航或其他设备的信息连续输入到本章要求的无线电装置(包括导航接收装置)中以确保其适当的性能,应具有能确保在船舶主电源或应急电源发生故障时继续提供此类信息的措施。

5.维护要求

(1)设备的设计应使主要部件能易于更换而无须仔细地重新校准或调整。

(2)如适合,设备的构造和安装应易于进行检查和船上维护。

(3)应备有足够的资料以能对设备进行正确的操作和维护,并考虑到本组织的建议。

(4)应备有足够的工具和备件以能对设备进行维护。

(5)主管机关应确保无线电设备可予以维护,以确保规定的功能要求的有效性,并达到对这些设备所建议的性能标准。

（6）航行在 A1 和 A2 海区的船舶，应使用可能经主管机关认可的方法，如双套设备、岸基维护或海上电子维护能力，或其组合，以确保功能要求的有效性。

（7）航行在 A3 和 A4 海区的船舶，应使用可能经主管机关认可的至少两种组合方法，如双套设备、岸基维护或海上电子维护能力，以确保功能要求的有效性，并考虑到本组织的建议案。

（8）在应采取一切合理的步骤使设备保持有效的工作状态，以确保符合规定的所有功能要求的情况下，只要船舶能实施所有的遇险安全功能，则所要求的用于提供一般无线电通信的设备发生故障时不应视为该船舶不适航，或作为使船舶滞留在不易提供维修设施的港口的理由。

（9）卫星应急无线电示位标（EPIRB）应：

①每年按以下规定的间隔期进行全方位操作效用试验，试验可以在船上进行，也可以在一个经认可的试验站进行。试验时，着重检查操作频率发射、编码和登记：

A. 客船在"客船安全证书"期满日之前 3 个月内。

B. 货船在"货船无线电安全证书"期满日之前 3 个月内或周年日前后 3 个月内。

试验可以在船上进行，也可以在一个经认可的试验站进行。

②按不超过 5 年的间隔期在经认可的岸基维护站进行维护。

6. 无线电人员

①每艘船舶应配有主管机关满意的、能胜任遇险和安全无线电通信的人员。这些人员应持有《无线电规则》中规定的相应证书。在遇险时，应指定其中任何人员担负起无线电通信的主要职责。

②客船上，至少应指派 1 名有资格的人员，在遇险时只执行无线电通信责任。

7. 无线电记录

应备有使主管机关满意并符合《无线电规则》要求的无线电记录，该记录应记载对于海上人命安全显然具有重要性的与无线电通信业务有关的所有遇险事故。

8. 船位更新

船舶上备有的能在遇险报警时自动报告船位的所有双向通信设备，均应自动从内部或外部导航接收装置（如设有）获得该信息。如果未安装这种接收装置，则船舶在航行中的位置以及船位确定的时间应按不超过 4 h 的间隔期手动更新，以便随时可由该设备发送。

三、航行安全

《SOLAS 74 公约》附则第 V 章是航行安全，本章规定了由缔约国政府提供一定的航行安全服务。航行安全的内容主要包括为船舶提供气象服务、冰区巡逻服务、船舶航线以及搜寻与救助。本章还规定船长有义务进行危险通报、救助遇险船舶及其上人员，各缔约国政府必须承担义务，确保其所有的船舶有效地驾驶，以确保航行安全，同时还对船员配备、自动舵的使用、操舵装置的检查和试验、应急操舵演习和记载、各种救生信号作出了明确规定。

1. 船舶配员

①各缔约国政府承担义务，各自对本国船舶保持实行或在必要时采取措施，以确保所有船舶从海上人命安全观点出发，配备足够数量和胜任的船员。

②每艘船舶应备有 1 份由主管机关颁发的适当的最少安全配员证明或等效证明，作为所需的最少安全配员的凭证。

③在所有船舶上,为确保船员在安全事务上起到有效作用,应规定一种工作语言并将其记录在船舶航海日志上。公司或船长(合适者)应确定适当的工作语言。应要求每个船员能懂得这种语言,并在合适情况下使用这种语言下达指令和指示以及应答。如果该工作语言不是船旗国的官方语言,则所有需张贴的图纸和图表内应有该工作语言的译文。

④船舶应使用英语作为驾驶台的工作语言,用以进行驾驶台对驾驶台、驾驶台对岸台的安全通信以及用于引航员和驾驶台值班人员之间在船上的通信,除非直接参与通信的人员都讲英语以外的一种共同语言。

2. 船载航行系统和设备的配备要求

(1) 不论船舶尺度,所有船舶应具有:

①1台经过适当校正的标准磁罗经或其他装置,独立于任何电源,用于确定船舶首向并在主操舵位置显示其读数。

②1台哑罗经或罗经方位装置或其他装置,独立于任何电源,用于在水平360°弧度范围内量取方位。

③用于随时按真实值校正首向和方位的装置。

④海图和航海出版物,用于计划和显示船舶预定航程的航线以及标绘和监视整个航程的船位;电子海图显示与信息系统(ECDIS)可视为满足本款的海图配备要求。

⑤上述④功能要求的后备装置,若该功能全部或部分由电子装置来完成。

⑥1台全球导航卫星系统或陆地无线电导航系统的接收机,或其他装置,适合于由自动设备在船舶整个预定航程内随时确定和更新船位。

⑦如果船舶小于150 GT且如果实际可行,1台雷达反射器,或其他装置,使船舶能被其他航行船舶通过9 GHz和3 GHz雷达探测到。

⑧若船舶驾驶台是完全封闭的和除非主管机关另有规定,1套声响接收系统,或其他装置,使得值班驾驶员能够听到声响信号并确定其方向。

⑨1部电话,或其他装置,用于同应急操舵位置(如设有)交换首向信息。

(2) 所有150 GT及以上的船舶和不论尺度大小的客船,除满足上述(1)的要求外,还应设有:

①1台可与磁罗经进行互换的备用磁罗经,或其他装置。

②1套白昼信号灯,或其他装置,用于在白天和夜晚通过灯光进行联络,使用电源,但非唯一依靠船上电源供电。

(3) 所有300 GT及以上的船舶和不论尺度大小的客船,除满足上述(2)的要求外,还应设有:

①1台回声测深仪,或其他电子装置,用于测量和显示可用水深。

②1台9 GHz雷达,或其他装置,用于确定和显示雷达应答器、其他水上船艇、障碍物、浮标、海岸线和航标的距离和方位,借以助航和避碰。

③1套电子标绘装置,或其他装置,用电子方式标绘目标的距离和方位,以便确定碰撞危险。

④航速和航速测量装置,或其他装置,用于指示船舶相对于水的航速和航程。

⑤1台经过适当校正的首向传送装置,或其他装置,用于传送首向信息以输入到雷达、电子标绘装置和自动识别系统(AIS)中。

(4) 所有300 GT及以上的国际航行船舶、500 GT及以上的非国际航行货船以及不论尺度大小的客船,应按下列要求配备1台自动识别系统(AIS)。

①在2002年7月1日或以后建造的船舶。

②在2002年7月1日以前建造的国际航行船舶:

A. 客船不迟于2003年7月1日。

B. 液货船不迟于2003年7月1日或以后的第1次安全设备检验。

C. 除客船和液货船外,50 000 GT及以上的船舶不迟于2004年7月1日。

D. 除客船和液货船外,300 GT及以上但小于50 000 GT的船舶不迟于2004年7月1日以后的第1次安全设备检验或在2004年12月31日以前,以较早者为准。

③在2002年7月1日以前建造的非国际航行船舶,不迟于2008年7月1日。

④若船舶在上述②和③所规定的实施日期以后2年内永久退役,则主管机关可对这些船舶免除适用本节的要求。

⑤AIS应:

A. 自动向配有相应设备的岸台、其他船舶和飞机提供信息,包括船舶识别码、船型、船位、航向、航速、航行状况以及其他与安全有关的信息。

B. 自动从其他装有类似设备的船舶接收这种信息。

C. 监视和跟踪其他船舶。

D. 与岸基设施交换数据。

(5)所有500 GT及以上的船舶,除满足上述(3)①、②、③和(4)的要求外,还应设有:

①1台陀螺罗经,或其他装置,用于通过船载非磁性装置来确定和显示船舶首向并传送首向信息以输入到雷达、AIS和自动跟踪仪中。

②1台陀螺罗经首向复视器,或其他装置,用于将可视首向信息传送到应急操舵位置(如设有)。

③1台陀螺罗经方位复视器,或其他装置,通过使用上述①所述的陀螺罗经或其他装置,在水平360°范围内量取方位。但是,小于1 600 GT的船舶应尽可能配备该装置。

④舵、螺旋桨、推力、螺距和工作模式指示器,或其他装置,用于确定和显示舵角、螺旋桨转速、推力和推力方向以及(如适用)侧推的推力和方向、螺距和工作模式,所有这些指示器都应在指挥驾驶位置清晰可读。

⑤1台自动跟踪仪,或其他装置,用于自动标绘其他目标的距离和方位,以确定碰撞危险。

(6)在所有500 GT及以上的船舶上,1台设备的故障不应降低船舶满足公约要求的能力。

(7)所有3 000 GT及以上的船舶,除满足上述(5)的要求外,还应设有:

①1台3 GHz雷达,或(如果主管机关认为合适)第2台9 GHz雷达,或其他装置,用于确定和显示其他水上船艇、碍航物、浮标、海岸线和航标的距离和方位,借以助航和避碰。

②第2台自动跟踪仪,或其他装置,用于自动标绘其他目标的距离和方位,以确定碰撞危险。

(8)所有10 000 GT及以上的船舶,除满足上述(7)①的要求外,还应设有:

①1台自动雷达标绘仪,或其他装置,与1台指示船舶相对于水的航速和航程的装置相连,用于自动标绘至少20个其他目标的距离和方位,以确定碰撞危险和模拟试验性操纵。

②1套首向或航迹控制系统,或其他装置,用于自动控制和保持首向和/或直航迹。

(9)所有50 000 GT及以上的船舶,除满足上述(8)的要求外,还应设有:

①1台回转速率指示仪,或其他装置,用于确定和显示回转速率。

②1台航速和航程测量装置,或其他装置,用于指示船舶前进方向和横向的相对于地的航速和航程。

3. 船舶远程识别与跟踪

(1)适用于以下从事国际航行的各类船舶:

①客船,包括高速客船。

②300 GT 及以上的货船,包括高速货船。

③移动式海上钻井平台。

(2)船舶应按以下要求配备可以自动发送远程识别与跟踪信息的系统——远程识别跟踪系统(Long-rang Identification and Tracking of Ships,缩写为LRIT):

①2008年12月31日或以后建造的船舶,建造时配备。

②2008年12月31日前建造的船舶并被核准航行于:A1和A2海区,或A1、A2和A3海区,应不迟于2008年12月31日后的第1次无线电设备检验日期前配备。

③2008年12月31日前建造的船舶并被核准在A1、A2、A3和A4海区航行,不迟于2009年7月1日后的第1次无线电设备检验日期前配备。

③无论何时建造的船舶配备了自动识别系统并只航行在A1海区以内的船舶可不要求符合上述规定。

④船舶的LRIT应自动发送以下远程识别与跟踪信息(按LRIT性能标准规定,船舶每隔6 h应自动向LRIT数据中心发送1次信息):

A. 船舶识别号。

B. 船位(经纬度)。

C. 提供船位的日期和时间。

4. 航行数据记录仪(VDR)

(1)为了给事故调查提供帮助,从事国际航行的船舶,应按下列要求装设VDR:

①在2002年7月1日或以后建造的客船。

②在2002年7月1日以前建造的滚装客船,不迟于2002年7月1日或以后的第1次检验。

③在2002年7月1日以前建造的除滚装客船以外的客船,不迟于2004年1月1日。

④在2002年7月1日或以后建造的除客船以外的3 000 GT 及以上的船舶。

(2)为了帮助海难调查,从事国际航行且受(1)④条规定约束的现有货船应按以下期限设有航行数据记录仪,它可以是一个简化的航行数据记录仪(S-VDR):

①对2002年7月1日之前建造的20 000 GT 及以上货船,在2006年7月1日之后第1次计划坞修日,但不晚于2009年7月1日。

②对2002年7月1日之前建造的3 000 GT 及以上,但小于20 000 GT 的货船,在2007年7月1日之后第1次计划坞修日,但不晚于2010年7月1日。

(3)如果货船在上述实施日期之后2年以内将永久退役,主管机关可对这些船舶免除配备VDR的要求。

5. 航向和/或航迹控制系统的使用

①在运输繁忙的地区,在能见度受限制的情况下以及在所有其他航行危险的处境中,如使用航向和/或航迹控制系统,应尽可能立即改为人工操舵。

②在上述情况下,应尽可能毫不迟延地为值班驾驶员配备1位合格的舵工,该舵工应随时

准备接过操舵工作。

③从自动操舵转换为人工操舵,以及相反地从人工操舵转换为自动操舵,应由1位负责的驾驶员操作或在其监督下进行操作。

④在长期使用航向和/或航迹控制系统以后,以及在进入需要特别谨慎驾驶区域以前,均应试验人工操舵。

6. 操舵装置——试验和演习

(1)船舶开航前12 h之内,应由船员对操舵装置进行核查和试验。试验程序(如适用时)应包括下述操作:

①主操舵装置。

②辅助操舵装置。

③操舵装置遥控系统。

④驾驶室内的操舵位置。

⑤应急动力供应。

⑥相对于舵的实际位置的舵角指示器。

⑦操舵装置遥控系统动力故障报警器。

⑧操舵动力设备故障报警器。

⑨自动隔断装置及其他自动设备。

(2)核查和试验应包括:

①按照所要求的操舵装置能力进行操满舵试验。

②操舵装置及其联动部件的外观检查。

③驾驶室与舵机室之间通信手段的工作试验。

(3)在驾驶室及舵机室内,应有永久显示操舵装置遥控系统和操舵装置动力装置转换程序的简单操作说明,并附有方框图。

(4)所有与操舵装置的操作和/或维修有关的船舶驾驶员,应熟悉装在船上的操作系统的操作以及从一个系统转换到另一系统的程序。

(5)除上述常规核查和试验外,至少每3个月应进行1次应急操舵演习,以练习应急操舵程序。操演应包括在操舵装置室内的直接控制,与驾驶室的通信程序,以及转换动力供应的操作(如适用时)。

(6)对于从事短期航行的船舶,主管机关可免除上述核查和试验的要求,但这些船舶每周至少应进行1次这样的核查和试验。

(7)进行核查和试验日期,以及进行应急操舵装置演习的日期和详细内容应作记录。

7. 海图和航海出版物

海图和航海出版物,如航路指南、灯塔表、航海通告、潮汐表以及所有其他拟定航程所需的航海出版物均应充足并保持更新。

8. 危险通报

每艘船舶的船长如遇到危险的冰、危险的漂浮物,或其他任何对航行的直接危险,或热带风暴,或遇到伴随强风的低于冰点的气温致使上层建筑严重积聚冰块,或者未曾收到暴风警报而遇到蒲福风级10级或10级以上的风力时,均有责任自行采取一切措施将此信息通知附近各船及主管当局。发送这种信息的形式不受限制,可用明语(最好用英文)或用国际信号码发送。

四、国际船舶安全营运和防止污染管理规则(《ISM 规则》)

《SOLAS 74 公约》附则第Ⅸ章是船舶安全营运管理。IMO 于 1993 年 11 月在第 18 届大会上通过了 A.741(18)号决议,即《国际船舶安全营运和防止污染管理规则》(International Management Code for the Safe Operation of Ships and for Pollution Prevention,缩写为 ISM Code;简称《国际安全管理规则》;习惯称《ISM 规则》)。1994 年 5 月,IMO 召开缔约国外交大会通过了《1974 年 SOLAS 公约 1994 年修正案》,将该规则正式纳入了《SOLAS 公约》的第Ⅸ章中,成为具有法律约束效力的强制性规则。

国际海事组织海上安全委员会于 2000 年 12 月 5 日以 MSC.104(73)号决议通过了对《国际安全管理规则》(《ISM 规则》)的修正案。根据经修正的《SOLAS 公约》的有关规定,该修正案通过默认接受程序于 2002 年 7 月 1 日起生效。缔约国的相应船舶从法定日期起,若未执行《ISM 规则》,将不能从事国际航行。非缔约国的船舶则不能享受比缔约国船舶更优惠的待遇。

(一)《ISM 规则》概述

《ISM 规则》由前言和 16 条要素组成。这些要素包括:A 部分——实施(总则,安全和环境保护方针,公司的责任和权力,指定人员,船长的责任和权力,资源和人员,船上操作方案的制订,应急准备,船舶和设备的维护,文件,公司审核、复查和评价);B 部分——发证与审核(发证和定期审核,不符合规定的情况、事故和险情的报告及分析,核发临时证书,审核,证书格式)。

前言指出,《ISM 规则》旨在提供船舶安全管理、安全营运和防止污染的国际标准;要求各国政府采取必要措施以保证船长在海上安全和保护海洋方面正当履行其职责;要求有适当的管理组织,使其能够对船上的某些需求作出反应,以便达到并保持安全和环境保护的高标准。考虑到航运公司或船舶所有人的情况各异以及船舶营运条件的大不相同,《ISM 规则》根据一般原则和目标制定,用概括性术语写成,因而具有广泛的适用性;强调高级领导层的承诺是做好安全管理工作的基础,而各级人员的责任心、能力、态度和主观能动性将决定安全和防污染的最终结果。

实施(A 部分)

《ISM 规则》界定的"公司"系指船舶所有人,或已承担船舶所有人的船舶营运责任并在承担此种责任时同意承担本规则的所有责任和义务的任何机构或个人,如管理人或光船承租人。"安全管理体系"(SMS)系指能使公司人员有效实施公司的安全及环境保护方针所建立并文件化的体系。"符合证明"(DOC)系指颁发给符合《ISM 规则》要求的公司的证明文件。"安全管理证书"(SMC)系指颁发给船舶,证明公司及其船舶管理营运符合已批准的安全管理体系(SMS)的证书。

(1)《ISM 规则》目标

《ISM 规则》目标分 3 个层面:《ISM 规则》的目标、公司的安全管理目标、安全管理体系的目标。

《ISM 规则》的目标是保证海上安全,防止人员伤亡,避免对环境,特别是海洋环境造成危害以及对财产造成损失。

公司的安全管理的目标是提供船舶营运的安全做法和安全工作环境;针对已认定的所有风险,制定防范措施;不断提高岸上及船上人员的安全管理技能,包括安全及环境保护方面的应变部署。

安全管理体系的目标是应当保证符合强制性规范及规则,并对国际海事组织、主管机关、船级社和海运行业组织所建议的适用的规则、指南和标准予以考虑。

(2)安全管理体系

每个公司均应建立、实施并保持以下基本要求的安全管理体系:

①安全和环境保护方针。

②确保船舶的安全营运和环境保护符合有关的国际和船旗国立法的指令和程序。

③船岸人员的权限和相互间的联系渠道。

④事故和不符合规则规定情况的报告程序。

⑤对紧急情况的准备和反应程序。

⑥内部评审和管理性复查程序。

(3)安全和环境保护方针

公司应当制定安全和环境保护方针,说明如何实现公司的安全管理目标。公司应当保证船岸各级机构均能执行和保持此方针。

(4)公司的责任和权力

①对于管理、从事和审核及安全和防止污染工作的所有人员,公司应当明确并用文件形式规定其责任、权力及相互关系。包括替代关系和必要的适任条件。

②公司应当负责保证向指定的人员提供足够的资源和岸上的支持,以便使其能够履行各自的职责。

③如负责船舶营运的实体不是船舶所有人,则船舶所有人必须向主管机关报告该实体的全称和详细情况。

(5)指定人员

为确保每艘船舶的安全营运并提供公司与船上之间的联系,公司应当根据情况指定1名或数名能直接同最高管理层联系的岸上人员。被指定人员的责任和权力应包括对每一艘船的安全营运和防止污染方面进行监控,并确保按需要提供足够的资源和岸上的支持。

(6)船长的责任和权力

①公司应当以文件形式明确规定船长的下列责任:执行公司的安全和环境保护方针;激励船员遵守该方针;以简明方式发布相应的命令和指令;审核具体要求的遵守情况;复查安全管理体系并向岸上管理部门报告其不足之处。

②公司应当保证在船上实施的安全管理体系中包含一个强调船长权力的明确声明,在安全管理体系中确立船长的绝对权威和责任。

(7)资源和人员

①公司应当保证船长具有适当的指挥资格,完全熟悉公司的安全管理体系,并得到必要支持,以便可靠地履行其职责。

②公司应当保证根据本国和国际有关规定,为每艘船舶配备合格、持证并健康的船员。

③公司应当建立有关程序,以便保证涉及安全和环境保护工作的新聘人员和新调至该岗位人员适当熟悉其职责。凡需在开航前作出的指令均应当标明并以文件形式下达。

④公司应当保证与其安全管理体系有关的所有人员对有关规定、规则和指南有充分的理解。

⑤公司应当建立并保持有关程序,以标明为实施安全管理体系可能需要的任何培训,并保

证向所有相关人员提供这种培训。

⑥公司应当建立有关程序,使船上人员借此能够获得以一种工作语言或他们懂得的其他语言书写的有关安全管理体系的信息。

⑦公司应当保证船上人员在履行其涉及安全管理体系的职责时能够有效地交流。

(8)船上操作方案的制订

对涉及船舶安全和防止污染的关键性的船上操作,公司应建立有关方案和须知的制订程序,适当时还包括核查清单。对所涉及的各项任务应作出明确规定并分配给合格的人员。

(9)应急准备

①对船上可能出现的紧急情况,公司应当建立标明、阐述和反应的程序。

②公司应当制订应急行动的训练和演习计划。

③安全管理体系应提供措施,确保公司有关机构能在任何时候对涉及其船舶的危险、事故和紧急情况作出反应。

(10)不符合规定的情况、事故和险情的报告和分析

安全管理体系应当包括确保不符合规定的情况、事故和险情得到报告(至公司)、调查和分析的程序,以便改进安全和防止污染工作。公司应当建立实施纠正措施的程序。

(11)船舶和设备的维护

公司应当保证按照适当的间隔期进行检查;报告已知的不符合规定的情况并附上可能的原因;采取适当的纠正措施;保存这些活动的记录。

公司应当在安全管理体系中制定有关程序,以标明那些会因突发性运行故障而导致险情的设备和技术系统。安全管理体系应当提供提高这些设备和系统可靠性的具体措施。这些措施应当包括对备用装置及设备或非连续使用的技术系统的定期测试,并纳入船舶的日常操作性维护。

(12)文件管理

公司应当建立并保持与安全管理体系有关的所有文件和资料的程序。保证各有关部门均能够获得有效的文件;文件的更改须经授权人的审查批准;被废止的文件应及时清除。每艘船应当备有与之有关的全部文件。

(13)公司审核、复查和评价

公司应当开展内部安全评审,以审核安全及防止污染活动是否符合安全管理体系的要求;应当定期评价安全管理体系的有效性,必要时还应当根据公司建立的有关程序对安全管理体系进行复查;审核及可能采取的纠正措施应当按文件规定的程序进行。

发证与审核(B 部分)

(14)发证和定期审核

①船舶应当由持有与该船相关的"符合证明"或"临时符合证明"的公司营运。对每一个符合《ISM 规则》要求的公司,由主管机关、主管机关认可的机构或在主管机关的要求下,由另一缔约国政府签发不超过 5 年的"符合证明"。此证明应被作为该公司符合《ISM 规则》要求的证据。

②"符合证明"仅对明确列入此证明的船舶类型有效。"符合证明"应在每年周年日的前或后 3 个月内接受由主管机关、主管机关认可的机构或在主管机关的要求下,由另一缔约国政府进行的年度审核。当"符合证明"未按本规则要求接受年度审核,或存在严重不合格证据时,应由主管机关或在主管机关的要求下,由另一签发此证明的缔约国政府撤销。如果"符合

证明"失效,则相关的"安全管理证书"和/或"临时安全管理证书"也失效。

③"符合证明"的副本应保存在船上,以便当船长如被要求时,可出示给主管机关或其认可的机构验证。

④对每艘船舶,由主管机关、主管机关认可的机构或在主管机关的要求下,由另一缔约国政府签发不超过5年的"安全管理证书"。"安全管理证书"应在验证了公司和船舶的管理已根据批准的安全管理体系运行后签发。此证明应被作为该船舶能符合《ISM规则》要求的证据予以接受。

⑤"安全管理证书"至少应接受由主管机关、主管机关认可的机构或在主管机关的要求下,由另一缔约国政府进行的中间审核。如果在5年的周期内仅进行一次中间审核,它应在第2个周年日和第3个周年日进行。

⑥当"安全管理证书"未按要求接受中间审核,或存在严重不合格证据时,应由主管机关或在主管机关的要求下,由另一签发此证明的缔约国政府撤销。

⑦若换证审核在原"符合证明"或"安全管理证书"到期日3个月前完成,则新"符合证明"或"安全管理证书"的有效期从换证审核的完成日起不超过5年。

(15)临时审核

①为了推进本规则的初次执行,对于下列情况,可签发"临时符合证明":新建公司,或持有符合证明但需要新增船型的公司。

②"临时安全管理证书"可以签发给:新接受的船舶;新到公司的船舶;或船舶更改船旗时。

③在特殊情况下,主管机关或在主管机关的要求下,由另一缔约国政府可以对"临时安全管理证书"从到期日起展期不超过6个月。

④在验证了下列要求满足后,可以签发"临时安全管理证书":公司符合证明或临时符合证明与该船相关;公司为该船提供的SMS,包括了本规则的关键要素,且在为签发符合证明的审核期间业经验证,或在签发临时符合证明时业已证明;具有在3个月之内公司对该船进行审核的计划;船长及高级船员熟悉SMS和为其实施的计划安排;已在开航前提供且认为是必要的须知;以及安全管理体系的有关信息用工作语言或船上人员懂得的语言传递。

(16)证书格式

①"符合证明"、"安全管理证书"、"临时符合证明"和"临时安全管理证书"格式应根据本规则所附的模版格式制定。如果所用的语言既不是英文,也不是法文,则文字必须翻译成其中的一种语言。

②除了本规则(14)②要求外,在安全管理体系中描述的反映船舶营运的任何限制要求可以签注在"符合证明"和"临时符合证明"上的船舶类型内。

(二)安全管理体系

根据《ISM规则》的要求,凡从事国际航行的船舶及经营国际航运的公司,应根据船舶种类实施《ISM规则》的时间限制要求,建立、实施和保持一个安全管理体系(Safety Management System,简称SMS),并经主管机关或其授权的机构进行认证审核。凡审核合格的公司将取得"符合证明"(Document of Compliance,简称DOC),其所属船舶在具有公司"符合证明"副本的情况下。经审核合格,可取得船舶"安全管理证书"(Safety Management Certificate,简称SMC)。

SMS文件体系的构成可分为两个方面和三个层次。两个方面指公司和船舶;三个层次指体系文件、程序文件和运行记录。

1. SMS 文件体系的结构

（1）公司文件体系的构成

第一部分：公司的方针目标，即公司在安全管理方面想要做什么。

第二部分：体系，即公司对安全和防污染管理的组织控制要达到什么样的目标。

第三部分：程序，即说明安全和防污染管理工作由谁做，何时做，何处做，做什么。

第四部分：须知和相关记录，即在安全和防污染管理上怎么做的文件以及做了以后留下的记录。

（2）船舶文件体系的构成

船舶文件体系结构与公司文件相同，但体现船舶安全和防污染管理特点及对公司体系文件补充的操作性文件。

船舶文件体系和公司文件体系的原则相一致，不应存在矛盾和抵触，而应确定界面，消除重叠，合理接口，形成统一。

2. SMS 文件体系的层次

第一层次：安全管理手册。安全管理手册中包括最高领导层的政策声明、方针目标及落实《ISM 规则》的各项具体要求等，其具体内容有：目标与方针，组织结构，职责分工，安全与防污染的管理，人员与配备，资格与培训，文件管理，行政管理与计划，应变部署等项。

第二层次：程序文件（或称专业手册/安全管理程序手册）。程序文件是基于安全管理手册，是后者的支持性文件，即把安全管理手册所规定的要求，按部门分工具体化，同时明确各部门间的相互关系。

第三层次：须知文件（或称操作手册）。包括操作须知、设备使用说明、保养维修规定等指导文件，是具体说明如何进行每一项工作的文件。

SMS 文件体系的三个层次，既独立又有联系。其中"安全管理手册"等通用性文件，公司和船舶都须配置。

3. SMS 若干要点

《ISM 规则》第七条"船上操作方案的制订"中规定：对涉及船舶安全和防污染的关键性的船上操作，公司应建立制订有关方案和须知的程序。

根据对船舶安全和防污染的影响程度，关键性操作可分为关键操作和特殊操作。

（1）关键操作（又称临界操作）系指其任何过失都可能立即造成船舶碰撞、船体损伤、水域污染或人员伤亡等严重事故或产生直接威胁人命安全、船舶安全或环境保护的危险局面的所有操作。

关键操作应严格按照须知进行，并应密切监督操作是否符合要求。对临界操作必须明确操作者资格，将有关的各项工作分配给适任人员，并对操作进行监督。

临界操作至少包括：

①在限制水域或交通密集区域航行。

②在接近陆地水域或交通密集水域内可能造成突然失去操纵能力的操作。

③在视线不良条件下的航行。

④在恶劣气象条件下的航行。

⑤危险货物和有毒有害物质的装卸和积载。

⑥海上加油和驳油。

⑦液化气体运输船、化学品船和油船的货物操作。

⑧关键性机器/设备的操作。

(2)特殊操作系指那些仅在险情已产生或事故已发生时,其过失才会明显看出的操作。特殊操作具有过失显露的滞后性,往往在发生事故或出现险情时,才显示出操作中的不当或错误行为。因此,船上特殊操作的程序和须知应强调预防和检查,旨在事故发生前纠正不安全的做法。

特殊操作至少包括:
①保证水密完整性。
②航行安全,包括海图和有关出版物的改正。
③影响航行安全设备(如舵机等)及其有关的备用设备可靠性的试验操作、维护保养操作。
④港内加油操作及驳油作业。
⑤保持稳性、防止超载和应力集中。
⑥集装箱、货物及其他物品的绑固。
⑦船舶保安、防暴力和海盗行为。

《ISM 规则》第八条"应急准备"中规定,对船上可能出现的紧急情况,公司应建立标明、阐述和反应的程序。

SMS 文件体系应制定应急文件。应急文件包括船岸应急程序(组织、职责、通信联络和报告、请求援助、应对媒体等)和反应计划(应变部署)。

船上紧急情况可分为4类:
①火灾与海损类。火灾/爆炸,船舶碰撞,搁浅/触礁,船舶破损、进水,天气损害,弃船等。
②机损与污染类。主机故障,舵机失灵,电源故障,机舱事故,油污染等。
③货物损害类。货物移动,海难自救抛货,危险货物事故等。
④治安与人员伤亡类。严重伤病,进入封闭场所,人员落水,搜寻和救助,海盗和暴力行为;战区遇险,直升机操作等。

SMS 应对可能出现的船上紧急情况制定相应的处理程序,以便船上一旦发生紧急情况,岸上和船上人员能及时有效地处理。

应变部署程序至少应包括:消防和救生演习;应急设备的使用;应急发电机操作;舵机失灵时操作;机舱进水;应急救援和疏散;限制区域的救助;危险物质的清除;意外事故;消防设备、救生设备和人员防护设备的维护管理等。

4. 发证、审核和监督

船公司为获得 DOC 的签发和保持 DOC 的有效性应进行初次审核、年度审核、换证审核和附加审核;船舶为获得 SMC 的签发和保持 SMC 的有效性应进行初次审核、中间审核、换证审核和附加审核。

对船舶的各种审核:

(1)初次审核

对于新建立 SMS 的船舶或首次要求取得中国船级社 SMC 的船舶,经公司或船舶提出申请后,由 CCS 进行初次审核。

CCS 审核员按《钢质海船入级规范》(以下简称《规范》)有关规定对船舶的 SMS 进行审核,查明其已符合本《规范》要求时,CCS 可签发 SMC。

(2)中间审核

所有取证船舶应按《规范》的规定接受中间审核。在船舶 SMC 有效期内应至少进行 1 次中间审核。在 SMS 运行初期或根据不合格性质,本社认为必要时,可增加中间审核的频次。如仅进行 1 次,则应自第 2 周年日至第 3 周年日内进行中间审核。

当中间审核的结果证明取证船舶的 SMS 仍有效地保持并符合《规范》时,审核组长/审核员(仅有 1 名审核员时)将对 SMC 签证。

(3) 换证审核

在 SMC 到期之日前 6 个月内,取证船舶应按《规范》的规定接受 SMC 换证审核,并应在 SMC 到期之日前完成审核。

当换证审核的结果证明取证船舶的 SMS 仍有效地保持并符合《规范》时,CCS 将换发新的 SMC。

(4) 附加审核

① 在船舶发生事故或存在缺陷,而这些将影响船舶的安全或完整性、船上设备的效能或完全性,或影响海洋环境或船上人员安全时,船长或公司应立即向 CCS 报告。CCS 认为必要时,将安排附加审核。船长或公司也应向船旗国和船舶所在港的港口国主管机关报告。

② 当船上的 SMS 有重要变更时,公司和/或船舶应立即通知 CCS,并应经受附加审核。

③ CCS 认为其他有必要时,将安排附加审核。

④ 当附加审核的结果证明取证船舶的 SMS 仍有效地保持并符合《规范》时,审核组长/审核员(仅有 1 名审核员时)将对 SMC 签证。

⑤ 临时审核。为便于 ISM 规则的实施,《规范》对于下述情况作出了专门的过渡性安排,由 CCS 审核员按《规范》的规定对船舶的 SMS 进行临时审核,并验证其已符合《规范》要求时,CCS 可签发临时 SMC。

A. 新造船或经改建导致船舶种类改变的船舶在首次投入营运时。

B. 新到公司的船舶。

C. 船舶更改船旗时。

五、国际船舶和港口设施保安规则(《ISPS 规则》)

2001 年 9 月 11 日的灾难事件之后,为了加强海上保安,在 2001 年 11 月召开的第 22 届大会上一致同意,制定关于船舶和港口设施保安的新措施。2002 年 12 月伦敦召开的海上保安外交大会上通过了《1974 年海上人命安全公约》的新规定和《国际船舶和港口设施保安规则》(International Ship and Port Facility Security,简称《ISPS 规则》),并于 2004 年 7 月 1 日起实施。

1.《ISPS 规则》概述

《SOLAS 公约》第 XI-2 章的规定和本规则适用于船舶和港口设施,将公约的范围扩展到包括港口设施,但关于港口设施的规定应只涉及船/港界面。《ISPS 规则》包括序言、A 部分、B 部分组成。序言主要描述了 IMO 有关修改《SOLAS 公约》和制定《ISPS 规则》的工作过程。A 部分为关于经修订的《1974 年国际海上人命安全公约》第 XI-2 章规定的强制性要求。B 部分为关于经修订的《1974 国际海上人命安全公约》附则第 XI-2 章和本规则 A 部分规定的指导。在实施《SOLAS 公约》第 XI-2 章和本规则 A 部分的海上保安规定时,应考虑到本规则 B 部分所提供的指导。

《ISPS 规则》A、B 两部分在编排格式上保持了一致,包括:总则;定义;适用范围;缔约国政府的责任;保安声明;公司的责任;船舶保安;船舶保安评估(SSA);船舶保安计划(SSP);记录;公司保安员(CSO);船舶保安员(SSO);船舶保安培训、演练和演习;港口设施保安;港口设施保安评估(PFSA);港口设施保安计划(PFSP);港口设施保安员(PFSO);港口设施保安培训、演练和演习;船舶核验和发证等19项内容。

2.《ISPS规则》的有关规定

(1)目标

该规则的目标是:

①建立一个缔约国政府、政府部门、地方行政机关和航运业以及港口业进行合作的国际框架,以探察保安威胁并针对影响到用于国际贸易的船舶或港口设施的保安事件采取防范措施。

②确立缔约国政府、政府部门、地方行政机关和航运业以及港口业各自在国内和国际层面上关于确保海上保安的作用和责任。

③确保及时和有效地收集和交流与保安有关的信息。

④提供一套用于保安评估的方法,以具备对保安等级的变化作出反应的计划和程序。

⑤确保对具备充分和恰当的海上保安措施抱有信心。

(2)定义

①认可的保安组织(RSO),具备与保安有关的专门知识,由国家交通主管部门授权从事船舶与港口设施保安评估、制定"船舶和港口设施保安计划"等工作的机构或组织。

②"船舶保安计划",系指为确保在船上采取旨在保护船上人员、货物、货物运输单元、船舶物料或船舶免受保安事件威胁的措施而制订的计划。

③船舶保安员,系指由公司指定的承担船舶保安责任的船上人员,此人对船长负责,其责任包括实施和维护"船舶保安计划"以及与公司保安员和港口设施保安员进行联络。

④保安等级1,系指应始终保持的适当最低保护性保安措施的等级。

⑤保安等级2,系指由于保安事件危险性升高而应在一段时间内,保持适当的附加保护性保安措施的等级。

⑥保安等级3,系指当保安事件可能或即将发生(尽管可能尚无法确定具体目标)时,应在一段有限时间内保持进一步的特殊保护性保安措施的等级。

(3)适用范围

该规则适用于以下各类从事国际航行的船舶和为此类国际航行船舶服务的港口设施:

①客船,包括高速客船。

②500 GT及以上的货船,包括高速货船。

③移动式海上钻井平台。

不适用于军舰、海军辅助船或由缔约国政府拥有或经营并且只用于政府非商业服务的其他船舶。

(4)缔约国政府的责任

①缔约国政府应规定保安等级并为防止发生保安事件提供指导。较高的保安等级表明发生保安事件的可能性较大。在规定适当的保安等级时应考虑以下几种因素:

A. 威胁信息的可信程度。

B. 威胁信息得以佐证的程度。

C. 威胁信息的具体或紧迫程度。

D. 该保安事件的潜在后果。

②缔约国政府在规定保安等级3时,应发出必要的适当指令,并应向可能受到影响的船舶

和港口设施提供与保安有关的信息。

③缔约国政府可以将某些与保安有关的职责授权给经认可的保安组织,但以下职责除外:

A. 规定适用的保安等级。

B. 批准港口设施保安评估和已批准评估的后续修订。

C. 确定须指定港口设施保安员的港口设施。

D. 批准"港口设施保安计划"和已批准计划的后续修订。

E. 采取监督和符合措施。

F. 规定关于"保安声明"的要求。

④缔约国政府应在其认为合适的限度内,测试其所批准的(或对于船舶而言,代表其批准的)船舶或港口设施保安计划或它们的修订内容的有效性。

(5) 保安声明

①缔约国政府应通过评估船/港界面活动或船到船活动对人员、财产或环境造成的危险,确定何时要求"保安声明"。

②船舶在以下情况下可要求填写"保安声明":

A. 该船运营所处的保安等级高于其所从事界面活动的港口设施或另一船舶的保安等级。

B. 在缔约国政府之间有涉及某些国际航线或这些航线上的具体船舶的关于"保安声明"的协议。

C. 曾经有过涉及该船或涉及该港口设施的保安威胁或保安事件。

D. 该船位于一个不要求具有和实施经批准的"港口设施保安计划"的港口。

E. 该船与另一艘不要求具有和实施经批准的"船舶保安计划"的船舶进行船到船活动。

③"保安声明"应由以下各方来填写:

A. 船长或船舶保安员,代表船舶。

B. 港口设施保安员,或如果缔约国政府另行决定,由负责岸上保安的任何其他机构,代表港口设施。

④"保安声明"应处理港口设施和船舶之间(或船舶与船舶之间)可同意的保安要求,并应说明各自的责任。

⑤主管机关应确定悬挂其国旗的船舶保存"保安声明"的最低期限。

(6) 公司的责任

①公司应确保"船舶保安计划"中包含强调船长权威的明确陈述。公司应在"船舶保安计划"中明确,船长在就船舶保安作出决定方面,以及在必要时请求公司或任何缔约国政府提供协助方面具有最高的权威和责任。

②公司应确保向公司保安员、船长和船舶保安员提供必要的支持以使其履行其职责和责任。

(7) 船舶保安

船舶须按缔约国政府规定的保安等级采取下述行动。

①当处于保安等级1时,应通过适当的措施并考虑到本规则B部分的指导,在所有船上开展以下活动,以便针对保安事件确定并采取防范措施:

A. 确保履行船舶的所有保安职责。

B. 对进入船舶予以控制。

C. 控制人员及其物品上船。

D. 监控限制区域,确保只有经过授权的人才能进入。

E. 监控甲板区域和船舶周围区域。

F. 监督货物和船舶备品装卸。

G. 确保随时可进行保安通信。

②当处于保安等级2时,应考虑到本规则B部分的指导,对每项活动实施"船舶保安计划"中规定的附加保护性措施。

③当处于保安等级3时,应考虑到本规则B部分的指导,对每项活动实施"船舶保安计划"中规定的进一步特殊保护性措施。

④如果主管机关规定了保安等级2或3,船舶应确认已收到关于改变保安等级的指令。

⑤在进港前或在缔约国境内的港口期间,当缔约国规定了保安等级2和3时,船舶应确认已收到指令并应向港口设施保安员确认已开始实施"船舶保安计划"所列明的适当措施和程序以及在保安等级3时规定了保安等级3的缔约国政府发出的指令所列明的适当措施和程序。船舶应报告在实施中遇到的任何困难。在此情况下,港口设施保安员和船舶保安员应进行联络并协调适当的行动。

⑥如果船舶的保安等级高于其拟进入或所在港口被规定的保安等级,船舶应立即将此情况通知港口设施所在缔约国政府的主管当局和港口设施保安员。在此情况下,如果必要,船舶保安员应与港口设施保安员进行联络并协调适当的行动。

(8) 船舶保安评估

①船舶保安评估是"船舶保安计划"制订和更新过程的重要和必要组成部分。

②公司保安员应确保船舶保安评估是由具备评价船舶保安的适当技能的人员按照规定来开展的。

③经认可的保安组织可以为某一具体船舶开展船舶保安评估。

④船舶保安评估应包括现场保安检验和至少以下要素:

A. 确定现有保安措施、程序和操作。

B. 确定并评价应予重点保护的船上关键操作。

C. 确定船上关键操作可能受到的威胁及其发生的可能性,以确定并按优先顺序排定保安措施。

D. 找出基础设施、方针和程序中的弱点,包括人为因素。

⑤船舶保安评估应由公司形成文件,加以审查,接受并保存。

(9) 船舶保安计划

①每艘船均应随船携带经主管机关批准的"船舶保安计划",该计划应就所定义的三个保安等级作出规定。经认可的保安组织可为某一具体船舶编制"船舶保安计划"。

②主管机关可将"船舶保安计划"的审查和批准工作或对以前已批准计划的修正的审查和批准工作委托给经认可的保安组织。在此情况下,从事审查和批准特定船舶的"船舶保安计划"或其修订内容的经认可保安组织,应不曾参与过被审船舶的保安评估的准备或"船舶保安计划"的编写或修订。

③提交审批的"船舶保安计划"或对以前经过批准的"船舶保安计划"的修订内容应附有编制该计划或修订内容所依据的保安评估。

④计划的制订应考虑到本规则B部分的指导,并应以该船的一种或几种工作语言写成,如所用语言不是英文、法文或西班牙文,还应包括其中一种文字的译文。

⑤主管机关应决定,对已批准的"船舶保安计划"或已批准计划中所述的任何保安设备的哪些改变,在主管机关批准对计划的相关修正前不得实施。

经主管机关特别批准的对"船舶保安计划"或保安设备作出改变的性质,应以明确说明该批准的方式作出书面记录。此批准应与"国际船舶保安证书"(或"临时国际船舶保安证书")一起保留在船上。如果这些改变是临时性的,一旦原批准措施或设备被恢复,船上不需再保留该记录。

⑥该计划可以用电子格式保存。在此情况下,应通过程序对其加以保护,以防止其被擅自删除、破坏或修改。

⑦应对计划予以保护,防止擅自接触或泄露。

⑧"船舶保安计划"不受采取监督和符合措施的缔约国政府正式授权官员的检查。如果缔约国正式授权的官员有明确理由相信船舶不符合第Ⅺ-2章或规则本部分的要求,且核实或改正不符合情况的唯一办法是审查"船舶保安计划"的相关要求,允许在特殊情况下查看计划中与不符合情况有关的具体章节,但必须征得有关船舶的缔约国政府或船长同意。且无论如何,上述计划中有关的规定被视为保密信息,不能受到检查,除非有关缔约国政府另行同意。

(10)记录

①"船舶保安计划"涉及的以下活动的记录应按主管机关规定的最低期限保存在船上:

A. 培训、演练和演习。

B. 保安威胁和保安事件。

C. 保安状况受到破坏。

D. 保安等级改变。

E. 与船舶保安状况直接相关的通信,例如对船舶或对船舶所在或曾经在的港口设施的具体威胁。

F. 保安活动的内部审核和审查。

G. 对船舶保安评估的定期审查。

H. 对"船舶保安计划"的定期审查。

I. 保安计划任何修订内容的实施。

J. 保安设备(如有)的保养、校准和测试,包括对船舶保安警报系统的测试。

②应采用船上的一种或几种工作语言来保持记录。如果所用语言不是英文、法文或西班牙文,应包括这三种语言之一的译文。

③记录可以用电子格式保存。在此情况下,应通过程序对其加以保护,以防止其被擅自删除、破坏或修改。

④应对记录予以保护,防止擅自接触或泄露。

(11)船舶保安员

①在每艘船上均应指定一名船舶保安员。

②除本规则本部分规定的其他内容外,船舶保安员的职责和责任还应包括但不限于以下内容:

A. 承担船舶的定期保安检查,确保适当的保安措施得以保持。

B. 保持和监督"船舶保安计划"(包括对该计划的任何修订)的实施。

C. 与船上其他人员并与有关港口设施保安员协调货物和船舶备品装卸中的保安事项。

D. 对"船舶保安计划"提出修改建议。

E. 向公司保安员报告内部审核、定期审查、保安检查和符合核验期间所确定的缺陷和不符合项,并采取任何纠正行动。

F. 加强船上保安意识和警惕性。

G. 确保为船上人员提供充分的培训。

H. 报告所有保安事件。

I. 与公司保安员和有关港口设施保安员协调实施"船舶保安计划"。

J. 确保正确操作、测试、校准和保养保安设备(如有)。

(12)船舶保安培训、演练和演习

①应考虑到本规则B部分提供的指导,使公司保安员和适当的岸上人员具备知识并接受培训。

②应考虑到本规则B部分提供的指导,使船舶保安员具备知识并接受培训。

③船上承担具体保安职责和责任的人员应理解"船舶保安计划"中为其规定的船舶保安责任,并应考虑到本规则B部分提供的指导,具备充分的知识和能力履行其所承担的职责。

④为保证"船舶保安计划"的有效实施,应考虑到船舶类型、船上人员的变动、所挂靠的港口设施和其他相关情况,按适当的间隔期开展演练,并考虑到本规则B部分提供的指导。

⑤公司保安员应确保通过参加按适当间隔开展的演习,有效协调和实施"船舶保安计划",并考虑到该规则B部分提供的指导。

(13)船舶核验和发证

①核验。本规则所适用的每艘船舶均应接受下文规定的核验:

A. 在船舶投入营运之前或在第1次签发证书之前进行的初次核验。

B. 换新核验,间隔期不超过5年。

C. 至少1次中期核验。如仅进行1次中期核验,应在证书的第2和第3周年日期之间进行,并在证书上签注。

D. 主管机关决定的任何附加核验。

②证书的签发或签注:

A. 在进行初次或换新核验后,应签发"国际船舶保安证书"。

B. 该证书应由主管机关或经认可的保安组织代表主管机关签发或签注。

C. 应主管机关的请求,另一缔约国政府可使船舶接受核验,如确信符合规定,应根据本规则向船舶签发或授权签发"国际船舶保安证书",并在合适情况下根据本规则签注或授权签注船舶的该证书。证书的一份副本和核验报告的一份副本应尽快送交提出请求的主管机关。如此签发的证书应载明是应主管机关的请求而签发的,并应与签发的证书具有同等效力和得到同样的承认。

D. "国际船舶保安证书"所用格式应与本规则附录中的范本相符。如所用文字不是英文、法文或西班牙文,则文本应包含其中一种文字的译文。

③证书的有效期限:

A. "国际船舶保安证书"应按主管机关规定的期限签发,该期限不得超过5年。如果换新核验在现有证书到期日之前3个月内完成,则新证书自换新核验完成之日起有效,有效期自现有证书到期日起不超过5年;如果换新核验在现有证书到期日之后完成,则新证书自换新检验完成之日起有效,有效期自现有证书到期日起不超过5年;如换新核验在现有证书到期日之前的3个月前完成,则新证书自换新核验完成之日起有效,有效期自换新核验完成之日起不超过

5年。

B. 如果证书到期时船舶不在应进行核验的港口,主管机关可延长该证书的有效期,对任何证书的展期均不得超过3个月。

C. 证书在以下任一情况下失效:有关核验未在规定的期限内完成;证书未按规定予以签注;公司承担了其以前未经营过的某一船舶的经营责任;船舶转挂另一国船旗。

④临时证书:

A. 如有下述情况主管机关可签发"临时国际船舶保安证书",其格式与本规则附录所列范本相符。在交船时或在投入运营或重新投入运营之前,船舶没有证书;某船舶从一缔约国政府换旗到另一缔约国政府;某船舶从一非缔约国政府换旗到一缔约国政府;如果某公司承担了其以前未经营过的某一船舶的经营责任。

B. "临时国际船舶保安证书"可由主管机关或经主管机关授权的认可保安组织代表主管机关签发。

C. "临时国际船舶保安证书"的有效期应为6个月,或直到签发了"国际船舶保安证书",以早者为准。"临时国际船舶保安证书"不得展期。

第三节　海员培训、发证和值班标准国际公约(《STCW公约》)

一、《STCW公约马尼拉修正案》的产生背景

《1978年海员培训、发证和值班标准国际公约》(International Convention on Standards of Training, Certification and Watchkeeping for Seafarers,简称《STCW公约》)是国际海事组织(IMO)所制定的公约中最重要的公约之一。《STCW公约》于1978年7月7日在国际海事组织总部伦敦召开的国际海员培训、发证外交大会上通过,1983年4月27日达到生效条件,1984年4月28日生效。中国于1980年6月8日加入《STCW公约》,成为该公约的缔约国。

《STCW公约》是用于控制船员职业技术素质和值班行为的国际公约,自生效实施以来,对促进各缔约国海员素质的提高,在全球范围内保障海上人命、财产的安全和保护海洋环境,有效地控制人为因素对海难事故的影响,都起到了积极的作用。

随着全球经济一体化的进程,船舶朝着大型化、快速化、专业化、现代化的方向发展,全球对海洋环境保护更严格,包括信息技术(IT)在内的新技术的应用越来越广泛与深入,对海员的培训与值班标准的要求越来越高;同时由于海盗猖獗,海运安全受到严重的挑战,对海员的培训与值班标准又提出了新的保安要求。在很长一段时间内,国际海事组织将"航行更安全,海洋更清洁(Safer Shipping, Cleaner Oceans)"确定为其追求的目标。但是,现在该目标已改变为"清洁海洋上安全、保安和高效的航运(Safe, Secure and Efficient Shipping on Clean Oceans)"。可以看出,国际海事组织已将"安全"与"保安"、"防污染"这两个传统主题并列,将"保安职责"全面纳入海员的培训内容。同时,"高效的航运"已经成为国际海事组织追求目标的新内容,国际海事组织已经认识到航海科技发展是实现"高效的航运"的重要技术保障。

国际海事组织(IMO)基于以上因素认为需要对《STCW 78/95公约》进行全面回顾与修正。2006年,应STW分委会第37次会议的请求,海上安全委员会(MSC)第81次会议指示STW分委会在工作计划中加入"对STCW公约和规则全面回顾"的高优先权议题。2007年

STW 分委会第 38 次会议确定了对 STCW 公约和规则全面检查的 8 项原则即：①保留 1995 年修正案的结构与目标；②不降低现有标准；③不修改公约条款；④解决不一致的问题、清理过时的要求及体现技术发展的需求；⑤确保有效的信息交流；⑥由于技术的创新，在履行培训、发证与值班要求方面提供一些灵活性；⑦考虑短航线船舶与近海石油工业的特点与环境；⑧考虑海上保安。

2010 年 6 月 21 日～25 日在菲律宾马尼拉召开的国际海事组织 STCW 公约缔约国外交大会上通过了经 2010 年修正的《1978 年海员培训、发证和值班标准国际公约》，该公约修正案也称为《STCW 公约马尼拉修正案》，并于 2012 年 1 月 1 日生效。

二、《STCW 公约马尼拉修正案》的构成与编排

《STCW 公约马尼拉修正案》主要由公约正文、附则以及 STCW 规则三部分组成。

公约正文共有 17 条，阐述和规定了制定公约的宗旨、缔约国义务、公约所用名词解释、适用范围、资料交流、与其他条约关系、证书、特免证明、过渡办法、等效办法、监督、技术合作、修正程序、加入公约形式、生效条件、退出方式、保管以及文本文字。

公约附则包括八章，分别是：总则；船长和甲板部；轮机部；无线电通信和无线电操作员；关于特定类型船舶海员的特殊培训要求；应急、职业安全、保安、医护和求生职能；可供选择的发证；值班。

STCW 规则分为 A、B 两部分，A 部分为强制性标准，给出了海员最低适任标准、特殊培训和专业培训的要求、发证标准以及海员值班标准等。B 部分是关于公约及其附则条款的建议性指导，旨在协助缔约国和其他各方以统一的方式使公约得以充分和完全实施。规则的条文编排与公约附则规定相对应。如：附则第Ⅲ章为轮机部，对应的 STCW 规则第Ⅲ章 A 部分是"关于轮机部的标准"，B 部分是"关于轮机部的指导"。A 部分的船员知识和技能要求采用表格形式陈述，分为管理级（Management Level）、操作级（Operational Level）和支持级（Support Level）三个责任级别，共有七项职能。其中船长、大副、轮机长和大管轮属于管理级，二/三副、二/三管轮、电子电气员、500 GT（或 750 kW）以下船舶的船长和高级船员属于操作级，值班水手、值班机工和电子技工属于支持级。七项职能是：航行；货物装卸和积载；船舶作业管理和船上人员管理；船舶轮机工程；电气、电子和控制工程；维护和修理；无线电通信。引用公约和附则的规定，就必须引用 STCW 规则 A 部分的相应规定。

根据《STCW 公约马尼拉修正案》适任标准的要求，每位电子电气员证书申请人须履行三项职能：电气、电子和控制工程；维护和修理；船舶作业管理和船上人员管理。

三、《STCW 公约马尼拉修正案》主要修正内容

1. 第Ⅰ章"总则"的主要修正内容

①新增"适任证书"、"培训合格证书"、"书面证明"、"电子电气员"、"电子技工"、"高级值班水手"、"高级值班机工"、"保安职责"等新定义。明确证书分为 3 层：适任证书（COC）、培训合格证书（COP）、书面证明。适任证书系指依据本附则第Ⅱ、Ⅲ、Ⅳ或Ⅴ章的条款向船长、高级船员以及 GMDSS 无线电操作员签发或签注的证书。培训合格证书系指向海员签发的除适任证书以外的，说明符合本公约要求的相关培训能力和海上服务资历的证书。书面证明系指除适任证书或培训合格证书以外的，用来证明已符合本公约的相关要求的文件。新修正案提高了证书的签发、签证、认可的审查要求，规定适任证书、根据规则第Ⅴ/11 条和规则第Ⅴ/1-2 条

规定签发给船长和船员的培训合格证书仅应由主管机关签发。强调现代化船舶中电子电气员(Electro-Technical Officer①,简称ETO)的必要性。适应海上运输保安的需要增设船舶保安方面的强制性培训要求。

②新增证书的签发和登记条款,对海上服务资历的认可、培训课程的确认、登记的电子电气查询、证书注册数据库的开发者都作了明确的规定。

③在控制近岸航行原则中新增缔约国应与相关缔约国就有关航区和其他相关条件的细节达成一致的条款。

④增加了独立评价报告内容的明确要求,对最初资料交流(履约报告)、后续报告(独立评价报告)及有资格人员的小组作出了明确的规定。

⑤明确了海员健康标准及健康证书的签发要求。要求海员健康检查均应由缔约国认可的完全合格的有经验的从业医生完成;缔约国应制定认可从业医生的规则,对从业医生进行登记,并根据请求向其他缔约国、公司及海员提供。

⑥增加了公司的责任。公司应确保其指派到任一船上的海员均接受了本公约要求的知识更新的培训,任何时候都必须按《SOLAS公约》第V章第14条第3款的规定确保其在船上能进行有效的口头交流。

⑦明确了过渡期的安排。过渡期为生效日加5年。

2. 第Ⅱ章"船长和甲板部"的主要修正内容

①强调电子海图显示与信息系统(ECDIS)的应用。新增使用 ECDIS 保持安全的航行值班(操作级)和使用有助于指挥决策的 ECDIS 和附属系统以保持安全航行(管理级)的要求。

②简化天文航海的知识、理解和熟练要求,提倡使用电子航海天文历和天文航海计算软件。

③新增领导和团队工作技能的使用(操作级)和领导力和管理技能的使用(管理级)的强制性适任能力。驾驶台资源管理成为强制性适任标准。

④新增海洋环境保护意识方面的知识、理解和熟练要求。

⑤新增按照船舶报告系统和VTS报告程序的一般规定进行报告的内容。

⑥新增高级值班水手发证的强制性最低要求。

3. 第Ⅲ章"轮机部"的主要修正内容

①删除"至少30个月的认可的教育与培训"的要求。

②提高普通船员晋升轮机员的要求,从1995年修正案的"不少于6个月的轮机部海上服务资历"提高到"完成不少于12个月的金工实习和认可的海上服务资历",其中包括不少于6个月的机舱值班(在轮机员的指导下)服务资历。

③新增领导力和团队工作技能的使用(操作级)和领导力和管理技能的使用(管理级)的强制性适任能力。机舱资源管理成为强制性适任标准。

④新增电子电气员和电子技工发证和资格的强制性最低要求。

⑤新增高级值班机工发证的强制性最低要求。

4. 第Ⅳ章"无线电通信和无线电操作员"的修正内容

本次修订对第Ⅳ章的有关概念进行了修改。将第Ⅳ章标题"无线电通信和无线电人员"修改为"无线电通信和无线电操作员"。本章中出现的"无线电人员"全部被改为"无线电操作

---

① 目前"ETO"普遍被翻译成"电子电气员",但之前某些出版物上翻译为"电子员"。

员",此外,在第Ⅰ章的规则Ⅰ/1(定义和说明)中增加了 GMDSS 无线电操作员的定义。

5. 第Ⅴ章"特定类型船舶的船员特殊培训要求"的修正内容

①对 1995 年修正案的液货船船长、高级船员和普通船员培训和资格强制性最低要求作了重大的调整,由"Ⅴ液货船(油船、化学品船、液化气船)船长、高级船员和普通船员培训和资格强制性最低要求"分解为"Ⅴ/1-1 油船、化学品船船长、高级船员和普通船员培训和资格强制性最低要求"及"Ⅴ/1-2 液化气船船长、高级船员和普通船员培训和资格强制性最低要求"两部分。证书调整为 5 种:油船和化学品船货物操作基本培训证书、油船货物操作高级培训证书、化学品船货物操作高级培训证书、液化气船货物操作基本培训证书、液化气船货物操作高级培训证书。

②新增承担货物装卸、积载、洗舱、过驳或其他与货物有关操作直接责任的人员强制性适任能力的要求。

③将原来的Ⅴ/2"滚装客船的船长、高级船员、普通船员和其他人员的培训和资格的强制性最低要求"和Ⅴ/3"除滚装客船以外的客船的船长、高级船员、普通船员和其他人员的培训和资格的强制性最低要求"修改为新的第Ⅴ/2 条。第Ⅴ/2 条标题相应改为"客船船长、高级船员、普通船员和其他人员的培训和资格的强制性最低要求",不再突出滚装客船的特殊要求。

④在 B 部分增加:B-Ⅴ/e"对近海供给船上的船长、负责航行值班驾驶员培训和资格的指导";B-Ⅴ/f"对操作动力定位系统的人员的培训和资历的指导";B-Ⅴ/g"对航行极地水域船舶船长和高级船员培训的指导"。

6. 第Ⅵ章"应急、职业安全、保安、医护和求生职能"的主要修正内容

①明确所有船员的熟悉和基本安全培训及训练的强制性最低要求,增加海洋环境保护基本知识、船上有效沟通、团队工作、理解并采取措施控制疲劳等新内容。

②保安培训分为 4 类培训:船舶保安员培训,熟悉保安培训,保安意识培训,负有指定保安职责人员的培训。船舶保安员必须持有船舶保安员培训合格证书,所有船员必须持有"保安意识培训合格证书",被指定负有保安职责的海员则还应持有"负有保安职责培训合格证书"。

③对船员保持包括基本安全、熟练救生艇操作、高级消防等适任能力的方式修改为每 5 年需要提供保持适任的证据;对于那些可以在船上实施的训练项目,主管机关可以接受船员在船上的训练和实践经历。但对于"如何保持不能在船上实施的训练项目的适任能力的方式与方法"并没有达成一致。

7. 第Ⅶ章"可供选择的发证"的主要修正内容

增加了高级值班机工申请高级值班水手和高级值班水手申请高级值班机工应符合的适任标准,支持级船员发证资历要求和甲板部、轮机部特殊综合培训项目的指导。

8. 第Ⅷ章"值班"的主要修正内容

规定主管机关为防止负有安全、防污染及保安职责的值班人员疲劳,应制定与实施保证足够休息时间的措施;规定主管机关为防止滥用药物和酗酒,应制定适当的措施。增加了负有保安职责的值班人员的规定、值班时间和休息时间的要求和防止药物和酒精滥用的指导。

此外,在《STCW 公约》中引用的一些法规的变化也体现在此次修正案中。例如,以《国际航空和海上搜寻救助手册》取代《商船搜寻和救助手册》,以《IMO 标准航海通信用语》取代《标准航海用语》,以《IMSBC 规则》取代《BC 规则》等。

四、《STCW 公约马尼拉修正案》对电子电气员发证的强制性最低要求

（1）每个在主推进装置为 750 kW 或以上海船上任职的电子电气员应持有适任证书。

（2）每个证书申请人应：

①年龄不小于 18 周岁。

②已完成不少于 12 个月的组合车间技能培训和认可的海上服务资历，其中有不少于 6 个月是作为包括符合"STCW 规则"第 A-Ⅲ/6 节要求的船上培训在内的认可的培训计划的组成部分，并在认可的培训记录簿中记载，或具有不少于 36 个月的组合车间技能培训和认可的海上服务资历，其中有不少于 30 个月的轮机部海上服务资历。

③已完成认可的教育和培训，并达到"STCW 规则"第 A-Ⅲ/6 节规定的适任标准。

④符合在"STCW 规则"中规定的接受安全熟悉和基本培训或训练，并应达到该节所规定的相应适任标准；救生艇筏和救助艇培训合格证书的适任标准；圆满完成着重于消防组织、战术及指挥方面的消防技术的高级培训，并应达到该节规定的适任标准，医疗急救的适任标准。

（3）各缔约国应对在 2012 年 1 月 1 日前签发电子电气员证书所要求的适任标准与"STCW 规则"第 A-Ⅲ/6 节规定的发证标准进行比较，并应决定是否有必要要求这些人员更新其资格。

（4）如果海员在本公约对该缔约国生效前的 60 个月内有不少于 12 个月的时间在船上相应的职位上服务并达到"STCW 规则"第 A-Ⅲ/6 节规定的适任标准，则该缔约国可认为其已符合本条规则的要求。

（5）尽管有以上第（1）~（4）的要求，缔约国可以认为有适当资格的人员能够履行第 A-Ⅲ/6 节的某些职能。

五、《STCW 公约马尼拉修正案》对电子电气员培训和发证的指导

除"STCW 规则"A-Ⅲ/6 规定的要求外，鼓励缔约国将决议 A.702（17）述及的关于全球海上遇险和安全系统的无线电维护指南纳入其培训计划。

六、电子电气员最低适任标准规范

①每个电子电气员证书申请人应按要求表明其有能力承担附录表中第 1 栏所列的任务、职责和责任。

②发证所要求的最低知识、理解和熟练列于附录表中第 2 栏中，并应考虑本规则 B 部分给予的指导。

③每个证书申请人应提供已达到附录表中第 3 栏和第 4 栏中所列的适任标准的证据。

第四节　港口国监督与美国 90 油污法

一、港口国监督

港口国监督（Port State Control，简称 PSC），亦称港口国管理、港口国控制或港口国检查，是指港口国当局对抵港的外国籍船舶实施的、以船员、船舶技术状况和操作为检查对象的（特别对船舶安全设备、防污染设备以及操作），以确保船舶和人命财产安全、防止海洋污染为宗旨

的一种监督与控制。

目前,各港口国政府正日益严格和广泛地采取措施,对抵港外国籍船舶实施 PSC。不少船舶因被发现存在重大缺陷而被警告、限期解决或被滞留。被滞留的船舶不仅要承担船期损失和高昂的修船费用,还会使船舶、船公司、船旗国、船级社因被列入"黑名单"而导致名誉损失。

(一)港口国监督的由来和现状

港口国监督是由 1978 年"AMODO CADIZ"轮的触礁事故而产生,当时该事故引起了欧洲公众与政界的极大震动,普遍认为有些船旗国政府的主管机关,在确保他们所管辖的船舶符合国际公约规定的标准方面,未能尽到职责。为此,1980 年 13 个欧洲国家,加上欧共体、国际海事组织(IMO)、国际劳工组织(ILO)在巴黎开会,一致同意共同采取措施,限制并继而消除不符合国际公约船舶的航行。在 1982 年 1 月召开的第二次会议上,通过了由 13 个欧洲国家签署的"港口国监控巴黎谅解备忘录"(简称"巴黎备忘录"或"Paris MOU"),并于 1982 年 7 月 1 日开始生效。当时签署此备忘录的国家是:比利时、丹麦、芬兰、法国、德国、希腊、爱尔兰、意大利、挪威、葡萄牙、西班牙、瑞典、大不列颠和北爱尔兰联合王国。

由于巴黎备忘录组织在防止和减少低标准船继续航行方面成效显著,IMO 在 1991 年召开的第 17 次大会上通过了关于"在船舶排放和控制方面加强地区合作"的决议,要求全球各地区建立类似的 PSC 备忘录组织,并且各备忘录成员国及实施 PSC 检查的其他国家应作出安排,相互合作,共同建立全球性的 PSC 网络,以减少直至排除低标准船舶的航行。

目前,世界上主要的区域性 PSC 组织主要有:巴黎备忘录(Paris MOU,1982 年 7 月 1 日)、拉丁美洲 PSC 合作协议(1992 年 11 月 5 日)、亚太地区 PSC 谅解备忘录(Tokyo MOU,1993 年 12 月 2 日)、加勒比地区 PSC 谅解备忘录(1996 年 2 月 9 日)、地中海地区 PSC 谅解备忘录(1997 年 7 月 11 日)、印度洋地区 PSC 谅解备忘录(1998 年 6 月 5 日)、西非和中非地区 PSC 谅解备忘录(1999 年 10 月 22 日)、黑海地区 PSC 谅解备忘录(2000 年 4 月 7 日)。美国则由其海岸警卫队(USCG)实施独立的港口国监督检查。在这些组织和机构中以 Tokyo MOU、Paris MOU 和 USCG 影响力最大。我国是亚太地区 PSC 谅解备忘录的成员国。

(二)港口国监督的法律依据

港口国监督的实施是基于相关国际公约的相关规定,同时港口国是这些公约的缔约国。依据所适用公约的条款规定,港口国可由检查官对抵达其港口的外国籍船舶实施检查。

港口国控制所依据的国际公约有:

①1966 年国际载重线公约及 1988 年议定书。

②1974 年国际海上人命安全公约及修正案,1978 年和 1988 年议定书。

③经 1978 年议定书修正的 1973 年国际防止船舶造成污染公约。

④1978 年海员培训、发证和值班标准国际公约及 2010 年修正案。

⑤1969 年国际船舶吨位丈量公约。

⑥1972 年国际海上避碰规则公约及修正案。

⑦商船最低标准公约(第 ILO 147 公约)。

港口国实施 PSC 检查时,不得擅自提高或扩大检查标准,非缔约国船舶或小于公约适用长度的船舶,不予优惠对待。

根据公约要求,PSC 的通常项目是:船舶证书、文件和手册;船体、机器和设备状态;有关机器、设备和仪器使用和操作要求;船员配备、劳动及生活条件。

(三) 港口国监督程序

为了统一各港口国组织执行港口国控制的做法,给港口国控制检查官提供有效的实施指南,国际海事组织在1995年11月23日通过了A.787(19)决议——《港口国监督程序》(以下称《PSC程序》),要求各港口国政府照此要求实施港口国控制,同时将有关实施情况提交国际海事组织。《港口国监督程序》由6章正文和7个附录构成,正文包括总则、港口国检查、更详细的检查、违约和滞留、报告要求、审核程序。IMO于1999年11月对A.787(19)进行了修正,并通过了A.882(21)决议,将实施《ISM规则》的有关要求纳入了PSC中。在检查过程中首先是对抵港外国籍船舶进行一般性检查:如外观良好,仅检查船舶、船员证书及相关文件,即可签报告;如有明显理由就可以采取更详细检查,对某些船舶扩大检查。

如果船舶未携带有效证书,或者PSCO有"明显理由"认为船舶和设备的状况与证书的细节有重大不符,或者船长或船员不熟悉船上主要操作程序,应进行更详细的检查。该检查并非要求一次查遍全部项目,除非船舶状况或船长或船员对船上主要操作程序严重不熟悉。PSC程序的"更详细的检查"内容共分为四部分:船舶构造和设备要求指南;MARPOL 73/78附则Ⅰ、附则Ⅱ排放要求指南;操作性要求监督指南;最低配员标准和证书。

针对船舶最低安全配员的要求,国际海事组织在1999年11月25日通过了A.890(21)决议——《安全配员的原则》。

决议A.787(19)和A.890(21),这两个文件为港口国控制的实施提供了详细的指南。同时,也为统一这些检查的标准,特别是对船舶、船舶设备以及船员方面存在缺陷的判定提供了指导性的文件。

(四) PSC优先检查与扩大范围检查

1. 巴黎备忘录(Paris MOU)优先检查的船舶

①船舶第1次或在12个月之后再次抵达备忘录成员国港口。
②滞留率高于3年平均值的船旗国的船舶。
③未按期消除PSC发现的缺陷的船舶。
④由引航员或港口当局报告存在有害航行安全缺陷的船舶。
⑤持有当局未认可的组织根据相关公约签发的船舶构造和设备法定证书和船级证书的船舶。
⑥载运危险货物或污染货物而未按规定向港口当局和沿岸国家按规定报告的船舶。
⑦属于扩大范围检查类别的船舶。
⑧在前6个月内因安全原因已被终止船级的船舶。

2. 亚太地区PSC谅解备忘录(Tokyo MOU)优先检查的船舶

①客船、滚装船和散货船。
②可能引起特别危险的船舶,包括油船、气体船、化学品船及运输包装有害物质的船舶。
③首次到达或经12个月之后再次抵达本备忘录成员国港口的船舶。
④滞留率高于3年平均值的船旗国的船舶。
⑤未按期消除PSC发现的缺陷的船舶。
⑥由引航员或港口当局报告存在有害航行安全缺陷的船舶。
⑦载运危险货物或污染货物而未向有关港口和沿岸国家当局报告有关船舶资料、船舶动态及所装危险或污染货物资料的船舶。
⑧在前6个月内因安全原因已被终止船级的船舶。

⑨因滞留缺陷无法在检查港纠正,经检查港当局允许驶往其认可的修船厂,但未满足检查港当局认可的出海条件的船舶。

⑩按本备忘录组成的委员会确定的需优先检查的船舶类型的船舶。

3. 扩大检查范围

(1) 基本项目

①全船断电和应急发电机的启动。

②检查应急照明。

③主消防管线上接入2个消防龙头时应急消防泵的操作。

④舱底泵的操作。

⑤水密门的关闭。

⑥一舷救生艇降落至水面。

⑦锅炉、通风和燃油泵等的遥控应急切断的试验。

⑧包括辅助舵机在内的舵机试验。

⑨无线电设施应急电源的试验。

⑩尽可能检查和试验机舱油水分离器。

(2) 油船、散货船、杂货船、气体和化学品船和客船

除基本项目外,各自还另有附加的检查项目。

(五) 港口国检查报告及其处理意见

1. PSC 检查报告

检查报告一式两份,FORM A:主要记录船舶及证书概况,每次均应签发。FORM B:缺陷报告,只在发现缺陷的情况下才签发。

2. 部分常用处理意见及其代码(Codes for Action Taken)

00——No Action Taken 不需采取措施

10——Deficiency Rectified 缺陷已纠正

12——All Deficiencies Rectified 所有缺陷已纠正

15——Rectify Deficiencies at Next Port 在下一港口纠正缺陷

16——Rectify Deficiencies Within 14 Days 在14天内纠正缺陷

17——Master Instructed to Rectify Deficiencies Before Departure 要求船长在离港前纠正缺陷

18——Rectify Deficiencies Within 3 Months 在3个月内纠正缺陷

30——Ship Detained 滞留船舶

35——Detention Rised (Specify Date) 解除滞留(注明日期)

36——Ship Allowed to Sail After Follow-up Detention 船舶再次滞留后允许开航

40——Next Port Informed 通知下一港口

50——Flag State /Consul Informed 通知船旗国/领事馆

70——Classification Society Informed 通知船级社

85——Investigation of Contravention of Discharge Provision (MARPOL) 违反(MARPOL)排放规定的调查

90——Letter of Warning Issued 签发警告信

99——Other (Specify) 其他(具体说明)

二、美国《1990年油污法》简介

世界各国除参加国际防污公约外，一般都根据本国或本区域的实际情况，制定区域性防污法规或国家防污染法规。如1969年和1971年，北海沿岸国家两次签署了防止和消除石油污染北海水域的合作协议。1974年波罗的海沿岸国家外交会议通过了《保护波罗的海区域海洋环境公约》。1976年地中海区域沿岸国于巴塞罗那召开了关于保护地中海的全权代表会议，并通过了3个区域性协议，即《防止地中海污染公约》、《防止船舶和飞机倾废污染地中海的协议书》、《在紧急情况下消除地中海区域石油和其他有害物质污染的协作议定书》，如日本政府以法律、运输省令和环境厅告示等规定了防止海洋污染法和有关防止船舶造成污染的具体要求。对违反其法规的船舶，要受到其主管机关的罚款惩处。特别是美国，制定了一整套本国的防止海洋污染法规，如《联邦水域污染控制法》、《公海干预法》、《外部大陆架地带法》、《深水港口法》、《防止船舶污染法》、《溢油责任信托基金》和《1990年油污法》。

美国《1990年油污法》(Oil Pollution Act 1990，简称《90油污法》，OPA 90)，是在1989年3月24日，美国"埃克森·瓦尔迪兹(Exxon Valdez)"号油船于阿拉斯加威廉王子湾搁浅，大约有1 100万加仑原油泄漏入海，使几千平方公里的海面和上千公里的岩石海岸受到油污染，不少野生动物和植物及富饶的渔业资源受到严重危害，造成巨大经济损失的形势下制定的。

《90油污法》虽然不是国际公法，但对油污损害规定了船东、经营人和光船租船人的严格责任和义务，并对油船和其他各类船舶设计和安全设备提出了严格要求。凡在美国海域从事航运的船舶都必须在其管理和经营方面遵守其制定的规则，因此引起国际航运界的极大关注。1990年7月，美国海岸警卫队为双壳船提供了推荐性标准，这些标准将强制性地应用于拟定装载油类的自推进式油船和各种驳油船上，包括：

① 美国旗船。
② 在美国可航行水域中，包括经济区航行的美国或外国旗船。
③ 在港口或附属于美国管辖权的地区内运输油类货物的美国和外国旗船。

(一) 概况

《90油污法》共9章78节，涉及已颁布的美国四项法律，即《联邦水域污染控制法》、《公海干预法》、《深水港口法》和《外部大陆架地带法》(1978年修正案)。

《90油污法》从油污责任与赔偿、油污事件的预防与清除等方面，就防止船舶和海洋石油勘探开发等造成的污染，作出了一系列严格规定。《90油污法》是联邦立法，但不对州立法有优先权。

(二) 油污赔偿

1. 赔偿限额(责任限制)

责任方(船舶拥有者、经营者或光船租赁该船的任何人)的赔偿责任以及负责方就每一油污事件造成的或在其名下的任何清污费用的总额不超出下列规定的范围：

① 3 000 GT以上的液货船限额为每总吨1 200美元，或1 000万美元，取其大者。
② 3 000 GT以下的液货船限额为每总吨1 200美元，或200万美元，取其大者。
③ 其他船舶限额为每总吨600美元，或50万美元，取其大者。

2. 无限赔偿

如果油污染事故是由于负责方或其代理人、雇员或按照与负责方的合同关系的人员下列行为，则将承担无限赔偿，即不享受责任限制的权力：

①有重大过失或故意不当行为。

②违反适用的联邦安全、构造或操作规则和命令,其中包括没有按规定报告该事故或没有向有关方面提供关于清污活动和一切合理的合作与协助。

③从外部大陆架设施运载货油时,油污染事故所产生的一切清污费用全部由船东或经营人承担,不享受责任限制。

3. 免责

由下述原因造成的油污事故,可免除赔偿损害和清污费用:

①天灾。

②战争行为。

③第三方的行为或不为,但负责方的雇员或代理人或其行为或不为涉及与负责方的任何合同关系的第三方不在此例。

在要求免责时,必须进行抗辩,即负责方以占优势的证据证明自己:考虑到油类的特性并根据一切有关的事实和情况,已对油类给予适当的注意;已采取措施防止可以预见到的第三方的行为或不顾及后果。

尽管上述三项理由可以抗辩,但由于下列原因仍要承担赔偿责任:负责方知道或有理由知道事故,而没有或拒绝按照法律要求报告该事故;没有或拒绝向负责官员提供关于清污活动和一切合理合作与协助;没有执行有关法律和法令。

4. 拒赔

油污事故由索赔人的严重过失或故意不当行为所造成的,则负责方不对索赔人负责赔偿。

(三)财务责任

船舶进入美国水域应备有适当的船舶财物责任能力证明。对不按要求出示船舶财物责任能力证明的任何船舶,美国当局可以拒绝该船进入美国任何地方或可通航水域,乃至扣押和没收船舶。

(四)清污费和损害赔偿

①清污费用包括根据联邦、州或印第安部落的有关法律规定所付出的一切清污费用;任何人为其采取的符合国家应急计划的行动所付出的任何清污费用。

②损害赔偿项目主要有自然资源损害、不动产或个人财产损害、生活用途损害、总收入损害、利润和盈利能力损害、公共服务损害等。

③为减少事故后油污的扩散和减轻受害者的损失,设立油污基金,从每桶石油征收5美分,拟筹集10亿美元。

④为使油污事故受害者得到应有赔偿,按《90油污法》规定建立财务责任制,颁发统一的财务能力证书。

(五)对船员的要求

①对船员酗酒和吸毒进行严厉处罚,严重者追究刑事责任。

②凡到美国的船舶尤其是油船,其船上的船员要接受美国主管机关的考核。主要内容包括配员、培训、资历和值班标准。油船还要求"原油洗舱"培训与证书、航行计划及英语能力,必须具备为防止和消除油污行动的应急反应能力。其他国家船员发证标准至少相当于美国法律或美国所接受的国际标准规定的能力,否则禁止其进港。

(六)对液货船航行安全标准的规定

①配备足够完善的航行设备和系统。

②制定符合规定的航行计划和驾驶台常规命令。
③用船旗国官方语言和英文对照的船东管理船舶的规章制度。
④实施船位报告制度。
⑤威廉王子湾、华盛顿的罗萨里欧海峡和普夫特海峡等水域,强制雇用拖船护航。

(七)对油船构造和货油系统的要求

①油船必须建造成双层壳体。
②货油舱必须设置液位和舱内压力监测装置、超高液位报警装置。
③设置舱内油气回收装置,保证油气不放入大气。

第五节 《2006年海事劳工公约》的基本知识

一、国际劳工组织

国际劳工组织是在1919年第一次世界大战结束后召开的和平大会上成立的,简称ILO。ILO是联合国的一个专门机构,旨在促进社会公正和维护国际公认的人权和劳工权益。它主要通过国际劳工大会、理事会和国际劳工局三个组织机构开展工作,每个组织机构均由政府、雇主和工人三方组成。国际劳工大会的作用主要是制定和通过国际劳工标准,并作为一个论坛讨论全球重要的劳工和社会问题等。理事会是ILO的执行机构,每年在日内瓦召开3次会议,讨论决定国际劳工组织的政策。国际劳工局是ILO的常设秘书处和所有活动的联络处。

国际劳工标准采用公约和建议书的形式。国际劳工公约是国际性条约,须经国际劳工组织成员国批准,是强制的。建议书系无法律约束力的文书。在ILO诸多公约中,有8个核心公约和4个优先公约。核心公约对工作中的基本人权至关重要,要求各成员国全部予以批准和实施。优先公约对于劳动制度和政策至关重要,包括三方协商、劳动监察和劳动政策等方面。

海员的职业具有世界性的流动特征,对于海员的社会责任和权益保护来说,仅有海员所在国家的政策和立法很难完全实现其效应和作用。ILO早在1920年起几乎为船上就业的各个方面都规定了国际标准,目前涉及海员的公约和建议书有60多个。这一标准体系体现了国际劳工组织在保护海员和海运业方面取得的巨大成就。

二、海事劳工公约的诞生及结构

ILO自2001年以来,经过5年的努力,整合并修订了自20世纪20年代以来关于海员现有的60多个公约及建议书,还考虑了《1972年国际海上人命安全公约》和《1974年国际海上避碰规则》中关于船舶安全、人身保安和船舶质量管理的国际标准,《STCW 95公约》及《1982年联合国海洋法公约》对船旗国船舶上的劳动条件、船员配备和社会事务的责任和义务等,形成了一本综合海事劳工公约,并于2006年2月23日在日内瓦举行的第94届大会暨第10届海事大会上以314票赞成、0票反对、4票弃权的绝对多数通过,称《国际海事劳工公约》。该公约将在达到至少30个国家批准且这些国家的商船总吨位占世界商船总吨位的33%之日起12个月后生效。我国政府、船东和海员代表均投了赞成票。

国际海事劳工公约适用于任何吨位的从事商业活动的所有海船;200 GT以下国内航行船舶可免除守则中的有关要求。公约还要求500 GT及以上国际航行船舶应持有"海事劳工证书"和"海事劳工遵守情况声明",并规定公约生效后,缔约国可对到港船舶进行PSC检查,以确保悬挂未批准本公约之任何国家旗帜的船舶得不到比悬挂已批准本公约之任何国家旗帜的船舶更优惠待遇。

国际海事界普遍认为,海事劳工公约的通过,在世界劳工史和海运史上具有划时代的意义,必将对海事界产生深远的影响,并将构成今后全球质量航运的重要内容。被称为全球120万海员的"权利法案",将与IMO的《SOLAS公约》、《MARPOL公约》、《STCW公约》一起,构成世界海事法规体系的四大支柱。

海事劳工公约在结构上分三个层次,即正文条款、规则和技术守则。条款和守则规定了核心权力和原则,以及批准公约的成员国的义务。守则包含了规则的实施细则,由A、B两个部分组成,其中A部分是强制性标准,B部分是建议性导则,在编排上也是相对应的。规则和守则在内容上分为五个标题,它是公约的标准。

三、海事劳工公约规则和守则的主要精神

1. 海员上船工作的最低要求

包括最低年龄、体检证书、培训和资格、招募与安置等方面的内容。

公约禁止任何16岁以下的人员在船上受雇、受聘或工作。

2. 就业条件

包括海员就业协议;工资;工作或休息时间;休假的权利;遣返;船舶灭失或沉没时对海员的赔偿;配员水平;海员职业发展和技能开发及就业机会等。

①海员和船东就提前终止"海员就业协议"发出预先通知的最短期限,其长度应在与有关船东和海员组织协商后确定,但不得短于7天。

②"基本报酬或工资"不包括加班支付款、奖金、津贴、带薪休假或任何其他额外酬劳。"合并工资"系指包括基本工资和与工资有关的其他津贴在内的工资或薪资,可包括对所有加班工作给予的补偿和所有其他与工资相连的津贴,或者也可包括部分合并工资内的某些津贴;对于由基本报酬或工资所涵盖的正常工作时间,每周不得超过48 h。

③对工作或休息时间作如下限制:最长工作时间在任何24 h内不得超过14 h和任何7天时间内不得超过72 h。最短休息时间在任何24 h内不得少于10 h和任何7天时间内不得少于77 h。休息时间最多可分为两段,其中一段至少要有6 h,且相连的两段休息时间的间隔不得超过14 h。船员经常进出的地点应张贴一份船上工作安排表,该表至少包括每一岗位在海上和港口的工作时间、最高工作时数和最低休息时数。保持对海员每天工作时间或休息时间的记录,以便监督。记录应采用标准格式。海员应得到一份由船长或船长授权人员以及海员本人签字认可的有关其本人记录的副本。

④海员带薪年休假的权利应以每服务2个月最低2.5天为基础加以计算。下述情况不应算做带薪年休假的一部分:船旗国认可的公共和传统假日,不论其是否在带薪年休假的假期内;因患病、受伤或生育而不能工作的期间;受雇期间准许海员的短期上岸休息;以及主管当局或通过适当的机关确定的条件下的任何种类的补休。

⑤海员在以下情形有权得到遣返:如果海员就业协议是在海员在国外时到期;海员就业协议被终止或被海员出于合理的理由终止;如果海员不再具备履行其就业协议中职责的能力或在具体情形下不能指望其履行这些职责。船东承担的费用应至少包括到达遣返目的地的旅费;从海员离船时起至抵达遣返目的地时止的食宿费、工资和津贴;至遣返目的地的海员个人行李30 kg的运输费;必要时,提供医疗使海员身体状况适合前往遣返目的地的旅行

海员被遣返的目的地应包括海员同意接受雇用的地点;集体协议规定的地点;海员的居住国;在聘用时双方同意的其他地点。海员应有权从规定的目的地中选择其将被遣返的地点。

⑥对因船舶损失或沉没而造成失业所给予的赔偿,在海员实属失业期间的支付额,应相等于根据就业协议应支付工资的比率,赔偿总额可仅限于2个月的工资。

3. 起居舱室、娱乐设施、食品和膳食服务

包括起居舱室、娱乐设施、食品和膳食服务等。

4. 健康保护、医疗、福利和社会保障

包括船上和岸上医疗,船东的责任,保护健康和安全保护及防止事故,获得使用岸上福利设施和社会保障等。

①船上医药箱和箱内药品以及医疗设备和医疗指南应由主管当局指定的负责人员妥善维护,并每隔不超过12个月进行定期检验。

②船东根据以下最低标准,对船上工作的所有海员的健康保护和医疗负责:船东支付医疗费用应包括治疗、提供必要的药品和治疗设备,以及在外的膳宿,直到该患病或受伤海员康复,或直到该疾病或机能丧失被宣布为永久性;如果出现海员受雇期间在船上或岸上死亡的情况,应支付丧葬费用。船东支付医疗和膳宿费用的责任应从受伤或患病之日起不少于16周的期限内。如果疾病或受伤造成工作能力丧失,只要患病或受伤海员还留在船上或者被留在该成员国以外的某个国家的领土上船东有责任支付全额工资。船东向离船海员支付全部或部分工资的责任应不少于上述16周。

在下列情况下排除船东的责任:在船舶服务之外的其他受伤;因海员的故意行为、玩忽职守或渎职所致的受伤、患病或死亡;在接受雇用时故意隐瞒的疾病或病症。

③一切职业事故、职业伤害、疾病均应报告,从而能够对其开展调查以及保留、分析和公布此类事故的完整统计数据,并考虑到保护有关海员的个人数据。报告不应局限于伤亡事故或涉及船舶的事故。统计数据应包括职业事故、工伤及职业病的次数、性质、原因和结果,如可行则指出事故发生在船上的什么岗位、事故的类型以及在海上还是在港口。

④全面社会保障的保护需要考虑的分项应包括:医疗、疾病津贴、失业津贴、老年津贴、工伤津贴、家庭津贴、生育津贴、病残津贴和遗属津贴等9个分项。各成员国所提供的保护应至少包括上述9个分项中的3个,即医疗、疾病津贴、工伤津贴。

5. 遵守与执行

包括检查与发证、港口国控制、船上及岸上投诉程序、船员提供国应尽的义务等。

①500 GT或以上国际航行的船舶应携带主管机关签发的海事劳工证书和海事劳工遵守情况声明。海事劳工证书有效期不得超过5年,在第2和第3个周年日之间作一次中期监察,其范围和深度应与证书换证监察相同。海事劳工遵守情况声明应附于海事劳工证书之后。

主管机关核实劳工遵守情况声明在任何情况下间隔不得超过3年。

②港口国授权官员可要求到港船舶出示海事劳工证书和海事劳工遵守情况声明,如发现问题或有投诉指称船舶上的工作和生活条件不符合本公约的要求,则可以进行更详细的检查。

"投诉"系指由海员、专业机构、协会、工会及关心船舶安全,包括关心船上海员的安全或健康危害的任何人提交的信息。

第六节　中华人民共和国防止船舶污染海洋相关法规

一、《中华人民共和国海洋环境保护法》有关规定

我国的海洋环境保护的立法始于20世纪80年代,最早的《中华人民共和国海洋环境保护法》(以下简称《海洋环境保护法》)是1982年8月由全国人民代表大会常务委员会通过,于1983年3月1日生效,本法是我国第一部为保护海洋环境及资源,防止污染损害,保护生态平衡,保障人体健康,促进海洋事业发展的国家法律。后来随着我国改革开放的不断深入,已有许多条款不能满足现实情况的需要。因此,《海洋环境保护法》于1999年进行修订,并于2000年4月1日生效。

修订后的《海洋环境保护法》共10章98条:第一章 总则;第二章 海洋环境监督管理;第三章 海洋生态保护;第四章 防治陆源污染物对海洋环境的污染损害;第五章 防治海岸工程建设项目对海洋环境的污染损害;第六章 防治海洋工程建设项目对海洋环境的污染损害;第七章 防治倾倒废弃物对海洋环境的污染损害;第八章 防治船舶及有关作业活动对海洋环境的污染损害;第九章 法律责任;第十章 附则。

1. 目的、适用范围和义务

为了保护和改善海洋环境,保护海洋资源,防治污染损害,维护生态平衡,保障人体健康,促进经济和社会的可持续发展而制定本法。

本法适用于中华人民共和国内水、领海、毗连区、专属经济区、大陆架以及中华人民共和国管辖的其他海域。在中华人民共和国管辖海域内从事航行、勘探、开发、生产、旅游、科学研究及其他活动,或者在沿海陆域内从事影响海洋环境活动的任何单位和个人,都必须遵守本法。在中华人民共和国管辖海域以外,造成中华人民共和国管辖海域污染的,也适用本法。

2. 管理体制

国务院环境保护行政主管部门作为对全国环境保护工作统一监督管理的部门,对全国海洋环境保护工作实施指导、协调和监督,并负责全国防治陆源污染物和海岸工程建设项目对海洋污染损害的环境保护工作。

国家海洋行政主管部门负责海洋环境的监督管理,组织海洋环境的调查、监测、监视、评价和科学研究,负责全国防治海洋工程建设项目和海洋倾倒废弃物对海洋污染损害的环境保护工作。

国家海事行政主管部门负责所辖港区水域内非军事船舶和港区水域外非渔业、非军事船舶污染海洋环境的监督管理,并负责污染事故的调查处理;对在中华人民共和国管辖海域航行、停泊和作业的外国籍船舶造成的污染事故登船检查处理。船舶污染事故给渔业造成损害的,应当吸收渔业行政主管部门参与调查处理。

国家渔业行政主管部门负责渔港水域内非军事船舶和渔港水域外渔业船舶污染海洋环境的监督管理,负责保护渔业水域生态环境工作,并调查处理前款规定的污染事故以外的渔业污染事故。

军队环境保护部门负责军事船舶污染海洋环境的监督管理及污染事故的调查处理。

沿海县级以上地方人民政府行使海洋环境监督管理权的部门的职责,由省、自治区、直辖市人民政府根据本法及国务院有关规定确定。

3. 海洋生态保护

国务院和沿海地方各级人民政府应当采取有效措施,保护红树林、珊瑚礁、滨海湿地、海岛、海湾、入海河口、重要渔业水域等具有典型性、代表性的海洋生态系统,珍稀、濒危海洋生物的天然集中分布区,具有重要经济价值的海洋生物生存区域及有重大科学文化价值的海洋自然历史遗迹和自然景观。应当根据保护海洋生物的需要,选划、建立海洋自然保护区;凡具有特殊地理条件、生态系统、生物与非生物资源及海洋开发利用特殊需要的区域,可以建立海洋特别保护区,采取有效的保护措施和科学的开发方式进行特殊管理。

4. 防治船舶及有关作业活动对海洋环境的污染损害

（1）在中华人民共和国管辖海域,任何船舶及相关作业不得违反本法规定向海洋排放污染物、废弃物和压载水、船舶垃圾及其他有害物质。

（2）船舶必须按照有关规定持有防止海洋环境污染的证书与文书,在进行涉及污染物排放及操作时,应当如实记录。船舶必须配置相应的防污设备和器材。载运具有污染危害性货物的船舶,其结构与设备应当能够防止或者减轻所载货物对海洋环境的污染。

（3）国家完善并实施船舶油污损害民事赔偿责任制度;按照船舶油污损害赔偿责任由船东和货主共同承担风险的原则,建立船舶油污保险、油污损害赔偿基金制度。

（4）载运具有污染危害性货物进出港口的船舶,其承运人、货物所有人或者代理人,必须事先向海事行政主管部门申报。经批准后,方可进出港口、过境停留或者装卸作业。

（5）港口、码头、装卸站和船舶修造厂必须按照有关规定备有足够的用于处理船舶污染物、废弃物的接收设施,并使该设施处于良好状态。装卸油类的港口、码头、装卸站和船舶必须编制溢油污染应急计划,并配备相应的溢油污染应急设备和器材。

（6）进行下列活动,应当事先按照有关规定报经有关部门批准或者核准：

①船舶在港区水域内使用焚烧炉。

②船舶在港区水域内进行洗舱、清舱、驱气、排放压载水、残油、含油污水接收、舷外拷铲及油漆等作业。

③船舶、码头、设施使用化学消油剂。

④船舶冲洗沾有污染物、有毒有害物质的甲板。

⑤船舶进行散装液体污染危害性货物的过驳作业。

⑥从事船舶水上拆解、打捞、修造和其他水上、水下船舶施工作业。

（7）船舶发生海难事故,造成或者可能造成海洋环境重大污染损害的,国家海事行政主管部门有权强制采取避免或者减少污染损害的措施。对在公海上因发生海难事故,造成中华人民共和国管辖海域重大污染损害后果或者具有污染威胁的船舶、海上设施,国家海事行政主管部门有权采取与实际的或者可能发生的损害相称的必要措施。

（8）所有船舶均有监视海上污染的义务,在发现海上污染事故或者违反本法规定的行为时,必须立即向就近的依照本法规定行使海洋环境监督管理权的部门报告。

5. 法律责任

新修订的《海洋环境环保法》中加大了行政处罚力度和法律责任。其主要内容有：

（1）对违反《海洋环境环保法》有关规定的各类行为,海洋环境监督管理部门依据违法程度,有权予以警告、责令限期改正、停止生产或施工、吊销许可证等行政处罚和罚款,罚款额度最少为2万元,最高为100万元。

（2）对违反本法规定,造成海洋环境污染事故的单位,由依照本法规定行使海洋环境监督

管理权的部门根据所造成的危害和损失处以罚款,其罚款数额按照直接损失的30%计算,但最高不得超过30万元。

(3)违反本法有关规定,有下列行为之一的,由依照本法规定行使海洋环境监督管理权的部门责令限期改正,并处以罚款:

①向海域排放本法禁止排放的污染物或者其他物质的。

②不按照本法规定向海洋排放污染物,或者超过标准排放污染物的。

③未取得海洋倾倒许可证,向海洋倾倒废弃物的。

④因发生事故或者其他突发性事件,造成海洋环境污染事故,不立即采取处理措施的。

有前款第①、③项行为之一的,处3万元以上20万元以下的罚款;有前款第②、④项行为之一的,处2万元以上10万元以下的罚款。

(4)违反本法有关规定,有下列行为之一的,由依照本法规定行使海洋环境监督管理权的部门予以警告,或者处以罚款:

①不按照规定申报,甚至拒报污染物排放有关事项,或者在申报时弄虚作假的。

②发生事故或者其他突发性事件不按照规定报告的。

③不按照规定记录倾倒情况,或者不按照规定提交倾倒报告的。

④拒报或者谎报船舶载运污染危害性货物申报事项的。

有前款第①、③项行为之一的,处2万元以下的罚款;有前款第②、④项行为之一的,处5万元以下的罚款。

(5)违反本法规定,有下列行为之一的,由依照本法规定行使海洋环境监督管理权的部门予以警告,或者处以罚款:

①港口、码头、装卸站及船舶未配备防污设施、器材的。

②船舶未持有防污证书、防污文书,或者不按照规定记载排污记录的。

③从事水上和港区水域拆船,旧船改装,打捞和其他水上、水下施工作业,造成海洋环境污染损害的。

④船舶载运的货物不具备防污适运条件的。

有前款第①、④项行为之一的,处2万元以上10万元以下的罚款;有前款第②项行为的,处2万元以下的罚款;有前款第③项行为的,处5万元以上20万元以下的罚款。

(6)违反本法规定,经我国管辖海域转移危险废物的,责令船舶退出我国管辖海域,并罚款5~50万元。

(7)违反本法规定,船舶,石油平台和装卸油类的港口、码头、装卸站不编制溢油应急计划的,由依照本法规定行使海洋环境监督管理权的部门予以警告,或者责令限期改正。造成海洋环境污染损害的责任者,应当排除危害,并赔偿损失;完全由于第三者的故意或者过失,造成海洋环境污染损害的,由第三者排除危害,并承担赔偿责任。对破坏海洋生态、海洋水产资源、海洋保护区,给国家造成重大损失的,由依照本法规定行使海洋环境监督管理权的部门代表国家对责任者提出损害赔偿要求。

(8)对造成重大海洋环境污染事故,致使公私财产遭受重大损失或者人身伤亡严重后果的,依法追究刑事责任。海洋环境监督管理人员滥用职权、玩忽职守、徇私舞弊,造成海洋环境污染损害的,依法给予行政处分;构成犯罪的,依法追究刑事责任。

(9)完全属于下列情形之一,经过及时采取合理措施,仍然不能避免对海洋环境造成污染损害的,造成污染损害的有关责任者免予承担责任:

①战争。
②不可抗拒的自然灾害。
③负责灯塔或者其他助航设备的主管部门,在执行职责时的疏忽,或者其他过失行为。

6. 附则

中华人民共和国缔结或者参加的与海洋环境保护有关的国际条约与本法有不同规定的,适用国际条约的规定;但是,中华人民共和国声明保留的条款除外。

二、《中华人民共和国防治船舶污染海洋环境管理条例》有关规定

目前,我国石油进口量已升至世界第二位。据统计,2008年我国通过海运共进口原油约2.01亿t,沿海石油运输量超过3.32亿t,其他散装有毒有害物质运量也不断增长,重大海上污染事故的发生风险大大提高。这些变化给保护海洋环境带来了新的压力。1983年颁布的《中华人民共和国防止船舶污染海域管理条例》在制度建设、管理要求、手段措施等方面均已不适应当今海洋环保新形势的变化,滞后于国内有关法律和我国缔结或者加入的国际条约的要求,难以满足水运业发展需要。经对原条例全面修改,《中华人民共和国防治船舶污染海洋环境管理条例》于2009年9月2日经国务院第79次常务会议审议通过,自2010年3月1日起施行。

与1983年条例相比,新条例发生了一些重要变化,一是树立了环保和安全并重的理念,二是树立了责任共担的理念,三是树立了服务经济社会发展的理念,既有效地保护海洋环境,又促进水运健康发展。新条例最主要的制度精神是"预防为主,防治结合;统筹协调,齐抓共管;既有适度的超前,又要促进生产力的发展"。《中华人民共和国防治船舶污染海洋环境管理条例》(以下简称《条例》)共九章78条,以下为其主要内容。

1.《条例》总则

《条例》规定,防治船舶及其有关作业活动污染中华人民共和国管辖海域适用本《条例》。国务院交通运输主管部门主管所辖港区水域内非军事船舶和港区水域外非渔业、非军事船舶污染海洋环境的防治工作。海事管理机构依照本《条例》规定具体负责防治船舶及其有关作业活动污染海洋环境的监督管理。

《条例》规定,国务院交通运输主管部门、沿海设区的市级以上地方人民政府应当建立健全防治船舶及其有关作业活动污染海洋环境应急反应机制,并制订应急预案。

《条例》要求,国务院交通运输主管部门、沿海设区的市级以上地方人民政府应当按照防治船舶及其有关作业活动污染海洋环境应急能力建设规划,建立专业应急队伍和应急设备库,配备专用的设施、设备和器材。

任何单位和个人发现船舶及其有关作业活动造成或者可能造成海洋环境污染的,应当立即就近向海事管理机构报告。

2. 防治船舶及其有关作业活动污染海洋环境的一般规定

(1)船舶的结构、设备、器材应当符合国家有关防治船舶污染海洋环境的技术规范以及中华人民共和国缔结或者参加的国际条约的要求。

船舶应当依照法律、行政法规、国务院交通运输主管部门的规定以及中华人民共和国缔结或者参加的国际条约的要求,取得并随船携带相应的防治船舶污染海洋环境的证书、文书。

(2)中国籍船舶的所有人、经营人或者管理人应当按照国务院交通运输主管部门的规定,

建立健全安全营运和防治船舶污染管理体系。

海事管理机构应当对安全营运和防治船舶污染管理体系进行审核,审核合格的,发给符合证明和相应的船舶安全管理证书。

(3)港口、码头、装卸站以及从事船舶修造的单位应当配备与其装卸货物种类和吞吐能力或者修造船舶能力相适应的污染监视设施和污染物接收设施,并使其处于良好状态。

(4)船舶所有人、经营人或者管理人以及有关作业单位应当制定防治船舶及其有关作业活动污染海洋环境的应急预案,并报海事管理机构批准。船舶、港口、码头、装卸站以及其他有关作业单位应当按照应急预案,定期组织演练,并做好相应记录。

3. 船舶污染物的排放和接收

(1)船舶在中华人民共和国管辖海域向海洋排放的船舶垃圾、生活污水、含油污水、含有毒有害物质污水、废气等污染物以及压载水,应当符合法律、行政法规、中华人民共和国缔结或者参加的国际条约以及相关标准的要求。

船舶应当将不符合前款规定的排放要求的污染物排入港口接收设施或者由船舶污染物接收单位接收。

船舶不得向依法划定的海洋自然保护区、海滨风景名胜区、重要渔业水域以及其他需要特别保护的海域排放船舶污染物。

(2)船舶处置污染物,应当在相应的记录簿内如实记录。

船舶应当将使用完毕的船舶垃圾记录簿在船舶上保留2年;将使用完毕的含油污水、含有毒有害物质污水记录簿在船舶上保留3年。

(3)船舶污染物接收单位从事船舶垃圾、残油、含油污水、含有毒有害物质污水接收作业,应当依法经海事管理机构批准。

(4)船舶污染物接收单位接收船舶污染物,应当向船舶出具污染物接收单证,并由船长签字确认。

船舶凭污染物接收单证向海事管理机构办理污染物接收证明,并将污染物接收证明保存在相应的记录簿中。

(5)船舶污染物接收单位应当按照国家有关污染物处理的规定处理接收的船舶污染物,并每月将船舶污染物的接收和处理情况报海事管理机构备案。

4. 船舶有关作业活动的污染防治

(1)从事船舶清舱、洗舱、油料供受、装卸、过驳、修造、打捞、拆解,污染危害性货物装箱、充罐,污染清除作业以及利用船舶进行水上水下施工等作业活动的,应当遵守相关操作规程,并采取必要的安全和防治污染的措施。从事上述作业活动的人员,应当具备相关安全和防治污染的专业知识和技能。

(2)船舶不符合污染危害性货物适载要求的,不得载运污染危害性货物,码头、装卸站不得为其进行装载作业。

(3)载运污染危害性货物进出港口的船舶,其承运人、货物所有人或者代理人,应当向海事管理机构提出申请,经批准方可进出港口、过境停留或者进行装卸作业。

(4)货物所有人或者代理人交付船舶载运污染危害性货物,应当确保货物的包装与标志等符合有关安全和防治污染的规定,并在运输单证上准确注明货物的技术名称、编号、类别(性质)、数量、注意事项和应急措施等内容。

(5)进行散装液体污染危害性货物过驳作业的船舶,其承运人、货物所有人或者代理人应当向海事管理机构提出申请,告知作业地点,并附送过驳作业方案、作业程序、防治污染措施等材料。

(6)依法获得船舶油料供受作业资质的单位,应当向海事管理机构备案。海事管理机构应当对船舶油料供受作业进行监督检查,发现不符合安全和防治污染要求的,应当予以制止。

(7)船舶燃油供给单位应当如实填写燃油供受单证,并向船舶提供船舶燃油供受单证和燃油样品。船舶和船舶燃油供给单位应当将燃油供受单证保存3年,并将燃油样品妥善保存1年。

(8)禁止船舶经过中华人民共和国内水、领海转移危险废物。经过中华人民共和国管辖的其他海域转移危险废物的,应当事先取得国务院环境保护主管部门的书面同意,并按照海事管理机构指定的航线航行,定时报告船舶所处的位置。

(9)使用船舶向海洋倾倒废弃物的,应当向驶出港所在地的海事管理机构提交海洋主管部门的批准文件,经核实方可办理船舶出港签证。船舶向海洋倾倒废弃物,应当如实记录倾倒情况。返港后,应当向驶出港所在地的海事管理机构提交书面报告。

5. 船舶污染事故应急处置

(1)《条例》中所称船舶污染事故,是指船舶及其有关作业活动发生油类、油性混合物和其他有毒有害物质泄漏造成的海洋环境污染事故。

(2)船舶污染事故分为以下等级:

①特别重大船舶污染事故,是指船舶溢油1 000 t以上,或者造成直接经济损失2亿元以上的船舶污染事故。

②重大船舶污染事故,是指船舶溢油500 t以上不足1 000 t,或者造成直接经济损失1亿元以上不足2亿元的船舶污染事故。

③较大船舶污染事故,是指船舶溢油100 t以上不足500 t,或者造成直接经济损失5 000万元以上不足1亿元的船舶污染事故。

④一般船舶污染事故,是指船舶溢油不足100 t,或者造成直接经济损失不足5 000万元的船舶污染事故。

(3)船舶在中华人民共和国管辖海域发生污染事故,或者在中华人民共和国管辖海域外发生污染事故造成或者可能造成中华人民共和国管辖海域污染的,应当立即启动相应的应急预案,采取措施控制和消除污染,并就近向有关海事管理机构报告。

发现船舶及其有关作业活动可能对海洋环境造成污染的,船舶、码头、装卸站应当立即采取相应的应急处置措施,并就近向有关海事管理机构报告。

接到报告的海事管理机构应当立即核实有关情况,并向上级海事管理机构或者国务院交通运输主管部门报告,同时报告有关沿海设区的市级以上地方人民政府。

船舶污染事故报告应当包括下列内容:

①船舶的名称、国籍、呼号或者编号。

②船舶所有人、经营人或者管理人的名称、地址。

③发生事故的时间、地点以及相关气象和水文情况。

④事故原因或者事故原因的初步判断。

⑤船舶上污染物的种类、数量、装载位置等概况。

⑥污染程度。

⑦已经采取或者准备采取的污染控制、清除措施和污染控制情况以及救助要求。

⑧国务院交通运输主管部门规定应当报告的其他事项。

作出船舶污染事故报告后出现新情况的,船舶、有关单位应当及时补报。

(4)船舶发生事故有沉没危险,船员离船前,应当尽可能关闭所有货舱(柜)、油舱(柜)管系的阀门,堵塞货舱(柜)、油舱(柜)通气孔。

船舶沉没的,船舶所有人、经营人或者管理人应当及时向海事管理机构报告船舶燃油、污染危害性货物以及其他污染物的性质、数量、种类、装载位置等情况,并及时采取措施予以清除。

(5)发生船舶污染事故,海事管理机构可以采取清除、打捞、拖航、引航、过驳等必要措施,减轻污染损害。相关费用由造成海洋环境污染的船舶、有关作业单位承担。

需要承担前款规定费用的船舶,应当在开航前缴清相关费用或者提供相应的财务担保。

(6)处置船舶污染事故使用的消油剂,应当符合国家有关标准。海事管理机构应当及时将符合国家有关标准的消油剂名录向社会公布。船舶、有关单位使用消油剂处置船舶污染事故的,应当依照《中华人民共和国海洋环境保护法》有关规定执行。

6. 船舶污染事故调查处理

(1)船舶污染事故的调查处理依照下列规定进行:

①特别重大船舶污染事故由国务院或者国务院授权国务院交通运输主管部门等部门组织事故调查处理。

②重大船舶污染事故由国家海事管理机构组织事故调查处理。

③较大船舶污染事故和一般船舶污染事故由事故发生地的海事管理机构组织事故调查处理。

船舶污染事故给渔业造成损害的,应当吸收渔业主管部门参与调查处理;给军事港口水域造成损害的,应当吸收军队有关主管部门参与调查处理。

(2)组织事故调查处理的机关或者海事管理机构根据事故调查处理的需要,可以暂扣相应的证书、文书、资料;必要时,可以禁止船舶驶离港口或者责令停航、改航、停止作业直至暂扣船舶。

(3)组织事故调查处理的机关或者海事管理机构应当自事故调查结束之日起20个工作日内制作事故认定书,并送达当事人。事故认定书应当载明事故基本情况、事故原因和事故责任。

7. 船舶污染事故损害赔偿

(1)造成海洋环境污染损害的责任者,应当排除危害,并赔偿损失;完全由于第三者的故意或者过失,造成海洋环境污染损害的,由第三者排除危害,并承担赔偿责任。

(2)完全属于下列情形之一,经过及时采取合理措施,仍然不能避免对海洋环境造成污染损害的,免予承担责任:

①战争。

②不可抗拒的自然灾害。

③负责灯塔或者其他助航设备的主管部门,在执行职责时的疏忽,或者其他过失行为。

(3)船舶污染事故的赔偿限额依照《中华人民共和国海商法》关于海事赔偿责任限制的规定执行。但是,船舶载运的散装持久性油类物质造成中华人民共和国管辖海域污染的,赔偿限额依照中华人民共和国缔结或者参加的有关国际条约的规定执行。

(4)在中华人民共和国管辖海域内航行的船舶,其所有人应当按照国务院交通运输主管部门的规定,投保船舶油污损害民事责任保险或者取得相应的财务担保。但是,1 000 GT以下载运非油类物质的船舶除外。

(5)已依照本《条例》相关规定投保船舶油污损害民事责任保险或者取得财务担保的中国籍船舶,其所有人应当持船舶国籍证书、船舶油污损害民事责任保险合同或者财务担保证明,向船籍港的海事管理机构申请办理船舶油污损害民事责任保险证书或者财务保证证书。

(6)在中华人民共和国管辖水域接收海上运输的持久性油类物质货物的货物所有人或者代理人应当缴纳船舶油污损害赔偿基金。国家设立船舶油污损害赔偿基金管理委员会,负责处理船舶油污损害赔偿基金的赔偿等事务。

(7)对船舶污染事故损害赔偿的争议,当事人可以请求海事管理机构调解,也可以向仲裁机构申请仲裁或者向人民法院提起民事诉讼。

8.法律责任

(1)船舶、有关作业单位违反本《条例》规定的,海事管理机构应当责令改正;拒不改正的,海事管理机构可以责令停止作业、强制卸载,禁止船舶进出港口、靠泊、过境停留,或者责令停航、改航、离境、驶向指定地点。

(2)有下列情形之一的,由海事管理机构依照《中华人民共和国海洋环境保护法》有关规定予以处罚:

①船舶未取得并随船携带防治船舶污染海洋环境的证书、文书的。

②船舶、港口、码头、装卸站未配备防治污染设备、器材的。

③船舶向海域排放本《条例》禁止排放的污染物的。

④船舶未如实记录污染物处置情况的。

⑤船舶超过标准向海域排放污染物的。

⑥从事船舶水上拆解作业,造成海洋环境污染损害的。

(3)船舶未按照规定在船舶上留存船舶污染物处置记录,或者船舶污染物处置记录与船舶运行过程中产生的污染物数量不符合的,由海事管理机构处2万元以上10万元以下的罚款。

(4)船舶未按照规定办理污染物接收证明由海事管理机构处2万元以下的罚款。

(5)下列情形之一的,由海事管理机构处2 000元以上1万元以下的罚款:

①船舶未按照规定保存污染物接收证明的。

②船舶燃油供给单位未如实填写燃油供受单证的。

③船舶燃油供给单位未按照规定向船舶提供燃油供受单证和燃油样品的。

④船舶和船舶燃油供给单位未按照规定保存燃油供受单证和燃油样品的。

(6)未经海事管理机构批准,船舶载运污染危害性货物进出港口、过境停留、进行装卸或者过驳作业的,由海事管理机构处1万元以上5万元以下的罚款。

(7)发生船舶污染事故,船舶、有关作业单位迟报、漏报事故的,对船舶、有关作业单位,由海事管理机构处5万元以上25万元以下的罚款;对直接负责的主管人员和其他直接责任人员,由海事管理机构处1万元以上5万元以下的罚款。直接负责的主管人员和其他直接责任人员属于船员的,并处给予暂扣适任证书或者其他有关证件3个月至6个月的处罚。瞒报、谎报事故的,对船舶、有关作业单位,由海事管理机构处25万元以上50万元以下的罚款;对直接负责的主管人员和其他直接责任人员,由海事管理机构处5万元以上10万元以下的罚款。直接负责的主管人员和其他直接责任人员属于船员的,并处给予吊销适任证书或者其他有关证

件的处罚。

（8）未经海事管理机构批准使用消油剂的，由海事管理机构对船舶或者使用单位处1万元以上5万元以下的罚款。

（9）船舶污染事故的当事人和其他有关人员，未如实向组织事故调查处理的机关或者海事管理机构反映情况和提供资料，伪造、隐匿、毁灭证据或者以其他方式妨碍调查取证的，由海事管理机构处1万元以上5万元以下的罚款。

9.附则

中华人民共和国缔结或者参加的国际条约对防治船舶及其有关作业活动污染海洋环境有规定的，适用国际条约的规定。但是，中华人民共和国声明保留的条款除外。

三、《中华人民共和国船舶污染物排放标准》有关规定

1983年4月9日国务院环境保护领导小组颁布了《中华人民共和国船舶污染物排放标准》（GB 3552-8），自1983年10月1日起实施。

1.船舶含油污水排放标准（油船压载水、洗舱水及船舶舱底水）

见表1-3：

表1-3 油污水排放标准

内河		不大于 15 mg/L
沿海	距最近陆地 12 n mile 以内	不大于 15 mg/L
	距最近陆地 12 n mile 以外	不大于 100 mg/L

注：根据 MARPOL 73/78 现行标准，排放油污水的含油浓度均应不大于15 ppm。

2.船舶生活污水排放标准（包括粪、尿和船舶医务室排出的污水）

见表1-4：

表1-4 船舶生活污水排放标准

项 目	内 河	沿海	
		距最近陆地 4 n mile 以内	距最近陆地 4~12 n mile
生化需氧量（5天）	不大于 50 mg/L	不大于 50 mg/L	
悬浮物	不大于 150 mg/L	不大于 150 mg/L	无明显悬浮物
大肠杆菌	不大于 250 个/100 mL	不大于 250 个/100 mL	不大于 1 000 个/100 mL

3.船舶垃圾排放标准（包括纸制品、破布、玻璃、金属、瓶子、陶瓷器及其类似废弃物）

见表1-5：

表1-5 船舶垃圾排放标准

排放物	内河	沿海
塑料物品	禁止投入水域	禁止投入水域
悬浮物质	禁止投入水域	距最近陆地 25 n mile 以内禁止投入水域
食品废弃物及其他垃圾	禁止投入水域	未经粉碎，禁止距最近陆地 12 n mile 以内投弃入海；经粉碎的，且颗粒直径小于 25 mm，可允许距最近陆地 3 n mile 以外投弃入海

由于国际防污公约的不断修订,我国从1983年实施的《船舶污染物排放标准》已明显滞后。目前,对于我国缔结的相关国际公约适用的区域,按照国际公约的排放标准执行。

四、《中华人民共和国海洋倾废管理条例》有关规定

《中华人民共和国海洋倾废管理条例》于1985年3月6日由国务院颁布,并于1985年4月1日施行。以下为该条例主要内容。

1. 目的、适用范围和主管部门

为实施《中华人民共和国海洋环境保护法》,严格控制向海洋倾倒废弃物,防止对海洋环境的污染损害,保持生态平衡,保护海洋资源,促进海洋事业的发展,特制定本条例。

本条例适用于:向中华人民共和国的内海、领海、大陆架和其他管辖海域倾倒废弃物和其他物质;为倾倒的目的,在中华人民共和国陆地或港口装载废弃物和其他物质;为倾倒的目的,经中华人民共和国的内海、领海及其他管辖海域运送废弃物和其他物质;在中华人民共和国管辖海域焚烧处置废弃物和其他物质。

海洋倾倒废弃物的主管部门是中华人民共和国国家海洋局及其派出机构。

2. 倾倒废弃物的分类

废弃物根据其毒性、有害物质含量和对海洋环境的影响等因素,分为三类:

(1)禁止倾倒的废弃物,指本条例附件一所列的物质,这种废弃物在紧急情况,经国家海洋局批准,获得"紧急许可证",可到指定的区域按规定的方法倾倒。

(2)需要获得特别许可证才能倾倒的废弃物,指本条例所列的物质,这种废弃物倾倒,需事先获得"特别许可证"。

(3)低毒或无毒的废弃物,指未列入本条例附件一的物质倾倒,这种废弃物,需事先获得"普通许可证"。

3. 废弃物倾倒的管理

凡需向海洋倾倒本条例所规定的废弃物质,均应事先向国家海洋局或其派出机构提出申请,获得批准的相应级别的"许可证书",按规定进行倾倒。未经批准的单位和船舶不得擅自向海洋倾倒废弃物。获准向海洋倾倒废弃物的单位在废弃物装载时,应通知主管部门予以核实。主管部门发现实际装载与许可证所载明的内容不符,应责令停止装运;情节严重的,应中止或吊销许可证。凡需要使用船舶倾倒废弃物的,要向起运港(或海事部门)提交国家海洋局或其派出机构的批准许可证,经核实后,方可办理船舶进出港签证。如发现船舶实际装载的与所批准的许可证的内容不符,则不予办理签证,并及时通知批准许可证的机构。船舶在执行倾倒任务时,船方要在航海日志上如实记录倾倒情况。

4. 法律责任

(1)对违反该条例,造成海洋环境污染损害的,主管部门可责令其限期治理,支付清除污染费,向受害方赔偿由此所造成的损失,并视情节轻重和污染损害的程度,处以警告或人民币10万元以下的罚款。

(2)对违法行为的处罚有如下标准。

①凡有下列行为之一者,处以警告或人民币2 000元以下的罚款:

A. 伪造废弃物检验单的。

B. 不按本条例第十四条规定填报倾倒情况记录表的。

C. 在本条例第十五条规定的情况下,未及时向主管部门和海事部门报告的。

②凡实际装载与许可证所注明内容不符,情节严重的,除中止或吊销许可证外,还可处以人民币 2 000 元以上 5 000 元以下的罚款。

③凡未按本条例第十二条规定通知主管部门核实而擅自进行倾倒的,可处以人民币 2 万元以上 10 万元以下的罚款:

A. 未经批准向海洋倾倒废弃物的。

B. 不按批准的条件和区域进行倾倒的,但本条例第十五条规定的情况不在此限。

对违反该条例,造成或可能造成海洋环境污染损害的直接责任人,主管部门可处以警告或者罚款,也可以并处。

对违反该条例,污染损害海洋环境造成重大财产损失或致人伤亡的直接责任人,由司法机关依法追究刑事责任。

当事人对主管部门的处罚决定不服的,可以在收到处罚通知书之日起 15 日内,向人民法院起诉;期满不起诉又不履行处罚决定的,由主管部门申请人民法院强制执行。

5. 附件一:禁止倾倒的物质

①含有机卤素化合物、汞及汞化合物、镉及镉化合物的废弃物。

②强放射性废弃物及其他强放射性物质。

③原油及其废弃物、石油炼制品、残油以及这类物质的混合物。

④渔网、绳索、塑料制品及其他能在海面漂浮或在水中悬浮,严重妨碍航行、捕鱼及其他海洋动物或危害海洋生物的人工合成物质。

⑤含有本附件①、②项所列物质的阴沟污泥和疏浚物。

第七节　中华人民共和国海船船员考试和发证规则

为了提高海船船员素质,保障海上人命和财产安全,保护海洋环境,根据《中华人民共和国海上交通安全法》、《中华人民共和国船员条例》以及我国缔结或者加入的有关国际公约,交通运输部于 2011 年 12 月 8 日经第 12 次部务会议通过,颁布了新的《中华人民共和国海船船员适任考试和发证规则》,并于 2012 年 3 月 1 日起施行。该规则包括总则、适任证书、适任考试、特免证明、承认签证、航运公司及相关机构的责任、监督管理、法律责任及附则共九章内容,下面仅介绍与电子电气员有关部分。

一、总则

1. 适用范围

本规则适用于为取得中华人民共和国海船船员适任证书(以下简称适任证书)而进行的考试以及适任证书、适任证书特免证明和外国适任证书承认签证的签发与管理。

2. 主管机关

国务院交通运输主管部门主管全国海船船员适任考试和发证工作。国家海事管理机构在国务院交通运输主管部门的领导下,对海船船员适任考试和发证工作进行统一管理。国家海事管理机构所属的各级海事管理机构按照国家海事管理机构确定的职责范围具体负责海船船员适任考试和发证工作。

3. 原则

海船船员适任考试和发证应当遵循公平、公正、公开、便民的原则。

二、适任证书

1. 适任证书基本信息

(1) 适任证书包含以下基本内容:
①持证人姓名、性别、出生日期、国籍、持证人签名及照片。
②证书等级、编号。
③有关国际公约的适用条款。
④持证人适任的航区、职务、职能。
⑤持证人适任的船舶种类、主推进动力装置、特殊设备操作等项目。
⑥发证日期和有效期截止日期。
⑦签发机关名称和签发官员署名。
⑧规定需要载明的其他内容。

(2) 持证人适任的航区分为无限航区和沿海航区,但无线电操作人员适任的航区分为A1、A2、A3 和 A4 海区。

(3) 适任证书等级分为:
①船长、驾驶员、轮机长和轮机员适任证书。
②高级值班水手、高级值班机工适任证书。
③值班水手、值班机工适任证书。
④电子电气员和电子技工适任证书适用于主推进动力装置 750 kW 及以上的船舶。

在拖船上任职的船长和甲板部船员所持适任证书等级与该拖船的主推进动力装置功率的等级相对应。

(4) 船员职务根据服务部门分为:
①船长。
②甲板部船员。大副、二副、三副、高级值班水手、值班水手,其中大副、二副、三副统称为驾驶员。
③轮机部船员。轮机长、大管轮、二管轮、三管轮、电子电气员、高级值班机工、值班机工、电子技工,其中大管轮、二管轮、三管轮统称为轮机员。
④无线电操作人员。一级无线电电子员、二级无线电电子员、通用操作员、限用操作员。

(5) 船员职能根据分工分为:
①航行。
②货物操作和积载。
③船舶作业和人员管理。
④轮机工程。
⑤电气、电子和控制工程。
⑥维护和修理。
⑦无线电通信。

(6) 船员职能根据技术要求分为:
①管理级。
②操作级。
③支持级。

(7)适任证书持有人应当在适任证书适用范围内担任职务或者担任低于适任证书适用范围的职务。

2.适任证书的签发

(1)取得适任证书,应当具备下列条件:

②持有有效的船员服务簿。

③符合国家海事管理机构规定的海船船员任职岗位健康标准。

④完成本规则附件规定的适任培训。

⑤具备本规则附件规定的海上任职资历,并且任职表现和安全记录良好。

⑥通过相应的适任考试。

拟在油船、化学品船、液化气船、客船、高速船等特殊类型船舶上任职的船员,还应当具备规定的培训、资历等特殊要求。

(2)申请海船船员适任证书的,应当提交下列材料:

①海船船员适任证书申请表。

②船员服务簿。

③海船船员健康证书。

④身份证件。

⑤符合海事管理机构要求的照片。

⑥岗位适任培训证明或者航海教育毕业证书。

⑦船上见习记录簿。

⑧现持有的适任证书。

⑨专业技能适任培训合格证。

⑩适任考试的合格证明。

按照本规则规定免于船上见习者,免于向海事管理机构提交上述第⑦项规定的材料;初次申请海船船员适任证书者,免于向海事管理机构提交本上述第⑧项规定的材料。

按照规定拟在特殊类型船舶上任职的,还应当提供相应的特殊培训合格证。

申请适任证书再有效的,还应当提交经过相应知识更新的材料,但按照下述(5)规定申请适任证书再有效的,免于提交上述⑥、⑦、⑨、⑩项规定的材料,按照下述(6)规定申请适任证书再有效的,免于提交上述⑥、⑨项规定的材料。

(3)海事管理机构对于发证申请,经审核符合本规则规定条件的,应当按照我国《行政许可法》、《交通行政许可实施程序规定》的要求签发相应的适任证书。

(4)适任证书有效期不超过5年,有效期截止日期不超过持证人65周岁生日。

(5)持有船长和高级船员适任证书者在证书有效期内,满足下列条件之一,并经过与其职务相适应的知识更新培训,可以在适任证书有效期届满前12个月内向有相应管理权限的海事管理机构申请适任证书再有效:

①从申请之日起向前计算5年内具有与其适任证书所记载范围相应的不少于12个月的海上服务资历,且任职表现和安全记录良好。

②从申请之日起向前计算6个月内具有与其适任证书所记载范围相应的累计不少于3个月的海上服务资历,且任职表现和安全记录良好。

(6)未满足(5)条规定的船长和高级船员,申请适任证书再有效的,应当符合下列规定:

①未满足(5)条①、②项规定,或者适任证书过期5年以内的,应当参加模拟器培训和知

识更新培训,并通过相应的抽查项目的评估。

②适任证书过期5年及以上10年以下的,应当参加模拟器培训和知识更新培训,并通过相应的抽查科目的理论考试和项目的评估。

③适任证书过期10年及以上的,应当参加模拟器培训和知识更新培训,通过相应的抽查科目的理论考试和项目的评估,并在适任证书记载的相应航区、等级范围内按照"船上见习记录簿"规定完成不少于3个月的船上见习。

(7)适任证书损坏或者遗失时,持证人除应当向原证书签发的海事管理机构提交补发申请及本规则(2)条第A、D、E项要求的材料外,还应当满足下列要求:

①适任证书损坏的,应当缴回被损坏的证书原件。

②适任证书遗失的,应当在发行范围覆盖全国的报纸上登载适任证书遗失公告,或者提交原证书签发海事管理机构所在地公证机关出具的公证书;登载适任证书遗失公告的,自公告之日起满30日后方可申请。

补发的适任证书的有效期截止日期与原适任证书的有效期截止日期相同。

(8)因违反海事行政管理规定被吊销适任证书者,自证书被吊销之日起2年后,通过低一职务的适任考试,可以按照本规则(2)条的规定提交相应材料,向原签发适任证书的海事管理机构申请低一职务的适任证书。

海事管理机构对通过适任考试,且安全记录良好的,应当签发其相应的适任证书。

(9)曾在内河船舶、海洋渔业船舶或者军事船舶上任职的人员,具备下列条件的,可以按照国家海事管理机构的规定申请相应的适任证书:

①拟申请证书的等级和职务不高于其在内河船舶、海洋渔业船舶或者军事船舶上相应的证书等级和职务,其中可以申请的职务最高为大副或者大管轮。

②在内河船舶、海洋渔业船舶或者军事船舶上的水上服务资历能够与本规则规定的海上服务资历相适应,且任职表现和安全记录良好。

③参加相应的岗位适任培训,并通过与申请职务相应的理论考试和评估。

3. 特殊类型船舶船员的特殊要求

(1)拟在油船、化学品船、液化气船、客船、高速船等特殊类型船舶上任职的,还应当完成相应的特殊培训,并取得培训合格证。

(2)在两港间航程50 n mile及以上的客船上服务的船长和高级船员应当持有适用于相应航区3 000 GT及以上或者3 000 kW及以上船舶的适任证书。

三、适任考试

(1)海船船员的适任考试包括理论考试和评估。

理论考试以理论知识为主要考试内容,重点对海船船员专业知识的掌握和理解程度进行测试。

评估通过对相应船舶、模拟器或者其他设备的操作,国际通用语言听力测验与口试等方式,重点对海船船员专业知识综合运用、操作及应急等能力进行技能测评。

(2)适任考试科目、大纲由国家海事管理机构统一制定并公布。

电子电气员适任考试科目主要有船舶电气、船舶机舱自动化、电子信息技术与航行设备、船舶管理。

(3)申请参加适任考试的,应当按照公布的申请程序向有相应权限的海事管理机构提供

下列信息：

①身份证件。

②所申请考试的适任证书航区、等级、职务。

③符合海事管理机构要求的照片。

(4) 海事管理机构应当于适任考试开始5日前向申请人发放准考证,并告知申请人查询适任考试成绩的途径等事项。

(5) 适任考试有科目或者项目不及格的,可以在初次适任考试准考证签发之日起3年内申请5次补考。逾期不能通过全部适任考试的,所有适任考试成绩失效。

(6) 海事管理机构应当在考试结束后30日内公布成绩。适任考试成绩自全部理论考试和评估成绩均合格之日起5年内有效。

四、特免证明

(1) 中国籍船舶在境外遇有不可抗力或者其他导致持证船员不能履行职务的特殊情况,无法满足船舶最低安全配员要求,需要由本船下一级船员临时担任上一级职务时,应当向海事管理机构申请签发特免证明。

(2) 申请特免证明的,应当向海事管理机构提交包含下列内容的申请报告：

①申请理由。

②船舶名称、航行区域、停泊港口。

③拟申请签发对象的资历情况。

④相关证明材料。

(3) 受理申请的海事管理机构应当在受理之日起3日内核实有关情况并报国家海事管理机构批准,对符合规定条件的,国家海事管理机构应当签发有效期不超过6个月的特免证明,但船长或者轮机长特免证明的有效期不超过3个月。不符合条件的,应当在受理申请之日起3日内告知申请人不予签发的决定及理由。

(4) 一艘船舶上同时持特免证明的船长和高级船员总共不得超过3名。

(5) 当事船舶抵达中国第一个港口后,特免证明自动失效。失效的特免证明应当及时缴回原签发的海事管理机构。

五、承认签证

(1) 持有经修正的《1978年海员培训、发证和值班标准国际公约》缔约国签发的外国适任证书的船员在中国籍船舶上任职的,应当取得由国家海事管理机构签发的外国适任证书的承认签证。

(2) 申请承认签证的,应当向国家海事管理机构提交下列材料：

①所属缔约国签发的适任证书原件。

②表明申请人符合《STCW公约》和所属缔约国有关船员管理规定的证明文件。

③申请人的海船船员身份证件。

(3) 国家海事管理机构应当按照《STCW公约》和本规则规定的标准、条件等内容,对申请承认签证船员所属缔约国的有关船员管理制度从下列方面进行评价：

①有关船员适任培训、考试及发证制度是否符合《STCW公约》要求。

②是否按照《STCW公约》要求建立了有效的船员质量标准控制体系。

③船员适任条件等相关要求是否低于本规则规定的相关标准。

(4)承认签证的有效期不得超过被承认适任证书的有效期,且最长不得超过5年。当被承认适任证书失效时,相应的承认签证自动失效。

六、监督管理

(1)有下列情形之一的,海事管理机构可以组织对船员适任能力进行考核:

①船舶发生碰撞、搁浅或者触礁的。

②在航行、锚泊或者靠泊时,从船上非法排放物质的。

③违反航行规则的。

④以其他危及海上人命、财产安全和海洋环境的方式操作船舶的。

按照本条第①款对船员进行适任能力考核的,应当根据本规则规定的船员适任要求通过抽考、现场考核等方式进行。

(2)按照上述(1)条被注销适任证书的船员,可以按照海事管理机构的要求参加低等级、职务或者航区的评估,海事管理机构签发与其考核结果相适应的适任证书。

七、法律责任

(1)隐瞒有关情况或者提供虚假材料申请适任证书、特免证明、承认签证的,海事管理机构不予受理或者不予签发适任证书、特免证明、承认签证,并给予警告;申请人在1年内不得再次申请与前次申请等级、职务资格、航区相同的适任证书、特免证明、承认签证。

(2)以欺骗、贿赂等不正当手段取得适任证书、特免证明、承认签证的,由签发证书的海事管理机构或者其上级海事管理机构吊销有关证书,并处2 000元以上2万元以下的罚款。

(3)伪造、变造或者买卖适任证书、特免证明、承认签证的,由海事管理机构收缴有关证书,处2万元以上10万元以下罚款,有违法所得的,还应当没收违法所得。

(4)船员未在培训、见习记录簿内作出如实填写或者记载的,由海事管理机构处1 000元以上1万元以下罚款;情节严重的,并给予暂扣船员服务簿、船员适任证书6个月以上2年以下直至吊销船员服务簿、船员适任证书的处罚。

(5)因违反本规则或者其他水上交通安全法规的规定,被海事管理机构吊销适任证书的,自被吊销之日起2年内,不得申请适任证书。

八、附则

(1)本规则下列用语的含义:

①海船,是指航行于海上以及江海直达的各类船舶,但不包括军事船舶、渔业船舶、体育运动船舶和非营业性游艇。

②无限航区,是指海上任何通航水域,包括世界各国的开放港口和国际通航运河及河流。

③沿海航区,是指我国沿海的港口、内水和领海以及国家管辖的一切其他通航海域。

④非运输船,是指工程船舶、拖船等不从事货物(或者旅客)运输的机动船舶。

⑤安全记录良好,是指自申请之日起向前计算5年内未发生负有主要责任的大事故及以上等级事故。

⑥实践教学,是指航海类院校或者培训机构组织实施的实验教学、工厂实习教学和船上实习。

⑦航运公司,是指船舶所有人、经营人、管理人或者光船承租人。

(2)我国缔结或者加入的国际公约对普通船员适任证书有效期有特别规定的,按照其规定执行。

(3)本规则施行前已经取得海船船员适任证书和正在接受海船船员教育、培训的人员的考试和发证工作,由国家海事管理机构在相关国际公约规定的时间内,采取相应的过渡措施,逐步进行规范。

附件:申请海船船员适任证书的培训、海上任职资历和适任考试要求

申请职务	培训		海上任职资历		适任考试	特别规定
	基本安全和专业技能适任培训	岗位适任培训	海上服务资历	船上见习		
电子技工	完成基本安全培训、精通救生艇筏和救助艇培训、保安意识培训和负有指定保安职责船员的培训	完成相应的电子技工岗位适任培训		具有不少于6个月的海上服务资历,其中至少应有3个月是在船上合格的高级船员或者合格的支持级船员的直接监督之下履行了值班职责	通过电子技工适任考试	
电子电气员	完成基本安全培训、精通救生艇筏和救助艇培训、高级消防培训、精通急救培训、保安意识培训和负有指定保安职责船员的培训	完成相应的电子电气员岗位适任培训	担任电子技工满18个月	在相应等级的船舶上完成不少于6个月的任职前船上见习	通过电子电气员适任考试	

注:①表中"海上服务资历"一列中规定的海上服务资历须在参加岗位适任培训前取得,其中申请无限航区适任证书职务晋升所要求的海上服务资历至少有6个月是在无限航区的船舶上任职,其余时间可以在沿海航区的船舶上任职;船长和高级船员船上见习需在适任考试所有科目和项目全部通过后进行,并在船上见习记录簿中记载;申请适任证书的航区扩大、吨位或者功率提高的,可以免予船上见习。

②已持有适用于货物运输船舶适任证书的船员在各类非运输船舶上的海上服务资历可以视为在货物运输船舶的海上服务资历;在两港间航程50 n mile及以上的客船上服务的船长和高级船员的海上服务资历按照所持适任证书适用的航区、船舶等级确定。

③申请适任证书航区扩大者,应当持有有效的沿海航区相同船舶等级和职务的适任证书,并实际担任其职务不少于12个月,并完成相应的岗位适任培训;申请适任证书吨位或者功率提高者,应当持有有效的与所申请的吨位或者功率较低一级但航区和职务相同的适任证书,并实际担任其职务满12个月,并完成相应的岗位适任培训。

④接受航海类教育和岗位适任培训的学员,可以按照以下情形参加适任考试:

A. 接受不少于2年的全日制航海类中职/中专及以上教育的学生或者接受不少于2年三副、三管轮、电子电气员岗位适任培训的学员,完成全部理论和实践教学内容后,可以相应地申请沿海航区三副、三管轮、电子电气员的适任考试;或者具有不少于12个月的海上服务资历后,可以相应地申请无限航区三副、三管轮、电子电气员适任考试。

B. 接受全日制航海类高职/高专及以上教育的学生,或者完成全日制非航海类大专及以上教育并

接受不少于18个月三副、三管轮、电子电气员岗位适任培训的学员,完成全部理论和实践教学内容后,可以相应地申请无限航区三副、三管轮、电子电气员的适任考试。

C. 正在接受航海类教育的学生和三副、三管轮、电子电气员岗位适任培训的学员,可以在毕业或者结业前6个月内相应地申请参加值班水手、值班机工、电子技工适任考试,免于参加相应的值班水手、值班机工、电子技工岗位适任培训。

接受电子电气员航海类教育和适任培训的学员通过适任考试后,应当在相应等级的船舶上完成不少于12个月的船上见习。

⑤国家海事管理机构可以认可教育质量管理体系运行良好的航海类教育机构按照本规则开展的海船船员适任考试。

第八节 中华人民共和国船员条例

为了加强船员管理,提高船员素质,维护船员的合法权益,保障水上交通安全,保护水域环境,制定了《中华人民共和国船员条例》。本条例于2007年3月28日国务院第172次常务会议通过,自2007年9月1日起施行。中华人民共和国境内的船员注册、任职、培训、职业保障以及提供船员服务等活动,适用本条例。国务院交通运输主管部门主管全国船员管理工作。国家海事管理机构依照本条例负责统一实施船员管理工作。负责管理中央管辖水域的海事管理机构和负责管理其他水域的地方海事管理机构(以下统称海事管理机构),依照各自职责具体负责船员管理工作。本条例共8章73条;第一章 总则;第二章 船员注册和任职资格;第三章 船员职责;第四章 船员职业保障;第五章 船员培训和船员服务;第六章 监督检查;第七章 法律责任;第八章 附则。下面介绍主要内容。

一、船员注册和任职资格

(1)申请船员注册,应当具备下列条件:
①年满18周岁(在船实习、见习人员年满16周岁)但不超过60周岁。
②符合船员健康要求。
③经过船员基本安全培训,并经海事管理机构考试合格。
申请注册国际航行船舶船员的,还应当通过船员专业外语考试。

(2)申请船员注册,可以由申请人或者其代理人向任何海事管理机构提出书面申请,并附送申请人符合规定条件的证明材料。

海事管理机构应当自受理船员注册申请之日起10日内作出注册或者不予注册的决定。对符合本条例规定条件的,应当给予注册,发给船员服务簿,但是申请人被依法吊销船员服务簿未满5年的,不予注册。

(3)船员服务簿是船员的职业身份证件,应当载明船员的姓名、住所、联系人、联系方式以及其他有关事项。船员服务簿记载的事项发生变更的,船员应当向海事管理机构办理变更手续。

(4)船员有下列情形之一的,海事管理机构应当注销船员注册,并予以公告:
①死亡或者被宣告失踪的。
②丧失民事行为能力的。
③被依法吊销船员服务簿的。
④本人申请注销注册的。

(5)参加航行和轮机值班的船员,应当依照本条例的规定取得相应的船员适任证书。申请船员适任证书,应当具备下列条件:

①已经取得船员服务簿。

②符合船员任职岗位健康要求。

③经过相应的船员适任培训、特殊培训。

④具备相应的船员任职资历,并且任职表现和安全记录良好。

(6)申请船员适任证书,应当向海事管理机构提出书面申请,并附送申请人符合规定条件的证明材料。对符合规定条件并通过国家海事管理机构组织的船员任职考试的,海事管理机构应当发给相应的船员适任证书。

(7)船员适任证书应当注明船员适任的航区(线)、船舶类别和等级、职务以及有效期限等事项。船员适任证书的有效期不超过5年。

(8)中国籍船舶的船长和高级船员应当由中国籍船员担任;确需外国籍船员担任高级船员的,应当报国家海事管理机构批准。

(9)中国籍船舶在境外遇有不可抗力或者其他特殊情况,无法满足船舶最低安全配员要求,需要由本船下一级船员临时担任上一级职务时,应当向海事管理机构提出申请。海事管理机构根据拟担任上一级船员职务船员的任职资历、任职表现和安全记录,签发相应的批准文书。

(10)曾经在军用船舶、渔业船舶上工作的人员,或者持有其他国家、地区船员适任证书的船员,依照本条例的规定申请船员适任证书的,海事管理机构可以免除船员培训和考试的相应内容。具体办法由国务院交通运输主管部门另行规定。

(11)以海员身份出入国境和在国外船舶上从事工作的**中国籍船员**,应当向国家海事管理机构指定的海事管理机构申请中华人民共和国海员证。

申请中华人民共和国海员证,应当符合下列条件:

①是中华人民共和国公民。

②持有国际航行船舶船员适任证书或者有确定的船员出境任务。

③无法律、行政法规规定禁止出境的情形。

(12)海事管理机构应当自受理申请之日起7日内作出批准或者不予批准的决定。予以批准的,发给中华人民共和国海员证;不予批准的,应当书面通知申请人并说明理由。

(13)中华人民共和国海员证是中国籍船员在境外执行任务时表明其中华人民共和国公民身份的证件。中华人民共和国海员证遗失、被盗或者损毁的,应当向海事管理机构申请补发。船员在境外的,应当向中华人民共和国驻外使馆、领馆申请补发。

中华人民共和国海员证的有效期不超过5年。

(14)持有中华人民共和国海员证的船员,在其他国家、地区享有按照当地法律、有关国际条约以及中华人民共和国与有关国家签订的海运或者航运协定规定的权利和通行便利。

(15)在中国籍船舶上工作的外国籍船员,应当依照法律、行政法规和国家其他有关规定取得就业许可,并持有国务院交通运输主管部门规定的相应证书和其所属国政府签发的相关身份证件。

在中华人民共和国管辖水域航行、停泊、作业的外国籍船舶上任职的外国籍船员,应当持有中华人民共和国缔结或者加入的国际条约规定的相应证书和其所属国政府签发的相关身份证件。

二、船员职责

(1)船员在船工作期间,应当符合下列要求:

①携带本条例规定的有效证件。

②掌握船舶的适航状况和航线的通航保障情况,以及有关航区气象、海况等必要的信息。

③遵守船舶的管理制度和值班规定,按照水上交通安全和防治船舶污染的操作规则操纵、控制和管理船舶,如实填写有关船舶法定文书,不得隐匿、篡改或者销毁有关船舶法定证书、文书。

④参加船舶应急训练、演习,按照船舶应急部署的要求,落实各项应急预防措施。

⑤遵守船舶报告制度,发现或者发生险情、事故、保安事件或者影响航行安全的情况,应当及时报告。

⑥在不严重危及自身安全的情况下,尽力救助遇险人员。

⑦不得利用船舶私载旅客、货物,不得携带违禁物品。

(2)船长在其职权范围内发布的命令,船舶上所有人员必须执行。高级船员应当组织下属船员执行船长命令,督促下属船员履行职责。

(3)船长、高级船员在航次中,不得擅自辞职、离职或者中止职务。

(4)船长在保障水上人身与财产安全、船舶保安、防治船舶污染水域方面,具有独立决定权,并负有最终责任。船舶在海上航行时,船长为保障船舶上人员和船舶的安全,可以依照法律的规定对在船舶上进行违法、犯罪活动的人采取禁闭或者其他必要措施。

三、船员职业保障

(1)船员用人单位和船员应当按照国家有关规定参加工伤保险、医疗保险、养老保险、失业保险以及其他社会保险,并依法按时足额缴纳各项保险费用。

船员用人单位应当为在驶往或者驶经战区、疫区或者运输有毒有害物质的船舶上工作的船员,办理专门的人身、健康保险,并提供相应的防护措施。

(2)船舶上船员生活和工作的场所,应当符合国家船舶检验规范中有关船员生活环境、作业安全和防护的要求。

船员用人单位应当为船员提供必要的生活用品、防护用品、医疗用品,建立船员健康档案,并为船员定期进行健康检查,防治职业疾病。

船员在船工作期间患病或者受伤的,船员用人单位应当及时给予救治;船员失踪或者死亡的,船员用人单位应当及时做好相应的善后工作。

(3)船员用人单位应当依照有关劳动合同的法律、法规和中华人民共和国缔结或者加入的有关船员劳动与社会保障国际条约的规定,与船员订立劳动合同。

船员用人单位不得招用未取得本条例规定证件的人员上船工作。

(4)船员工会组织应当加强对船员合法权益的保护,指导、帮助船员与船员用人单位订立劳动合同。

(5)船员用人单位应当根据船员职业的风险性、艰苦性、流动性等因素,向船员支付合理的工资,并按时足额发放给船员。任何单位和个人不得克扣船员的工资。

船员用人单位应当向在劳动合同有效期内的待派船员,支付不低于船员用人单位所在地人民政府公布的最低工资。

(6)船员在船工作时间应当符合国务院交通运输主管部门规定的标准,不得疲劳值班。

船员除享有国家法定节假日的假期外,还享有在船舶上每工作2个月不少于5日的年休假。船员用人单位应当在船员年休假期间,向其支付不低于该船员在船工作期间平均工资的报酬。

(7)船员在船工作期间,有下列情形之一的,可以要求遣返:

①船员的劳动合同终止或者依法解除的。

②船员不具备履行船上岗位职责能力的。

③船舶灭失的。

④未经船员同意,船舶驶往战区、疫区的。

⑤由于破产、变卖船舶、改变船舶登记或者其他原因,船员用人单位、船舶所有人不能继续履行对船员的法定或者约定义务的。

(8)船员可以从下列地点中选择遣返地点:

①船员接受招用的地点或者上船任职的地点。

②船员的居住地、户籍所在地或者船籍登记国。

③船员与船员用人单位或者船舶所有人约定的地点。

(9)船员的遣返费用由船员用人单位支付。遣返费用包括船员乘坐交通工具的费用、旅途中合理的食宿及医疗费用和30 kg行李的运输费用。

(10)船员的遣返权利受到侵害的,船员当时所在地民政部门或者中华人民共和国驻境外领事机构,应当向船员提供援助;必要时,可以直接安排船员遣返。民政部门或者中华人民共和国驻境外领事机构为船员遣返所垫付的费用,船员用人单位应当及时返还。

四、船员培训和船员服务

(1)申请在船舶上工作的船员,应当按照国务院交通运输主管部门的规定,完成相应的船员基本安全培训、船员适任培训。在危险品船、客船等特殊船舶上工作的船员,还应当完成相应的特殊培训。

(2)船员服务机构应当向社会公布服务项目和收费标准。

(3)船员服务机构为船员提供服务,应当诚实守信,不得提供虚假信息,不得损害船员的合法权益。

(4)船员服务机构为船员用人单位提供船舶配员服务,应当督促船员用人单位与船员依法订立劳动合同。船员用人单位未与船员依法订立劳动合同的,船员服务机构应当终止向船员用人单位提供船员服务。

船员服务机构为船员用人单位提供的船员失踪或者死亡的,船员服务机构应当配合船员用人单位做好善后工作。

五、监督检查

(1)海事管理机构应当建立健全船员管理的监督检查制度,重点加强对船员注册、任职资格、履行职责、安全记录、船员培训机构培训质量、船员服务机构诚实守信以及船员用人单位保护船员合法权益等情况的监督检查,督促船员用人单位、船舶所有人以及相关的机构建立健全船员在船舶上的人身安全、卫生、健康和劳动安全保障制度,落实相应的保障措施。

(2)海事管理机构对船员实施监督检查时,应当查验船员必须携带的证件的有效性,检查船员履行职责的情况,必要时可以进行现场考核。

(3)依照本条例的规定,取得船员服务簿、船员适任证书、中华人民共和国海员证的船员以及取得从事船员培训业务许可、船员服务业务许可的机构,不再具备规定条件的,由海事管理机构责令限期改正;拒不改正或者无法改正的,海事管理机构应当撤销相应的行政许可决定,并依法办理有关行政许可的注销手续。

(4)海事管理机构对有违反水上交通安全和防治船舶污染水域法律、行政法规行为的船员,除依法给予行政处罚外,实行累计记分制度。海事管理机构对累计记分达到规定分值的船员,应当扣留船员适任证书,责令其参加水上交通安全、防治船舶污染等有关法律、行政法规的培训并进行相应的考试;考试合格的,发还其船员适任证书。

(5)船舶违反本条例和有关法律、行政法规规定的,海事管理机构应当责令限期改正;在规定期限内未能改正的,海事管理机构可以禁止船舶离港或者限制船舶航行、停泊、作业。

(6)海事管理机构实施监督检查时,应当有2名以上执法人员参加,并出示有效的执法证件。

海事管理机构实施监督检查,可以询问当事人,向有关单位或者个人了解情况,查阅、复制有关资料,并保守被调查单位或者个人的商业秘密。

接受海事管理机构监督检查的有关单位或者个人,应当如实提供有关资料或者情况。

(7)劳动保障行政部门应当加强对船员用人单位遵守劳动和社会保障的法律、法规和国家其他有关规定情况的监督检查。

六、法律责任

(1)违反本条例的规定,以欺骗、贿赂等**不正当手段取得船员服务簿、船员适任证书、船员培训合格证书、中华人民共和国海员证的,由海事管理机构吊销有关证件**,并处2 000元以上2万元以下罚款。

(2)违反本条例的规定,**伪造、变造或者买卖船员服务簿**、船员适任证书、船员培训合格证书、中华人民共和国海员证的,由海事管理机构收缴有关证件,处2万元以上10万元以下罚款,有违法所得的,还应当没收违法所得。

(3)违反本条例的规定,船员服务簿记载的事项发生**变更**,船员未办理变更手续的,由海事管理机构责令改正,可以处1 000元以下罚款。

(4)违反本条例的规定,船员在船工作期间未携带本条例规定的有效证件的,由海事管理机构责令改正,可以处2 000元以下罚款。

(5)违反本条例的规定,船员有下列情形之一的,由海事管理机构处1 000元以上1万元以下罚款;情节严重的,并给予暂扣船员服务簿、船员适任证书6个月以上2年以下直至吊销船员服务簿、船员适任证书的处罚:

①未遵守值班规定擅自离开工作岗位的。
②未按照水上交通安全和防治船舶污染操作规则操纵、控制和管理船舶的。
③发现或者发生险情、事故、保安事件或者影响航行安全的情况未及时报告的。
④未如实填写或者记载有关船舶法定文书的。
⑤隐匿、篡改或者销毁有关船舶法定证书、文书的。
⑥不依法履行救助义务或者肇事逃逸的。
⑦利用船舶私载旅客、货物或者携带违禁物品的。

(6)违反本条例的规定,船长有下列情形之一的,由海事管理机构处 2 000 元以上 2 万元以下罚款;情节严重的,并给予暂扣船员适任证书 6 个月以上 2 年以下直至吊销船员适任证书的处罚:

①未保证船舶和船员携带符合法定要求的证书、文书以及有关航行资料的。

②未保证船舶和船员在开航时处于适航、适任状态,或者未按照规定保障船舶的最低安全配员,或者未保证船舶的正常值班的。

③未在船员服务簿内如实记载船员的服务资历和任职表现的。

④船舶进港、出港、靠泊、离泊,通过交通密集区、危险航区等区域,或者遇有恶劣天气和海况,或者发生水上交通事故、船舶污染事故、船舶保安事件以及其他紧急情况时,未在驾驶台值班的。

⑤在弃船或者撤离船舶时未最后离船的。

(7)船员适任证书被吊销的,自被吊销之日起 2 年内,不得申请船员适任证书。

(8)违反本条例的规定,情节严重,构成犯罪的,依法追究刑事责任。

第九节 《NSM 规则》及船舶应变部署

一、NSM 规则

2001 年 7 月发布了交海发(2001)383 号文《关于发布〈中华人民共和国船舶安全营运和防止污染管理规则〉(试行)的通知》,确定了实施《国内安全管理规则》(NSM)的生效时间:第一批适用船舶,包括国内跨省航行载客定额 50 人及以上滚装客船、旅游客船和高速客船,150 GT 及以上的气体运输船(液化气船)和散装化学品船,自 2003 年 1 月 1 日起生效。第二批适用船舶,包括载客 50 人及以上所有跨省航行的客船(内河客渡船除外)和 500 GT 及以上的油船(港内作业除外),自 2004 年 7 月 1 日起生效。第三批船舶,包括 500 GT 及以上沿海跨省航行的散货船和其他货船,自 2007 年 7 月 1 日起生效。

(一)前言

《中华人民共和国船舶安全营运和防止污染管理规则》(《NSM 规则》)是为了保障水上交通安全,保护水域环境,应用《国际船舶安全营运和防止污染管理规则》(《ISM 规则》)的原理,结合我国实际情况,制定的规则。

本规则是为了提供船舶安全和防止污染的管理标准,考虑到航运公司及其船舶状况各有不同,依据安全和防污染要求的一般原则和总体目标制定。它用概括性术语写成,船岸不同层次的管理人员应当对所列条款具有适应其岗位需要的理解和认识。高级领导层的承诺是做好安全管理工作的基础,各级人员的责任心、能力、态度和主观能动性则对船舶的安全和防污染起决定性作用。

(二)实施

1. 总则

(1)定义

①公司,指中国籍船舶的所有人,或已承担船舶所有人的船舶营运责任并同意承担本规则规定的所有责任和义务的任何组织,如船舶管理人或光船承租人。

②主管机关,指中华人民共和国海事管理机构。

③安全管理体系,指能使公司人员有效执行公司安全和环境保护方针的结构化和文件化的体系。

④符合证明,指签发给公司,表明该公司符合本规则要求的证明文件。

⑤安全管理证书,指签发给船舶,表明其公司和船上管理已按照认可的安全管理体系运作的证明文件。

(2)目标

本规则的目标是保障水上交通安全,防止人员伤亡,避免对环境,特别是水域环境造成危害以及造成财产损失。

公司的安全管理目标应包括:提供船舶营运的安全做法和安全工作环境;针对已认定的所有风险制定防范措施;不断提高船岸人员的安全管理技能以及安全与环境保护应急反应能力。

公司的安全管理体系应保证:符合强制性规定和标准;充分考虑国际海事组织、主管机关、船舶检验机构和行业组织所建议的规则、指南和标准。

(3)适用范围

本规则适用于国内航行船舶及其公司。

(4)安全管理体系的功能要求

公司应建立、实施并保持包括以下功能要求的安全管理体系:安全和环境保护方针;保证船舶的安全和防污染操作符合有关规定和标准的工作程序和须知;船岸人员的职责、权限和相互间的联系渠道;事故和不符合规定情况的报告程序;对紧急情况的准备和反应程序;内部审核、有效性评价和管理复查程序。

2. 安全和环境保护方针

公司应制定安全和环境保护方针,并采取措施,确保船岸各级机构均能始终贯彻执行此方针。

3. 公司的责任和权力

如果负责船舶安全和防污染管理责任的实体不是船舶所有人,则船舶所有人与该实体必须签订符合以下规定的船舶管理协议,并将双方的详细情况报告主管机关:

①当船舶安全和防污染与生产、经营、效益发生矛盾时,应当坚持安全第一和保护环境的原则。

②船舶管理公司同意承担本规则所规定的所有责任和义务。

③在不妨碍船长履行其职责并独立行使其权力的前提下,船舶管理公司对处理涉及船舶安全和防污染的事务具有最终决定权。

对管理、执行以及审核监控安全和防污染工作的所有人员,公司应当用文件形式明确规定其责任、权力及相互关系。

为使指定人员能够履行职责,公司有责任对其提供足够的资源和岸基支持。

4. 指定人员

公司应当任命指定人员,以直接同最高管理层联系,提供公司与船舶的联系渠道。

公司应当以文件形式明确规定指定人员的责任和权力。指定人员的责任和权利应包括:对公司船岸的安全和防污染工作进行监控;确保公司向船舶提供足够的资源和岸基支持。

5. 船长的责任和权力

公司应当以文件形式明确规定船长的下列责任:执行公司的安全和环境保护方针;激励船员遵守该方针;以简明方式发布相应的指令;核查具体要求的遵守情况;复查安全管理体系并

向公司岸上管理部门报告其存在的缺陷。

公司应当保证在安全管理体系中包含一个强调船长权力的明确声明,确立船长的绝对权力和责任,以便船长能够就安全和防污染事务作出决定,并在必要时要求公司给予协助。

6. 人力资源

公司应当确保船长:具有适当的指挥资格;完全熟悉公司的安全管理体系;得到必要的支持,以便可靠地履行其职责。

公司应当保证按照有关规定为每艘船舶配备合格并健康的船员。

公司应当建立有关程序,以便保证涉及安全和环境保护工作的新聘和转岗人员熟悉其职责,凡需在开航前发出的重要指令均应当标明并以书面形式下达。

公司应当保证安全管理体系内的所有人员充分地理解有关规定、标准和相关指南。

公司应当建立有关程序,以标识为支持安全管理体系可能需要的任何培训,并保证向所有相关人员提供这种培训。

公司应当建立有关程序,确保船员能够及时获得有关安全管理体系的信息。

公司应当保证船员在履行其涉及安全管理体系的职责时能够有效地交流。

7. 船上操作方案的制订

对涉及船舶安全和防止污染的关键性的船上操作,公司应当建立制订有关方案和须知(包括需要的检查清单)的程序。与之相关的各项工作,应明确规定由适任人员承担。

8. 应急准备

公司应当建立程序,以标识、描述船上可能出现的紧急情况,并明确对这些紧急情况如何作出反应。公司应当制订应急行动的训练和演习计划。

安全管理体系应提供措施,确保公司能在任何时候对其船舶所面临的危险、紧急情况和事故作出反应。

9. 不符合规定的情况、事故和险情的报告和分析

公司应当建立程序,确保不符合规定的情况、事故和险情及时报告公司,并保证进行调查和分析,以便改进安全和防污染工作。公司应当建立实施纠正措施的程序。

10. 船舶和设备的维护

公司应当制定程序,保证船舶及设备按照有关规定和标准以及公司可能制定的任何附加要求进行维护。为满足这些要求,公司应当保证:按照适当的间隔期进行检查;任何不符合规定的情况及可能的原因得到报告;采取适当的纠正措施;保存这些活动的记录。

公司应当制定有关程序,以便标识那些会因突发性运行故障而导致险情的设备和技术系统,并提供具体措施,以提高这些设备和系统的可靠性。这些措施应当包括对备用装置及设备或非连续使用的技术系统的定期测试。

以上措施应纳入船舶的日常操作性维护。

11. 文件

公司应当建立有关程序,对与安全管理体系有关的所有文件和资料进行控制。公司应当保证:在所有相关场所均能够获得有效的文件;文件的更改应由经授权的人审查批准;被废止的文件应及时清除。

用于阐述和实施安全管理体系的文件可称为"安全管理手册"。公司应以最有效的方式保存文件。每艘船舶均应配备与之有关的全部文件。

12. 内部审核、有效性评价和管理复查

公司应当定期开展内部审核,以核查安全与防污染活动是否符合安全管理体系的要求。除非由于公司的规模和性质不可能做到,实施内部审核的人员应当不从属于被审核的部门。公司应当定期评价安全管理体系的有效性,必要时还应当对安全管理体系进行管理复查。

内部审核及管理复查的结果应当告知所有负有责任的人员,以提请他们注意。负有责任的管理人员应当对所发现的缺陷及时采取纠正措施。

内部审核、有效性评价、管理复查及可能采取的纠正措施应当按文件规定的程序进行。

(三) 审核发证

1. 发证和定期审核

船舶应当由已取得与该船相关的"符合证明"或"临时符合证明"的公司营运。

对于符合本规则要求的公司,主管机关将签发有效期不超过5年的"符合证明"。该证明作为公司符合本规则要求的证据,只对适用的船舶种类有效。船舶种类以初次审核确定的为准。"符合证明"新增船种,必须通过审核并证实公司的管理能力满足本规则关于该船种的要求。

"符合证明"的有效性服从于由主管机关在周年日前、后3个月内进行的年度审核。如果公司没有申请年度审核,或者有客观证据表明存在重大不符合规定情况的,主管机关将收回"符合证明"。如果收回"符合证明",所有相关的"安全管理证书"或"临时安全管理证书"也应收回。船上应当保存一份"符合证明"副本,以便船长在接受主管机关查验时出示。

经审核,船上的管理及操作符合经认可的公司安全管理体系要求的,主管机关或主管机关认可的机构将向船舶签发有效期不超过5年的"安全管理证书"。该证书作为船舶符合本规则有关要求的证据。"安全管理证书"的有效性服从于由主管机关或主管机关认可的机构进行的至少1次的中间审核。如果只进行1次中间审核,且"安全管理证书"的有效期为5年,中间审核须在证书的第2和第3个周年日之间进行。如果公司没有申请中间审核,或者有客观证据表明存在重大不符合规定情况的,主管机关将收回"安全管理证书"。

公司应当在"符合证明"或"安全管理证书"有效期届满前申请换证审核。当换证审核在所持"符合证明"或"安全管理证书"有效期届满之前3个月内完成时,新签发的"符合证明"或"安全管理证书"自完成换证审核之日起有效,且有效期自原证书有效期届满之日起不超过5年。当换证审核在所持"符合证明"或"安全管理证书"有效期届满之日3个月前完成时,新签发的"符合证明"或"安全管理证书"自完成换证审核之日起有效,且有效期自完成换证审核之日起不超过5年。

2. 临时发证

新成立的公司或对"符合证明"增加船种的公司,主管机关在审核公司安全管理体系满足本规则要求后,向其签发有效期不超过12个月的"临时符合证明",但该公司必须作出在"临时符合证明"有效期内实施满足本规则全部要求的安全管理体系的计划。"临时符合证明"的一份副本应当保存在船上,以便船长在接受主管机关查验时出示。

新造船舶交付使用或公司新承担对某一船舶的安全和防污染管理责任的,经主管机关或主管机关认可的机构审核确认满足下述要求后,向船舶签发有效期不超过6个月的"临时安全管理证书";"符合证明"或"临时符合证明"覆盖了该船种;公司已向船舶提供了安全管理体系文件及相关信息;公司已做好3个月内对该船实施内部审核的计划;高级船员熟悉安全管理体系及其实施的计划安排;标明为重要的指令已在开航前下达。

特殊情况下,主管机关可以对"临时安全管理证书"的有效期作出不超过6个月的展期。

3. 审核管理

有关安全管理体系审核发证的规则及程序,由中华人民共和国海事局制定。

4. 证书

"符合证明"、"安全管理证书"、"临时符合证明"和"临时安全管理证书"由中华人民共和国海事局确定格式并统一制作。

二、船舶应变部署

船舶所处的环境复杂多变,随时可能发生危及船舶和人命安全的意外事故。为了避免造成严重后果,把损失减小到最低限度,船舶应按主管机关规定的格式与要求,根据本船设备和人员情况,编制应变部署表与应变须知。明确指出每个人在紧急情况时,应到达的岗位及执行的任务,并定期进行训练及应变演习。

(一)应变部署表与应变须知

1. 应变部署表的编制与公布

应变部署表要用主管机关所规定的统一表格,一般包括规定的警报信号、航行中驾驶室及机舱固定人员的安排、船员编号表,及消防、堵漏、人落水、弃船救生、综合应变中的守卫和救护等的部署表。综合应变是在遭遇武装攻击时的一种防卫行动,但也可能引起消防、堵漏,乃至救生等应变动作。

应变部署表根据每个船员的职务、特长、工作能力及是否有训练合格证书等,安排每个人在应变部署中的岗位和任务。在安排救生艇艇员时,每艘救生艇应由一名驾驶员或持证人员担任艇长,还应指派一名副艇长。应变部署表编制后,应经大副审核,并报告船长批准,公布实施。当因设备更新而操作要求有变化或船员有变动时,应及时修订。在每个航次开始前,由三副及时通知有关人员。同时,应向新上船人员明确交代其编号及其在各种应变部署中的岗位与任务,还应将各艇艇员名单、各种抢救队的队员名单送各艇长、副艇长、队长、副队长,以便他们熟悉其指挥下的船员,掌握这些船员的技术情况和工作能力。

应变部署表应公布在全船各明显的处所,包括驾驶室、机舱和各船员起居住所。

客船用的应变部署表还应包括指定给船员的与旅客有关的各项任务,如向旅客告警,查看旅客能否正确穿好救生衣,召集旅客到各集合地点,保证把毛毯送到救生艇筏上,维持通道及梯道上的秩序并控制旅客的动向等。

2. 应变须知

每个船员应有一份应变须知,在床头及救生衣上都有一张应变任务卡。任务卡上有本人在船上船员编号序中的编号、救生艇号、各种应变信号及本人在各种应变部署中的任务。

在旅客舱室中,应该张贴用适当文字书写的图解和应变须知,向旅客通告他们的集合地点、应变时必须采取的必要行动和救生衣的穿着方法。

3. 操作须知

在救生筏及其降落操纵器的上面或附近,应设置明显的告示或标志,说明其用途和操作程序,并提出有关须知和注意事项,以使在紧急操作时不致造成错误。

4. 应变信号

①综合应变:警铃和汽笛一长声,连放30 s。

②消防:警铃和汽笛短声连放1 min。为了表明火警部位,在消防警报信号之后,鸣一声表

示船前部,二声中部,三声后部,四声机舱,五声上层甲板。

③堵漏:铃和汽笛二长声继一短声,连放 1 min。

④人落水:警铃和汽笛三长声,连放 1 min。

⑤弃船:警铃和汽笛七短声继一长声,连放 1 min。

⑥解除警报:警铃和汽笛一长声持续 6 s 或以口令宣布。

⑦《国际海上人命安全公约》还规定,7 个或 7 个以上的短声继以一长声为通用紧急报警信号。

消防警报信号发出后,全体船员(除值班者外)均应按应变部署表的规定,在 2 min 内迅速携带规定的消防器材分别赶赴指定地点听候命令或调遣。警报发出 5 min,消防泵供水至消防阀处出水。

听到弃船警报信号后,全体船员应在 2 min 内穿好救生衣,到达集合地点,进行弃船演习和操练。

5. 演习

①每位船员每月应至少参加 1 次弃船演习和 1 次消防演习。

②若有 25% 以上的船员未参加本船上月的弃船演习和消防演习,应在该船离港后 24 h 内举行该两项演习。

③客船每周应举行 1 次弃船演习和消防演习。

④堵漏(抗沉)演习每 3 个月举行 1 次。

(二)消防应变部署与演习制度

1. 消防应变部署

消防部署是船舶应变部署中的一个单项。消防应变部署表是船舶应变部署表的一个组成部分。它规定了火灾警报信号及每个船员在消防应变中的行动和所负的责任。

消防应变部署中,船长是总指挥,大副是现场指挥。在机舱内发生的火灾,轮机长则是现场指挥,大副协助。火警中驾驶台、电台和机舱应有固定人员值班,其余人员则分编成消防、隔离和救护三个队。

消防队一般由三副或水手长任队长,直接负责现场探火和灭火。可根据船舶所配不同性质的灭火器材将该队划分成若干小组,如水龙组、固定灭火系统组、手提灭火机组、应急消防泵组等,分别操纵、使用各类灭火器材灭火。

隔离队一般由木匠和机工长任队长。其任务是根据火情,关闭有关的门窗、舱口、风机、挡火闸和孔道,切断局部电路,搬开近火处的易燃物品,阻止火势蔓延。

救助队一般由医生、管事或大厨担任队长。任务是维持现场秩序,准备担架,救护伤员,管理急救药箱等。

客船上的乘警和旅客服务员,应维持好旅客秩序,适当介绍火情及施救情况,组织火区旅客转移至安全地带,劝说旅客不要惊慌,防止产生混乱。

2. 防火控制图

防火控制图是船上防火总布置图,应张贴在船舶应变部署表的附近。图上清楚地标明了每层甲板的各个控制站、A 级和 B 级分隔所围成的各个区域、探火和报警系统、喷水器装置、灭火设备、各舱室和甲板出入通道等设施以及服务于每一区域通风机识别号码的细目。或者经主管同意,上述细目可记入一小册子,每名高级船员一本,并应有一份放入船上易于到达的地方,可随时取用。控制图和小册子应保证是最新资料。如有改动,应尽可能立即加以更正。远

洋船的控制图和小册子还应译成英文。此外,船上灭火和抑制火灾用的所有设备和装置的保养和操作说明,应保存在一个封套内,并放在易于到达的地方,以便随时取用。

在所有船上,还应有一套防火控制图或具有该图的小册子的复制品,永久性地置于甲板室外面有醒目标志的风雨密封盒子里,有助于岸上的消防人员应急时登船使用。

3. 消防演习

消防演习是船舶应变演习的一个重要部分。按规定,消防演习每月举行1次。客船每次出航后,应在最短时间内(条件许可,应在24 h内)召集旅客1次,向旅客讲解防火注意事项。

演习时,应假想船上某处发生火警,组织船员扑救。假想的火警性质及发生的地点应经常改变,以使船员熟悉各种情况。

全体船员必须严肃对待消防演习,听到警报后,应按消防部署表的规定,迅速到达火警现场,听从指挥,认真操演。演习结束后,由现场指挥进行讲评,并检查和处理现场,还要对器材进行检查和清理,使其恢复至可用状态。必要时,船长可召集全体船员大会,进行总结。

(三)堵漏、救生

1. 堵漏部署

(1)船舶因碰撞、搁浅、触礁、爆炸或遭受武器攻击从而造成船体破损渗漏,应及时发出堵漏警报信号,组织船员堵漏抢救。

(2)听到警报信号后,所有船员应按应变部署表规定的职责迅速赶到现场,编队集合待命。

(3)堵漏抢险之关键是尽快寻找出准确部位和漏情。寻找部位时,除派人到各处可以直观的地方检查外,还可以用下述方法判断和寻找:

①倾听各空气管内的水声。

②观察舷外水面有无气泡,并记下部位。

③在舱内以耳听或目视进一步查清渗漏部位并尽可能查清漏洞的大小和形状。

(4)通知机舱迅速排水,根据漏洞大小位置正确估算进排水量差,充分估计险情发展势头,采取正确有力的堵漏抢修措施。

(5)堵漏应变部署一般编成堵漏、排水、隔离和救护四个队,其中堵漏队由水手长与三管轮任正副队长,直接负责堵漏和抢修任务。排水队由轮机长带领进行。

(6)堵漏演习的部署和动作与正式应变相同,要求所有船员在听到警报信号后,于2 min内到达各自岗位,听候指挥。

2. 救生

(1)集合地点

弃船救生及弃船救生演习的集合地点应紧靠在登乘地点。集合与登乘地点均设在从起居室和工作处所能容易到达的地方,一般都在艇甲板上。通往集合与登乘地点的通道、梯口和出口应有能用应急电源供电的照明灯。客船应有旅客容易到达登乘的集合地点,并且是一个能集结和指挥旅客用的宽敞场地。

(2)演习及操练内容

听到弃船警报信号后,全体船员应在2 min内穿好救生衣,到达集合地点,进行弃船演习和操练。

①艇长检查人数,检查各艇员是否携带规定应携带的物品,检查每人的穿着和救生衣是否合适,并加以督促、指导,然后向船长汇报。

②船长宣布演习及操练内容。
③船员按分工各就各位,做好降落救生艇的一切准备工作。
④启动及运转救生艇发动机。
⑤运转降落救生艇所用的吊艇架。
⑥试验集合与弃船所用的应急照明系统。
⑦至少降下1艘救生艇。该艇应在船长发出放艇命令后5 min内,将艇放至水面。每只救生艇都应该每3个月进行1次降落演习,并且在水中进行操纵。除兼作救助艇的救生艇外,救助艇应在合理和可行的范围内,每个月乘载指定的船员降落下水并在水上进行操纵。如果不可能,至少也应3个月进行1次。救生艇和救助艇如在船舶航行中演习时,应在有遮蔽水域中船舶尽量减速,并在有演习经验的驾驶员监督下进行。

(四)弃船时的应急安全措施

当发生机损、海损事故,自救失败,船长可以作出弃船决定。但除紧急情况外,应报经船舶所有人同意。

船长发出弃船信号或宣布弃船命令后,船员按应变部署表规定的职责进行弃船准备。

1. 轮机部完成规定的工作后方能离开机舱
①关停所有正在运转的机电设备,确认已停止工作。
②停炉放汽,确认汽压迅速降低。
③尽可能地关闭所有油舱柜、管系的阀门,堵塞透气孔,确认燃油、滑油柜速闭阀、海底阀已经关闭。
④关闭机舱范围水密门窗。
⑤开启应急发电机并保证应急电源供电。
⑥轮机长待机舱善后工作完成后,携带轮机日志、电气日志、车钟记录簿及油类记录簿最后离开机舱。

2. 全体船员在奔赴集合地点前的行动
①尽量多穿保暖性好的衣服,即使是当人体浸泡在水中,也可形成保暖隔离层。
②尽可能多带淡水和食物。
③携带部署表中所规定的应携带的物品。
④固定值班人员应严守岗位。
驾驶台固定值班人员仍应望守值班,按船长命令操纵船舶,**执行任务**。
电台负责人仍应在电台坚持通信,同时做好弃船准备工作。
机舱固守值班人员仍然坚守操作岗位听令操作。
在得到"用车完毕"车令或船长通知后,轮机部成员在轮机长领导下做好"轮机部完成规定的工作后方能离开机舱"的工作。

3. 到集合地点时的行动
①全体船员,除固定值班者外,应在2 min内穿好救生衣到达集合地点。
②艇长立即清点人数,检查每人所应携带的物品。
③迅速做好放艇准备工作。
④按应变部署表弃船时所规定的必须携带的物品逐项清点,如航海日志、轮机日志、电台日志和电台执照、车钟记录簿、出事地点的有关海图、船舶证书、船员名册和旅客清单、救生艇手提式无线电设备等。

4. 船长发出弃船命令时的行动

①各就各位迅速放艇至登乘位置。全体人员上艇,放艇下水,并释放救生筏,放下登乘梯。

②机舱值班人员接到两次"用车完毕"车令或船长用其他方法通知撤离后,立即携带规定物品撤离机舱,奔赴集合登乘地点。

③取下国旗带上救生艇,驾驶台及电台人员撤离。

第十节 《中华人民共和国船舶安全检查规则》与船旗国管理

一、中华人民共和国船舶安全检查规则

《中华人民共和国船舶安全检查规则》是为规范船舶安全检查活动,保障水上人命、财产安全,防止船舶造成水域污染,根据《中华人民共和国海上交通安全法》《中华人民共和国海洋环境保护法》《中华人民共和国内河交通安全管理条例》等法律、行政法规和我国缔结、加入的有关国际公约,制定的规则。于2009年10月29日经第10次交通运输部部务会议通过,自2010年3月1日起施行。共包括总则、船舶安全检查和处理、"船旗国监督检查记录簿"和"港口国监督检查报告"使用规定、法律责任和附则五章内容,主要内容如下。

1. 总则

本规则适用于对中国籍船舶以及航行、停泊、作业于我国港口(包括海上系泊点)、内水和领海的外国籍船舶实施的安全检查活动。不适用于军事船舶、公安船舶、渔业船舶和体育运动船艇。

本规则所称"船舶安全检查",是指海事管理机构按照本规则规定的程序,对船舶技术状况、船员配备及适任状况等进行监督检查,以督促船舶、船员、船舶所有人、经营人、管理人以及船舶检验机构、发证机构、认可组织等有效执行我国法律、行政法规、规章、船舶法定检验技术规范以及我国缔结、加入的有关国际公约的规定。

船舶安全检查遵循依法、公正、诚信、便民的原则。中华人民共和国海事局统一管理全国的船舶安全检查工作,其他各级海事管理机构按照职责开展船舶安全检查工作。

2. 船舶安全检查和处理

船舶安全检查分为船旗国监督检查和港口国监督检查。船旗国监督检查是指对中国籍船舶实施的船舶安全检查;港口国监督检查是指对航行、停泊、作业于我国港口(包括海上系泊点)、内水和领海的外国籍船舶实施的船舶安全检查。

船舶安全检查,应当由至少2名安全检查人员于船舶停泊或者作业期间实施。禁止对在航船舶进行安全检查,但法律、行政法规另有规定的除外。

从事船舶安全检查的人员应当具备必要的船舶安全检查知识和技能,并取得相应等级的船舶安全检查资格证书。海事管理机构应当配备足够、合格的船舶安全检查人员和必要的装备、资料等,以满足船舶安全检查工作的需要。

船舶安全检查的内容包括:

①船舶配员。

②船舶和船员有关证书、文书、文件、资料。

③船舶结构、设施和设备。

④载重线要求。
⑤货物积载及其装卸设备。
⑥船舶保安相关内容。
⑦船员对与其岗位职责相关的设施、设备的实际操作能力以及中国籍船员所持适任证书所对应的适任能力。
⑧船员人身安全、卫生健康条件。
⑨船舶安全与防污染管理体系的运行有效性。
⑩法律、行政法规、规章以及国际公约要求的其他检查内容。

海事管理机构应当根据中华人民共和国海事局制定的选船标准以及国际公约、区域性合作组织的规定，结合辖区实际情况，按照公平对等、便利公开、重点突出的原则，合理选择船舶实施安全检查。

经海事管理机构检查的中国籍船舶或者经《亚太地区港口国监督谅解备忘录》成员当局检查的外国籍船舶，自检查完毕之日起6个月内不再进行检查，但下列船舶除外：
①客船、油船、液化气船、散装化学品船。
②发生水上交通事故或者污染事故的船舶。
③被举报低于安全、防污染、保安、劳工条件等要求的船舶。
④新发现存在若干缺陷的船舶。
⑤依选船标准核算具有较高安全风险指数的船舶。
⑥中华人民共和国海事局指定检查的船舶。

检查人员实施船舶安全检查，在登轮后应当向船方出示有效证件，表明来意。先进行初步检查，对船舶进行巡视，核查船舶证书、文书和船员证书。有下列情形之一的，检查人员应当对船舶实施详细检查，并告知船方进行详细检查的原因：
①巡视或者核查过程中发现在安全、防污染、保安、劳工条件等方面明显存在缺陷或者隐患的。
②被举报低于安全、防污染、保安、劳工条件等要求的。
③2年内未经海事管理机构详细检查的。
④中华人民共和国海事局要求进行详细检查的。

检查人员实施详细检查时，船长应当指派人员陪同。陪同人员应当如实回答检查人员提出的问题，并按照检查人员的要求测试和操纵船舶设施、设备。

检查人员应当运用专业知识对船舶存在的缺陷作出判断，并按照有关法律、行政法规或者国际公约的规定，提出下列一种或者几种处理意见：
①开航前纠正缺陷。
②在开航后限定的期限内纠正缺陷。
③滞留。
④禁止船舶进港。
⑤限制船舶操作。
⑥责令船舶驶向指定区域。
⑦驱逐船舶出港。
⑧法律、行政法规或者国际公约规定的其他措施。

船舶有权对海事管理机构实施船舶安全检查时提出的缺陷以及处理意见当场进行陈述和

申辩。海事管理机构应当充分听取船方意见。

实施船旗国监督检查结束后，检查人员应当签发"船旗国监督检查记录簿"；实施港口国监督检查结束后，检查人员应当签发"港口国监督检查报告"。检查人员应当在"船旗国监督检查记录簿"或者"港口国监督检查报告"中标明缺陷及处理意见，签名并加盖船舶安全检查专用章。对于缺陷处理意见为滞留的，检查人员应当在"船旗国监督检查记录簿"或者"港口国监督检查报告"中注明理由。

海事管理机构采取滞留、禁止船舶进港、驱逐船舶出港处理措施之一的，对于中国籍船舶应当通报船籍港海事管理机构；对于外国籍船舶应当通过中华人民共和国海事局通报其船旗国政府、国际海事组织。

导致滞留的缺陷如与船舶检验机构、发证机构或者认可组织有关的，还应当通报相关的船舶检验机构、发证机构或者认可组织。接到通报的船舶检验机构、发证机构或者认可组织应当核实和调查有关缺陷情况，采取相应的措施，并将相关情况及时反馈给发出通知的海事管理机构。

船舶以及相关人员应当按照海事管理机构签发的"船旗国监督检查记录簿"或者"港口国监督检查报告"的要求，对存在的缺陷进行纠正。中国籍船舶的船长或者履行船长职责的船员应当对缺陷纠正情况进行检查，并在航行日志中进行记录。

船舶在纠正导致海事管理机构采取滞留、禁止船舶进港、限制船舶操作、驱逐船舶出港处理措施之一的缺陷后，应当向海事管理机构申请复查。对其他缺陷纠正后，船舶可以自愿申请复查。海事管理机构接到自愿复查申请，决定不予复查的，应当及时通知申请人。

海事管理机构可以根据需要对缺陷纠正情况进行跟踪检查。对已经纠正的缺陷，经复查或者跟踪检查合格后，检查人员应当在船舶安全检查报告中签名并加盖船舶安全检查复查合格章，海事管理机构应当及时解除相应的处理措施。

从事国际航行的中国籍船舶所有人、经营人或者管理人应当按照中华人民共和国海事局的规定，定期将船舶在境外接受检查和处罚的情况向船籍港海事管理机构报告。对连续2年不能返回国内港口接受船旗国监督检查的船舶，经中华人民共和国海事局授权，船籍港海事管理机构可以到船舶所在地港口对船舶实施船旗国监督检查。

中国籍船舶在境外发生水上交通事故或者污染事故的，或者在境外被滞留、禁止进港（入境）、驱逐出港（境）的，船舶所有人、经营人或者管理人应当在船舶到达国内第一个港口前，将船舶在境外接受检查和处罚的情况向船籍港海事管理机构报告。对在境外发生水上交通事故或者污染事故的船舶，中华人民共和国海事局可以根据事故或者缺陷的性质以及客观条件，指定有关船舶检验机构对其实施境外临时检验。

船舶存在可能影响水上人命、财产安全或者可能造成水域环境污染的缺陷和隐患的，船员及其他知情人员应当向海事管理机构举报。海事管理机构应当为举报人保守秘密。

海事管理机构应当建立健全船舶安全检查信息公开制度，并接受社会公众和有关方面的咨询和监督。船舶安全检查不免除船舶、船员及相关方在船舶安全、防污染和保安等方面应当履行的法定责任和义务。

3. "船旗国监督检查记录簿"和"港口国监督检查报告"使用规定

中国籍船舶应当随船携带"船旗国监督检查记录簿"。"船旗国监督检查记录簿"由船舶或者其所有人、经营人、管理人向海事管理机构申请换发、补发。"船旗国监督检查记录簿"使用完毕或者污损不能继续使用的，应当申请换发，并交验前一本"船旗国监督检查记录簿"。

因遗失或者灭失等原因申请补发的,应当书面说明理由,附具有关证明文件,并提供最近一次对其实施船旗国监督检查的海事管理机构名称。

"船旗国监督检查记录簿"应当连续使用,保持完整,不得缺页、擅自涂改或者故意毁损。"港口国监督检查报告"以及使用完毕的"船旗国监督检查记录簿"应当妥善保管,至少在船上保存2年。除海事管理机构外,任何单位、人员不得扣留、收缴"船旗国监督检查记录簿"或者"港口国监督检查报告",也不得在"船旗国监督检查记录簿"或者"港口国监督检查报告"上签注。

船舶不得涂改、故意损毁、伪造、变造"船旗国监督检查记录簿"或者"港口国监督检查报告",不得以租借、骗取等手段冒用"船旗国监督检查记录簿"或者"港口国监督检查报告"。

4. 法律责任

违反本规则,有下列行为之一的,由海事管理机构对违法船舶或者其所有人、经营人、管理人处1 000元以上1万元以下的罚款;情节严重的,处1万元以上3万元以下的罚款。对违法人员处以100元以上1 000元以下的罚款;情节严重的,处1 000元以上3 000元以下的罚款:

①拒绝或者阻挠检查人员实施船舶安全检查的。

②弄虚作假欺骗检查人员的。

③未按照"船旗国监督检查记录簿"或者"港口国监督检查报告"的处理意见纠正缺陷或者采取措施的。

④船舶在纠正应当申请复查的缺陷后未申请复查的。

⑤未按照规定将船舶在境外接受检查和处罚的情况向船籍港海事管理机构报告的。

⑥涂改、故意损毁、伪造、变造"船旗国监督检查记录簿"或者"港口国监督检查报告"的。

⑦以租借、骗取等手段冒用"船旗国监督检查记录簿"或者"港口国监督检查报告"的。

中国籍船舶未按照规定携带"船旗国监督检查记录簿"的,海事管理机构应当责令改正,并对违法船舶处1 000元罚款。

检查人员徇私舞弊、玩忽职守或者滥用职权的,海事管理机构应当按照有关规定作出处理。

海事管理机构在实施船旗国监督检查中发现船舶存在的缺陷与船舶检验机构、发证机构和认可组织有关的,应当根据相关规定对船舶检验机构、发证机构、认可组织或者其工作人员开展调查和处理。

5. 附则

本规则所称缺陷,是指船舶技术状况、船员配备及适任状况等不符合我国法律、行政法规、规章、船舶法定检验技术规范和我国缔结、加入的国际公约要求的情况。

船舶申请复查的,应当按照规定缴纳复查费用并负担相应的交通费用。

6. 船舶安全检查缺陷代码分类与处理代码

见表1-6、表1-7:

表1-6 船舶安全检查缺陷代码分类

0100	船舶证书及有关文件	0220	船员证书和值班
0600	救生设备	0700	消防设备
0800	事故预防	0900	结构、稳性及相关设备
1000	报警信号	1100	货物
1200	载重线	1300	系泊设备
1400	主动力及辅助设备	1500	航行安全
1600	无线电	1700	防污染（通用）
1800	油船、化学品船和液化气体船（安全）	1900	防污染（油船、化学品船和液化气体船）
2000	操作性检查	2500	ISM/NSM/安全制度
2600	散货船—附加安全措施	2700	滚装船—附加安全措施
2800	高速客船—附加安全措施	9900	其他

表1-7 船舶安全检查处理代码

00	无缺陷	06	船籍港纠正	10	缺陷已经纠正
15	下一港纠正	16	十四天纠正	17	开航前纠正
18	三个月纠正（NSM）	30	禁止离港	60	船员记分
70	通知船舶检验管理机构	99	其他（文字说明）		

二、船旗国管理

船旗国管理（Flag State Control,简称 FSC）和港口国监督同属于船舶安全检查范畴,船旗国管理是船旗国政府为保障船舶和人命财产安全、防止海洋污染,对悬挂本国国旗的船舶实施的安全检查。检查的依据是国际海事组织和国际劳工组织的有关公约,船旗国国家的法律、法规等。检查的重点主要侧重于船舶的法定证书、船舶配员证书、配员情况以及船员的待遇。现在,随着港口国监督的日趋严格,各船旗国政府为了在各个PSC监督网络中提高自己的声誉,或者撤销在PSC网络中的"黑名单",都加大对船舶的检查力度,有些国家政府的检查甚至超过了港口国监督。我国政府现在对从中国开出的船舶实行开航前检查,对悬挂中国国旗的船舶就属于船旗国检查,其检查力度和检查规模都相当于港口国监督。

第十一节 中华人民共和国船员违法记分管理办法

(一) 总则

为了增强船员遵章守法的意识,减少人为因素对水上交通安全的影响,根据有关法律和法规的规定,制定本办法,自2002年10月1日起实施。

1. 适用范围

本办法适用于在中外籍船舶上服务的持中华人民共和国海船船员适任证书、内河船员职务适任证书的中国籍船员和持有中华人民共和国引航员证书的引航员（以下统称"船员"）。

2. 主管机关

中华人民共和国各级海事机构负责实施本办法,对船员因违反水上交通安全管理法规受到海事行政处罚的船员,船舶安全检查存在缺陷的当事船员或实际操作检查不合格的船员实施违法记分管理,对严重违法或屡次违法的船员实施强制培训和考试。

3. 定义

船员违法行为是指:

(1)违反有关船舶管理、船员管理、通航管理、危险货物运输安全监督管理、防止船舶污染管理、船舶交通事故管理和航标管理秩序行为。

(2)其他违反有关水上安全监督管理秩序的行为。

船员违法记分不影响行政处罚的决定和执行。

(二)违法记分周期和分值

1. 记分周期

每一公历年为一个记分周期。一个周期期满后,分值累加未达到 15 分的,该周期内的分值不转入下一个记分周期。在一个记分周期内记分满 15 分的船员,经培训、考试后,记分分值重新起算。

初次申请证书的船员,自签发证书之日起开始记分。

2. 记分分值

(1)船员受到警告处罚的,对应的违法记分分值为 1 分。

(2)船员受到罚款处罚的,罚款数额每 100 元对应违法记分分值为 1 分,100 元及以下的对应违法记分值为 1 分,罚款数额超过 1 500 元的对应违法记分值一律为 15 分。

(3)船员受到扣留海船船员适任证书、内河船员职务适任证书、引航员证书(以下统称"证书")处罚的,对应的违法记分分值分别为:

①证书被扣留 3 个月的,记 10 分。

②证书被扣留 3 个月以上的,记 15 分。

(4)海事机构进行船舶安全检查时,发现船舶存在缺陷,应对负有直接或间接责任的船员记 1 分。

(5)对船员实操检查不合格的船员,记 1 分。

(6)船员受到罚款和扣留证书行政处罚一并执行的,违法记分在两者之中取高者。

船员对行政处罚不服,按照有关规定申请行政复议或提起行政诉讼,经依法裁决变更或撤销原处罚决定的,相应的记分分值也应予以变更或者撤销。

(三)船员违法记分、培训和销分

1. 船员违法记分

(1)船员违法记分由作出行政处罚或实施船舶安全检查、船员实际操作检查的海事机构予以记载。

(2)海事机构作出行政处罚决定或实施船舶安全检查、船员实际操作检查后,由海事机构在海船船员所持船员服务簿的"主管机关签注(一)"栏或内河船员职务适任证书记分附页上加盖"船员违法记分专用章",填写记分分值、执法人员号码、记分时间。当时不能进行违法记分记录的,由作出行政处罚的海事管理机构负责跟踪落实记录事宜。

(3)船员违法记分分值满 15 分的,最后记分的海事机构应将船员的证书滞留,并将"滞留船员适任证书通知书"送船员本人签收。

"滞留船员适任证书通知书"一式三份,分别由滞留证书的海事机构、签发证书的海事机构、船员本人留存。签发证书的海事机构应将"滞留船员适任证书通知书"归入船员个人档案中保存。

"滞留船员适任证书通知书"不能作为船员持有适任证书的证明,船员不能凭"滞留船员适任证书通知书"继续在船任职。

滞留证书的海事机构应同时填写"船员违法记分登记表",作为内部工作记录。

2. 船员违法记分满时的培训

(1)海船船员和引航员必须在收到"滞留船员适任证书通知书"6个月内到证书的签发机关申请强制培训、考试。

(2)内河船员由滞留证书的海事机构指定强制培训、考试地点,在收到"滞留船员适任证书通知书"后6个月内到指定地点参加强制培训、考试。

内河船员如在证书签发机关所在地参加强制培训、考试,滞留证书的海事机构应将被滞留的船员证书寄送至证书签发机关,由证书签发机关负责强制培训、考试和发还证书。

(3)强制培训由海事机构指定的培训机构实施,培训的时间不超过7天,培训的内容为水上安全管理法规、安全教育宣传和海事案例等。

考试在强制培训结束后进行,考试由海事机构组织。

3. 船员违法培训后的销分

(1)海船船员参加强制培训、考试合格后,海事机构应在船员服务簿"主管机关签注(一)"栏填写"业经考试、培训合格",加盖船员服务簿签证专用章,及时发还被滞留的证书,但同时受到扣留证书行政处罚期限未到的,应在扣留期满后发还被扣证书。

(2)内河船员参加强制培训、考试合格后,海事机构应在记分附页上填写相应内容,加盖海事机构公章,及时发还被滞留的证书,但同时受到扣留证书行政处罚期限未到的,应在扣留期满后发还被扣证书。

(3)船员对行政处罚不服,按照有关规定申请行政复议或提起行政诉讼,在复议或诉讼期间船员申请强制培训的时限顺延。

(4)船员无正当理由,逾期不参加强制培训、考试的,海事管理机构应将证书寄送至原签发机关,船员需按照证书载明的航区、等级、职务参加职务晋升考试,合格后,方可领回被扣留的证书。

(5)船员遗失证书、证书记分附页或船员服务簿,海事机构可视为其违法记分已满15分,应在船员参加强制培训、考试合格后,方可按规定补发证书、证书记分附页或船员服务簿。

船员依据本办法参加强制培训、考试,应缴纳有关费用。

第二章 传热学、力学和流体力学基本知识

第一节 传热学

传热学是研究由温差引起的热量传递规律的科学。凡是有温差的地方,就有热量自发地从高温物体传向低温物体,或从物体的高温部分传向低温部分。在船舶工程中,许多设备的设计制造和运行管理都涉及大量的传热学知识,如电动机的外表面铸有肋片并配有风扇以增强传热,而蒸汽管路包扎隔热材料以削弱传热。本节主要介绍热传递的三种基本方式以及影响传热的基本途径。

根据物体温度与时间的依变关系,热量传递过程可分为稳态过程与非稳态过程两大类。凡是物体中各点温度不随时间而改变的热传递过程均称为稳态热传递过程,反之称为非稳态热传递过程。例如,各种热力设备在持续不变的工况下运行时的热传递过程属于稳态过程,而在启动、停机、变工况时所经历的热传递过程则为非稳态过程。本节主要讨论稳态热传递过程。

一、热传递的三种基本方式和特点

热传递过程相当复杂,为了便于分析,按照热传递过程中物质运动的特点,热传递可分为三种基本方式:导热、对流换热、辐射换热。

(一)导热

当物体各部分温度不同时,热量就会自发地从温度较高的部分传递到温度较低的部分。这种不依赖于物体各部分的相对位移而在物体内部进行的热量传递称为导热。

单位时间内通过屏蔽的导热量 Q 称为导热热流量。导热传递的热量 Q 与壁面两侧表面温差 Δt 及垂直热流的截面积 A 成正比,而与其厚度 δ 成反比,另与材料性质有关。即

$$Q = \lambda \cdot \Delta t \cdot A/\delta \tag{2-1}$$

式中,Q——导热热流量,W;

A——垂直于导热方向的物体横截面面积,m^2;

δ——物体厚度,m;

λ——导热系数,与材料的性质有关,$W/(m \cdot ℃)$。

不同物质具有不同的 λ 值,λ 值越大表明导热性能越好。金属的 λ 值最大,非金属固体

较大,液体较小,气体的 λ 值最小。

(二) 对流换热

运动着的流体与固体表面接触时的换热过程称为对流换热。对流换热的传热量 Q 与传热接触面积 A 和传热温差 Δt 之间的关系为

$$Q = \alpha \cdot A \cdot \Delta t \tag{2-2}$$

式中,Δt——固体壁面温度与液体或气体温度之差,℃;

α——放热系数,$W/(m^2 \cdot ℃)$。

放热系数 α 的大小表明对流换热的强烈程度,液体或气体流动时在壁面附近扰动程度越强烈,放热系数越大。液体或气体在壁面附近产生相态变化时,放热系数也较大。

(三) 辐射换热

辐射换热是靠电磁波中的可见光线和红外线来传递热量。它不需要冷物体与热物体直接接触,只要有温差存在,就能进行辐射换热。

任何温度高于 0 K 的物体,每时每刻都在以热辐射的方式向外辐射热量,与此同时,物体又在每时每刻接收其他物体以热辐射的方式向它辐射的能量。物体表面温度越高,辐射的热量越多。当辐射的热量 Q 投射到一个物体时,部分能量 Q_A 被吸收,另一部分 Q_R 被反射,其余能量 Q_D 透过物体,如图 2-1 所示。

物体之间的相互辐射或吸收,形成了辐射换热过程。高温物体总是辐射出更多的热量被低温物体所吸收,辐射换热量可用化简的公式表示为

$$Q = \alpha_{辐} \cdot A_2 \cdot \Delta t \tag{2-3}$$

式中,$\alpha_{辐}$——辐射换热强弱的辐射放热系数,$W/(m^2 \cdot ℃)$;

A_2——吸收辐射热的物体表面积,m^2;

Δt——两物体表面的温度差,℃。

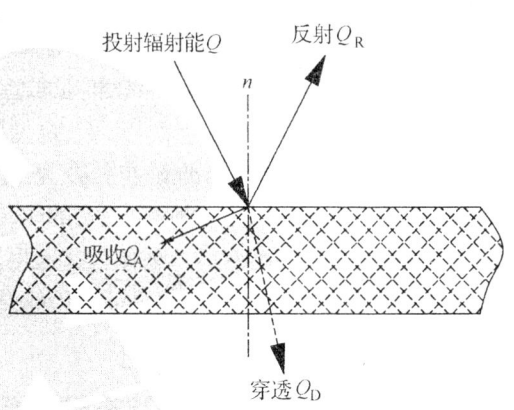

图 2-1 辐射能的吸收、反射和透射

二、影响传热的基本途径

传热过程是以上三种传热方式的复合过程,例如,锅炉中高温燃气与水的传热过程,就同时具有导热、对流换热和辐射换热三种基本方式。其中高温燃气对炉胆壁面的传热以辐射和对流两种方式换热,炉胆下壁面向炉胆上壁面的传热是以导热方式进行,而炉胆上壁面向水的传热过程是对流换热方式。

传热过程基本规律是传热温差越大,传热量越多;传热面积越大,传热量也越多。传热过程的传热量可由下式计算

$$Q = K \cdot A \cdot \Delta t \tag{2-4}$$

式中,A——传热面积,m^2;

Δt——传热温差,℃;

K——传热系数,$W/(m^2 \cdot ℃)$。

传热系数 K 表示在传热过程中除了 Δt、A 以外其他各种因素对传热影响的强弱程度。它包含了导热系数 λ、厚度 δ、对流放热系数 α 以及辐射放热系数 $\alpha_{辐}$ 的全部数值

（一）强化传热的基本途径

强化传热主要有增加传热面积、加大传热温差和提高传热系数等三种途径。

1. 增加传热面积

一般采用在对流换热系数较小的一侧加肋壁的方法，例如暖气片的肋壁。

2. 加大传热温差

例如开大冷却器冷却水管路上的阀门，可加大冷却水流量，以达到加大传热温差增强传热的效果。

3. 提高传热系数

（1）清除污垢，减少导热热阻

例如对换热器进行清洗，对锅炉进行吹灰，对冷库蒸发器进行融霜。

（2）改变流体流动状况

例如增加流速，由层流状态变为紊流状态。

（3）改变流体的物性

例如水冷效果明显优于风冷效果。

（4）改变换热面的表面状况

例如目前广泛使用的板翅式换热器的波型板片，流体在运动中将会不断改变方向和流速，并呈紊流状态，从而在流动阻力增加不太大的情况下提高对流换热系数。

（二）削弱传热的基本途径

削弱传热的基本途径通常是应用热绝缘层，以增加导热热阻来削弱热量传递。一般把导热系数小于 0.23 W/(m·K) 的材料称为热绝缘材料。热绝缘材料的特点之一是空隙多，温度升高时空隙中的空气对流和辐射换热加强，从而使导热系数增大。热绝缘材料吸收水分后，由于水分子的迁移方向与传热方向相同，会使导热系数迅速提高，所以防水层必须设置在热绝缘层的外侧，即所形成的结构依次为空气侧、防水层、热绝缘层、需隔热物体等。

第二节 力学基础

世界上一切物质都是运动的，运动是物质的固有属性，是物质存在的形式。虽然运动的形式多种多样，但最简单的运动形式是物质只有位置变化的机械运动。理论力学是研究物体机械运动一般规律的学科，主要内容通常分为三部分，即静力学、运动学和动力学。

一、静力学的基本概念

力是物体相互间的机械作用，这种作用使物体的机械运动状态发生改变，或者使物体产生变形。其中，力使物体的运动状态发生改变的效应称为力的外效应。而力使物体发生变形的效应称为力的内效应。

1. 力的三要素

实践表明，力对物体的作用效应取决于三个因素：①力的大小；②力的方向；③力的作用点，通常称为力的三要素。在力的三要素中，只要其中一个要素改变，就能改变力对物体的作用效果。

力是一个既有大小又有方向和作用点的物理量，因此力是矢量。在力学中，矢量可用一条具有方向的线段表示，如图 2-2 所示。用线段的起点或终点表示力的作用点，用线段的方向和箭头表示力的方向,用线段的长度表示力的大小。通过作用点沿力方向的直线,称为力的作用线。力的矢量可用粗体字母 **F** 或 $\vec{F}$ 表示,而力的大小则用普通字母 F 表示。力的单位牛顿(N)或千牛顿(kN)。

2. 力矩的概念

用扳手转动螺母时,作用于扳手一端的力 F 使扳手绕 O 点转动,其转动效果不仅与力 F 的大小有关,而且还与 O 点到力 F 作用线的垂直距离 d 有关。因此,在力学中以乘积 $F \cdot d$ 作为度量力 F 使物体绕 O 点转动效应的物理量,这个量称为力 F 对 O 点之距,简称力矩,以符号 $M_O(F)$ 表示,即

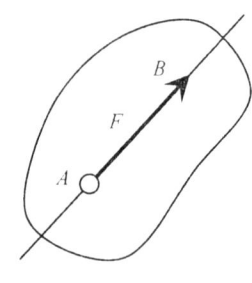

图 2-2 力矢量

$$M_O(F) = \pm F \cdot d \tag{2-5}$$

式中,O 点称为力矩中心,简称矩心;

O 点到力 F 作用线的垂直距离 d 称为力臂。

正负号规定为:力使物理绕距心逆时针转动为正,反之为负。力矩的单位是牛顿·米(N·m)或千牛顿·米(kN·m)。

由力矩公式可知:

①力 F 对 O 点之矩不仅取决于 F 的大小,还与距心的位置有关。

②力 F 对任一点之距,不会因该力沿其作用线移动而改变,因为此时力和力臂的大小均未改变。

③力 F 的作用线通过矩心时,力矩等于零。

④互成平衡的一对力对同一点之矩的代数和等于零。

3. 力偶的概念

由大小相等、方向相反、作用线平行但不共线的两个力所组成的力系,称为力偶。在力偶作用平面内,力偶使物体产生纯转动的效应,转动效果取决于力偶的转向与力偶两方向平行力的大小和它们之间的距离。两力作用线间的距离称为力偶臂。因此,在力学中以力的大小 F 与力偶臂的乘积作为度量力偶对物体的转动效应的物理量,称为力偶矩,以符合 $M(F,F')$ 或 M 表示,即

$$M(F,F') = \pm F \cdot d \tag{2-6}$$

或

$$M = \pm F \cdot d \tag{2-7}$$

式中,正负号表示力偶的转向,规定逆时针为正,反之为负。由此可见,在平面内,力偶矩是代数量。力偶矩的单位与力矩的单位相同。

由力偶中两反方向平行力的作用线所组成的平面,称为力偶作用面。若作用面不同,力偶的作用效果也不一样。

综上所述,力偶对物体的作用效应取决于三个要素:①力偶矩的大小;②力偶的转向;③力偶的作用平面。以上三个要素称为力偶的三要素。

力偶有如下基本性质:

①力偶无合力。即力偶不能与一个力等效,力偶只能与力偶等效,力偶对物体只有单纯改变旋转运动的作用,而无平移作用。

②力偶对物体的作用效应仅取决于力偶的三要素,而与力偶的作用位置无关,即力偶可在

作用平面内任意移动。

③在力偶的三要素不改变条件下,可以任意选定组成力偶的两个等值、反向、平行力的大小或力偶臂的长短。

二、摩擦的概念及应用

按照物体表面相对运动的情况,摩擦可分为滑动摩擦和滚动摩擦两类。滑动摩擦是两物体接触面作相对滑动或具有相对滑动趋势时的摩擦,因此滑动摩擦又分为动滑动摩擦和静滑动摩擦两类。滚动摩擦是一物体在另一个物体上滚动时的摩擦。

1. 静滑动摩擦

静滑动摩擦是指相互接触的物体间具有相对滑动趋势时的摩擦。

为了分析静滑动摩擦的规律,现取一重量为 G 的物体放置在水平面上,如图 2-3(a)所示。

物体在拉力 P 的作用下有向右滑动的趋势,物体与水平面间产生阻力,该阻力称为静滑动摩擦阻力,简称静摩擦力,用 F 表示。静摩擦力 F 的方向与物体滑动趋势的方向相反,大小可由平衡方程求得,如图 2-3(b)所示,即

$$F = P, G = N \tag{2-8}$$

若 P 值逐渐增大,则静摩擦力 F 随之增大。当 P 值增大到某一临界值时,物体将处于将动而未动状态,这种状态称为临界平衡状态。此时的静摩擦力达到最大值,称为最大静摩擦力,以 F_{max} 表示,如图 2-3(c)所示。最大静摩擦力的大小与法向力 N 成正比,即

$$F_{max} = f_s \cdot N \tag{2-9}$$

式中,f_s 称为静滑动摩擦系数,简称静摩擦系数。其大小与相接触物体的材料、接触面的粗糙程度、温度、湿度等因素有关,与接触面积的大小无关。

由上述分析可知,静摩擦力随主动力的变化而变化,其大小可由平衡方程确定,并介于零与最大值之间,即

$$0 \leq F \leq F_{max}$$

其方向总是与相对滑动的趋势相反。

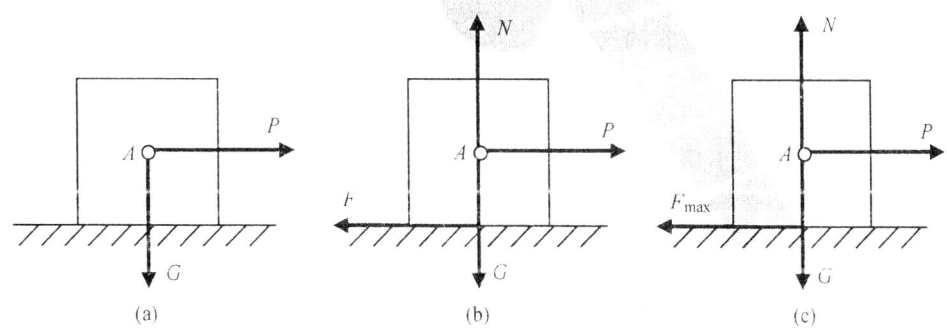

图 2-3 摩擦受力分析图

由于摩擦的存在,给各种机械设备带来了多余的阻力,从而消耗能量,磨损零件,降低效率,缩短机器的使用寿命。同时,也可以利用摩擦力帮助机械实现所需要的运动。例如起货机的摩擦制动器,空调风机的皮带传动,摩擦轮传动等。

2. 动滑动摩擦

由上述分析可知,当力 P 增加到大于 F_{max} 时,最大静摩擦力已不能阻碍物体向前滑动,物

体的平衡态即被破坏,它将沿作用力 P 的方向向前滑动。物体相对滑动时出现的摩擦力,称为滑动摩擦力,简称动摩擦力,其方向与两物体间相对运动的方向相反,其大小可表示为

$$F = f_d \cdot N \tag{2-10}$$

式中,f_d 称为滑动摩擦系数,简称动摩擦系数,它除了与接触面的材料、表面粗糙度、温度和湿度有关外,还与物体的相对滑动速度有关。

3. 滚动摩擦

在工程中,常利用滚动代替滑动。例如,当移动物体时,在重物底下垫上辊轴进行拖动,就会比直接放在地上拖动省力。

一个圆轮发生滚动时,必须能够克服最大滚动摩擦力偶距 M_{max},其公式为

$$M_{max} = k_r \cdot N \tag{2-11}$$

式中,k_r 称为滚动摩擦系数,其值与接触材料、表面状况有关。

滚动摩擦滚动轴承的摩擦系数远小于滑动轴承,传动效率高,所以在机械应用较广泛,例如离心泵泵轴轴承、制冷压缩机曲轴轴承、电机转子轴承等。但滑动轴承结构简单、工作可靠,在机械中也有一定的应用,例如柴油机的主轴承、轴系的中间轴承等。

三、速度与加速度的概念、线速度与角速度

1. 速度

若物体做直线运动,在 Δt 时间间隔内,物体移动了 Δx 的距离,则物体的平均速度可表示为

$$v = \frac{\Delta x}{\Delta t} \tag{2-12}$$

即物体的平均速度表征物体单位时间内移动的距离。当 Δt 趋近于零时,平均速度趋近于某一极限值,称为物体在瞬时 t 的瞬时速度,简称速度。

在直线运动中,速度是代数量。Δx 的正负号,即为速度的正负号,表征了物体运动的方向。速度的单位为米/秒(m/s)。

2. 加速度

若物体做直线运动,在 Δt 时间间隔内,其速度变化了 Δv,则物体的加速度可表示为

$$a = \frac{\Delta v}{\Delta t} \tag{2-13}$$

物体的平均加速度表示物体在单位时间内速度的平均变化率,即单位时间内速度的变化量。当 Δt 趋近于零时,平均加速度趋近于某一极限值,称为物体在瞬时 t 的瞬时加速度,简称加速度。

加速度反映了物体运动速度变化的快慢。在直线运动中,加速度是代数量。Δv 的正负号,即为加速度的正负号。若 v 与 a 的正负号相同,则速度绝对值越来越大,物体做加速运动;若 v 与 a 的正负号相反,则速度绝对值越来越小,物体做减速运动。

加速度的单位为米/平方秒(m/s^2)。一般工程计算中,重力加速度常取 $9.8\ m/s^2$。

3. 角速度

若物体做定轴转动,在 Δt 时间间隔内,物体转动了 $\Delta \varphi$ 的角度,则物体的平均角速度可表示为

$$\omega = \frac{\Delta \varphi}{\Delta t} \tag{2-14}$$

即物体的平均角速度表征物体单位时间内转动的角度。当 Δt 趋近于零时,平均角速度趋近于某一极限值,称为物体在瞬时 t 的瞬时角速度,简称角速度。角速度是代数量,其正负号表示物体的转动方向。

工程上常用转速 $n(\text{r/min})$ 表示转动的快慢,n 与 ω 之间的关系为

$$\omega = \frac{2\pi n}{60} = \frac{\pi n}{30} \quad \text{rad/s} \tag{2-15}$$

定轴转动物体的瞬时角加速度(简称角加速度)可表示为

$$\varepsilon = \frac{\Delta \omega}{\Delta t} \quad \text{rad/s}^2 \tag{2-16}$$

定轴转动物体上的各点都做圆周运动,各点的加速度包括切向加速度 a_τ 和法向加速度 a_n,它们的大小分别为

$$a_\tau = r \cdot \varepsilon \tag{2-17}$$

$$a_n = r \cdot \omega^2 \tag{2-18}$$

切向加速度的方向垂直于转动半径,方向与 ε 相同;法向加速度方向指向圆心。

相对转动的非惯性系中的物体,所受离心力可表示为

$$F = m \cdot r \cdot \omega^2 \tag{2-19}$$

其方向为沿半径背离圆心。但需要说明的是,离心力作为惯性力实际上是不存在的,它是以力的作用效果命名的。

第三节 流体力学知识

船舶动力装置主要采用水、油、水蒸气、空气和燃气等流体作为工质。流体力学是研究流体的平衡和运动规律,以及流体与固体之间相互作用关系的科学。

流体与固体的主要区别在于流体的易流动性。液体和气体的主要区别是液体的压缩性和膨胀性都很小。

一、流体的主要物理性质

1. 密度和比容

流体的密度 ρ 表示单位体积流体所具有的质量,单位为 kg/m^3。

单位质量的流体所占的体积称为比容 v,是流体密度的倒数,单位为 m^3/kg。

2. 重度

流体的重度 γ 表示单位体积流体所具有的重力,单位为 N/m^3。

根据定义,重度和密度之间的关系为

$$\gamma = \rho \cdot g \tag{2-20}$$

式中,g 为重力加速度,9.8 m/s^2。

3. 压缩性

流体分子间有一定的间隙,当温度不变,流体所受压力增加时,其体积缩小的性质,称为流体压缩性。流体压缩性的大小用压缩系数 β_p 来度量。它表示温度不变时,增加一个单位压力所引起的体积相对缩小量。

工程上常用体积压缩系数的倒数来表示流体的压缩性,称为体积弹性模量,用符号 E 表

示,即

$$E = 1/\beta_p \tag{2-21}$$

显然,体积弹性模量 E 值大的流体的压缩性小;E 值小的流体的压缩性大。

4. 膨胀性

在一定压强下,流体体积(或密度)随温度而改变的性质,称为流体的膨胀性。流体膨胀性的大小用体积膨胀系数 β_T 表示。体积膨胀系数定义为在压强不变的情况下,温度每升高 1 K 所引起的体积相对变化量。

由实验得知,气体的体积膨胀系数很大,而液体的体积膨胀系数非常小。例如水在一个大气压下,温度在 0~10 ℃范围内变化时,其体积膨胀系数为 $1.4 \times 10^{-5} \text{ K}^{-1}$。

5. 液体的表面张力

流体分子间有吸引力,而液体与气体交界的自由面上,各个方向的吸引力不能达到平衡,从而产生分子的内压力,即每个分子都受到垂直于液面并指向液体内部的不平衡力。液体在这种内压力作用下,有力图使自身体积缩为最小的趋势。由于液体表面吸引力作用结果,自由液面好像蒙了一层均匀张紧的薄膜,这一表面上受的张紧力叫做液体表面张力。

6. 液体的含气量

液体中所含空气按体积百分比计的数量叫做含气量,油液中的空气有混入和溶入两种。混入的气体呈气泡状态悬浮于油液中,它对油液的体积弹性系数和黏性均产生影响,尤其是对体积弹性系数的影响极大。而溶入气体则对油液的**体积弹性系数和黏性的影响极小**。

7. 液体的空气分离压

在某一温度和压力 p_0 下,设油中空气溶解量为 a_0,当压力降为 p_1 时,相应的空气溶解量为 a_1,则 $a_0 - a_1$ 为油液中空气的过饱和量。当压力继续降低到某一压力 p_g 时,过饱和空气将从油液中析出而产生气泡,这个压力 p_g 称为油在该温度下的空气分离压。空气分离压与油液的种类、温度、空气溶解量及混合量有关。**通常油温高、空气溶解量和混入量大,则空气分离压增高。**

8. 黏滞性

流体流动时,由于流体与固体壁面的附着力及流体本身的分子运动和内聚力,使各流体层的速度不相等。在两个相邻流体层之间的接触面上,将产生一个阻碍两层流体相对运动的等值反向的摩擦力,称为内摩擦力。流体流动时产生内摩擦力的**性质**称为流体的黏滞性,或称为黏性。

流体的黏性,即流体内部所产生的内摩擦力的大小可由牛顿内**摩擦**定律来确定。设有两块距离为 h 的平行板,其间充满均匀的流体,下板固定不动,上板以速度 v 向右做匀速直线运动,如图 2-4 所示。由于流体将黏附于它所接触的壁面上,故与上板接触的流体就以速度 v 随上板一同向右运动,而与下板接触的流体则静止不动。二板间的流体作平行于平板的流动,其速度呈线性分布。而流体的内摩擦力就产生在相对运动的流体薄层之间。

通过实验结果可知,内摩擦力的大小与流体性质有关,并与速度梯度和接触面积成正比,与接触面上的压力无关。可推导出切应力 τ 为

$$\tau = \mu \cdot \frac{du}{dy} \quad \text{Pa} \tag{2-22}$$

式(2-22)称为牛顿内摩擦定律,式中 μ 为动力黏度,单位为帕(Pa);$\frac{du}{dy}$ 为速度梯度,单位为

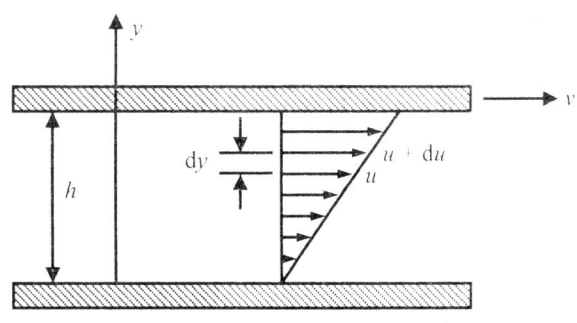

图 2-4 黏性流体的内摩擦实验

$1/s(s^{-1})$。

二、流体的黏度(动力黏度、运动黏度、相对黏度)及温度对黏度的影响

1. 动力黏度 μ

动力黏度 μ 直接来自牛顿内摩擦定律,即

$$\mu = \frac{\tau}{\frac{du}{dy}} \quad Pa \cdot s \tag{2-23}$$

显然,动力黏度 μ 表示单位速度梯度时切应力的大小。在相同的速度梯度下,动力黏度越大的流体,其切应力就越大,表面流体的黏性就越大。

2. 运动黏度 v

流体的动力黏度和密度的比值,称为运动黏度 v。

$$v = \frac{\mu}{\rho} \quad m^2/s \tag{2-24}$$

在液压系统计算及液压油的牌号表示上多用运动黏度。机械油的号数就是以这种油在 50 ℃时的运动黏度的平均值来标注的。

动力黏度和运动黏度也称为绝对黏度。

3. 相对黏度

流体的动力黏度和运动黏度不能直接测量。工程上测定液体的黏度常用黏度计,所测得的黏度称为相对黏度。黏度计有多种类型,如美国采用 Saybolt 黏度计,所测得的黏度称为赛氏黏度;英国采用 Redwood 黏度计,所测得的黏度称为雷氏黏度;我国和德国等多采用 Engler 黏度计,所测得的黏度称为恩氏黏度。

(1) 赛氏黏度

待测液体在测定温度(100 ℉)下,从赛氏黏度计中流出 60 cm^3 所需的时间,称为赛氏黏度,单位为秒(s)。

(2) 雷氏黏度

待测液体在测定温度(100 ℉)下,从雷氏黏度计中流出 50 cm^3 所需的时间,称为雷氏黏度,单位为秒(s)。

(3) 恩氏黏度

用 200 cm^3 的待测液体从恩氏黏度计中流出所需的时间,与 20 ℃同体积的蒸馏水流出该黏度计所需的时间之比,称为恩氏黏度。显然,恩氏黏度无量纲。

4. 温度对黏度的影响

温度对流体的黏度影响较大，它对液体和气体却有相反的影响。温度升高时，液体黏度降低，而气体黏度反而增大。这是由于液体的分子间距小，相互吸引的内聚力起主要作用，而切应力主要取决于内聚力。温度升高时，分子间距离增大，液体的内聚力减小，因而切应力随之减小。而气体的分子间距离较大，内聚力极小。根据分子运动理论，分子的动量交换律随温度升高而加剧，因而切应力也随之增加。相对地说，温度的影响对液体较气体更为明显。

第三章 船舶机械工程系统运行的基础知识

第一节 船舶主动力装置

通常把推进船舶的机械称为主动力装置,把其他机械设备定义为辅助机械。船舶主动力装置一般有以下几种形式。

1. 蒸汽动力装置

利用锅炉所产生的蒸汽来工作的机器叫蒸汽机。蒸汽机分为往复式蒸汽机和回转式蒸汽机两种。往复式蒸汽机最早应用于海船,后来由于其他发动机的挑战,因其经济性差、体积和重量大而被取代。汽轮机自装船使用以来,由于受柴油机的挑战,一直发展比较慢,目前只有少数的大型油船或化学品船及军用船舶采用汽轮机作为主推进装置。

2. 柴油机动力装置

利用燃料直接在机器内部燃烧所产生的燃气来工作的机器叫内燃机。根据所用燃料(如汽油、柴油等)的不同,内燃机分为汽油机、柴油机等。采用柴油机作为主机的动力装置称为柴油机动力装置。柴油机经济性好、安全可靠,目前绝大多数商用船舶采用这种动力装置。

3. 燃气轮机动力装置

利用燃料燃烧所产生的燃气推动叶轮回转的机器称为燃气轮机。采用燃气轮机作为主机的动力装置称为燃气轮机动力装置。这种动力装置由于经济性差、低负荷运转性能差等原因,只在少数商船上得以应用,但在军用舰艇上应用较广。

4. 电力推进装置

这种装置是主机驱动发电机,而电动机带动螺旋桨。电力推进主要应用在舰艇上,但由于其噪音小、机动性好等因素,在大型游船、铁路渡船等商用船舶上也获得了应用,并且应用前景广阔。

一、船舶柴油机的分类

柴油机根据分类方法不同,有多种多样。如按工作循环分类,有四冲程和二冲程柴油机;按进气方式分,有增压和非增压柴油机;按结构形式分,有筒形活塞式和十字头式柴油机;按气缸排列方式分,有直列和V型柴油机等形式;按转向分,有左旋和右旋柴油机;还有可逆转和不可逆转柴油机等。

柴油机也可按曲轴转速 n 分为高速、中速和低速柴油机三类,其转速范围为:

高速柴油机,$n > 1\,000$ r/min;

中速柴油机,$300 \leqslant n < 1\,000$ r/min;

低速柴油机,$n < 300$ r/min。

四冲程柴油机一般为中高速机,通常作为发电机的原动机、应急发电机原动机、救生艇机使用,或配以减速器作为船舶主机。二冲程柴油机是十字头式低速机,作为船舶主机使用。

二、柴油机的基本组成

(一)四冲程柴油机

四冲程柴油机的基本结构如图 3-1 所示。气缸盖上装有进气阀、排气阀、喷油器。气缸中的活塞通过连杆和曲轴相连。

1. 柴油机的基本工作过程

利用热能的发动机称为热机。热机的基本工作原理是将燃料燃烧所获得的热能转变成机械能。根据燃料的化学燃烧过程是在发动机内部进行还是在外部进行,将热机分为外燃机和内燃机。内燃机是指燃料在发动机的内部燃烧,并直接利用燃料燃烧产生的高温高压燃气膨胀做功的机械。在内燃机中,燃料首先燃烧将燃料的化学能转变成热能,再膨胀做功将热能转变成机械能,即两次能量转换都在发动机内部进行。

在柴油机中要完成的两次能量转换,首先是燃烧。燃烧就要使柴油在有充分空气的条件下进入柴油机燃烧。另外,柴油机不是点燃的,而是在高温下自己发火燃烧的。所以柴油机中的空气还要达到足够高的温度,而高温的空气是通过使空气压缩得到的,因此柴油机也称为压燃式内燃机。

柴油燃烧后将放出大量热量,使燃气的温度和压力剧增,同时也就具有了很强的膨胀做功能力。通常把这种有了做功能力的高温燃气物质称为工质。工质在柴油机中膨胀,通过推动活塞做功,最终膨胀结束失去做功能力,成为废气。为了新鲜空气能够再次进入柴油机中,而使柴油机恢复做功能力,就要将废气排出。

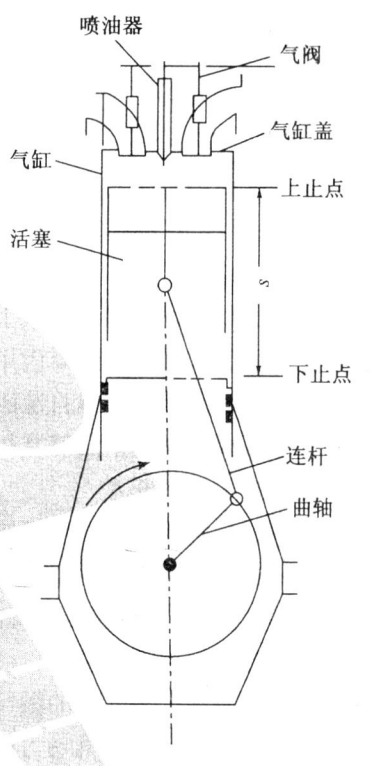

图 3-1 四冲程柴油机的基本机构

因此,柴油机要使柴油在其中燃烧做功,并能够连续不断地工作下去,就需要有进气、压缩、燃烧、膨胀、排气五个过程。这五个过程即为柴油机的一个基本工作循环。

2. 工作原理

柴油机工作时,活塞在气缸中做往复运动,通过曲柄连杆机构将这一运动转变成曲轴的回转运动。活塞顶部在气缸中运动达到的气缸最上位置称为上止点,而运动达到的气缸最下位置称为下止点。活塞从上止点运动到下止点,或从下止点运动到上止点称为一个冲程,冲程的长度就是上止点到下止点之间的距离,一般用 S 表示。曲轴每一转,活塞有两个冲程。所谓四冲程柴油机是指柴油机的一个基本工作循环是由四个冲程完成的,即曲轴转两转。如果曲柄半径用 R 表示,则 $S = 2R$。

图 3-2 所示,表示了柴油机基本工作循环的五个过程在四个冲程中的进行情况。

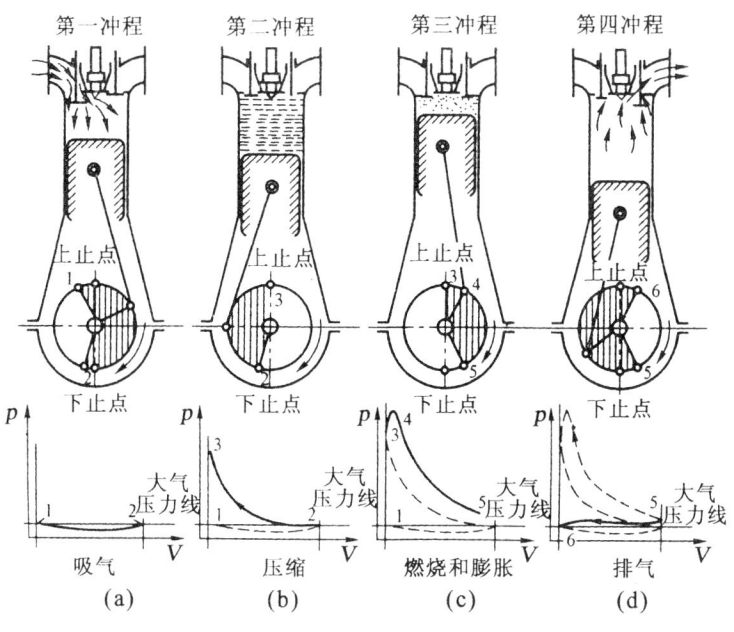

图 3-2　四冲程柴油机工作原理

(1) 第一冲程——进气冲程

活塞从上止点下行,进气阀打开。由于气缸容积逐渐增大,缸内压力降低,新鲜空气通过进气阀被吸入气缸。进气阀一般在活塞到达上止点之前已经提早打开。气阀的开启时刻用曲柄位置来表示,如图 3-2(a)所示。进气阀开启后,直到活塞运行到下止点之后才关闭。

(2) 第二冲程——压缩冲程

空气的压缩过程是在活塞从下止点向上运动后,进气阀关闭到活塞到达上止点为止,如图 3-2(a)所示。进气冲程吸入的新鲜空气,经过压缩后,压力升高到 3～6 MPa 或更高,而温度则会达到 600～700 ℃。燃油的自燃发火温度一般为 210～270 ℃。燃油在压缩后期(上止点前)通过喷油器喷入气缸,与空气混合,并在高温下自燃发火燃烧。在这一冲程中,包括了进气的延时、空气压缩、燃油的喷入、燃油空气混合及发火燃烧过程。

(3) 第三冲程——膨胀冲程

在这一冲程之初,是燃烧的继续,并且是主要的燃烧阶段。燃油在燃烧时气缸内的压力和温度急剧升高,压力达到 5～8 MPa,甚至更高,温度达到 1 400～1 800 ℃,甚至更高。如图 3-2(c)所示,活塞在上止点之后,在燃气压力作用下被推向下行。由于气缸容积不断增大,压力开始降低,在上止点后的某一时刻,燃烧基本结束。气缸中的压力和温度随着燃气的膨胀继续下降,直到排气阀开启,膨胀结束。这时燃气压力下降至 0.25～0.45 MPa,温度降至 600～700 ℃。在这一冲程中,排气阀是在活塞运行到下止点之前就打开的,即膨胀冲程是在下止点之前就结束了。

(4) 第四冲程——排气冲程

在膨胀冲程末期,排气阀开启,废气通过排气阀排出,气缸内的压力和温度迅速下降。这时活塞仍在下行,废气的排出是靠气缸内外的压力差经排气阀排出气缸。当活塞由下止点上行后,废气是靠活塞推出气缸的,这时的排气过程是在高于大气压力并且压力基本保持不变的情况下进行的。如图 3-2(d)所示,排气阀一直延迟到上止点之后才关闭。

经过上述四个冲程,柴油机完成了一个工作循环。当活塞继续运动时,又一个新的循环开始了。四冲程柴油机的每一个工作循环需要曲轴转两转来完成的。在每个工作循环中只有第三个冲程是做功的。在这个冲程当中,完成了燃油从化学能转变为热能,又从热能转变为机械能的两次能量转换。其他三个冲程都是为这个工作冲程服务的,而且都需要供给能量以保证活塞的正常运行。所以,柴油机一般要做成多缸的,这样进气、压缩、排气冲程的能量可由其他正在工作的气缸供给。但如果是单缸的柴油机,就要通过飞轮在工作冲程时储存部分能量来供给其余三个冲程。

(二)二冲程柴油机

1. 工作原理

柴油机的一个工作循环有五个过程。二冲程柴油机就是要把这五个过程在两个冲程内完成。这五个过程中,燃烧和膨胀做功的冲程必不可少。压缩以满足燃油自行发火燃烧的过程也非有不可。而进气和排气是燃烧和做功的辅助过程,只要能在很短的时间内进行完成,就可在两个冲程内完成一个工作循环。

四冲程柴油机的进气需要一个冲程,进气也是由于活塞下行,气缸内压力降低,空气被吸入气缸。没有了这个冲程的二冲程柴油机的进气,就要使空气提高一定压力,才能使空气进入气缸。因此,二冲程柴油机就要在进气系统设置增压器或鼓风机来满足提高进气压力的要求。排气也需要由进气去清扫才能排的干净。

图 3-3 是采用废气涡轮增压直流扫气二冲程柴油机的工作原理图。新鲜空气通过气缸下部的进气口 a 进入气缸,而废气则通过气缸盖上的排气阀 b 排出气缸。在进、排气管道上分别安装了离心式压气机 e 和废气涡轮机 d(两者组合成废气涡轮增压器),废气涡轮从废气中获得能量而带动压气机一起转动。新鲜空气则从大气通过吸入口 f 吸入压气机,经压缩后压力和温度升高,然后由管路 g 经冷却器 k 冷却后导入扫气箱 i,准备进入气缸。当活塞下行还没有打开进气口 a 之前,排气阀 b 首先被气阀机构打开(曲柄在点 1),废气大量排出气缸,并经排气阀和排气管 j 进入废气涡轮机 d 中。当活塞继续下行使气缸内的压力降低到接近于增压压力时,活塞将扫气口 a 打开(曲柄在点 2),等待在扫气口外边的增压空气即进入气缸,并把废气扫出。当活塞运动到下止点并转向上行时,扫气口 a 被关闭(曲柄在点 3),接着排气阀关闭(曲柄在点 4),换气过程结束,而开始进行压缩、燃烧和膨胀过程。

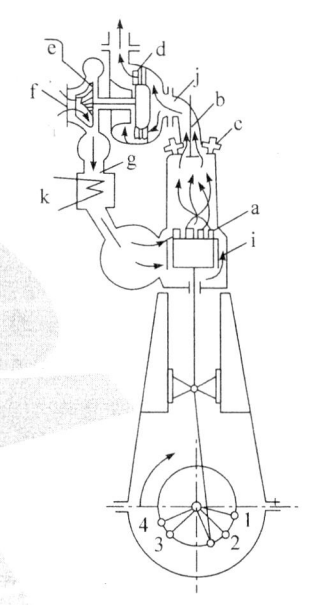

图 3-3 二冲程柴油机工作原理
a—进气口;b—排气阀;c—喷油器;d—废气涡轮机;e—离心式压气机;f—压气机吸入口;g—管路;i—扫气箱;k—冷却器;j—排气管

2. 换气过程和换气形式

换气过程就是以新鲜空气驱赶并置换废气的过程。二冲程柴油机的换气过程只占活塞冲程的一部分,一般不大于 130°～150°曲柄转角。换气的大部分时间内,进气与排气是同时进行的,所以容易发生新鲜空气和废气的掺混,也会使部分新鲜空气随废气排出。进气没有自吸能力,要靠扫气泵或辅助鼓风机。二冲程柴油机比四冲程柴油机的换气质量要差,而且当扫气泵或鼓风机发生故障时,就会丧失工作能力,如果是作为船舶主机就会使船舶失去动力。

根据气流在气缸中的流动路线,二冲程柴油机的换气形式可分为弯流(扫气空气由下而上,然后由上而下清扫废气)与直流(气流在气缸内呈直线由下而上清扫废气)两大类。每一大类中又有不同的换气形式。

(1)简单横流扫气

进、排气口位于气缸中心线的两侧,空气从进气口一侧沿气缸中心线向上,然后在靠近燃烧室部位回转到排气口的另一侧,再沿着气缸中心线向下,把废气从排气口清扫出气缸,如图3-4 所示。

(2)回流式扫气

进、排气口在气缸下部同一侧且排气口在进气口的上方。进气流沿活塞顶面向对侧的缸壁流动并沿缸壁向上流动,到气缸盖转向下流动,把废气从排气口中清扫出气缸。气流在缸内作"回线"流动。如图3-5 所示。在船用大型柴油机中,MAN KZ 型柴油机即为回流扫气形式。

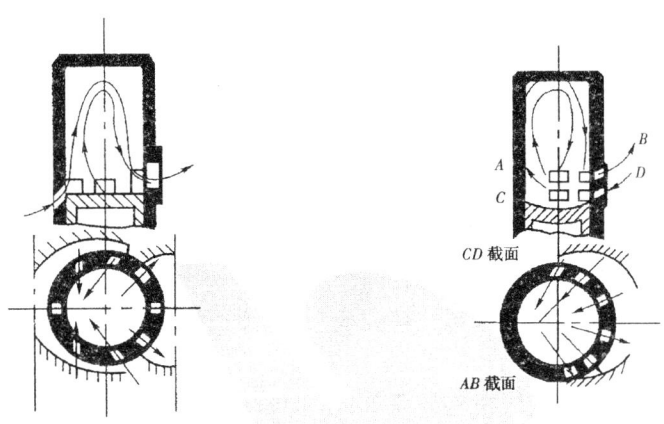

图3-4 简单横流扫气示意图　　　图3-5 回流扫气示意图

(3)半回流扫气

进气口布置在排气口的下方及两侧,气流在气缸内的流动特征兼有横流与回流的特点,如图3-6 所示。在船用大型柴油机中 Sulzer RD、RND、RLA、RLB 等型柴油机均为半回流扫气形式。

(4)排气阀—扫气口直流扫气

气缸下部均布一圈进气口,在气缸盖上有排气阀。空气从气缸下部进气口端进入气缸,沿气缸中心线上行驱赶废气从气缸盖上的排气阀排出气缸,如图3-7 所示。显然,气流在缸内的流动方向是自下而上的直线流动。进气口在纵向(与气缸轴线成角度)和横向(与气缸半径成角度)两个方向有倾斜角,使扫气空气进入气缸后有向上和绕气缸轴线旋转的运动。这一旋转的气流形成"气垫",使空气与废气不易掺混,扫气效果较好。同时排气阀的启闭由排气凸轮控制不受活塞运动的限制,所以排气阀可以与进气口同时关闭,也可以提早关闭,在船用柴油机中 B&W,UEC 等机型是传统的排气阀—扫气口直流扫气式柴油机。现代船用超长行程柴油机 MAN B&W MC 系列、Sulzer RTA 系列机型都采用排气阀—扫气口直流扫气形式。

弯流扫气柴油机气流在缸内流动路线长(通常均大于 2S),新气与废气易掺混且存在死角与气流短路现象,因而换气质量较差。直流扫气则相反,气流在缸内流动路线短(约为 S),新气与废气不易掺混,因而换气质量较好。同时缸套下方受热均匀,但其结构复杂,维修较困难。现代船用大型柴油机随着行程缸径比 S/D 的增加,发展了长行程($S/D > 2.5$)和超长行程

($S/D>3$)柴油机。在这种情况下,弯流扫气的换气质量无法与直流扫气相比,因而直流式(气阀—气口式)扫气成为现代船用大型柴油机的主要换气形式。

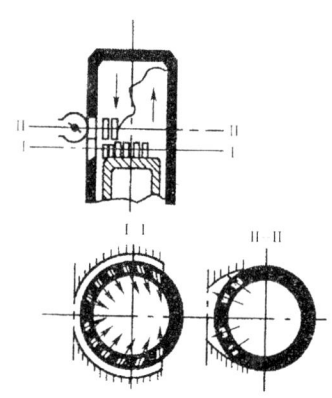
图3-6 半回流扫气示意图

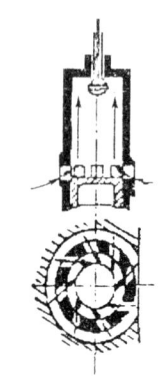
图3-7 排气阀—扫气口直流扫气示意图

(三)二冲程柴油机与四冲程柴油机的比较

从四冲程与二冲程柴油机工作原理,可以看出两者有以下特点:

①二冲程柴油机两个行程即曲轴一转完成一个工作循环,由此可提高柴油机功率。两台气缸尺寸与转速相同的四冲程与二冲程柴油机,计及气口行程损失和扫气损失,则二冲程柴油机的功率为四冲程机的1.6~1.8倍。

②由于二冲程柴油机曲轴每一转完成一个工作循环,因而它的回转要比四冲程机均匀,可使用较小的飞轮。

③二冲程柴油机的换气机构较简单,便于维修保养。

④二冲程柴油机的换气质量较四冲程机差。

⑤二冲程柴油机的工作循环比四冲程机多1倍,所以二冲程机的热负荷比四冲程机高。

总之,在提高功率方面二冲程柴油机比四冲程机优越,而在提高柴油机的强化程度方面四冲程机较二冲程机优越。

(四)柴油机的基本组成

船舶柴油机的结构比较复杂,它是由许多机构和系统组成。尽管不同的柴油机,其结构、型号各异,但从工作原理和总体结构上则有很多共同之处。柴油机主要由以下机构和系统组成。

1. 主要固定件

柴油机的主要固定件由机座、机架、气缸和气缸盖等组成,对于中小型柴油机常将气缸体和机架做成一体称为机体,并省去机座,代之以轻便的油底壳。它们构成了柴油机的骨架,支撑运动件和辅助系统。

2. 主要运动件

柴油机的主要运动件由活塞、连杆组件及曲轴组成,对于大型低速柴油机还有十字头组件。活塞与气缸及气缸盖构成燃烧室,保证柴油机工作过程的进行,同时通过连杆将活塞的往复运动变为曲轴的回转运动,使燃气推动活塞的动力通过曲轴以回转的方式向外输出。

3. 配气机构及换气系统

配气机构由进排气阀、气阀传动机构、凸轮轴及凸轮轴传动机构组成。进排气系统由空气滤器、进排气管和消音器组成,对于增压柴油机还有增压器及空冷器。它们的作用是按照工作循环的需要,定时地向气缸内供应充足、清洁的新鲜空气,并将燃烧后的废气排出气缸。

4. 燃油系统

燃油系统由燃油供给系统和燃油喷射系统组成。燃油供给系统是把符合使用要求的燃油畅通无阻地输送到喷油泵入口端。该系统通常由加装和测量、贮存、驳运、净化处理、供给五个基本环节组成。燃油喷射系统由喷油泵、喷油器和高压油管组成,其作用是定时、定量地向燃烧室内喷入雾化良好的燃油,保证燃烧过程的进行。

5. 润滑系统

润滑系统的作用是将清洁的润滑油送至柴油机的各运动件摩擦表面,起到减磨、冷却、清洁、密封和防锈作用,保证柴油机的正常工作。对于大型低速柴油机通常由气缸注油系统和曲轴箱油系统两部分组成,而对于中小型柴油机只有曲轴箱油系统,也称之为机油系统。

6. 冷却系统

冷却系统由泵、冷却器和温控器等组成。船舶柴油机通常以淡水和滑油为冷却剂在机内流动,将受热零部件所吸收的热传导出去,保证零部件有正常的工作温度。而淡水和滑油本身被海水冷却。

7. 启动和控制系统

启动系统是借助于外力带动曲轴回转,并使其达到一定的转速,实现柴油机的第一次着火燃烧,由静止转入工作状态。根据柴油机的不同,启动系统可分为两类,一类是借助于外力矩使曲轴转动起来,如人力手摇启动、电机启动和气马达启动等;另一类是借助于加在活塞上的外力推动活塞运动使曲轴旋转起来,如压缩空气启动。

柴油机的控制系统是为了满足船舶机动操作的要求,设置使启动、换向和调速等装置联合动作的操纵机构。

(五) 柴油机的增压

柴油机所能发出的最大功率受到气缸内所能燃烧的燃料的限制,而燃料量又受到每个循环内气缸所能吸入空气量的限制。如果空气能在进入气缸前得到压缩而使其密度增大,则同样的气缸工作容积可以容纳更多的新鲜空气,从而就可以多供给燃料,得到更大的输出功率。这就是增压的基本目的。

所谓增压,就是用提高气缸进气压力的方法,使进入气缸的空气密度增加,从而可以增加喷入气缸的燃油量,以提高柴油机的平均有效压力和功率。

根据驱动增压器所用的能量的不同,柴油机增压主要分为机械增压、废气涡轮增压和复合增压三种类型,但随着废气涡轮增压技术的发展,机械增压和复合增压目前已很少使用。

废气涡轮增压方法是在柴油机排气管上设置废气涡轮增压器,它主要由废气涡轮机和压气机两部分构成。柴油机的废气排出气缸后不是直接排入大气,而是经排气阀和排气管进入废气涡轮并推动其做功,并带动同轴的压气机工作。压气机将吸入的新鲜空气压缩后将其充入气缸,这样就增加了进入气缸的空气量。下面介绍废气涡轮增压的基本形式。

1. 定压涡轮增压

定压涡轮增压的特点是进入废气涡轮增压器的废气压力基本上是稳定状态。柴油机各缸的排气管连接到一根共用的容积足够大的排气总管上,涡轮就装在排气总管后面,如图3-8所示。由于排气管容积足够大,各缸排出的废气进入其中后迅速膨胀、扩散并很快稳定下来,只引起微小的压力波动。排气总管实际上成了一个集气箱,具有稳压作用。正因为废气以基本不变的速度和压力进入涡轮,所以这种增压方式的涡轮工作稳定,效率高。

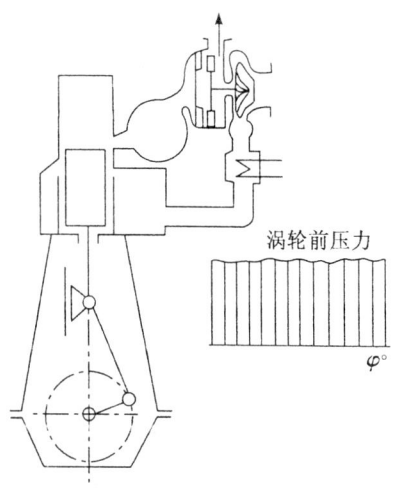

图 3-8 定压涡轮增压

定压增压只利用了废气能量中的定压能,而没有利用废气中的脉冲动能。因此定压涡轮增压所能利用的废气能量就少些。尤其是当柴油机在低负荷时或启动时,因排气管压力低,废气的能量少,使涡轮发出的功率满足不了压气机所需的功率,因此船舶柴油机必须另设辅助电动风机来满足低负荷时的扫气需要。

2. 脉冲涡轮增压

脉冲涡轮增压的特点是进入废气涡轮增压器的废气压力为脉动状态。在结构上把各缸排气管经过分组直接与一个或几个废气涡轮相连,排气管短而细,如图3-9所示。由于排气管容积相当小,因此排气阀和排气口开启后,排气管中的压力因废气冲入而迅速提高,瞬间将接近气缸的压力。此后,由于气缸和排气管的压差迅速减小,废气进入排气管的流速降低,加上排气管中的废气不断流入涡轮,排气管中的压力又随之下降。这样就形成了所谓脉冲压力波,这就是涡轮中利用的脉冲动能。因此,脉冲增压系统不仅排气管应短而细,而且弯头要少,通道要光滑,成流线型,并使涡轮尽量靠近排气口。

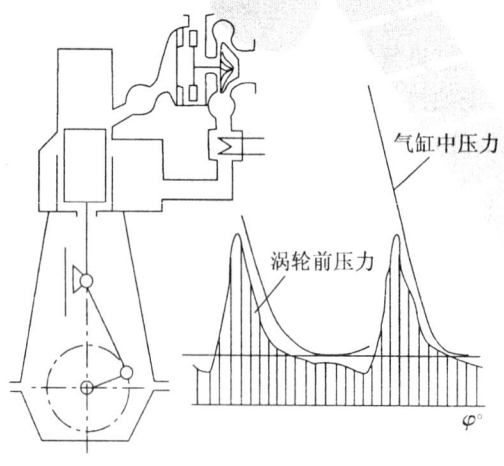

图 3-9 脉冲涡轮增压

脉冲增压除了可以利用脉冲能外(可利用40%~50%),还能较好地利用废气的定压能,故废气的能量利用增多。这有利于涡轮机和压气机之间的功率平衡。此外,扫气阶段正好是排气管中的低压阶段,扫气箱与排气管间压差较大,故有利于扫气,即使柴油机低负荷时也是如此。但由于涡轮在不稳定工况下工作,效率较低。

第二节 机舱辅助机械

一、船舶机舱常见辅助机械的用途

(一)空气压缩机

空气压缩机(简称空压机)是产生压缩空气的机械。在以柴油机为主机的船舶上,压缩空气的用途主要有以下几方面:

①主机启动与换向。

②柴油发电机启动。

③为气动辅机(如舷梯升降机、救生艇起落装置等)或其他需要气源的设备,如压力水柜、汽笛、离心泵自吸装置、自控系统等供气。

④检修工作中用来吹洗零部件、滤器等。

⑤为甲板敲锈用的气锤提供空气。

一般每艘船设有 2~3 台排压为 3 MPa 的空压机向主空气瓶供气,而其他需要较低压力空气的场所由主空气瓶经减压阀供气。船舶还设有往复式应急空压机 1 台,其动力可电动或手动,可直接向应急空气瓶供气,以便在冷船启动时使用。本节主要介绍船用中压水冷活塞式空气压缩机。

1. 空压机的理想工作循环

所谓理想工作循环,即假定空压机工作过程无能量损失和容积损失。

如图 3-10 所示,当活塞在气缸中从上止点向下移动时,缸内容积增大,直至下止点为止,压缩机处于吸气过程。根据前述假设,缸内压力始终为吸气口前压力 p_s,即等压吸气过程,以直线 4-1 表示。当活塞从下止点回行时,吸气阀 k_1 关闭,缸内容积减小,缸内气体被压缩而压力升高,直至压力升高到排出管中压力 p_d,是绝热压缩过程,用曲线 1-2 表示;如果压缩过程冷却极好,缸内气体温度不变,用等温压缩线 1-2″表示;实际压缩过程介于等温压缩与绝热压缩之间,为多变过程,用 1-2′表示。活塞继续向上止点方向移动,排气阀 k_2 开启,缸内空气等压排出,直至上止点为止,这是等压排气过程,以直线 2-3 表示。

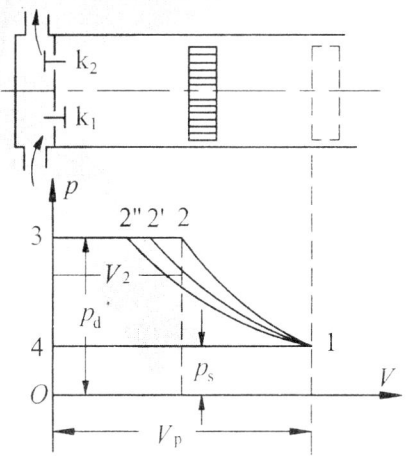

图 3-10 活塞式压缩机的理论工作循环

活塞从上止点回移瞬间,缸内压力从 p_d 降为 p_s,吸气阀打开,又开始新一轮工作循环。$p-V$ 图上循环过程线 4123 所包围的面积代表空压机的一个理想工作循环所消耗的功。空压机工作过程中会因为各种损失而使得实际排气量要比理论排气量小。

2. 多级压缩与中间冷却

活塞空压机排出压力较高时都采用多级压缩,并设有中间冷却器。船用水冷空压机多采用两级压缩,少数风冷的船用空压机采用三级压缩。两级压缩按气缸布置可分为并列气缸式与级差活塞式两类,如图3-11所示。

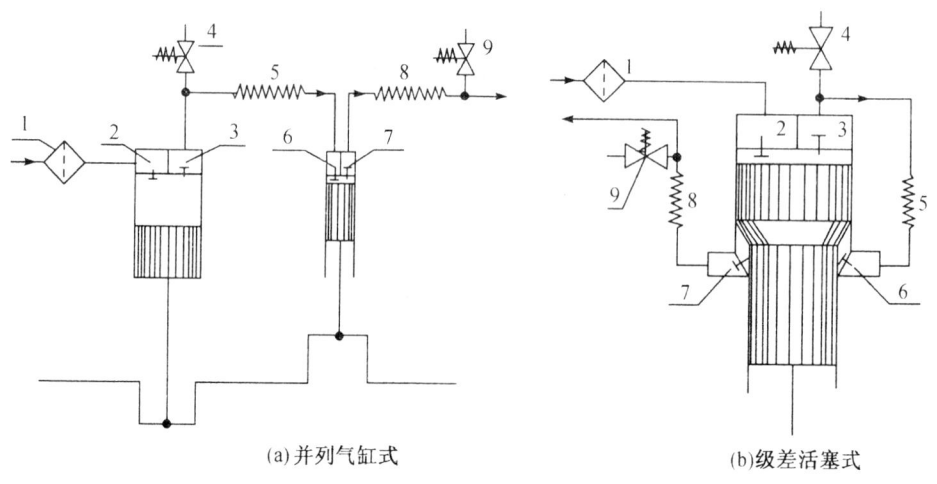

图3-11 二级空压机气缸布置图

1—吸入滤器;2—一级吸入阀;3—一级排出阀;4—一级安全阀;5—中间冷却器;6—二级吸入阀;7—二级排出阀;8—后冷却器;9—二级安全阀

并列气缸式的一级缸与二级缸并列布置,由双拐曲轴带动;级差活塞式由直径较大的活塞上部与气缸形成低压级工作空间;直径较小的二级活塞与气缸之间的环形空间为高压级工作空间。外界空气经滤器由低压级吸入,压缩后经中间冷却器进入高压级,排出后通过后冷却器后进入空气瓶。活塞空压机采用多级压缩与中间冷却的目的是:

①降低排气温度,改善润滑条件。
②提高输气系数。
③节省压缩耗功。
④减小低压缸工作部件作用力。

3. 空压机的自动控制

船舶空压机多采用自动控制,只有在应急和检修试车时才用手动控制。全自动控制的空压机应满足以下基本要求:

(1)自动开机和停机

空压机的启停一般是由装在气瓶上的压力继电器控制,通常设有两个压力继电器分别控制2台空压机,其接通和切断值都相差一定值。例如一台2.5 MPa启动,3.0 MPa停车;另一台则2.4 MPa启动,2.9 MPa停车。当前者单独工作不足以维持气瓶压力在2.5 MPa以上时,气压降至2.4 MPa则另一台空压机启动工作。一般应定期(每月)利用次序转换装置将2个压力继电器与其所控制的空压机的主次关系互换。

(2)自动卸荷和泄放

空压机启动时通常将电机线路接成星形,延时3~10 s后再切换成三角形,可使启动电流减少为直接启动的1/3,能减轻电站的负荷波动。此外,还常用卸载电磁阀控制压缩空气使第一级吸气阀常开,或将各级冷却器的泄放电磁阀打开,实现卸载启动。有的自动控制空压机能定时(例如每2 h)将泄放电磁阀开启一小段时间,泄放油和水。

(3) 自动保护和报警

空压机通常设有下列自动保护,其中有的有显示故障的报警指示灯。

① 电机过载保护——常用热继电器实现,同时还兼有电源缺相保护作用。

② 过电流保护——常用空气开关或过电流继电器实现。

③ 滑油低压保护——压力润滑的空压机当滑油压力低于调定值时,油压继电器即断电停机。由于启动时滑油泵建立油压需一定时间,故有时间继电器使低油压保护延时动作。

④ 排气高温保护——国标规定空压机后冷却器出口应备有小型易熔塞或设报警装置,当空气温度超过121 ℃时应发出报警(应急空压机除外)。有的机型代以冷却水高温保护,当冷却水温超过设定值时,温度继电器动作用使压缩机停机。

(二) 分油机

船舶柴油机所用的燃油在使用前必须经过净化处理,除去其中的水分和杂质。而柴油机润滑油系统在使用过程中应循环净化,除去其润滑过程中产生和进入的各种杂质。油料净化中的核心环节是离心分离,离心分离的最主要设备是离心式分油机。

燃油、水分和机械杂质的密度是不同的,纯油的密度最小,水分的密度居中,机械杂质的密度最大。燃油若在沉淀柜中静置,让它们依靠本身的重力沉淀,则纯油必定浮在最上层,水分在油下面,机械杂质则在沉淀柜的底层。但是,燃油是黏性液体,水滴和固体小颗粒在其中运动时受到黏滞阻力,所以只依靠自身的重力来分离水分和杂质,所需的时间很长,效果也不好。为了提高分离速度,我们可以把污油置于高速回转的分离筒中,让污油与分离筒一起高速回转,也就是说把污油置于一个离心力场中。由于油、水和杂质所产生的离心惯性力各不相同,它们就会沿转动轴的径向重新分布。受离心惯性力最大的杂质被甩到最外圈。纯油的离心惯性力最小,汇聚在转轴附近,水分则位于两者之间。重力分离和离心分离的对比作用关系如图 3-12 所示。由于杂质和水分所产生的离心惯性力要比本身的重力大几千倍,因此用分油机净化油料就能缩短净化时间和提高净化效果。根据混合液体的这一特性,船舶上通常采用叠片式(亦称转盘式)分油机净化燃油。

分油机根据用途分为两种,一种叫做分水机,主要用来分离两种密度不同的液体(也能分离出大颗粒的杂质);另一种叫做分杂机,主要用来分离液体中的固体杂质。这两种分油机在结构上的区别仅仅在于分离筒中的几个部件,只要更换这些部件,即可互换使用。

如图 3-13 所示,待净化油从进油管 5 进入分离筒,分离筒由高速回转的立轴 1 带动旋转。在分离筒中设有若干不锈钢的分离盘 3,分离片叠套在盘架 10(14)上。分离片呈锥形,外周开有一排分配孔,被分离的燃油由此(如果为分杂机,分离片的外围无孔,待分燃油从分离片的外边缘)引入分离片间。待净化的燃油进入分离片之间后,被分隔成若干层,并随分离片一起以高速回转,这时分离筒内的燃油就会按油、水、杂质的密度不同分隔成三层。因为燃油不断进入,所以上述现象连续进行,最后被净化了的燃油经分油机上部的向心泵 17 经出油管 6 排出,被分离出的水由位于分油机上部的向心泵 16 经出水管 7 排出,机械杂质被甩到分离筒的内壁上,通过分油机的排渣操作,经排渣孔 11 排出,从而达到燃油净化的目的。

目前分油机油水分界面的位置由两种方式控制。一种是由被称作"比重环"(重力环)的内径来确定的,比重环在分油机中的位置如图 3-13(a)中的 9 所示。根据理论推导,所用燃油的密度越大,所选用的比重环的直径应越小。为此,每台分油机均附带有一套不同内径的比重环,以备选用。选择比重环的原则是:在不破坏水封的前提下,应尽量选用内径大一些的比重环。

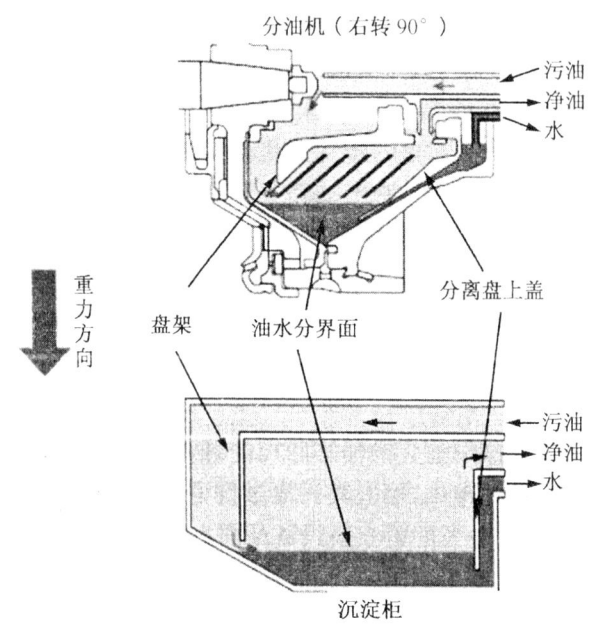

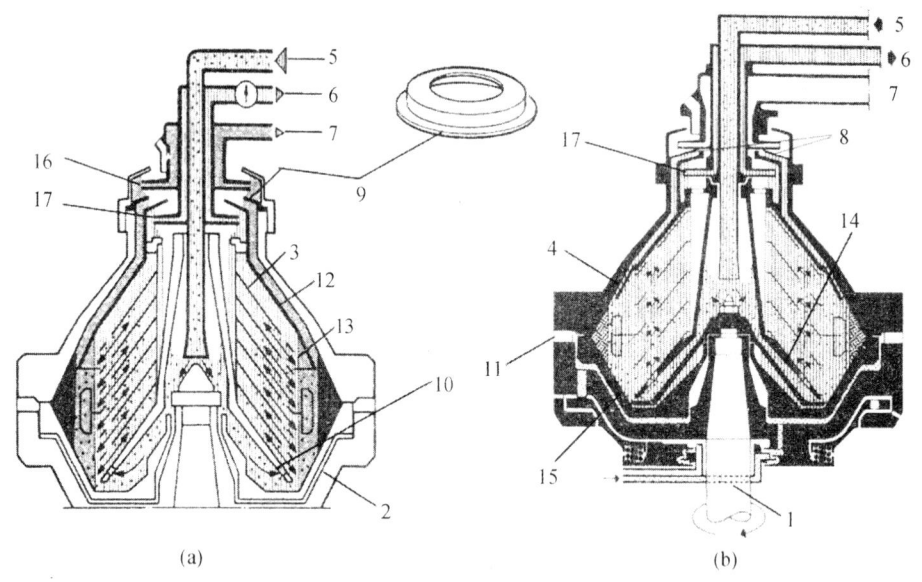

图 3-13 分油机分离筒简图

1—立轴；2—分离筒本体；3—分离盘；4—分离筒盖；5—进油管；6—出油管；7—出水管；8—分杂盘；9—比重环(重力环)；10—盘架(有孔)；11—排渣孔；12—分离盘上盖；13—油水分界面；14—盘架(无孔)；15—滑动底盘；16—排水向心泵；17—排油向心泵

在使用分水机分油之前，应先把水引入旋转的分离筒建立水封，直至从出水口有水流出为止。这样，当再引入燃油时，水即可把油封住，以免从出水口跑油。先引入的这部分水称为水封水，它所占据的空间称为水封区。在分油过程中从燃油中分离出来的水分将不断置换水封水，并从出水口排出。燃油中的机械杂质将穿过水封区积聚在分离筒的内壁上。分杂机只是用来分离杂质，它没有出水口，因此使用时不用引入水封水建立水封。

另一种分油机的比重环被分杂盘 8 代替，如图 3-13(b)所示，在分离筒后的排水管路上安装排水阀,其与分离筒内的水空间相通,被分离出的水分可直接通过排水阀排出。排水阀由分油机的控制器控制动作。在分油机净油出口装设水浓度监测器,连续检测净油中水的含量,检测值被送到控制器中。随着被分离油中水分的不断被分离出并聚集在分离筒外围,油水分离界面逐渐向中心移动,当油水分离界面到达分离盘组边缘后,少量的水珠会随净油排出。水浓度监测器检测到净油中水分浓度的变化,当水传感器的检测到净油中水含量变化超过设定值时,由控制器发信号到排水阀,在不停止分油机的情况下,短时间打开排水阀,执行排水操作,排出分离筒内部水分。

两种分油机(有比重环和无比重环)被分离出并聚集在分离筒外围的水分,在排渣期间,随着分油机的排渣操作同杂质一同被排出分离筒。

分油机为了进行排渣,在分离筒的下部安装可上下移动的滑动底盘,如图3-13(b)中15所示,当滑动底盘工作在上位时,排渣孔被关闭;当滑动底盘工作在下位时,排渣孔被打开,分油机进行排渣。根据排渣孔被打开的持续时间不同,分油机每次排渣的程度(分离筒内油、水、杂质是否被全部排出)也不同,可将自清排渣分油机的排渣方式分为全部排渣和部分排渣两类;根据排渣孔被打开实现方式的不同,可将分油机排渣分为自动排渣方式和手动排渣方式分油机两种。

自动排渣式分油机有两种排渣控制方式:定时式自动排渣和触发式自动排渣。定时式自动排渣是分油机常用的一种排渣控制方法,可根据不同的油品设定不同的排渣周期。一般来说滑油分油机的排渣时间间隔较长,燃油分油机的排渣时间间隔较短。触发式自动排渣分油机是在定时式自动排渣基础上发展起来的。一般以净油中水含量的变化率为触发对象,当净油中水含量的变化率超过某一设定值时,触发排渣操作。

(三) 船舶锅炉

1. 形式和功用

锅炉是通过燃烧把燃料的化学能转化为热能,并将热能传给水,产生一定数量和参数(指温度和压力)的水蒸气或热水的设备。船舶蒸汽锅炉是船舶动力装置的重要组成部分。它的作用随船舶主机的形式和种类的不同而有所差异。锅炉产生的高温高压过热蒸汽用于驱动主蒸汽轮机,以推动船舶前进,这种锅炉称为主锅炉。在柴油机动力装置的船舶上,锅炉产生的饱和蒸汽仅用于驱动蒸汽辅机,加热燃油、滑油及满足日常生活的需要,这种锅炉称为辅锅炉。在柴油机干货船上,一般装设一台压力为0.5~1.0 MPa,产生饱和蒸汽的辅锅炉,蒸发量为0.4~2.5 t/h。在柴油机油船上,因为加热货油、驱动汽轮货油泵等蒸汽辅机以及洗货油舱等需要大量蒸汽,所以一般都装设2台辅锅炉,蒸发量常在20 t/h以上。在大型柴油机客船上,一般也装设2台辅锅炉以满足日常生活所需的大量蒸汽,且可以防止1台损坏时,影响船员和旅客的日常生活。

船舶辅锅炉可分为火管锅炉和水管锅炉。若燃烧产生的高温烟气在受热面管中流动,管外是水,则这种锅炉称为火管锅炉;若在受热面管中流动的是水,而管外是烟气,则这种锅炉称为水管锅炉。

2. 辅锅炉结构

图3-14所示的为立式横烟管锅炉。此锅炉有一个直立的圆筒形锅壳1,由锅炉钢板卷制焊接而成。为了能较好地承受压力,其顶部和底部均有椭圆形封头2。在锅壳的下部设有球形炉胆3。炉胆顶部靠后有圆形出烟口4,与上面的燃烧室5相通。烟道与烟箱12之间设有管板6和7,两管板之间设有数百根水平烟管8。烟管由不锈钢管制成。锅壳内部分为两个互

相隔绝的空间,炉胆和烟管里面是烟气,外面是水。

设在炉前的电动油泵9通过燃烧器10的喷油嘴向炉胆内喷油,同时由鼓风机11经风门将空气送入炉内助燃。油被点着后在炉胆内燃烧,高温火焰与烟气中的热量主要通过辐射方式经炉胆传给炉水。未燃烧完的油和烟气经出烟口向上流至燃烧室中继续燃烧,然后顺烟管流至烟箱,最后从烟囱排往大气。烟气在烟管中的流速越高,扰动越强烈,对管壁的对流放热能力就越强,因此在烟管中常设有加强烟气扰动的长条螺旋片。

锅壳中水位高出蒸发受热面,在水面以上为汽空间13。炉水由于吸热沸腾而汽化,在水中产生大量蒸汽泡。蒸汽逸出后聚集在汽空间中,经顶部的集汽管14和停汽阀15输出,由管道送到各用汽处。

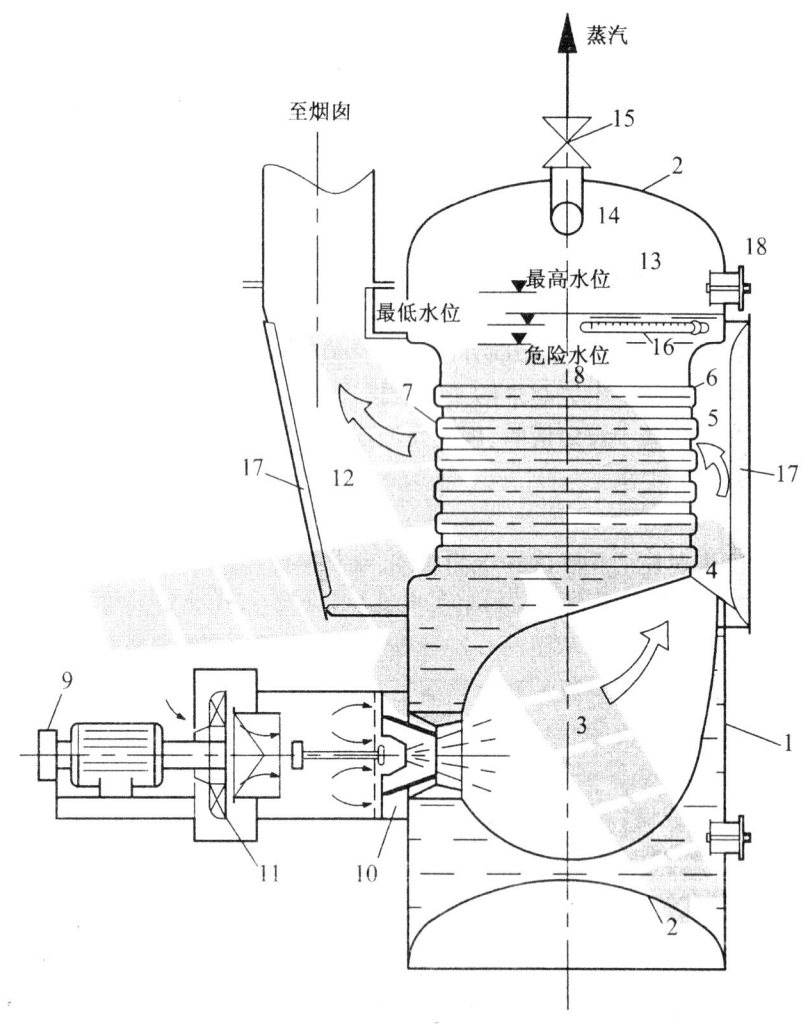

图 3-14 立式横烟管锅炉

1—锅壳;2—封头;3—炉胆;4—出烟口;5—燃烧室;6—后管板;7—前管板;8—烟管;9—电动油泵;10—燃烧器;11—鼓风机;12—烟箱;13—汽空间;14—集汽管;15—停汽阀;16—内给水管;17—检查门;18—人孔门

炉内的水不断蒸发成水蒸气,致使水位降低到最低工作水位时,水位自动调节器动作,启动给水泵,给水经给水阀和内给水管16补入。当水位升到最高工作水位时,给水泵在水位自动调节器作用下停止。

为了减少锅炉的散热损失和降低周围环境温度,并防止烫伤工作人员,锅炉外面包有隔热材料层,最外面是一层薄铁皮外罩。

3. 锅炉附件

为保证锅炉的正常安全工作,锅炉必须配备必要的附件。锅炉附件主要有:

(1) 水位计

当锅炉工作时,轮机管理人员必须随时知道锅炉的水位,以确保锅炉的安全工作。每台锅炉都规定有最高工作水位、最低工作水位和最低危险水位。锅炉正常工作时,锅炉水位应处于最高工作水位和最低工作水位之间,当水位降到最低危险水位时,警报器报警,锅炉自动熄火,以防锅炉发生干烧现象。除小型锅炉外,锅炉一般装有 2 只水位计,若 2 只水位计均已损坏,锅炉应立即熄火。水位计有玻璃管式和玻璃板式,现在船舶大多采用玻璃板式水位计。

(2) 安全阀

当锅炉负荷减小或炉内燃烧过于强烈,锅炉汽压就会上升。一般辅锅炉蒸汽压力采用双位控制,为防止自动控制装置失灵或手动操作失误而导致锅炉压力过高造成损伤,锅炉一定要装设安全阀,以便当蒸汽压力超过一定限度时开启,使大量蒸汽排入大气,以免蒸汽压力继续上升。安全阀开启后应能顺畅地排出蒸汽,以保证在蒸汽阀关闭和炉内充分燃烧的情况下,烟管锅炉在 15 min 内,水管锅炉在 7 min 内蒸汽压力的升高值应不超过锅炉的设计压力的 10%。

此外,锅炉还装有至少 2 个压力表和压力表阀、2 个给水阀以及停汽阀、表面排污阀、底部排污阀、空气阀等。

4. 蒸汽、给水、凝水和排污系统

辅锅炉和废气锅炉所产生的蒸汽,通过管道输送至各处,供驱动蒸汽辅机和燃油、滑油加热,以及供空调装置、热水压力柜和厨房等用汽。绝大部分蒸汽在工作之后凝结成水,由凝水系统流回热水井,再由给水泵经给水系统送回锅炉。由于少量蒸汽被直接消耗和漏泄,流回热水井的凝结水量要少于锅炉向外的供汽量,再加上锅炉需要排污,所以经常需要由炉水舱向热水井补充给水。

蒸汽系统的任务在于将锅炉产生的蒸汽按不同压力的需要,送至各用汽设备。凝水系统的任务在于回收各处的蒸汽凝水,并防止混入水中的油污进入锅炉。给水系统的任务在于向锅炉供给数量足够的和品质符合要求的给水。为了可靠起见,每台锅炉都要有 2 台给水泵、2 条给水管,其中一条作为备用。排污系统的任务是排除水空间底部的泥渣和汽水界面处的污垢、泡沫和悬浮物,分别通过下排污阀和上排污阀实现排放。

(四) 造水机

1. 概述

淡水是指含盐量低于 1 000 mg/L 的水。船舶每天都要消耗相当数量的淡水,以满足船上人员和动力装置的需要。远洋船舶为增加载货吨位,不宜携带过多淡水,一般船上都设有海水淡化装置(俗称造水机),以减少向港口购买淡水的费用,并增加船舶的续航能力。船上淡水主要用于柴油机和其他辅机的冷却、锅炉补给水、生活洗涤、甲板冲洗和饮用。我国船用锅炉给水标准规定补给蒸馏水的含盐量应小于 10 mg/L(NaCl)。

目前,海水淡化的主要方法有蒸馏法、反渗透法、电渗析法和冷冻法。船用海水淡化大多采用蒸馏法,这一方法是根据盐分几乎不溶于低压蒸汽这一原理,使海水蒸发汽化,然后再将所产生的蒸汽冷凝,将盐分分离出去,得到几乎不含盐分的蒸馏水。

2. 真空沸腾式造水机的工作原理

船用真空沸腾式海水淡化装置中,海水的蒸发和水蒸气的冷凝都是在高真空度下进行的。真空度高则水的沸点比较低,便于利用船舶柴油机的缸套冷却水余热,例如当真空度为90%时,对应的海水蒸发温度为45 ℃,因此可以利用温度为80 ℃左右的柴油机缸套冷却水作为海水淡化的加热工质,从而提高了船舶动力装置的经济性。另外,采用比较低的加热温度和蒸发温度可以使蒸发器换热面上的结垢减少和便于清除。下面以曾经在船上广泛使用的壳管式换热器真空沸腾式海水淡化装置为例说明工作原理。

如图3-15所示,造水机的主要部分是蒸馏器,它主要是2个换热器即蒸发器和冷凝器组成。蒸馏器1下部为竖管式蒸发器,上部为横管式冷凝器。造水机海水泵2所排海水的一部分经给水调节阀3进入蒸发器的竖管内,自下向上流过。加热介质(主机缸套冷却水)从竖管外横向往复多次流过,对海水进行加热。被加热的海水达到沸点后开始汽化,产生的蒸汽(称为二次蒸汽,以区别于某些装置加热用的蒸汽)逸出后,绕过横置在蒸发器上方的汽水分离器,从冷凝器壳体上部的开口进入冷凝器。冷却海水在冷凝器管内流过,将管外的蒸汽冷凝成为淡水,集聚在冷凝器底部,由凝水泵4抽送至淡水柜。在蒸发器内,海水汽化后剩下的盐水由排盐泵5不断排出舷外。当工况稳定时,给水量W_0等于产水量W和排盐量W_B之和,蒸发器内的水位保持不变。给水量W_0与产水量W之比称为给水倍率,用μ表示。

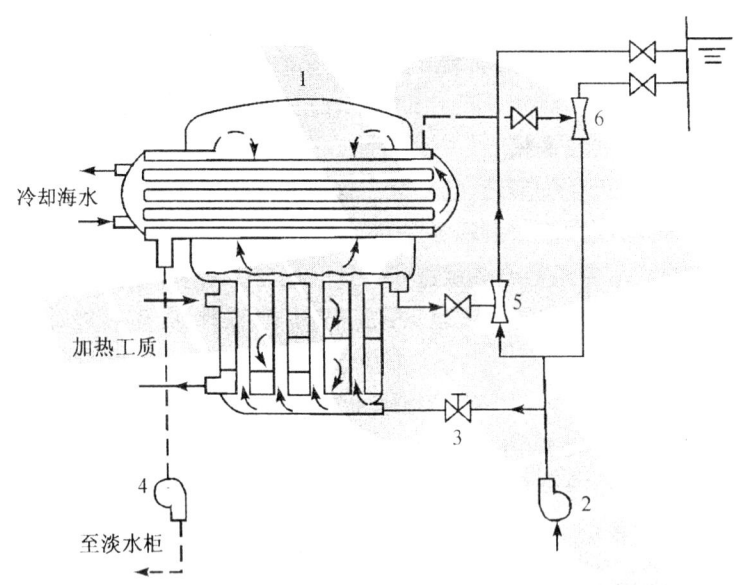

图3-15 真空沸腾式海水淡化装置工作原理

1—蒸馏器;2—造水机海水泵;3—给水调节阀;4—凝水泵;5—排盐泵;6—真空泵

蒸馏器中海水的蒸发和二次蒸汽的冷凝都是在真空状态下进行的。真空的建立和维持少不了真空泵。真空泵6和排盐泵5大都采用水喷射泵,其工作水是由造水机海水泵2提供的。

现在采用板式换热器的真空沸腾式海水淡化装置由于传热系数高,结构更紧凑,清洁也更方便,已经逐渐取代了上述的采用壳管式换热器的海水淡化装置。

一般只有在定速航行并且船舶离岸20 n mile之外的水域内,才可启用造水机。

(五)制冷装置

1. 工作原理

制冷就是用人工方法从被制冷对象中移走热量,以使其温度降低到环境温度以下。船舶制冷装置主要指伙食冷藏装置,鱼、肉食物应储藏在 -20 ℃ 的库内,蔬菜和水果应储藏在 5 ℃ 的库内。制冷装置就应该对这些伙食库保持制冷,使其温度保持在适当的范围内。

制冷的方法有多种,蒸气压缩式制冷是现今应用最广泛的机械制冷方法,也是船舶所用的主要制冷方法,其工作原理如图 3-16 所示。它是选择在常压时沸点很低的液体作制冷剂,经膨胀阀节流进入蒸发器的盘管中,在较低的蒸发压力(相应的蒸发温度也低)下吸热汽化,吸收冷库内食物发出的热量,从而实现制冷。为了在蒸发器中维持低压,需用压缩机将其中制冷剂蒸气不断抽出,压送到冷凝器中去。冷凝器中的冷凝压力及相应的冷凝温度较高,这样就可利用海水使制冷剂气体冷却、冷凝而重新液化,然后再经膨胀阀节流送入蒸发器汽化吸热,连续不断地制冷。压缩机、冷凝器、膨胀阀和蒸发器这四部分是组成压缩式制冷装置的基本部件。

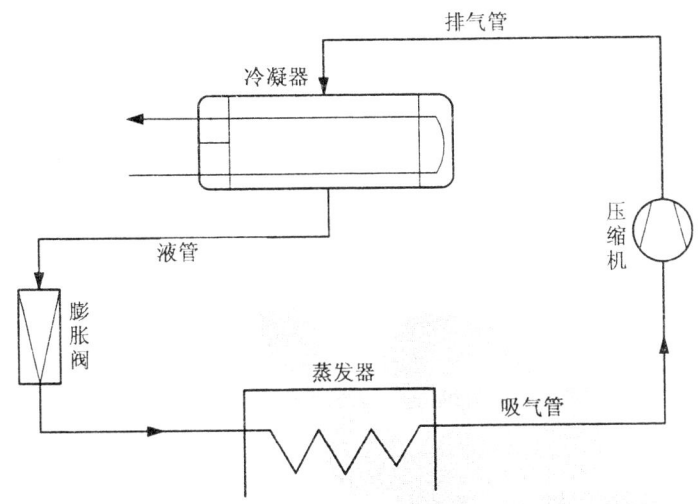

图 3-16　蒸气压缩式制冷装置的工作原理图

制冷剂是制冷装置用来完成热力循环的工质,应根据所用制冷机的形式和要求的制冷温度选用制冷剂。R22(二氟一氯甲烷 $CHClF_2$)的标准沸点 -40.8 ℃,排气压力适中,适合船舶冷库和空调制冷装置的要求,是目前船上使用最广泛的制冷剂。但 R_{22} 属于 $HCFC_s$,将在 2030 年后被禁用。今后需由新的制冷剂取代。R134a(四氟乙烷 CH_2FCF_3)、R404a、R407c 和 R410a 是新型的制冷剂,在船上已有应用,将逐渐取代 R22。

2. 伙食冷库制冷装置的组成

为了能够可靠运转,除了基本组成部件外,伙食冷库制冷装置还应设有必要的辅助元件和自动控制元件。图 3-17 是一个较常见的制冷装置系统。船舶伙食冷库装置一般采用单机多库的设计,即 1 台压缩机为多个冷库提供服务。但需要说明的是,压缩机功能非常重要且结构复杂,所以一般设置 2 台,互为备用。

(1)压缩机

压缩机是制冷装置的关键部件,它的功用是抽吸蒸发器内的冷剂气体并将其压缩后送到冷凝器中。

(2)油分离器

油分离器装在压缩机排出端,用来分离排气带出的滑油,使之返回压缩机曲轴箱(或吸气管),既可避免压缩机失油过快,又能避免滑油随制冷剂进入蒸发器过多。

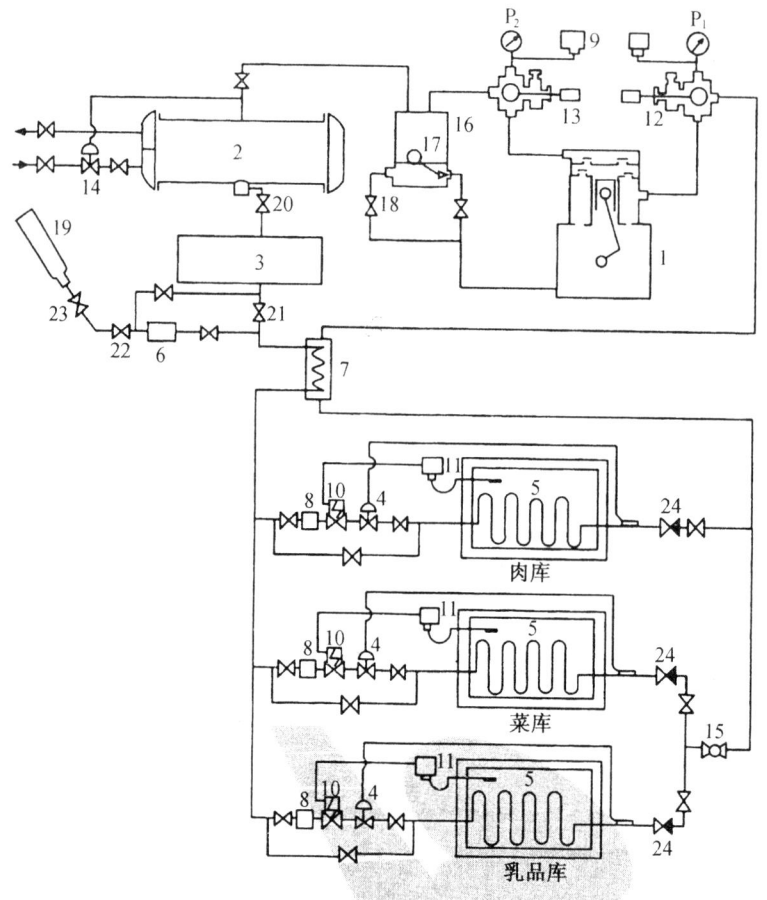

图 3-17 船舶伙食冷库制冷装置系统简图

1—压缩机；2—冷凝器；3—贮液器；4—热力膨胀阀；5—蒸发器；6—干燥器；7—回热器；8—手动膨胀阀；9—压力继电器；10—电磁阀；11—温度继电器；12—吸入截止阀；13—排出截止阀；14—水量调节阀；15—蒸发压力调节阀；16—滑油分离器；17—浮球式自动回油阀；18—手动回油阀；19—冷剂瓶；20—冷凝器出液阀；21—贮液器出液阀；22—充剂阀；23—冷剂瓶阀；24—单向阀

（3）冷凝器

冷凝器的功用是将压缩机排出的气态制冷剂冷凝成液态，供系统循环使用。冷凝器一般采用海水作为冷却介质。

（4）贮液器

它是装在冷凝器后面用来储存液态制冷剂的容器，其作用有两点：

①储备一定量的制冷剂。

②装置检修或长期停用时，将系统中制冷剂收存在其中，减少漏失。

（5）干燥过滤器

《钢质海船入级规范》规定氟利昂制冷系统中均应装设干燥器，其布置应使其能旁通并关断，以便在拆开时不妨碍系统的运行。同时还规定在压缩机的吸入管路(常设在压缩机吸入口)和膨胀阀的制冷剂管路上应设过滤器。现在通常将干燥器和过滤器做成一体装在液管上。

（6）蒸发器

蒸发器设置在冷库内，功用是使制冷剂在其中汽化，吸收冷库中的热量来维持较低的温度。按换热方式分为冷风机和蒸发盘管两种,按冷却方式分为直接冷却式和间接冷却式两种。

(7) 热力膨胀阀

制冷装置在实际工作中热负荷经常变化。热力膨胀阀除了能起节流降压作用外,还能自动调节制冷剂流量,使制冷剂在蒸发器出口的过热度保持在适当的范围内。这样,既能避免蒸发器因制冷剂供应不足而换热面积得不到充分利用,制冷量降低;又能防止制冷剂供给太多而不能全部汽化,以致压缩机吸入湿蒸气,甚至导致液击。

(8) 电磁阀

电磁阀是由电磁力控制阀的启闭。在制冷装置中它常装在热力膨胀阀前的液管上,由冷库内的温度控制器控制。

(9) 温度控制器

温度控制器是以温度为控制信号的电开关,即温度继电器,亦称温度开关。它常被用来控制供液电磁阀通电与否,以使冷库的库温得以保持在给定范围内。也有用温度控制器直接控制压缩机启停的,当1台压缩机为多库工作时,各库温度控制器可并联控制压缩机。温度控制器也可用于其他需要的场合,如融霜保护等。

(10) 压力控制器

压力控制器是以压力为控制信号的电开关,即压力继电器,亦称压力开关。制冷装置一般都设有高压和低压控制器。高压控制器感受压缩机排出压力,当排出压力高于调定值时,它切断压缩机控制电路,实现保护性停车。低压控制器以压缩机吸入压力为信号,控制压缩机启停,既可使压缩机根据制冷的需要自动间断地工作,又可当吸入压力过低时实现保护性停车,防止空气漏入系统。多库共用1台压缩机的伙食冷库制冷装置,当各库库温先后达到调定下限而温度控制器陆续断电后,供液电磁阀全部关闭,吸入压力很快降到调定下限,低压控制器即断电使压缩机停车;当某库库温回升到上限,温度控制器通电使供液电磁阀开启,制冷剂进入蒸发器,吸入压力回升到调定上限值时,低压控制器又通电,使压缩机重新启动。

(11) 油压差控制器

油压差控制器是以制冷压缩机滑油泵的排油压力与吸气压力之差为控制信号的电开关,即油压差继电器,亦称油压开关。当上述油压差低于调定值时,经过一段时间的延时即自动切断压缩机电路,实现保护性停车。

(12) 蒸发压力调节阀

蒸发压力调节阀亦称背压阀,装在高温库蒸发器出口管路上,能在阀前的蒸发压力变动时自动调节阀的开度,保持蒸发压力大体恒定。

(13) 冷却水量调节阀

冷却水量调节阀通常装在冷凝器的出水管上,它根据冷凝压力的变化自动改变开度,调节冷却水流量,使冷凝压力保持在调定的范围内。

上述(7)~(12)部件通常统称为制冷装置自动化元件,其中(7)热力膨胀阀同时又是制冷装置的基本组成部件。

(六) 船舶空调装置

1. 空调装置应满足的要求

为了能在舱室内创造适宜的人工气候条件,以便为船员、旅客提供舒适的工作和生活环境,现代船舶大都设有空气调节装置。船舶空调装置应能在规定的舱外空气设计参数下,使室内以下空气条件符合要求。

(1)温度

我国船舶空调舱室设计标准是:冬季室温为 19~22 ℃;夏季室温为 24~28 ℃;室内各处温差不超过 3~5 ℃;夏季室内外温差不超过 6~10 ℃。

(2)湿度

夏季空调靠冷却除湿,室内湿度一般控制在 40%~60%。冬季靠喷汽或喷水加湿,室内湿度设计值多为 50%;实际使用可控制在 30%~40% 范围内,以便减少淡水消耗量,并防止接触室外空气的舱壁结露。

(3)清新程度

所谓清新程度是指空气清洁(少含粉尘和有害气体)和新鲜(有足够的含氧量)的程度。如果只为满足人呼吸氧气的需要,新鲜空气的最低供给量为每人 2.4 m³/h 即可;然而要使空气中 CO_2、烟气等有害气体的浓度在允许的范围,则新风量就需达到每人 30~50 m³/h。

(4)气流速度

在室内的活动区域,要求空气能有轻微的流动,以使室内温度、湿度均匀和人不感到气闷。室内气流速度以 0.15~0.20 m/s 为宜,最大不超过 0.35 m/s,否则人不舒适。

此外,距室内空调出风口 1 m 处测试的噪声应不大于 55~60 dB。

2. 船舶空调系统的分类

船舶空调大多采用集中式和半集中式船舶空调装置。下面以集中式单风管系统和双风管系统为例说明船舶空调的形式。

(1)集中式单风管系统

这种系统中,送风由中央空调器统一处理,然后通过单风管送到各个舱室,如图 3-18 所示。由于各舱室的送风参数相同,所以对各舱室空气参数的个别调节就只能靠改变布风器风门的开度,即改变送风量来实现。

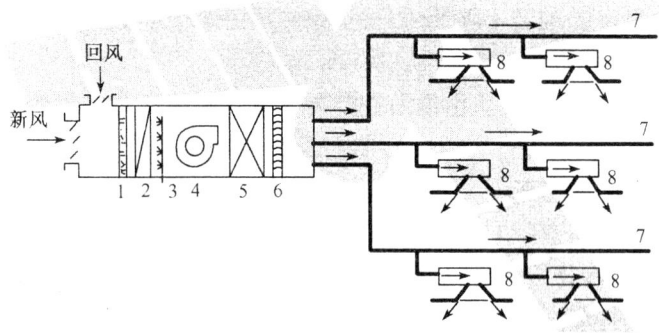

图 3-18 单风管空调系统

1—空气滤器;2—空气加热器;3—加湿器;4—风机;5—空气冷却器;
6—挡水器;7—主风管;8—布风器

(2)集中式双风管系统

如图 3-19 所示,这种系统的中央空调器由前后两部分组成,一部分送风经空调器前部预处理后,经中间分配室送至舱室布风器,称为一级送风;而其余部分则经空调器后部再处理后,经后分配室送至舱室布风器,称为二级送风。这种系统能向舱室同时供送温度不同的两种空气,因此通过调节布风器两个风门的开度,改变两种送风的混合比,即可调节舱室温度,冬夏都可变质调节,调节灵敏。

第三章 船舶机械工程系统运行的基础知识

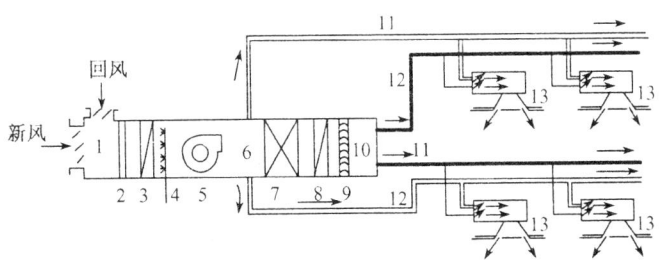

图 3-19 双风管空调系统

1—空气滤器;2—空气预冷器;3—空气预热器;4—加湿器;5—风机;6—中间分配室;7—再冷却器;8—再加热器;9—挡水板;10—后分配室;11—一级送风管;12—二级送风管;13—布风器

3. 中央空调器

中央空调器是集中式和半集中式空调装置对空气进行集中处理的设备。在货船上,它通常置于上层甲板后部的专门舱室——空气调节站;在客船上空调器数目较多,故多分布在全船各处。下面以图 3-20 所示的单风管系统的中央空调器为例,说明空调器的各组成部分及其工作情况。

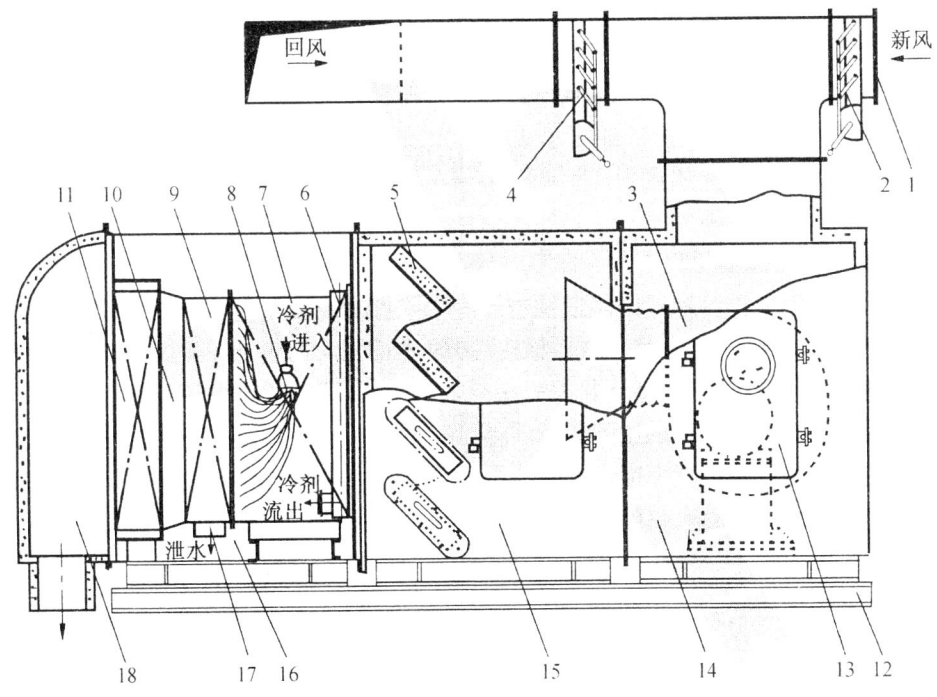

图 3-20 单风管系统的中央空调器

1—新风进口;2—新风调节门;3—风机;4—回风调节门;5—空气滤器;6—制冷剂回气集管;7—空气冷却器;8—制冷剂液体分配器;9—挡水板;10—加湿器;11—空气加热器;12—底架;13—检查门;14—进风混合室;15—消声室;16—空气处理室;17—承水盘;18—送风分配室

（1）空气的吸入、过滤和消音

外界新风和空调舱室的回风分别经新风进口 1 和回风进口应都被风机 3 吸入。在新风和回风进口处装有铁丝网或百叶窗,以防吸入较大的异物。新风量和回风量的比例可用手动调节门 2、4 进行调节。

空调通风机的静压应能克服空调器和送风系统的阻力,故采用风压较高、噪声较低的离心式通风机。为降低空调器室的噪声,现在多将风机安装在空调器内。

空调器中的空气滤器用于滤除空气中的灰尘,以净化舱室的送风,并保持空气换热器表面的清洁,从而避免降低换热的效果。

空调器工作时噪声较大,必须采取消声措施来降低经风管传至空调舱室的噪声。消声室利用风道截面积突然改变,可消减气流的低频噪声;贴附于空调器内壁的多孔性吸声材料可吸收风机所产生的高频噪声。

(2)空气的冷却和除湿

一般当外界气温高于25 ℃时,就应使空调装置按降温工况运行。空气的冷却和除湿在空调器中是由空气冷却器和挡水板来完成的。

空气冷却器是由蛇形助片管构成的,按冷却器中流过的是制冷剂还是载冷剂而分为直接蒸发式和间接冷却式两种。空冷器的管壁温度一般都低于空气的露点温度,对空气进行冷却的同时又具有除湿作用。显然,管壁温度越低,对空气的除湿作用就越大。但是,空调用的冷却器应避免管壁结霜,以免妨碍空气流动,故冷却器管壁的温度不能低于0 ℃。

(3)空气的加热和加湿

一般当外界气温低于15 ℃时,就应使空调装置按取暖工况运行。在空调器中空气的加热和加湿是由空气加热器和加湿器来完成的。

船用集中式空调器多使用蒸汽加热。加热器由带肋片的蛇形管组成。加热蒸汽常用表压为 0.2～0.5 MPa 的饱和蒸汽。加湿可采用蒸汽加湿或喷水加湿,在某些小型独立的空调装置中还采用电热加湿器。船用集中式空调器采用蒸汽加湿的较多。

4.船舶空调装置的自动控制

(1)降温工况的自动控制

降温工况是用空气冷却器对空调送风进行冷却除湿。降温工况时空调装置的热负荷受外界气候的影响很大,为了保持舱室合适的温度,必须进行相应的自动控制。降温工况时只要保持足够低的空冷器的壁面温度,便有足够的除湿效果,所以不对送风湿度作专门的调节。

采用直接蒸发式的空冷器的空调装置,一般采用带能量调节的压缩机与热力膨胀阀相配合,调节制冷量,从而改变送风温度。间接冷却式空冷器一般根据回风温度自动调节载冷剂流量,从而调节空冷器的换热量,以控制舱室的温度。

(2)取暖工况的温度自动调节

取暖工况的温度自动调节可以通过控制送风温度、控制典型舱室的温度或回风温度来实现。

(3)取暖工况的湿度自动调节

取暖工况的湿度自动调节可以通过控制送风的相对湿度、控制送风的含湿量及控制回风或典型舱室相对湿度来实现。

二、泵的主要种类及特点

船上需要使用各种泵来输送海水、淡水、污水、滑油和燃油等各种液体。由流体力学可知,液体的机械能有位能、动能和压力能三种形式,它们之间可以相互转换。液体不可能自动从机械能较低处流到机械能较高处,况且液体在管路中流动还要克服管路阻力而损失一部分能量。从功能来说,泵是用来提高液体机械能的设备。船用泵按工作原理可分为容积式泵、叶轮式泵和喷射式泵三大类。

容积式泵是通过工作部件的运动使工作容积周期性地增大和缩小而吸排液体的泵,它是靠工作部件的挤压使液体的压力能增加。根据运动部件的运动方式,容积式泵又可分为往复泵和回转泵两类。往复泵主要有活塞式和柱塞式;回转泵主要有齿轮泵、螺杆泵、叶片泵等。

叶轮式泵是靠叶轮带动液体高速回转而把机械能传递给所输送的液体。根据泵的叶轮和流道结构特点不同,又可分为离心泵、轴流泵、混流泵和旋涡泵等。

喷射式泵是靠工作流体产生的高速射流引射流体,然后再通过动量交换而使被引射流体的能量增加。根据所用工作流体的不同,有水喷射泵、蒸汽喷射器和空气喷射器等。

船用泵除按用途和工作原理分类外,还可按泵轴方向分为立式泵和卧式泵;按吸口数目分为单吸泵和双吸泵;按原动机的种类分为电动泵、汽轮机泵、柴油机泵和机带泵等。

(一)往复泵

1. 工作原理

图 3-21 是单缸双作用往复泵的工作原理简图,它主要由活塞 7、泵缸 8、吸入阀 3 和排出阀 5 等部件组成。活塞 7 与活塞杆 9 由原动机经传动机构和曲柄-连杆机构(图中未示出)带动,在泵缸 8 中作直线往复运动。活塞左侧的泵缸空间称为工作腔。工作腔经吸入阀 3 与吸入管 2 相连通,并经排出阀 5 和排出管 6 相连通。吸入管伸入到被输送的液面以下,其下端装有吸入滤器 1。排出管 6 则通到需要用水的处所。

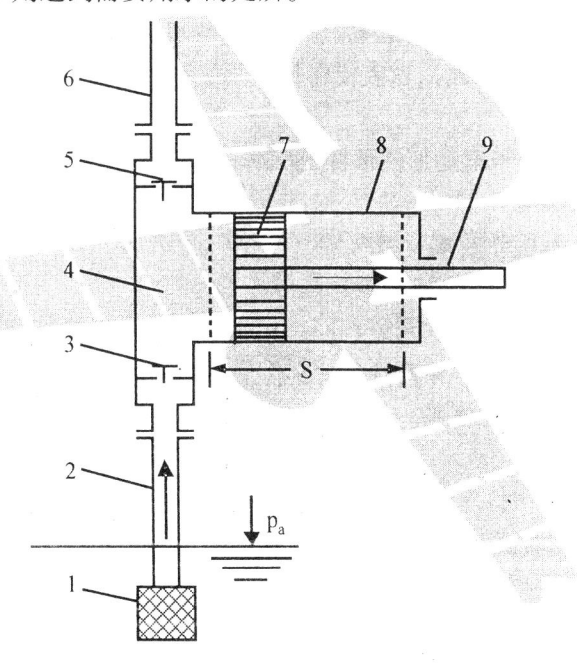

图 3-21 往复泵工作原理

1—吸入滤器;2—吸入管;3—吸入阀;4—阀箱;5—排出阀;6—排出管;7—活塞;8—泵缸;9—活塞杆

设泵工作前,吸入管、阀箱和工作腔内全部为空气。当活塞从左止点向右止点(图中虚线位置)移动时,工作腔容积增大、压力降低。排出阀 5 上下压差增大,保持关闭;吸入阀 3 下方与上方的压差增大,该压差便会克服吸入阀的阻力而将吸入阀顶开,使吸入管与工作腔相通,吸入管内压力降低,管内的液面也随之升高。简言之,活塞向右移动时进行吸入过程。当活塞向左移动时,工作腔容积减小、压力升高。吸入阀 3 关闭,排出阀 5 在工作腔内压力达到一定程度后便开启,工作腔内的空气被排至排出管。简言之,活塞向左移动时进行排出过程。这样,活塞连续地往复运动,吸入管、阀箱和工作腔内的空气将逐渐地被排往排出管,同时液体将逐渐充满上述空气空间,泵便开始吸排液体。

上述往复泵曲轴每转只有一次吸排作用,称为单作用往复泵。若改变泵缸、阀箱、曲轴的设计,还可构成双作用、三作用和四作用往复泵。

2. 特点

(1) 自吸能力强

泵的自吸能力,是指排除泵缸及吸入管路内的空气,将液体从低于泵处吸上,并开始排送液体的能力。从上述往复泵的工作原理可以看出,往复泵具有较强的自吸能力。为改善密封性能以便提高自吸能力,启动往复泵前一般应向泵缸内灌满液体。

(2) 理论流量与工作压力无关

理论流量只取决于转速、泵缸尺寸和作用数。

(3) 额定排出压力与泵的尺寸和转速无关

额定排出压力主要取决于轴承的承载能力、密封性能、泵的强度及原动机功率。往复泵启动前必须先开排出阀。为防止排压过高导致泵损坏或过载,必须设安全阀。

以上(1)~(3)点是容积式泵共有的。此外,往复泵还有以下特点:

(4) 流量不均匀

电动往复泵的曲轴作匀速回转运动,经曲柄连杆机构的传动,导致活塞运动速度不均匀(与曲柄转角的正弦函数成正比),这就使得往复泵的瞬时流量不均匀。

(5) 转速不宜太快

受泵阀特性以及流体和运动部件惯性的影响,电动往复泵转速一般在 200~300 r/min 之间,最高不超过 500 r/min。

(6) 结构较复杂,易损件较多

易损件主要包括活塞环、泵阀、填料和轴承等。

由于往复泵的上述特点,故在流量相同时它比其他泵显得笨重,造价较高,管理维护比较麻烦,故在许多场合它已被离心泵所取代。但舱底水泵和油船扫舱泵等工作中容易吸入气体,需要自吸能力强,仍会采用往复泵。

(二) 齿轮泵

1. 工作原理

齿轮泵是常见的回转式容积泵,其主要工作部件是互相啮合的齿轮。按其啮合的方式可分为外齿轮泵、内齿轮泵以及转子泵等。

图3-22为外齿轮泵的工作原理简图。齿轮1、2的齿顶和两端面分别被泵体3和前、后端盖(图中未示出)所包围。由于相互啮合的轮齿A、B、C的分隔,与吸入口4、排出口5彼此隔离。当齿轮按图示方向回转时,轮齿C逐渐退出啮合,其所占据的齿间的容积逐渐增大,从吸入口4吸入液体。随着齿轮的回转,一个个吸满液体的齿间转到吸入腔,沿泵体3内壁转到排出腔,依次啮合。啮合时齿间容积减小,压力升高,液体经排出口5排出。齿轮泵如果反转,其吸排方向就相反。

2. 特点

(1) 有自吸能力

齿轮泵排气时密封性很差,故自吸能力不如往复泵。齿轮泵内部摩擦面多,启动前必须保证泵内有油,防止干转磨损并可改善密封性能。

(2) 理论流量与工作压力无关

理论流量取决于工作部件的尺寸和转速。齿轮泵的流量连续但有脉动。齿数越少,流量脉动率越大。

(3) 额定排出压力与流量无关

额定排出压力主要取决于轴承的承载能力、密封性能、泵的强度及原动机功率。为了防止泵工作压力超过额定值,一般设安全阀。

(4) 可由电动机直接传动,结构简单,易损件少

(5) 摩擦面较多,用于运送油类

在船上,齿轮泵一般被用做滑油泵、驳油泵、液压系统辅泵等。

图 3-22 外齿轮泵的工作原理图
1—主动齿轮;2—从动齿轮;3—泵体;4—吸入口;5—排出口

(三) 螺杆泵

1. 工作原理

螺杆泵是船上常用的回转式容积泵,它利用螺杆的回转来吸排液体。根据泵内工作螺杆的数目,有单螺杆泵、双螺杆泵和三螺杆泵。

图 3-23 示出立式三螺杆泵的结构。它主要由固定在泵体 6 中的缸套 7,以及安插在缸套中的一根主动螺杆 4 和两根从动螺杆 3、5 组成。各啮合螺杆之间以及螺杆与缸套内壁的间隙

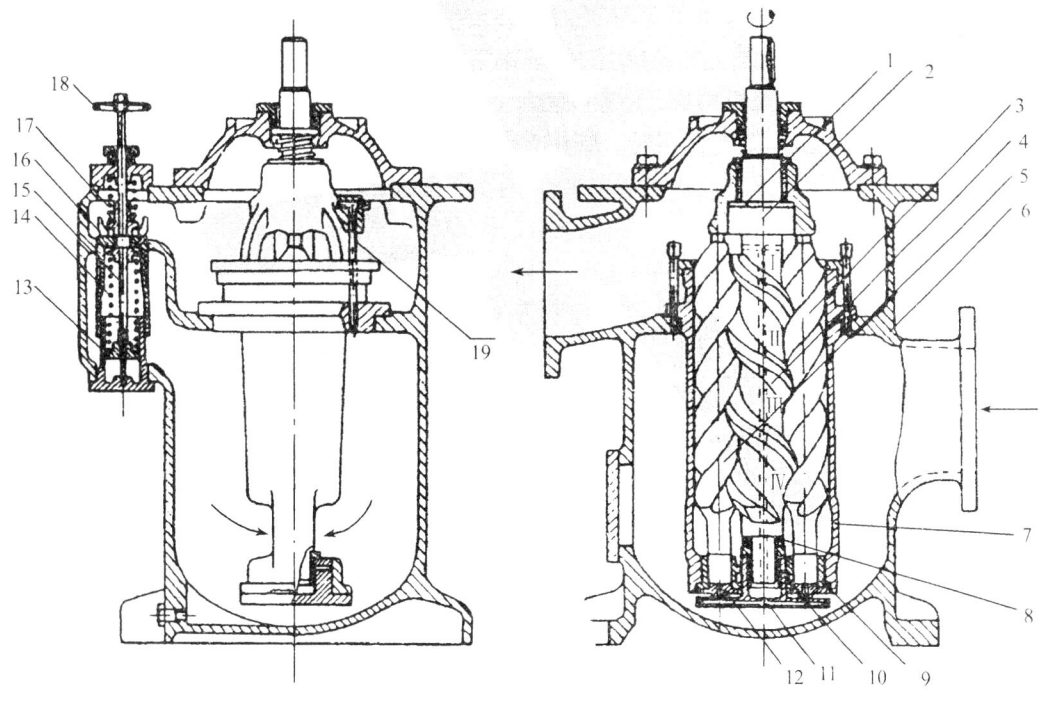

图 3-23 立式三螺杆泵的结构图

1,8—推力垫圈;2—平衡活塞;3,5—从动螺杆;4—主动螺杆;6—泵体;7—缸套;9,10—平衡轴衾;11—盖板;12—推力垫块;13—端盖套筒;14,17—弹簧;15—调节螺杆;16—安全阀阀体;18—调节手轮;19—泄油管

都很小,并可借啮合线从上到下形成 Ⅰ、Ⅱ、Ⅲ、Ⅳ 等多个彼此分隔的容腔。随着螺杆的转动,吸入容腔(如图中Ⅳ)逐渐增大而吸入液体,然后封闭。该封闭容腔沿轴向不断向上推移,移

到与排出腔相通(如图中Ⅰ)时其容积减小,向排出管排出液体。与此同时,在螺杆下端不断形成新的吸入容腔。因此,随着螺杆的转动,液体就会不断地吸入和排出。如果螺杆反转,则泵的吸排方向相反。

2. 特点

螺杆泵具有容积式泵的共同性能特点。它有自吸能力;其理论流量取决于运动部件的尺寸和转速;所能产生的排出压力与运动部件的尺寸和转速无直接关系,主要受密封性能、结构强度和原动机功率的限制,应设安全阀。此外,螺杆泵还有以下优点:

①流量均匀,工作平稳,噪声和振动很轻。
②吸入性能好。
③流量范围大。
④三螺杆泵允许的工作压力高。
⑤对所送液体搅动少,水力损失很低。
⑥零部件少,重量和体积相对较小,磨损轻,维修工作很少,使用寿命长。

在船上,三螺杆泵常用做主机的滑油泵、燃油泵、液压泵。双螺杆泵除用做各种油泵外,也可用做压载泵、消防泵、卫生水泵和锅炉给水泵等。单螺杆泵多用做油水分离器的污水泵,焚烧炉的输送泵、渣油泵、污油泵等。

(四)离心泵

1. 工作原理

离心泵的基本工作原理可用图3-24所示单级涡壳式离心泵来说明。其主要工作部件是泵壳3和叶轮1。螺线形的泵壳亦称蜗壳,包括蜗室8和扩压管5两部分。叶轮通常由5~7个弧形叶片2和前后圆形盖板构成,用键和螺帽7固定在泵轴6的一端。轴的另一端穿过填料函伸出泵壳,由原动机驱动右旋回转。螺帽7通常采用左旋螺纹,以防反复启动后因惯性而松动。

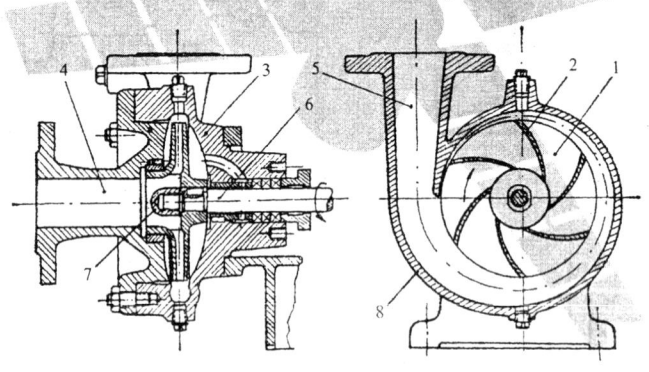

图3-24 单级涡壳式离心泵

1—叶轮;2—叶片;3—泵壳;4—吸入接管;5—扩压管;6—泵轴;7—固定螺帽;8—蜗室

离心泵工作时,预先充满在泵中的液体受叶片的推压,随叶轮一起回转,产生离心力,从叶轮中心向四周甩出,于是在叶轮中心处形成低压,液体便在吸入液面气体压力的作用下,由吸入接管4吸进叶轮。从叶轮流出的液体,压力和速度都比进入叶轮时增大了许多,蜗壳将它们汇聚并平稳地导向扩压管。扩压管流道截面逐渐增大,液体流速降低,大部分动能变为压力能,然后进入排出管。叶轮不停地回转,液体的吸排便连续地进行。

2. 定速特性曲线

离心泵在恒定的转速下,通过改变排出阀开度,测出泵在流量 Q 不同时对应的扬程 H、轴功率 P 和必需汽蚀余量 Δh_r,并算出泵在各对应工况下的效率 η,然后将所得值绘成以流量 Q 为横坐标的函数曲线,如图 3-25 所示,即为离心泵的定速特性曲线。由离心泵定速特性曲线可知:

①船用离心泵都采用后弯叶片,随着流量的增大,其工作扬程降低。离心泵产生的最大排压有限,故不必设安全阀。

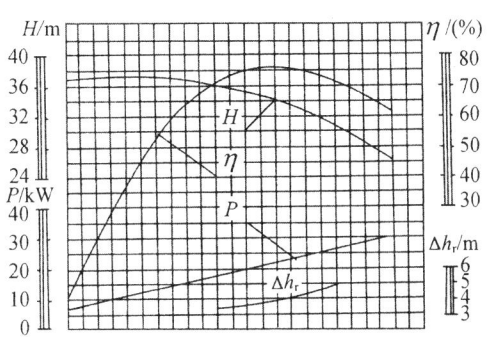

图 3-25 离心泵的定速特性曲线

②泵的轴功率随流量增大而增加。在泵流量为零时,其轴功率最小,仅为额定功率的 35%~50%,这时泵的扬程(亦称封闭扬程)也不是很高。故离心泵关闭排出阀启动电流较低,可减小电网电压的波动。但封闭运转时全部功率都用于搅拌液体,效率为零,泵会很快发热,故不允许长时间封闭运行。

③泵在额定工况附近工作时有较高的效率。泵一般不应在效率比最高效率低 5%~8% 的工况长期工作。

3. 特点

离心泵具有以下优点:

①流量连续均匀且便于调节,工作平稳,适用流量范围很大。

②转速高,可与高速原动机直接连接,结构简单紧凑。

③对杂质不敏感,易损件少,管理和维修较方便。

但离心泵也有以下缺点:

①本身无自吸能力。

②流量随工作扬程而变。

③所能产生的扬程由叶轮外径和转速决定,不适合小流量、高扬程。

船用水泵和较大油船的货油泵大多使用离心泵。要求自吸的如压载泵、舱底水泵、油船扫舱泵等,也使用自吸式离心泵或加设抽气自吸装置。

第三节 操舵系统

为保持船舶的正确航向及良好的操纵性能,船上必须装备舵设备。船上习惯笼统地将整个操舵装置简称为舵机。

舵垂直安装在螺旋桨后方。图 3-26 示出了海船所用的三种典型舵的组成。舵叶 7 经舵销 5 支承在舵托 9 和舵钮 6 上。除小船采用平板舵外,大船舵叶都采用钢板焊接的对称机翼型空心结构,称为复板舵。与舵叶相连的舵杆 3 穿过船尾部的舵杆套筒 4,由舵机室内的上舵承 2 支承,有的舵在船尾支架上还增设了中间舵承 10,如图(b)所示。舵杆和舵销保持同一轴线,操舵装置通过舵柄 1 带动舵叶绕该轴线偏转。

舵杆轴线靠近舵叶导边(舵叶前缘)的舵,称为不平衡舵;舵杆轴线置于舵叶导边后面一定距离的舵称为平衡舵;而仅于下半部做成平衡式的舵称为半平衡舵。后两种舵在工作时,因水流对舵叶轴线前、后叶面上的作用力矩方向相反,可减少转舵所需的扭矩。

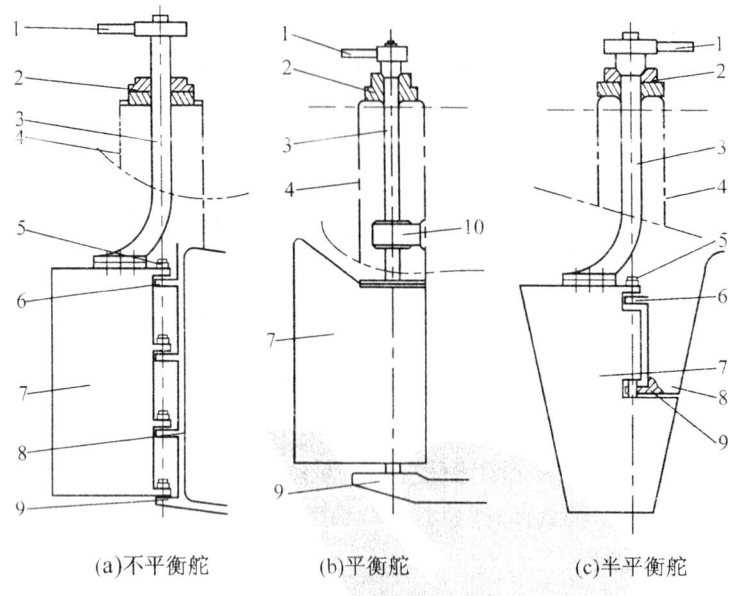

(a)不平衡舵　　(b)平衡舵　　(c)半平衡舵

图 3-26　舵的几种类型

1—舵柄;2—上舵承;3—舵杆;4—舵杆套筒;5—舵销;6—舵钮;7—舵叶;8—舵柱;9—舵托;10—中间舵承

一、对舵机的基本要求

舵机是保证船舶操纵性能,确保航行安全的重要设备。IMO《国际海上人命安全公约》和我国《钢质海船入级规范》(以下简称《规范》)均对舵机提出了明确的要求,其基本精神是要求舵机必须具有足够的转舵扭矩和转舵速度,并且在某一部分发生故障时能迅速采取替代措施,确保操舵能力。舵机的性能也是各国 PSC 检查的重点项目。其要点如下:

1. 基本性能

应设一套主操舵装置和一套辅操舵装置,其中一套发生故障时不致引起另一套也失效。

主操舵装置和舵杆应有足够的强度,并能在船舶最大航海吃水和最大营运前进航速时进行操舵,使舵自任一舷的 35°转至另一舷的 35°,并且于相同条件下自一舷 35°转至另一舷的 30°所需时间不超过 28 s;应设计成在最大后退速度时不致损坏(必须在试航中以最大后退速度在最大舵角进行验证)。

辅操舵装置应有足够的强度和足以在可驾驶航速下操纵船舶,并能在紧急情况下迅速投入工作;应能在船舶最大航海吃水和以最大营运前进航速的一半但不小于 7 kn 时进行操舵,使舵从一舷 15°转至另一舷 15°,且所需时间不超过 60 s;为满足这一要求,当舵柄处的舵杆直径(不包括航行冰区的加强)>230 mm 时,应由动力操作。

如主操舵装置有2套以上相同的动力设备,则在下列条件下可不设辅操舵装置:

①当管系或1台动力设备发生单项故障时,此缺陷能被隔离,使操舵能力能保持或迅速恢复。

②客船当任一套动力设备不工作时,或货船所有动力设备都工作时,主操舵装置具有前述要求的操舵能力。

主、辅操舵装置的动力设备应能从驾驶室控制使其投入工作;动力设备的动力源发生故障后,恢复动力供应时能自动再启动。

2. 操舵控制系统

主操舵装置和动力驱动的辅操舵装置应在驾驶室和舵机室都设有控制器;主操舵装置有2套动力设备时,应设置2套独立的控制系统,且均能在驾驶室控制。若采用液压遥控系统,除10 000 GT及以上的油船、化学品船和液化气体运输船外,不必设第二套独立的控制系统。动力驱动的辅操舵装置应有独立于主操舵装置的控制系统。

主、辅控制系统应能在驾驶室使其投入工作;在舵机室应能脱开驾驶室对正在运转的操舵装置的控制。驾驶室与舵机室之间应有通信设备。

3. 安全阀

液压系统中能被隔断的任何部分,以及由于动力源或外力作用能够产生压力的任何部分均应设置安全阀。安全阀开启压力应≤1.25倍最大工作压力,而≥设计压力;安全阀最小排量应≤所有泵能通过其排放的总容量的110%,在此情况下,计及在预定外界环境温度下液压油黏度的影响后,压力的升高不应超过开启压力的10%。

4. 液压系统

应设有保持液压流体清洁的设备;每一液压系统的循环油箱应设低液位报警器;应设1个固定贮油箱,其容量至少足以使1个动力转舵系统包括循环油箱进行再充液,并应设有液位计。非双套设置的液压舵机的液压缸体上与各管路连接处应设隔离阀。液压系统必要时应设有放气装置。

5. 监测和报警

发生以下故障时,应能在位于主机处所或集控室内明显位置以及驾驶室内,给出声光报警:动力设备或控制系统的动力故障、自动舵装置故障、电路或电动机断相及过载、液压油柜油位低、液压油温度高、液压油滤油器压差大。

6. 舵角指示和限制

应能在舵机室内看到舵角的指示,并能在驾驶室显示舵角。舵角显示装置应独立于操舵装置的控制系统。

操舵装置应设有有效的舵角限位器。动力转舵的操舵装置,应装设限位开关或类似设备,使舵在达到舵角限位器前停住。装设的限位开关或类似设备应与转舵机构本身同步,而不应与舵角的控制相同步。

舵装置应有保持舵位不动的制动装置。

7. 应急动力

舵柄处舵杆直径>230 mm(不包括航行冰区加强)的船,应设有能在45 s内向操舵装置自动提供的替代动力源,这种动力源应为应急电源或位于舵机室的独立动力源,其容量至少应能向符合辅操舵装置要求的1台动力设备及其控制系统和舵角指示器提供足够的能源,可供10 000 GT及以上船舶至少连续工作30 min,而其他船舶则至少连续工作10 min。

8. 附加要求

10 000 GT 及以上的油船、化学品船和液化气体运输船和 70 000 GT 及以上其他船,其主操舵装置应设 2 台或 2 台以上符合第 1 条(基本性能)规定的相同的动力设备。

10 000 GT 及以上的油船、化学品船和液化气体运输船,当主操舵装置的 1 套动力转舵系统的任何部分(舵柄、舵扇损坏或转舵机构卡住除外)发生单项故障以致丧失操舵能力时,应能在 45 s 内重新获得操舵能力。为此,操舵装置可由两个均能满足主操舵装置要求的独立和分开的动力转舵系统组成;或至少有 2 套相同动力转舵系统,在正常运行中同时工作能够满足对主操舵装置的要求,任一系统中液压流体丧失时应能被发现,有缺陷的系统应能自动隔离,使其他动力转舵系统保持安全运行。

有的舵机只有一个执行器,但若对设计时的应力分析,包括疲劳分析和断裂力学分析(如适合时)和对所用材料、密封装置的安装、试验、检查以及有效的维护规定等予以特别考虑,可用于 10 000 GT 及以上但载重量小于 10 万 t 的油船、化学品船和气体运输船。这种操舵装置的管路或 1 台动力设备的任何部件发生单项故障时,应能在 45 s 内恢复操舵能力。

舵机按动力形式可分为电动舵机和液压舵机,本节主要介绍液压舵机。

二、液压传动基本概念

液压传动是利用液压泵输出的高压液体的压力能来驱动液压缸或液压马达,从而带动工作机械。液压传动系统的组成部件包括:

(1)动力元件——液压泵,其功用是**将机械能转换为液压油的压力能(液压能)**。

(2)执行元件——液压缸或液压马达,其功用是**将液压能转换成带动工作部件运动的机械能**。

(3)控制元件——各种液压控制阀,可分为以下三类。

①方向控制阀——用于控制系统中的油流方向。

②压力控制阀——用于控制系统中的油压。

③流量控制阀——用于控制液压系统中油的流量。

(4)辅助元件——如油箱、滤油器、蓄能器、热交换器、油管及连接件、密封件等。

相对于直接以电动机通过机械传动带动工作机械的电动甲板机械,液压甲板机械主要有以下优点:

①液压执行元件相对来说体积较小、重量较轻。

②执行元件可与动力元件分开布置,能输出很大的力或力矩,易于实现转动、摆动或直线运动等多种运动形式。

③操作性能好,易于大范围无级调速和微速运动,即使频繁启停、换向对电网的冲击也很小。

④启动扭矩最高可以达额定扭矩 98%,便于带负荷启动。

⑤液压油能防锈,润滑性好,且抗冲击,能吸震;系统设安全阀能实现过载保护;因此,液压设备按要求管理则使用寿命较长。

三、液压舵机的基本组成和工作原理

液压舵机分泵控型和阀控型。下面以图 3-27 所示的泵控型为例说明液压舵机的基本组成和工作原理。

泵控型液压系统都采用双向变量液压泵和闭式系统。图中两台并联的双向变量泵1工作时由电机14驱动,可单独或同时从某侧的转舵油缸5吸油,向另一侧油缸排油,油压差作用于柱塞6上,通过滑块7来推动端部呈叉形的舵柄8,使舵柱和舵叶转动。供油方向和流量由控制杆4控制泵的变量机构偏离中位的方向和大小来决定,实现对舵叶运动的控制。

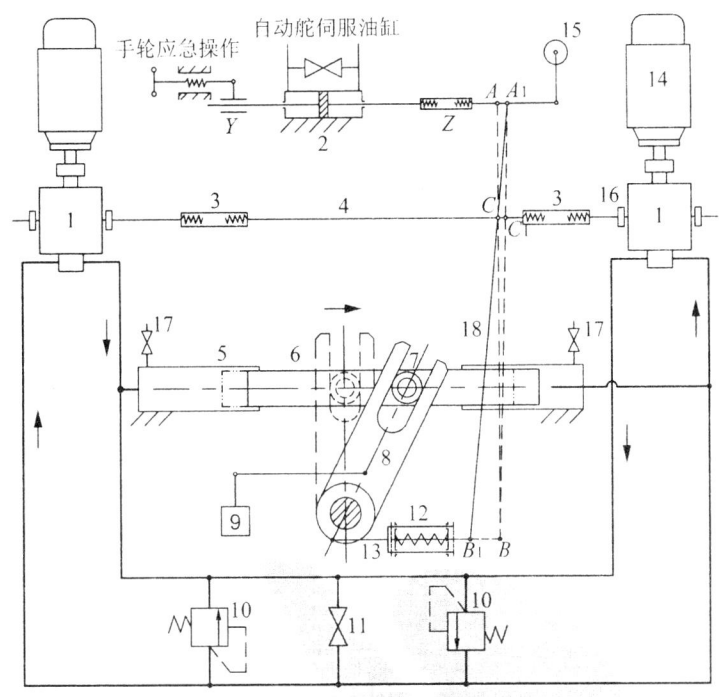

图3-27 泵控型液压舵机工作原理示意图

1—双向变量泵;2—伺服油缸;3—调节螺套;4—油泵控制杆;5—转舵油缸;6—柱塞;7—滑块;8—舵柄;9—舵角指示器的发送器;10—安全阀;11—旁通阀;12—储存弹簧;13—舵角反馈杆;14—电机;15—反馈发讯器;16—泵变量机构限位器;17—放气阀;18—浮动杆

图中示出了浮动杆式机械追随机构控制原理。浮动杆18的A点(操纵点)由舵机的控制系统(本例通过伺服油缸)控制,给出与驾驶室的指令舵角相同的操舵角(有标牌指示);在C点(控泵点)与泵的变量机构控制杆4铰接;而在B点(反馈点)通过储存弹簧12、反馈杆13与舵柄8相连,接收舵叶实际舵角的反馈信号。

当操舵角与实际舵角均为0°时,浮动杆的A、B点都处在相应于0°的中位,使C点及泵的变量机构也处于中位,泵空转不排油,封闭了转舵油缸的油路。由于油液基本上不可压缩,若不漏泄,柱塞6、舵柄8就会保持不动,舵叶就停在中位(0°舵角)。

此时,如果驾驶室给出某一左舵的指令舵角,通过控制系统使伺服油缸2的活塞右移;反馈发讯器15向控制系统反馈活塞位移的信号。当活塞行至所给出的操舵角与指令舵角相同的位置时,伺服油缸进排油立即中断,操纵点A移到A_1点停住。若舵尚未转动,反馈点仍在B点位置,浮动杆绕B转动,控泵点就会从C点移动到C_1,带动泵变量机构控制杆4离开中位,泵开始从右侧油缸吸油,排到左侧油缸,推动柱塞6右移,通过滑块7、舵柄8向左转舵。随着舵叶偏转,反馈杆13拉动浮动杆的反馈端左移,此时操纵端保持在A_1不动,浮动杆绕A_1转动。当舵叶转到实际舵角与操舵角相同时,反馈端移到B_1点,控泵点又被带回到中位(C点),泵再次停止供油,封闭转舵油缸,舵就停住。

回舵时,例如从上述情况返回正舵,浮动杆的操纵端从 A_1 点返回到并保持在 A 点,浮动杆绕 B_1 点转动,它的控泵点及泵变量机构向左离开中位,使泵从左侧油缸吸油,向右侧油缸排油,推动舵叶反向回转。当舵叶回到中位时,在反馈杆的作用下,浮动杆的反馈端重新回到 B 点,控泵点以及泵变量机构又返回中位,泵再次停止供油,舵就停在正舵位置。

这种泵控式舵机的控制系统包括两部分:控制舵机室受动元件(例如伺服油缸活塞)的电气控制系统和控制泵变量机构的浮动杆机械追随机构;反馈发讯器是由舵机室受动元件带动。新型舵机为简化设备和调试,趋向于取消浮动杆,以电气控制系统直接控制泵变量机构,或直接采用电液比例变量泵,这时反馈发讯器直接由舵柄或舵杆带动。

液压舵机系统中设有安全阀 10。它能在两种情况下起作用:

①转舵时若转舵力矩过大,管路中油压就会高于安全阀的调定油压使之开启,高压侧油液便会向低压侧旁通,可避免电机过载和管路等承受过高压力。

②舵叶停在与操舵角一致的位置时,若受大浪或其他外力冲击,安全阀也会因油压升高而开启,允许舵叶暂时偏让而"跑舵"。起后一种作用的安全阀亦称"防浪阀"。不难看出,舵叶偏离会同时带动浮动杆反馈点 B 偏离操舵角,于是控泵点 C 离开中位,使泵供油。舵叶上的冲击力减小后,舵会自动转回到与操舵角一致。可见,液压舵机能很好地适应冲击负荷。

通过放气阀 17 可对系统放气,或者连接压力表监视系统的工作油压。

为了了解舵叶所处的实际舵角,便于舵机的调试和驾驶人员对船舶的操纵,除了有与舵柄或舵杆相连的指针可指示实际舵角外,还应设电动舵角指示器在驾驶台、集控室、舵机室以及轮机长、船长住舱等处显示舵角。舵角指示器通常是一对由电路相连的自整角机,两者的指针始终保持同步。图示舵柄上连接有发送舵角指示器的发送器 9。

除了泵控型液压舵机,还有阀控型液压舵机。它使用单向定量液压泵供油。工作时,泵连续运转,吸排油方向不变,向转舵油缸供油由换向阀控制。阀控型舵机可以采用开式系统,油回至油柜,泵从油柜吸油;也可采用闭式系统,回油直接返回泵的吸口。开式系统油散热好,但油液污染的机会要多些。阀控型舵机采用单向定量泵,系统及其控制相对简单,造价较低。缺点是不转舵时泵仍以全流量排油,经济性稍差,油液发热要多些,适用功率比泵控型小。

四、转舵机构

液压舵机的转舵机构是指将液压泵供给的液压能转变成机械能,使舵杆和舵叶转动的转舵油缸及其传动机构。根据其运动部件的运动方式不同,分为往复式和回转式两类。前者采用往复式转舵油缸,主要有十字头式、拨叉式、滚轮式和摆缸式;后者主要是转叶式,此外还有弧形柱塞式。

1. 十字头式转舵机构

图 3-28 示出了十字头式四缸(两对)转舵机构。每个油缸 1 里有柱塞 3,每对柱塞外端的叉形头部组装在一起,以十字头轴承 6 支承十字头的一对耳轴 7。十字头把油压作用在柱塞上的力传递给可在十字头中部圆孔内滑动的舵柄 8,对舵杆 4 产生转舵力矩,使舵叶转动。舵转离中位后柱塞所受的侧向力经滑块 9 由导板 10 承受,以免柱塞与油缸间产生侧压力,从而改善油缸与柱塞的密封件的工作条件,减轻其磨损。挡块 11 作为舵角的机械限位器,能在舵角超过最大舵角 $1.5°±0.5°$ 时制止柱塞继续移动,这时油缸底部的空隙应不小于 10 mm。在导板的一侧有舵角指针 5。在每个油缸的上部还有放气阀 12。

十字头转舵机构在舵角增大时工作油压增加平缓,而且油缸与柱塞不承受侧推力,密封可

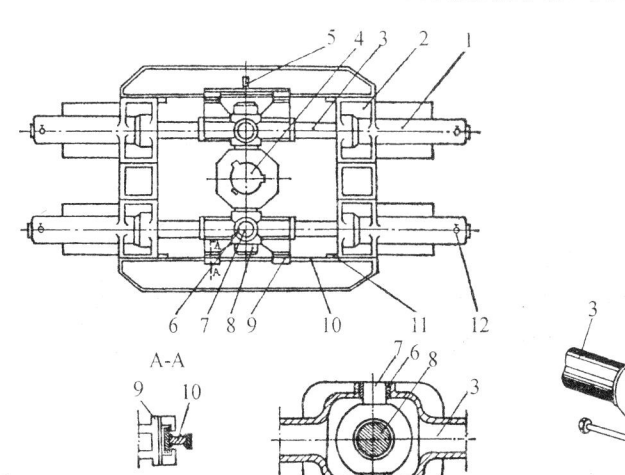
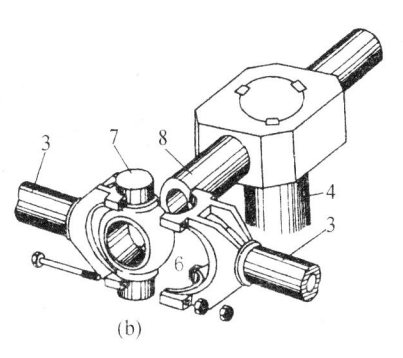

图 3-28 十字头式转舵机构

1—油缸；2—底座；3—柱塞；4—舵杆；5—舵角指针；6—十字头轴承；7—十字头耳轴；8—舵柄；9—滑块；
10—导板；11—挡块；12—放气阀

靠,故较适合大舵角多扭矩和高工作油压。但十字头、导板等结构复杂,使重量、尺寸加大,加工、安装和检修比较麻烦。

2. 拨叉式转舵机构

拨叉式转舵机构如图 3-29 所示,一对油缸使用整根柱塞,柱塞中部有圆柱销,销外套有方形或圆柱形滑块。柱塞移动时,滑块绕圆柱销转动的同时在舵柄端部的叉型滑槽内滑动。

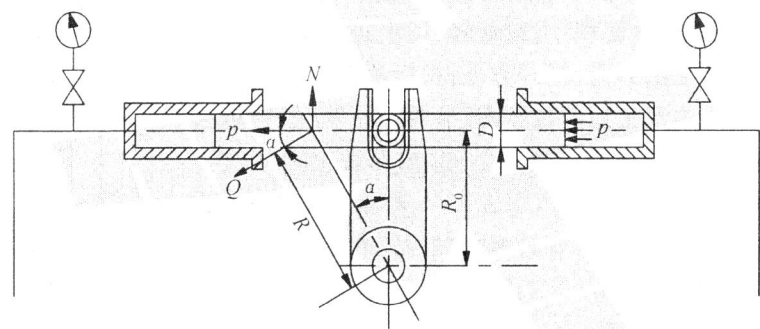

图 3-29 拨叉式转舵机构

拨叉式和十字头式都属于滑式转舵机构,扭矩特性相同。拨叉式结构比十字头式简单,尺寸也较小,公称转舵扭矩和最大工作油压相同时,重量相应减轻。目前除特大扭矩舵机外,基本取代了十字头式。

3. 滚轮式转舵机构

如图 3-30 所示,滚轮式转舵机构用装在舵柄端部的滚轮代替滑式机构中的十字头或拨叉传递转舵动力,工作时受油压推动的柱塞以其头部端面直接顶动滚轮,迫使舵柄转动。

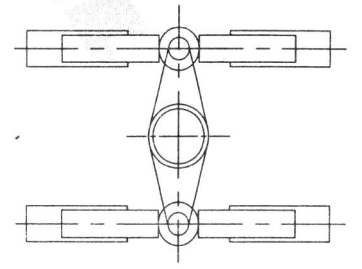

图 3-30 滚轮式转舵机构

滚轮式转舵机构结构简单布置灵活,安装拆修比较方便;柱塞与舵柄的轮之间靠接触传动,磨损后自动补偿,不会像滑式那样因滑块等磨损后间隙增大而产生撞击;大、小舵角时的工作油压相差较大,与滑式相比,可适用的转舵扭矩较小。

4. 摆缸式转舵机构

摆缸式转舵机构可如图3-31所示。它的转舵油缸采用与支架铰接的双作用活塞式摆动油缸,活塞杆的伸缩直接推动与其铰接的舵柄转舵。为了适应油缸的摆动,连接油缸的油管必须采用高压软管。

摆缸式转舵机构外形尺寸和质量可显著减少;结构简单、拆装方便、布置灵活;对缸内表面加工精度及活塞与油缸同心度要求较高;扭矩特性不佳,一般用于功率不大的舵机。

5. 转叶式转舵机构

转叶式转舵机构有三转叶式和双转叶式两种。当油缸容积和最大工作油压相同时,三转叶式可提供更大的转舵扭矩,而双转叶式可允许有更大的转舵角度。图3-32为三转叶式转舵机构的示意图。安装在船体上的圆筒形油缸体2内,固定有三个均匀分布的定叶5。缸内与舵杆上端键接的转子3上,嵌装着三个均匀分布的转叶4。转叶与缸体内壁及缸盖、缸底之间,定叶与转子外缘及缸盖、缸底之间,均设有密封元件。这样,定叶和转叶就将油缸内分成了6个隔离腔室,它们通过油路间隔相连,分成两组。当液压泵将压力油供入一组腔室,让另一组腔室回油至油箱或泵时,作用在转叶上的油压力就会通过轮毂带动舵杆1转舵。

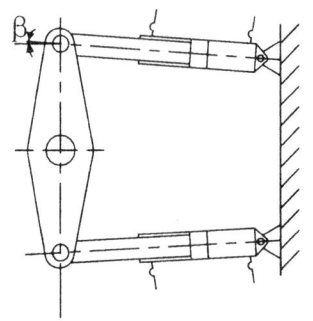

图3-31 摆缸式转舵机构

转叶式转舵机构占地面积小,重量轻,可组装后整体吊装,安装方便;外部无需润滑部位,管理方便;扭矩特性不如滑式但优于滚轮和摆缸式;内部密封部位较多,泄漏不易发现,更换密封件比较麻烦;普通单缸转叶式舵机,一旦内部发生密封损坏和其他故障导致丧失操舵能力时,无法在45 s内将故障隔离而恢复操舵能力。目前随着密封材料和密封方式的不断改进,它也成功应用于大型油船。

五、液压舵机的遥控系统

舵机的遥控系统是指从驾驶室对舵机进行控制的系统,包括单动操舵系统、随动操舵系统和自动操舵系统。单动操舵系

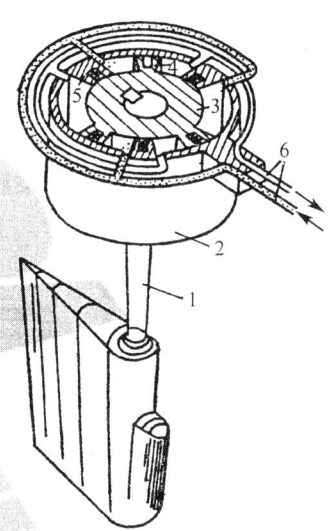

图3-32 三转叶转舵机构示意图
1—舵杆;2—油缸体;3—转子;4—转叶;5—定叶;6—油管

统是开环控制,转舵命令发出后,舵按指令要求方向转动,操舵者当舵转到要求舵角时,需发出停转信号,舵才停止转动;当因安全阀开启等原因跑舵后,舵不能自动返回到要求舵角。单动操舵系统主要供应急操舵和检修时用,可在舵机间操纵。随动操舵系统引入了反馈环节,在发出指令舵角信号后,控制舵按要求方向转动,当舵转到要求舵角后能自动停止;万一舵在外力作用下跑舵,舵机能自动工作使之返回指令舵角。自动操舵系统常用的是定航向自动舵。设定航向后,当船受风、水流或螺旋桨的不对称作用等原因偏航,能根据罗经测知船实际航向与设定航向的偏差,自动向舵机发出相应的操纵信号使之转舵,使船回到设定航向。目前,绝大多数船都采用随动操舵和自动操舵。

根据从驾驶室到舵机间传递操舵信号的方法不同,舵机遥控系统可分为机械式、液压式、

电气式。下面介绍伺服油缸式遥控系统的工作原理。

伺服油缸式舵机遥控系统用于带浮动杆机构追随机构的泵控型舵机。将反映舵角偏差的电信号放大后,去控制液压伺服系统中的电磁换向阀,进而控制变量泵转舵。图3-33示出了它的液压伺服系统原理图。

伺服油缸活塞8的活塞杆一端与浮动杆的操纵点(见图3-27中A点)相接,另一端接电反馈发讯器。工作中,如果伺服油缸活塞8的位置(即浮动杆操纵点的位置)所对应的操舵角,与驾驶室舵轮带动的发送器给出的指令舵角相符,则换向阀3两端的电磁线圈均断电,阀处于中位。此时阀口P、T沟通,定量泵(辅泵)7的排油经单向6、溢流节流阀4、电磁换向阀3和滤器10泄回油箱11。同时,换向阀阀口A、B关闭,伺服油缸活塞8将保持不动。

如果操舵者给出的指令舵角与伺服油缸活塞8的位置所对应的操舵角出现偏差,则换向阀的某端电磁线圈通电,阀即离开中位,辅泵7的排油就会经换向阀、油路锁闭阀2(双联液控单向阀)的一侧供入伺服油缸1的某侧油腔,另侧油腔的油液则从油路锁闭阀和换向阀的另一侧,经滤器10返回油箱,这时,伺服油缸活塞8就会相应移动,电反馈发讯器同步发出反馈信号。当活塞移到相应的操舵角与指令舵角相符时,换向阀即断电回中,使活塞停住。通过浮动杆追随机构,舵机能使舵的实际舵角与活塞位置所代表的操舵角保持一致。

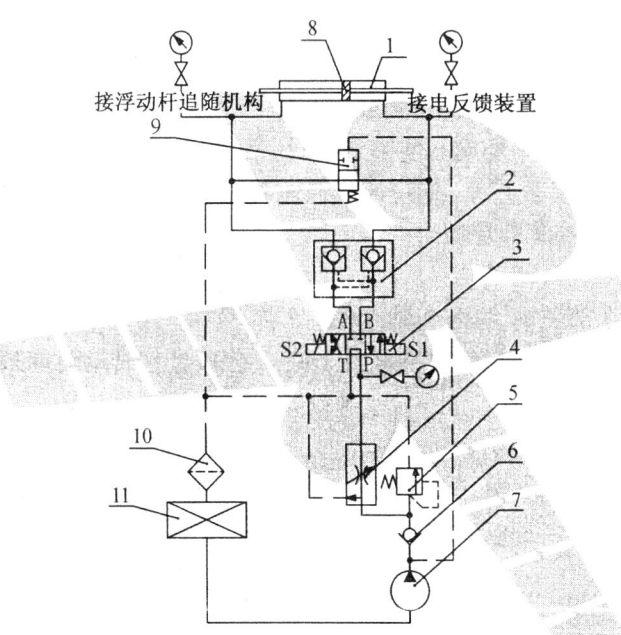

图3-33 伺服油缸式舵机遥控系统的液压伺服系统原理图
1—伺服油缸;2—锁闭阀;3—电磁换向阀;4—溢流节流阀;5—安全阀;6—单向阀;7—辅泵;8—伺服油缸活塞;9—液控旁通阀;10—滤器;11—油箱

第四节 装卸货系统

船舶装卸货物虽可使用港口设备,但并非所有港口都有足够的装卸机械,同时考虑到船在开阔水面过驳及吊运物料、备件等工作的需要,干货船常需安装起货机。起货机的可靠性和工作效率对缩短港泊时间、加快航运周转、降低运输成本具有重要意义。

船舶起货机按所用动力分,主要有电动起货机和液压起货机。按起货设备分,有吊杆式起货机和回转式起货机。

一、吊杆式起货机

吊杆式起货机是船上应用最早的起货机。它结构简单,初置费较低,维护容易,迄今仍为一般船舶广泛采用。吊杆式起货机按吊杆承载能力在10 t 以下或以上分为轻型和重型;按所用吊杆数又分为双吊杆和单吊杆。

1. 双吊杆起货机

双吊杆起货机由2根吊货杆和2台起重绞车组成,如图3-34所示。作业时,一根吊杆3放在货舱口上方,另一根吊杆4则伸出舷外。2根吊杆上的吊货索7,8均与吊货钩相连。并各由一部起重绞车卷动。装卸货物时,吊杆的位置不动,通过操作两部起重绞车,相应改变两根吊货索的长度,即可从船舱或码头装卸货物。

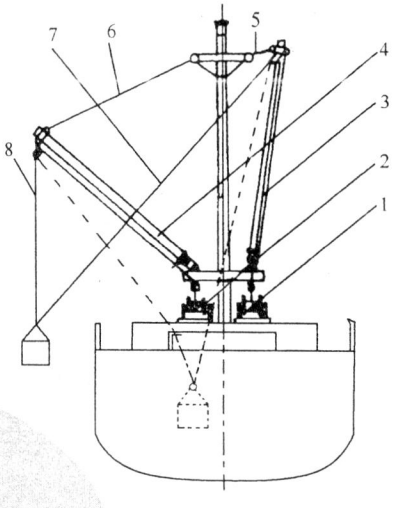

图3-34 双吊杆起货机

1,2—起重绞车;3,4—吊杆;5,6—千斤索;7,8—吊货索

2. 单吊杆起货机

单吊杆起货机有3部绞车,如图3-35所示。回转绞车2装有绕绳方向相反的2个卷筒,分别卷绕着2根牵索4,绞车转动时两根牵索分别卷起或放

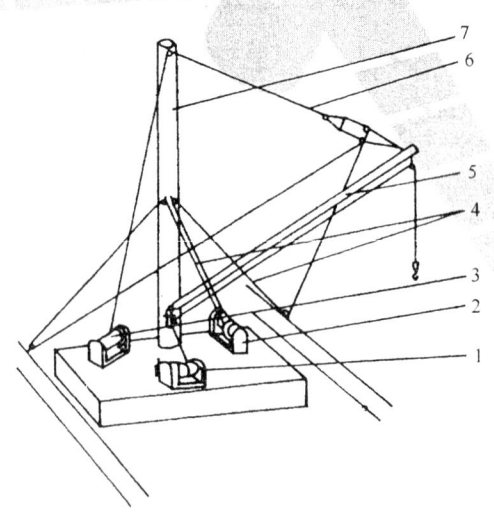

图3-35 单吊杆起货机

1—起重绞车;2—回转绞车;3—变幅绞车;4—牵索;5—吊杆;6—千斤索;7—起货柱

出,从而使吊杆5回转。吊杆的俯仰(变幅)则由变幅绞车3控制千斤索6的收放来实现。起重绞车1则收放吊货索控制吊钩升降。

单吊杆起货机作业前准备工作较简单,且可随时调整作业范围,能两舷轮流装卸;而且在吊杆受力相同的条件下,工作负载大约可为前者的2倍。缺点是吊杆在作业中需要回转,每吊周期比双吊杆长;货物在空中易摆动,落点定位不容易准确。

单吊杆起货机在吊杆根、头部和索具三方面予以加强后,可作为重型吊杆用。为了装卸大件货物,有些大型货船还设置了V形可翻转重吊,它设有2根V形布置的起重柱和一根重型吊杆,有2台千斤索绞车和2台并联工作的起重绞车。

3. 回转式起货机

回转式起货机常按音译称为克令吊(Crane),如图3-36所示。它将操作室9和主起升机构绞车5、变幅机构绞车4、回转机构液压马达6及吊臂(巴杆)8、索具等组装成一体,置于甲板立柱上方的回转座台上。主起升机构绞车5、辅起升机构绞车3和变幅机构绞车4分别通过吊车顶滑轮组、吊臂滑轮组卷动钢索,去牵动吊货钩12或13和吊臂8;立式布置的回转机构液压马达6则控制小齿轮,与固定在回转座台内的大齿圈啮合转动,从而带动整个吊车在回转座台上回转。

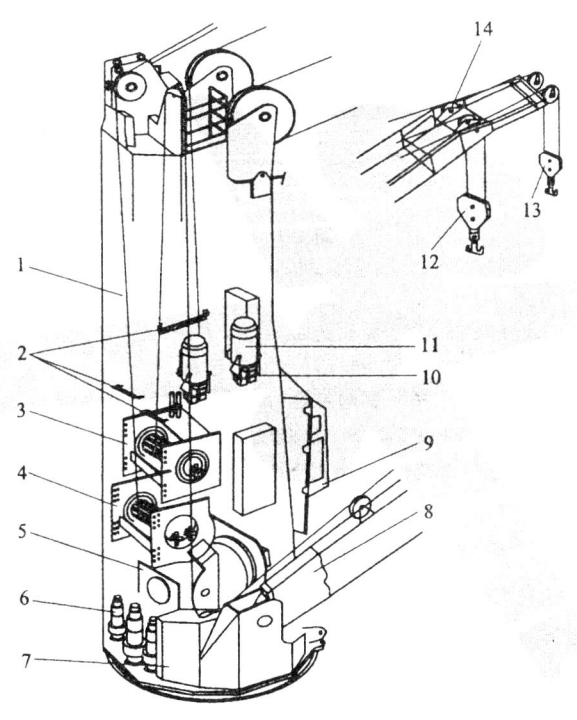

图3-36 回转式起货机

1—钢丝绳;2—松绳保护装置;3—辅起升机构绞车;4—变幅机构绞车;5—主起升机构绞车;6—回转机构液压马达;7—油箱;8—吊臂;9—操作室;10—泵站;11—主电动机;12—主吊货钩;13—辅吊货钩;14—吊臂顶

与吊杆式起货机相比,克令吊占用甲板面积小,操作灵活,可360°回转,能为前后舱工作,能准确地把货物吊放到指定地点,装卸效率高,并能迅速投入工作。但它结构复杂,管理要求高,价格比吊杆式起货机贵得多。一般认为船经常到港而起货重量超过5 t时,采用克令吊是合适的。

二、液压起货机

起货机主要有起重、回转和变幅机构液压系统。起重机构液压系统用于操作货物的起升或下降;回转机构液压系统用于操作起货机机体做回转运动;变幅机构液压系统用于操作吊臂的仰起或下落。图3-37采用平衡阀限速的起重机构阀控型开式液压系统的原理图,其工作特点分析如下。

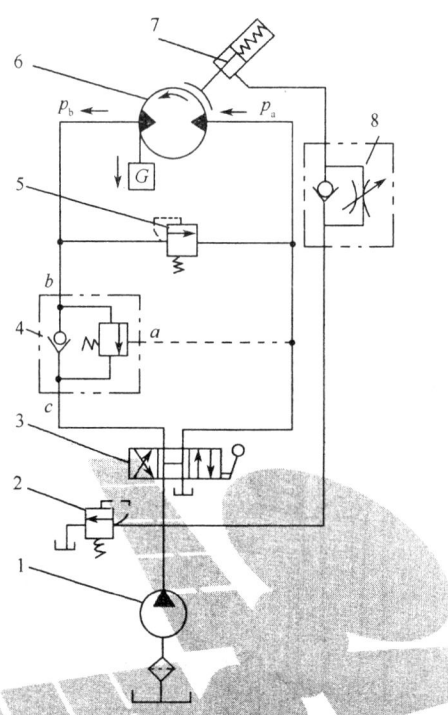

图3-37 用平衡阀限速的阀控型开式液压系统
1—单向定量泵;2—安全阀;3—换向节流阀;4—平衡阀;5—制动阀;
6—液压马达;7—制动器;8—单向节流阀

1. 换向和调速

阀控型系统一般多采用单向液压泵,泵的排油方向不变,转换执行元件的运动方向是靠转换换向节流阀3阀芯的工作位置。换向阀不宜操作太快,否则液压冲击较大。

阀控型系统通常采用的是定量泵,需要用流量控制阀来改变输入执行元件的油流量,对执行元件进行节流调速,而让泵多余的油流量直接返回油箱。有的阀控型系统为限制功率,采用恒功率变量泵或变量马达,则必要时可辅以容积调速。

液压甲板机械为操作方便及运行平稳,一般都采用既可换向又可节流的换向节流阀。

2. 限速

开式液压系统如果在降下重物时不设法节制执行元件的回油,而任其直通油箱,那么执行元件在重力作用下仅需克服较小的摩擦阻力,会加速运动,重物的下降速度就会很快升高到危险的程度。因此,系统需采取限速措施。限速可以采用单向节流阀或平衡阀。

3. 制动

常用的制动方法有液压制动和机械制动两种。前者是通过换向阀等阀件使在运动中的执行元件的两端主油路关断,于是执行元件排油端的油压会迅速升高,产生制动力(或扭矩)使执行元件制动。后者是靠常闭式机械制动器产生的摩擦力起作用,它靠弹簧力抱闸,而以通入制动器油缸的压力油克服弹簧力来松闸。

4. 限压保护

在油泵出口装有作安全阀用的溢流阀,以防超负荷时液压泵排压过高,使电机过载或损坏装置。

5. 安全保护

起货机安全保护装置一般有:吊臂高限位和低限位;吊钩高位限位;起重索卷筒卷满和放空限位;钢索松弛保护;低油位保护;高油温保护等。限位开关偶然动作后,有时不能自动复位,导致起货机不能工作,需要手动复位,并且对限位开关进行活络。

6. 操作注意事项

启动前应注意通风百叶窗是否开启并检查油箱油位及漏油情况。

在冬季低温情况下液压油的黏度较高,为防止电机过载,启动时应点动多次后再连续运行。如果克令吊内有加热装置,应在启动前 0.5 h 进行加热。

第五节 甲板机械

一、锚机、缆机的基本要求

(一) 锚设备的功用和组成

船舶驶达港口,常因等候泊位或引水,以及接受检疫、避风、候潮或过驳等而需在港外停泊。为能在停泊时抵御风及水流作用在船体上的力,保持船位不变,就需要抛锚,故船舶需配置锚设备。此外,锚设备也是操纵船舶的辅助设备,如离靠码头、系离浮筒、狭水道调头或需紧急减刹船速等,都要用到锚。

锚设备在船首的布置如图 3-38 主要由锚 1、锚链 5、止链器 3 和锚机 6 所组成。锚机是用来收放锚和锚链的机械。根据所用动力不同,现今主要有电动锚机和液压锚机。按链轮轴线布置的方向不同,又有卧式和立式之分,大船多用卧式。

锚机通常同时设有绞缆卷筒,如图 3-39 所示。电动机 1 通过蜗轮减速器 3 转动绞缆卷筒 5,再通过齿轮减速转动锚链轮 4。绞缆时用离合器手柄 7 使锚链轮的牙嵌式离合器 6 脱开。抛锚可脱开离合器,靠锚链自重进行;必要时也可将离合器合上,由于蜗轮减速器有自锁作用,抛锚速度受原动机转速限定。刹车手柄 2 可收紧刹车带用于制动。

(二) 锚机应满足的要求

在正常气候条件下,船锚泊时抛出的锚链长度一般为水深的 2~4 倍,借助锚对水底的抓力、锚链与水底的移动阻力和锚链的重力来对抗风、流等外力,保持船舶定位。起锚过程锚机拉力负荷是不断变化的。起单锚时的最大拉力通常发生在拔锚破土时。但《钢质海船入级规范》规定抛锚深度不超过 80 m 时,锚机还应在单锚破土后能绞起双锚;在抛锚深度超过 60 m 时,最大负荷可能出现在绞起双锚时。

锚机工作时负荷变化很大,电动锚机通常采用双速或三速交流异步电动机;而液压锚机常采用有级变量液压马达来限制功率,也可采用恒功率的液压泵或液压马达。

按《钢质海船入级规范》规定,锚机应满足的要求主要如下:

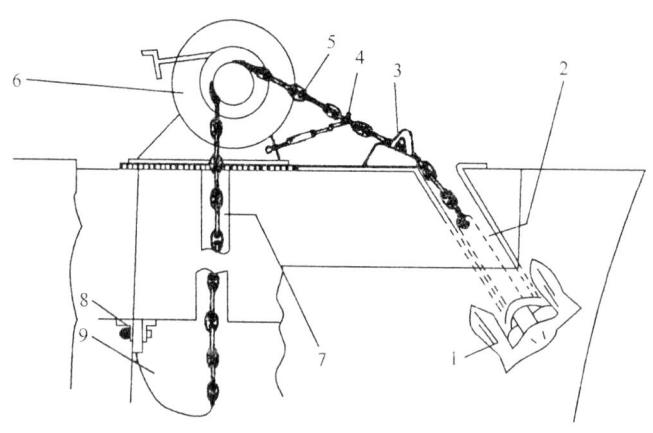

图 3-38 锚设备在船首的布置

1—锚;2—锚链筒;3—止链器;4—掣链钩;5—锚链;6—锚机;7—锚链管;8—弃锚器;9—锚链舱

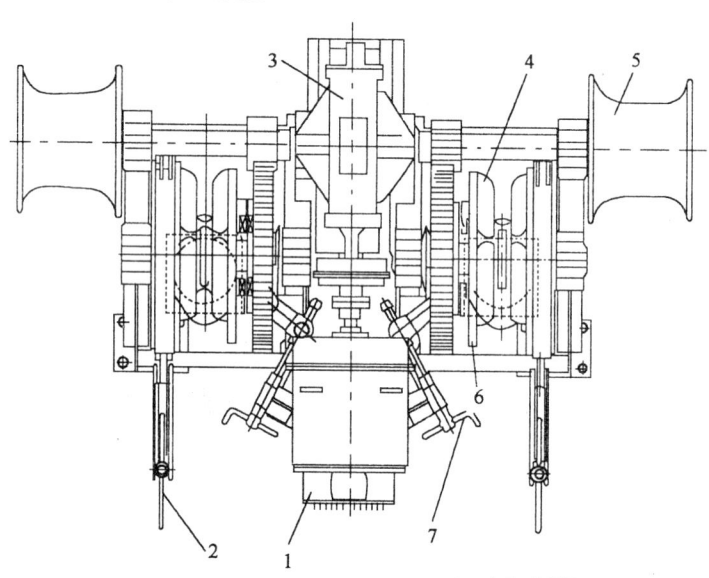

图 3-39 锚机的结构

1—电动机;2—带式刹车手柄;3—蜗轮减速器;4—锚链轮;5—绞缆卷筒;6—牙嵌式离合器;7—离合器手柄

①必须由独立的原动机或电动机驱动。对于液压锚机,其液压管路如果和其他甲板机械的管路连接时,应保证锚机的正常工作不受影响。

②在船上试验时,锚机应能以平均速度不小于 9 m/min(此为锚机的公称速度)将单锚从水深82.5 m 处(三节锚链入水)拉起至 27.5 m(一节锚链入水处)。

③在满足公称速度和额定拉力(根据《钢质海船入级规范》按锚链直径计算)时,应能连续工作 30 min;应能在过载拉力(≮1.5 倍额定拉力)作用下连续工作 2 min,此时不要求速度。

④所有动力操纵的锚机均应能倒转。

⑤链轮与驱动轴之间应装有离合器,离合器应有可靠的锁紧装置;链轮或卷筒应装有可靠的制动器,制动器刹紧后应能承受锚链断裂负荷45%的静拉力;锚链必须装设有效的止链器。止链器应能承受相当于锚链的试验负荷。

⑥液压锚机的系统和所有受压部件应进行液压试验。液压泵试验压力为1.5倍最大工作压力(不必超过其6.9 MPa);系统和其他受压部件试验压力为1.25倍设计压力(不必超过其6.9 MPa)。

(三)系泊设备的功用和应满足的要求

船舶为拖船作业、进出船坞或系靠码头、浮筒或其他船舶时用于绞缆、系缆的设备,称为系泊设备。系泊设备主要由系缆索、导缆装置(导缆孔、导缆钳、导缆滚轮等)、带缆桩、绞缆机以及绳车、碰垫等设备所组成。

图3-40所示为绞缆机的结构简图。电动机2(或液压马达)通过齿轮减速机构3带动主卷筒4及副卷筒6转动。主卷筒在卷绞的同时还能储绳,它既能绞缆,又能靠手动刹紧带式刹车5来系缆(缆绳张力太大时允许刹车打滑松缆,以免拉断),若是自动绞缆机则系缆时无须刹紧刹车。副卷筒只能卷绞缆绳,收储缆绳需靠另设的人力控制的绳车。

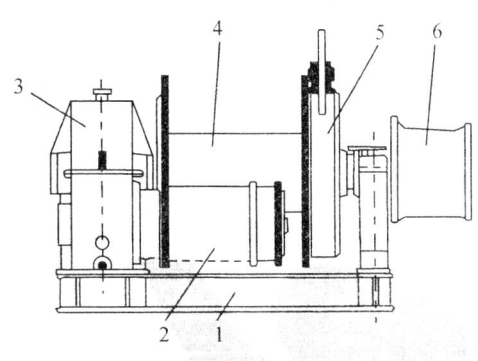

图 3-40 绞缆机结构图
1—底座;2—电动机(液压马达);3—减速机构;4—主卷筒;5—刹车;6—副卷筒

对绞缆机的基本要求是:应能保证船在受6级以下风作用时(风向垂直于船体中心线)仍能系住船舶。其额定负荷(拉力)大小应该根据船的尺寸,按《钢质海船入级规范》所推荐的数值选取。额定负荷时的绞缆速度一般为15~25 m/min,空载绞缆速度多在30 m/min以上。

普通绞缆机在停泊期间,潮汐涨落和船舶吃水变化时需人工相应松出或收紧缆绳,不仅麻烦费事,稍有疏忽还可能使缆绳松弛失去系缆作用,或因过载而拉断。巨型油船和散装船缆绳很粗,操作更加困难。因此,许多船采用了能使拉紧缆绳的张力保持在一定范围内的自动绞缆机,拉力过大则自动放绳,缆绳松弛又能自动收紧。

二、开关舱设备、吊艇机、舷梯等设备的基本要求

1. 开关舱设备

开关舱设备用来操作舱口盖的开启、关闭以及移位等,其驱动方式可为液压式或电动式,也可借助于其他设备例如起货机来操作。

舱口盖按照运动特点主要分为三类:吊离式舱口盖、侧移式舱口盖、折叠式舱口盖。

吊离式舱口盖通常用于集装箱船,以遮盖露天甲板,舱盖上可放置集装箱。若用在杂货船上,可用来分隔垂直方向的货物。此种情况下,舱口盖可当作双层甲板。

折叠式舱口盖分为两组:高折叠舱口盖和低折叠舱口盖。低折叠舱口盖通常在折叠高度有限制时使用,它所要求的折叠长度要比高折叠舱口盖要求的折叠长度大。舱口盖与舱口围之间的密封一般是通过橡胶密封条来实现的,橡胶密封条固定在舱口盖上,与舱口围板压紧,

即可密封。折叠式舱口盖多用于散货船、多用途船。

侧移式舱口盖主要用于散货船,它的操作是将舱口盖向船两侧移动,空出货舱。操作机械可以是导轨、齿轮或者链条传动,基本的设置方式是:单盖式,舱口盖在舱口的一侧;双盖式,舱口盖在舱口的相对两侧。舱口盖可以部分打开以保持空气流通并防止雨水大量进入。

2. 吊艇机

吊艇机是控制救生艇吊放的动力设备,按驱动方式可分为手动和机动两种。目前使用较多的是电动吊艇机,手动吊艇机仅供搭载 20 人以下的救生艇使用。机动式吊艇机应配备有效的手动装置。对吊艇机的主要要求如下:

①吊艇机卷筒的直径至少应为吊艇索直径的 16 倍,保证吊艇索卷绕于卷筒时,能排列整齐且绳索不多于 2 层。

②每个吊艇机应配有两套制动器,一套为手动制动器,另一套为自动调节救生艇下降速度的调速制动器。调速制动器应保证轻载救生艇的下降速度在 $0.3\sim0.6$ m/s 的安全降落速度范围内。

③吊艇机应配备有效的手动装置用以回收救生艇。在救生艇降落时,或使用动力装置吊起时,手动装置的手柄或手轮不应旋转。

④使用动力收回吊艇架吊臂的吊艇机,应设安全装置,在吊艇架吊臂回到原位限制器之前要自动地切断动力,以防止吊艇索或吊艇架受到过度应力,除非电机设计为能防止此过度应力。

3. 舷梯

舷梯是船舶与岸上及水面交通工具相联系的设备,一般至少在船舶两舷各设一部舷梯。

舷梯应设有扶手,以保证能安全地从甲板到舷梯顶部。舷梯的长度应在船舶不利的纵倾情况下和向任何一舷横倾不少于 15°时,可从舷梯甲板延伸到最轻载航行水线。

舷梯在使用时放出,不用时收回。按照收放的运动特点,舷梯可分为翻转式和平移式两种,其动力由舷梯绞车提供。绞车按驱动方式可分为动力绞车(电动、液压及气动)以及手动绞车。绞车应满足的主要要求如下:

①绞车应能手动起升/下降舷梯。对于动力绞车,应具有应急停止功能。

②动力绞车的动力源被切断时,其制动装置应能自动动作。

③动力绞车的绞车公称速度不小于 0.1 m/s。

④卷筒静止时,绞车的制动装置应能使绞车承受住相应支持负载的 1.5 倍负载。

⑤在相应 1.5 倍负载下,绞车应能正常运转 2 min。

第六节 生活系统

一、日用海淡水系统构成

1. 日用海淡水系统的作用

日用海水系统又称卫生水系统,主要由泵、压力水柜、管系及附件组成,其主要作用是向全船卫生设备供给冲洗水。通常卫生水泵经海底阀吸入海水并送至压力水柜,再经管路分别通至各厕所、甲板冲洗接头。

日用淡水系统的组成和日用海水系统类似,其主要作用是向全船供给饮用、洗涤等日常生活需使用的淡水。通常采用日用淡水泵将淡水从淡水舱打进压力水柜,再经管路引到各加热器、盥洗室、厨房和饮水茶炉等处。

2. 压力水柜及水泵的控制

压力水柜供水系统工作原理如图 3-41 所示。当水泵 1 向压力水柜 2 进行充水时,随着水面的升高,柜内上部的空气被压缩,使压力升高。当达到设定的最高工作压力时,压力开关 7 控制水泵 1 停止。压力水柜 2 内的水经管路、阀件输送至各用水处。水柜内的压力随着水向外供给而逐渐降低,达到设定的最低工作压力时,压力开关 7 自动启动水泵 1 供水。

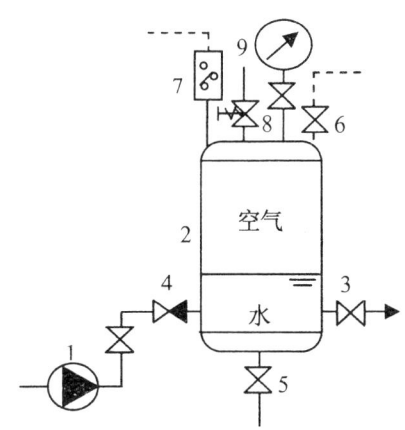

图 3-41 压力式供水系统

1—水泵;2—压力水柜;3—截止阀;4—截止止回阀;5—泄水阀;6—补气阀;7—压力开关;8—安全阀;9—压力表

压力水柜中正常的气水比例通常为 1∶2。如果空气太多,则可能使供水中断,应打开水柜顶部的放气阀或压力表接头,放掉一部分气体。如果空气太少,则会使水泵启动频繁,对泵的工作不利,此时应打开水柜顶部的补气阀补充压缩空气。压力水柜顶部一般还设有压力表 9 用于显示内部压力和安全阀 8 用于防止超压。

如果船上需要供应热水,则在供水系统中加设热水器。热水器有蒸汽加热、电加热和燃油加热三种,其中蒸汽加热最为常见。压力式热水供应系统的工作原理见图 3-42。

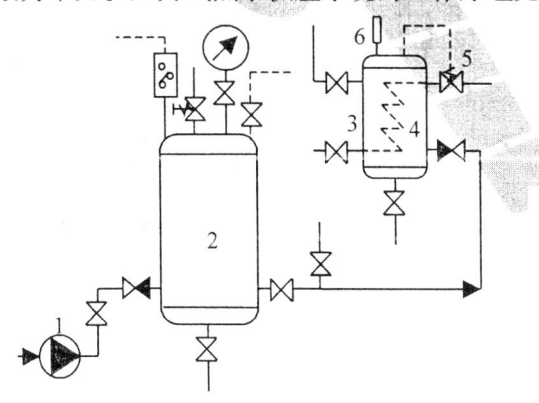

图 3-42 压力式冷热水供水系统

1—水泵;2—压力水柜;3—热水器;4—蒸汽盘管;5—调温阀;6—温度计

热水器 3 内设有蒸汽加热盘管 4,蒸汽通过温度调节阀 5 进入加热器 3。一般热水器加热温度控制在 70~80 ℃,蒸汽量由调温阀 5 自动控制。从热水器出来的热水供应管路一般均应包扎绝热材料,防止热量散失。大型船舶或热水消耗量大、管路较长的船舶,则设一专门的热水循环泵,使热水进行强制循环,以便随时供应热水。

二、船舶通风系统基本常识

船舶通风系统的主要作用是向舱室内供给新鲜空气或排除舱内的废气,可分别为货舱、机舱和居住舱等处所提供通风。货舱通风主要为了除湿、降温或排除危险气体。机舱通风主要用于主机、副机和锅炉等燃油设备提供足够的空气量并保持空气清新。居住舱通风主要为保持空气清新。

通风系统主要由风帽、风机、风筒、风管和送风口(或排风口)等组成。风帽设在开敞的甲板上,并远离排气口、天窗和升降口,锅炉舱自然通风用的风帽可以转动并设有固定装置。风筒装设在干舷甲板开敞处和开敞的上层建筑甲板上。风管是布置在甲板下面的通风管路,一般做成矩形截面。风管上设有送风口(或排风口)、滤网和调节挡板。

风机按作用可分为送风机和抽风机两种,按工作原理可分为轴流式、离心式和混流式三种。轴流式风机的气体沿着风机轴线方向流入后继续沿着与轴线大体平行的方向流动;离心式风机的气体沿着风机轴线方向流入后沿着与轴线垂直的方向流出;混流式则风机气体的工作过程介于轴流式和混流式之间。

离心式风机的基本机构如图3-43所示,它主要由叶轮、蜗壳、集流器和传动件组成。叶轮是风机的主要工作部件,通常采用铝合金材料加工而成。风机与电机之间的传动部分包括传动轴、轴承以及传动机构等。

离心式风机适用于高压、小风量或风量变动范围大的场合,例如作为锅炉燃烧器送风机。其转速较低,相应地噪声也较低,其功率随风量的增加而增加,因此应封闭启动。

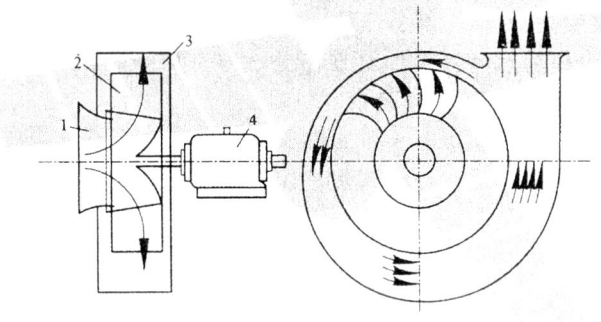

图3-43 离心式风机结构示意图
1—进口(集流器);2—叶轮;3—蜗壳;4—电机

轴流式风机的基本结构如图3-44所示。叶轮安装在圆筒形机壳,电机带动叶轮高速旋转时,空气由集流器进入,在叶片的作用下提高动能和压力能,从而实现空气的输送。为了减小阻力,常在叶轮前面和电机外面装设流线型整流罩。

轴流式风机适用于低压、大风量场合,例如用做机舱送风机。其转速较高,可不经减速机构由电机直接带动,因此结构紧凑,运转效率较高。轴流式风机可逆向运转,据此可由送风机变换为抽风机工作,排出舱室内的污浊气体。但轴流式风机偏离设计工况运转时,或叶轮黏附灰尘时效率会明显降低。因为转速高,其噪声相应地也较高。此外,在稳定工作区功率随流量增加而提高,因此不适合节流调节,并且不宜串、并联使用。

为了满足消防关于通风的要求,送风机的风筒上常装有防火风闸,在发生火灾时由速闭装置控制其关闭，防止新鲜空气的进入或形成对流。

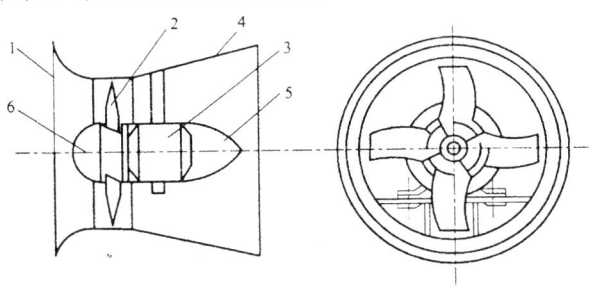

图 3-44 轴流式风机基本结构

1—集流器；2—叶轮；3—电机；4—扩压筒；5、6—前后整流罩

第四章

船舶防污染程序与设备

第一节 船舶防污染一般程序与油污染处理技术

海上污染事故处理主要针对海上溢油事故的处理,主要包括船舶污染事故处罚程序和油污染处理技术。船舶防污染程序包括防污染管理程序、防污染操作程序和应急反应程序。

一、船舶污染事故调查处理管理规定的有关内容

1. 总则

为加强船舶污染事故调查处理工作,规范船舶污染事故调查处理行为,依据《中华人民共和国海洋环境保护法》、《中华人民共和国水污染防治法》、《中华人民共和国防止船舶污染海域管理条例》、《中华人民共和国防治船舶污染内河水域环境管理规定》等有关法律、法规和规章,中华人民共和国海事局制定了《船舶污染事故调查处理管理规定》,替代1990年2月13日由中华人民共和国港务监督局发布的《关于船舶污染事故处罚程序的规定》,自2007年8月1日起施行。该规定适用于发生在中华人民共和国管辖水域的船舶污染事故的调查处理。

船舶污染事故是指由船舶直接或者间接地把物质或者能量引入水环境,产生损害生物资源、危害人体健康、妨害渔业和水上其他合法活动、损害水资源使用素质和减损环境质量等有害影响的事故。

各级海事管理机构均有责任受理船舶污染事故报告信息。

信息接受单位或部门在接到污染事故报告时应做好记录,内容包括事故发生的时间、地点、污染物种类、数量,事故造成或可能造成的损害,以及事故现场的其他相关情况等。

信息接受单位或部门应尽快将相关的信息按照内部程序报至船舶污染事故调查处理部门。

2. 事故调查

船舶污染事故调查处理部门接到污染事故报告后,应及时组成事故调查组,指定负责人,尽快前往事故现场开展调查工作。安全事故引发的污染事故,可成立联合调查组,或与海事调查同步进行。

调查人员应根据现场情况制订适当的调查方案,并根据方案开展调查工作。调查包括现场勘验,询问证人、当事人及有关人员等。询问证人、当事人及有关人员要按照有关规范要求

制作询问笔录。

调查人员到达现场后,无论责任是否明确,均应尽可能对水面溢油或其他污染物以及船舶相关处所,按照采样程序进行样品采集、封存,以备检验。油样品的采集、封存以及送检程序按照《中华人民共和国海事局水上油污染事故调查油样品取样程序规定》进行。其他污染物样品的采集、封存以及送检程序参照该规定执行。

海事管理机构应对船舶污染事故现场进行勘验、检查、收集证据。因收集证据的需要,可要求事故相关船舶配合调查。对于专业性较强的检验或者勘查,海事管理机构可以委托专门机构或者组织专家进行鉴定。鉴定费用由肇事方承担。在事故原因不明、污染物来源不明、污染范围不确定或船方拒不承认污染事实等情况下,应尽快将样品送往中华人民共和国海事局指定的鉴定机构进行化验鉴定。

船舶污染事故调查处理人员在进行事故调查时,享有以下权利:
① 询问有关人员。
② 要求被调查人员提供书面材料和证明。
③ 查阅航海日志、轮机日志、车钟记录簿、海图、船舶资料、设备仪器的性能资料及其他调查所必需的原始文书资料,复印或复制上述资料,并要求当事人签字确认。
④ 检查船舶、设施及有关设备的证书、人员证书。
⑤ 勘察事故现场,搜集有关物证。
⑥ 可以使用录音、照相、录像等设备和其他法律允许的调查手段。

船舶污染事故调查处理人员在进行事故调查时,须遵循以下义务:
① 向被调查人员出示海事行政执法证。
② 告知被调查人员要调查的范围或事项和其享有的权利。
③ 全面、客观、公正、及时地开展调查,查明造成事故的原因,判明事故当事人的责任。
④ 严格按法律的授权和规定的程序,使用合法的手段和方式进行船舶污染事故调查处理工作。
⑤ 污染事故调查应及时进行,避免对船舶造成不当的延误。

船舶污染事故调查中的证据包括:
① 书证、物证、视听资料。
② 证人证言。
③ 当事人陈述。
④ 鉴定结论。
⑤ 勘察记录、现场笔录、现场记录。
⑥ 其他可以证明事实的证据。

物证包括:
① 水上和船舶不同位置的机舱污油、燃油、润滑油及其他污染物样品。
② 事故现场和事故所涉及的任何设备、器材(如软管、拆开后残存油污的管件、阀门、渗漏物等)的照片。
③ 污染现场、受损资源的录像或照片。

搜集船舶相关物证时,应要求船长指定一位负责人在场,并对有关物证签字确认。

船舶污染事故调查中搜集的书证资料包括:
① 船舶的基本资料,如船舶概况、船舶入级证书或船舶检验证书、船东和经营人、船舶保险

情况及原始建造资料等。

②航海日志、轮机日志等原始记录。

③油类记录簿、货物记录簿的相关记录。

④港口日志或装卸货作业的相关记录。

⑤船舶机舱、货舱污油水管系图。

⑥航次维护计划、修理申请记录、机器设备操作和维护手册。

⑦天气预报或事故发生区域当时的水文气象记录。

⑧理货、港调等相关部门的作业记录。

⑨与事故调查相关的其他资料。

搜集的书证和视听材料可以是原件,也可以抄录、复印、拍照。所有资料应由当事人签字认定。

3. 事故处理

调查工作结束后,调查组应组织对调查情况进行汇总、评议,分析确定肇事者,提出处理建议。对造成船舶污染事故的肇事者及责任人进行行政处罚前,应确保调查报告完善、证据确凿,并按照事故调查记录,附上相关证据材料。对造成船舶污染事故的肇事者及责任人的处理,遵循调查与处理分离的原则,按照行政处罚程序进行。

肇事船舶在污染事故调查完毕并提供足够的财务保证后,方可允许其离开海事管理机构管辖水域。

海事管理机构应根据船舶污染事故现场勘验、检查、调查情况和有关的检验、鉴定结论,及时完成船舶污染事故调查报告。船舶污染事故的行政处罚程序进行完毕之后,应按照行政处罚程序的有关规定写出结案报告。对有重大影响的船舶污染事故,结案后应编写船舶污染事故分析报告,上报中华人民共和国海事局。报告应包括事故概况、事故发生时的水文气象、事故经过、污染造成的损害及影响、应急处置措施及过程、污染损害索赔、调查处理情况和管理建议等。

海事管理机构可以受理由船舶污染事故引起民事纠纷的当事人提出的书面调解申请,并按照调解程序及有关法律法规的规定,进行调解。凡当事人已向海事法院提起诉讼或申请海事仲裁的,调解自行终止。调解成功的,由当事人签署《船舶污染事故民事纠纷调解协议书》。调解不成功的,受理调解申请的海事管理机构应向当事人下达《船舶污染事故民事纠纷调解不成通知书》。

二、油污染处理技术

海上发生溢油时,首先按"油污应急计划"进行反应,并采取措施防止溢油扩散,然后再根据溢油场所的气象、海况条件和溢油状态变化等采用物理或化学方法,将海面上的溢油回收(如人工回收、机械回收和吸油材料吸附回收)或在海上直接处理(如现场焚烧、分散剂处理、强化生物降解、沉降处理等)。最理想也是最常用的方法是采用物理回收法,这样既回收溢油,又不会产生二次污染,也不危害海洋环境。

1. 海面溢油状态变化

进入海洋的溢油将经历扩散、蒸发、溶解、乳化、氧化、生物降解、沉积等复杂的物理和化学变化过程。有些变化使油在海面上消失,而溢油在海面消失所需时间主要取决于油的物理和化学特性,溢油量、气候和海况也有影响。

2. 防止溢油扩散的方法

①用围油栏将溢油包围起来或引导到适宜场所,以便回收处理。

围油栏是防止溢油扩散最常用的,也是较为有效的设备。围油栏按结构形式分有固体浮子式、充气式和气幕式三种类型;按用途分有普通型(用于港湾、河道、隔离)、专用型(公海、工作条件恶劣、风大浪高情况)和特种型(如吸油、耐火等特种性能)。各种类型的围截效果将受到海面浪高、水流速度和风速等海面情况的限制。

②用化学凝聚剂阻止扩散。

化学凝聚剂又名凝油剂,是指加入溢油中可使溢油胶凝成黏稠的直至坚硬的油块,或者本身能高效地吸留油,最后形成一种便于回收的凝结物的溢油化学处理剂。在油膜周围撒布化学凝聚剂,它在水面上扩散并压缩油膜,使油膜面积大大缩小,从而阻止溢油扩散。撒布化学凝聚剂的作用比铺设围油栏容易且迅速。化学凝聚剂对防止煤油、柴油等轻油和重油的扩散是行之有效的方法。

3. 溢油物理回收方法

用物理的方法回收溢油,是清除海面溢油较为理想的办法,既可避免溢油对环境的进一步危害,又能回收能源。物理回收的方法包括人工回收、机械回收和吸油材料吸附回收。

(1) 人工回收

一般是采用勺、瓢或其他容器将积油收集在小桶中或塑料存储袋中,然后再集中起来处理,也可驾驶小船进入巨石之间撇取聚积的油。

(2) 吸油材料吸附回收

当浮油较薄时,利用吸油材料来吸附回收污油。目前常用的吸油材料主要有:天然纤维材料,如草袋、树皮、干草、稻壳、稻草、麦秆、碎布和毛毡等;也可人工合成的高分子材料,如聚丙烯、聚氨酯、聚苯乙烯和聚氯乙烯等制成的吸油毡。

(3) 机械回收

是利用浮油回收作业船,油水分离器及转盘式、绳式、堰式等收油机,浮动油囊,轻便储油罐等回收装置对海面溢油进行回收处理。

4. 溢油海上化学处理

当海上溢油无法用物理方法回收时,可采用化学油分散剂、燃烧或沉降等化学方法,在海上直接处理掉。

(1) 油分散剂

又名消油剂。由表面活性剂、溶剂和少量添加剂组成的乳化分散型油处理剂,喷洒在浮油上,通过表面活性剂的亲水基和亲油基的作用,使浮油迅速分散成微小油滴溶于水中,在水面以下一定深度处形成水包油型乳浊液。油被分散成微小粒子后,易被生物降解,可加速水的自然净化过程。一般在外海及开阔水域中,使用油分散剂会有显著效果。在半封闭海域或交换条件不良的海面上,不宜采用油分散剂。使用油分散剂会造成二次污染,因此在沿海国管辖区域使用消油剂,务必向当局申请牌号、用量和使用地点,经批准后使用。

(2) 燃烧处理

在远离陆地及船舶航道以外的海面发生大规模溢油,又由于海上气候条件恶劣无法用机械方法回收溢油时,可直接将溢油在海上燃烧处理掉。虽然油本身是可燃物质,但对海面上溢油直接点火燃烧和完全烧尽却是很困难的事。一般燃烧处理海面溢油,需用特别灯芯材料和引火剂进行引燃或帮助燃烧;也可用麦秆、稻草等作引火材料或投掷燃烧弹引火。有一种化学药品,它能在油迹表面形成一层泡沫,使油上浮并与空气接触,使油保持连续燃烧,这种方法操作方便,效果好,被烧掉的油可达98%。

(3)沉降处理

利用油的沉积特性,人为地将比重大的亲油性物质,例如液体沉降剂(包括氯仿、四氯乙烯等)或固体沉降材料(如石膏、碳酸钙、沙、砖瓦碎屑、硅藻土等),撒布在溢油表面上,并与油一起沉降到海底。此方法对沉淀剂的消耗量很大,一般其使用量通常要超过被消除的溢油的油量,又由于沉降处理会污染海底生物,因此许多国家禁止使用,或规定在距陆地 50 n mile 以内不准使用。正因为如此,只有在大量溢油造成对沿岸军要工程的直接威胁而又无他法时才采用这种方法。

5. 微生物降解

微生物降解是利用海生物对油类的生物降解特性来治理污染的方法:一是在被污染的地区或其附近分离微生物,大量繁殖并增强其活性;二是向被污染地区引进新的微生物,进行遗传改良,用于处理污染物。

海洋环境中广泛存在着大量能够降解石油烃的微生物,石油一旦进入海洋,就受到一系列物理和化学的综合作用,同时被海洋中的各类微生物氧化、降解。目前已知,有 200 多种微生物能够氧化一种或几种石油烃类,由于微生物具有种类多、繁殖快、容易培养和代谢能力强等特点。所以,采用微生物降解石油产品将会收到成本低、设备简单、无二次污染、适合于大面积应用的效果。但在油污染成分和微生物种类一定的情况下,主要有温度、溶解氧、营养盐、物理能等各种环境因素大大地限制了海洋微生物的降解力。

第二节 油水分离系统

一、油水分离的方法

含油污水的处理方法有很多,但基本上可分为物理分离法、化学分离法和电浮分离法等。物理分离法是利用油水的密度差或过滤吸附等物理现象使油水分离的方法,特点是不改变油的化学性质而将油水分离,主要包括重力分离法、过滤分离法、聚结分离法、气浮分离法、吸附分离法、超滤膜分离法及反渗透分离法等。化学分离法是向含油污水中投放絮凝剂或聚集剂,其中絮凝剂可使油凝聚成凝胶体而沉淀,而聚集剂则使油凝聚成胶体使其上浮,从而达到油水分离的目的。电浮分离法是把含油污水引进装有电极的舱柜中,利用电解产生的气泡在上浮过程中附着油滴而加以分离,从而实现油水分离,实际上是一种物理化学分离方法。此外,乳化油可用活性污泥法(生物化学法)分离。就目前船用油水分离器而言,主要还是采用物理分离的方法。

1. 常用的物理分离方法

(1)重力分离法

重力分离法是利用油和水的密度差,使水中油滴克服水流阻力上浮与水分离的一种方法。用重力分离法能否在较短时间内将水分离,取决于油滴上浮速度,而油滴上浮速度是与油滴的直径的平方成正比,与水和油的密度差成正比;流道高度越小,长度越长,水流平均速度越小,分离性能越好;另外适当的加温有利于分离。

按工作方式可分为静置分离和机械分离(流道分离),目前常见的船用油水分离器采用的是机械分离,让油污水流过斜板、细管或滤器等机械装置造成涡流、转折和碰撞,使微小的油珠聚集成较小的油滴,从而利用密度差法使油水分离。静置分离是将含油污水储存在污油水舱柜中,在重力作用下,经沉淀油滴上浮而分离。

(2)过滤分离法

过滤分离法是让油污水通过多孔性介质滤料层,油污水中的油粒及其他悬浮物被截留,去除油分的水通过滤层排出。这种油水分离的过程主要靠滤料层阻截作用,将油粒及其他悬浮物截留在滤料表面。另外由于具有很大表面积的滤料对油粒及其他悬浮物的物理吸附作用和对微粒的接触媒介作用,增加了油粒碰撞机会,使小油粒更容易聚合成大油粒而被截留。

过滤法所用滤料主要有石英砂、卵石、煤屑、焦炭等粒状介质,和由棉、麻、毛毡、各种人造纤维与金属丝织成的滤布,以及特制的陶瓷塑料制品。这些滤料共同的特点是化学稳定性好,不易溶于水,一般不与污染物质起化学反应,不会产生有害或有毒的新污染物,同时还具有足够的机械强度。因滤料达到饱和状态后,必须进行反冲洗,使滤料重新获得良好过滤性能。

(3)聚结分离法

聚结分离是含油污水通过多孔性介质(聚结元件或粗粒化元件),油粒及悬浮物被截留,细微的油滴聚结增大,使油滴与介质之间的水膜变薄,水膜破裂,油滴附着在介质表面。在连续截留和附着的过程中,油滴在介质上不断地附着与展开,当聚结到一定程度,在浮力、流体压差等力的作用下,油滴被推到多孔性介质的出口端;并在流体推力大于油水界面张力时,油滴长大并从端面剥离,上浮与水分离。

微细油珠的粗粒化过程分为截留、聚结、脱离和上浮4个步骤。

①截留。当微细油珠随水流通过粗粒化元件多孔介质的无数细小曲折孔道时被阻截,这种阻截既对粒径大于孔道直径的油珠起作用,也对粒径小于孔道直径的油珠起作用。

②聚结。微细油珠被阻截,油珠与多孔介质直接接触,因多孔介质的浸润作用而发生附着,随着截留和附着过程的不断发生,多孔介质上分散相的微细油珠逐渐聚结。

③脱离。微细油珠在多孔介质中聚积到一定程度,在水流作用下,到达多孔介质的出口端,此时油珠已形成,当水流作用力大于油水界面张力时,聚结的油珠就以比原来大得多的油粒从多孔介质出口端脱离。

④上浮。当分散相的油珠通过粗粒化元件完成截留、聚结、脱离后,在水中呈游离状态,借助浮力,以比原来大上万倍的速度迅速上浮。

(4)吸附分离法

吸附分离并不是借油滴的聚合增大和利用密度差来进行分离,而是用多孔性固体吸附材料做滤器,当污水通过滤器时微小油粒被吸附在固体表面上,使油水分离。

常用的吸附材料有纤维材料、硅藻土、焦炭和活性炭等。吸附材料吸附油料达到饱和时,失去油水分离效能。因此,吸附材料达到饱和之前就应更换,而吸附材料的更换和处理都比较困难,并且需要用大量吸附材料。所以吸附分离法主要用于含油量很少的细分离。

(5)气浮分离法

气浮就是通过产生气泡将污水中的细微油粒吸附上浮,从而达到油水分离的目的。气浮有时还同时加入凝聚剂,借以提高气浮的效果。对于含油污水,一般无须投加凝聚剂。因为细微油粒本身就有黏到气泡上的趋势,所以近年来国内外开始利用气浮法来处理油污水。

(6)超声分离法

超声分离是借助于对含油污水发射超声波的方法,引起油粒振动,从而使微小油粒互相碰撞、聚结、扩大而分离上浮。超声分离性能良好,能分离用普通方法难以分离出的乳化油。然而,这种分离技术在使用时必须正确掌握振动频率,否则,水中的油粒由于振动频率的错误非但不能聚结,反而还会乳化,以致难以分离。另外,生产制造超声分离装置的价格较高,大型装置中也难以采用。

2. 其他分离方法

(1) 电解分离法

电解分离法属于物理化学分离法,是用油污水做电解液,当电极通电时水被电解,产生氢气和氧气的气泡,当气泡上浮时将黏附在气泡上的油粒带到水表面达到油水分离的目的。这种方法也称为电解浮选分离法。

(2) 凝聚分离法

凝聚分离法属于化学分离法,是在油污水中投入凝聚剂(如硫酸亚铁、氯化铁、硫酸铝和其他高分子化合物),使悬浮或乳化油粒凝聚成化学状的凝胶体沉淀或上浮而被分离。

(3) 活性污泥分离法(生物化学法)

活性污泥分离法是利用好气性微生物的氧化作用来处理含油污水的一种方法。向污水中不断送入空气,使污水中的微生物获得良好的生存条件,则大量的好气性细菌和原生动物生成对有机污染物具有吸附凝聚和分解氧化能力的微生物集团,即所谓的活性污泥。

装置工作时向曝气池供入空气和一定量营养物质,使之产生活性污泥。在曝气池污水与活性污泥接触时,油分被活性污泥吸收并受到微生物氧化作用,一部分分解为二氧化碳和水;另一部分合成为细胞质,变成新的污泥。然后流入沉淀池,活性污泥与除去油分的污水分离,清水上浮排出,污泥沉淀,大部分排掉,少部分回流到曝气池反复使用。

活性污泥分离法所能处理的油量有限,适用于油水分离装置最后一级处理少量的乳化油或溶解油。活性污泥分离法适用于陆地污水处理场。

(4) 超滤膜过滤法

超滤膜过滤属于膜式分离技术,是根据聚合薄膜的筛滤作用,利用一种只有水分子才能通过的超滤膜,截留污水中的细微油粒及其他杂质,达到分离油水的目的。

超滤膜分离由于滤膜孔径很小,容易堵塞,滤膜也容易剥落,所以只适用于小流量和含油浓度低的污水,而且一定要有反冲洗系统才能连续使用。

(5) 反渗透法

反渗透法也属于膜式分离技术,是利用油污水被加压到一定的压力以上半透性薄膜能使水透过而油液被截阻的原理,使油污水的油分浓度从 500 mg/L 降到 10 mg/L。处理薄膜常用醋酸纤维素等经加工制成,膜式分离装置都必须注意定期清洗,以消除污垢,保持原有处理效能。

目前,在船上实际应用的油污水分离装置所采用的分离技术主要是重力分离法、聚结分离法、吸附分离法、过滤分离法,而船用油水分离器既有按它们当中的一种分离方法设计而成的,也有按它们当中的几种分离方法组合设计而成的。其中重力分离法一般用于粗分离,而聚结、吸附等分离方法则用于细分离和精分离。

二、油水分离系统布置

图 4-1 所示为较大型船舶的舱底水处理系统。油污水在此经初步上浮分离后,由分离装置的配套泵输入油水分离器处理。分离出的污油排向污油柜。排出水经舱底水报警装置连续

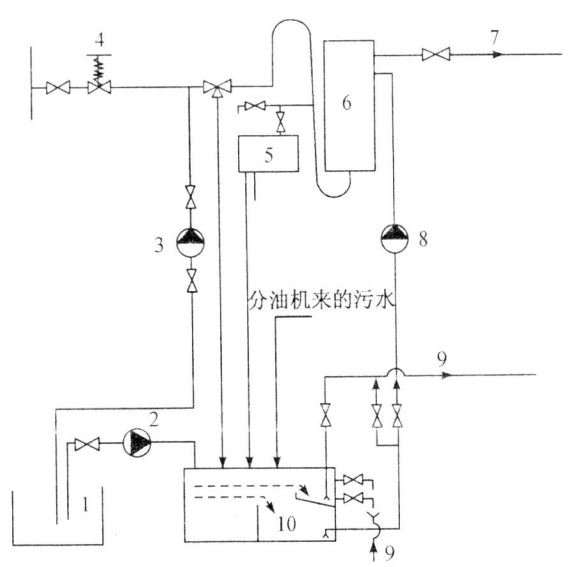

图 4-1　舱底水处理系统

1—污水井；2—驳运泵；3—主应急泵；4—净水排舷外；5—报警器；6—油水分离器；7—去污油柜或接岸；8—应急泵；9—去污油柜或驳岸；10—污水舱

监测，含油量低于 15 ppm 时排出舷外；超出 15 ppm 时，三通阀自动转换，排出水回流到污水舱而停止排向舷外。

舱底水分离器的吸入管应短而直，以减少抽吸过程中油水乳化现象。同时吸入管系还应增加一条直接抽吸无油清水的管路，以备刚启动时灌水用。应单独设置与配套泵口径相同的吸入管系，不得直接与舱底水总管接通。此吸入管系中应设置粗滤器。在系统布置时，除配套泵外，不得将舱底水泵、通用泵的排出口与油水分离器入口连接。应在靠近分离器的进水管和排水管的垂直部位设置水样的取样点，以便人工可以随时抽样检查处理装置的分离效果。

为了防止分离器在停止运行后出现虹吸现象，而将装置内残油排出舷外，排水管路上应设置背压阀或使通向舷外的排水管最高点高于**分离器顶部 1 m 以上**。

舱底水分离器配套泵的类型，对其分离性能有很大影响，这是因为油污水经泵送出后，水中的油滴将在泵体内部被粉碎。各种类型的泵对油滴的分散度（直径 d < 0.25 mm 的油滴含量百分比）的影响也是不同的。离心泵能将水中油滴分散成极细微的油粒，而三螺杆泵的分散度最小。

此外，泵的排量、转速、阀的种类、阀开闭次数，对油滴的分散度都有影响。离心泵和齿轮泵都会使油污水严重乳化，不能作为分离器的配套泵。目前常用的泵是单螺杆泵。由于其输送平稳，对油滴扰动小，是一种较理想的油污水输送泵。选择单螺杆泵作为油水分离器的配套泵时，一般转速取 200～400 r/min。转子与定子之间有适当的过盈量，以求有较高的容积效率。真空式油水分离装置的配套泵不直接向分离装置输送油污水，对转速无严格要求，也普遍采用单螺杆泵。

三、油水分离器的组成及工作原理

1. 技术条件

我国参照 MEPC.107(49)决议制定了中华人民共和国国家标准《15 mg/L 舱底水分离器》

（GB/T4795-2009）。该标准主要性能指标基本与 MEPC.107(49)决议一致。

修订的《船舶机舱舱底水防污染设备指南和技术条件》要求的主要技术条件为：

①15 mg/L 舱底水分离器应有牢固的结构，适于船上使用，并要注意在船上的预定位置。

②若预定将其设在可能有易燃气体的位置，则应符合此类处所的相关安全规定。作为 15 mg/L 舱底水分离器一部分的任何电气设备应设在非危险区域，或应由主管机关认证为可在危险区域安全使用。设在危险区域的所有活动部件的布置应避免形成静电。

③15 mg/L 舱底水分离器应设计为自动运转，但应有故障保护装置来避免在出现故障时有任何排放。

④向 15 mg/L 舱底水分离器送舱底水改为送油，送舱底水改为送乳化舱底水，或送油和/或水改为送空气，不得导致排向舷外的任何混合物的含油量超过 15 mg/L。

⑤启动该系统应方便。对用于机舱舱底水的设备，该系统的启动应不需对阀和其他设备作任何调整。该设备应能在不予照料情况下，以正常功能运行至少 24 h。

⑥15 mg/L 舱底水分离器所有易损坏的活动部件应易于接触，以便维修。

2. 油水分离器的结构形式和工作原理

从船用舱底水分离器的研制发展情况来看，在研制初期，船用油水分离器主要采用重力分离式。如多层斜板式装置（德国的 TURBULO）和多层隔板式装置（英国的 VICTOR）以及细管式油水分离器（日本的"三菱今村"），这几种装置在我国船上均有采用。

近年来，为达到排放标准提高的要求（油分浓度小于 15 mg/L），油水分离器大多为重力式分离器配以过滤、吸附等组合方式，即由粗分离和细分离（或精分离）两部分组成。

粗分离部分都是用于第一级，主要采用重力分离法，处理容易上浮的分散油滴。机械重力分离法结构形式有多层斜板式、多层隔板式、细管式及多层波纹板式等。

细分离部分用于第二级和第三级，多采用聚结法、过滤法、吸附法等，用以除去油污水中的微细分散油滴和乳化油滴。细分离部分结构形式有圆筒式和填充式，采用最多的是以纤维材料构成的圆筒式分离元件，其特点是结构紧凑、元件容易更换。填充式是在油水分离器中充填油性纤维等过滤吸附材料，截留和吸附微小油滴。在其吸饱油后，可进行反冲洗，但当压力降达到一定值时，就必须更换过滤吸附材料。

下面介绍较典型的几种船舶舱底水分离器。

(1) 重力－过滤组合式舱底水分离器

如图 4-2 所示是典型的油水分离与过滤装置，该装置的第一级采用重力分离，第二级则为过滤式分离。装置第一级是多层斜板式油水分离器（TURBULO 油水分离器）。上部为粗分离室，下部为细分离室。污水泵排出的舱底污水由分离器入口以切线方向进入粗分离室内，在筒内形成环形流动，使污水流动路径增长，并且由于旋转离心力的作用，不仅增加油粒相互碰撞的机会，而且使比较轻的油液向分离室中部汇集，促使粗大油粒上浮到顶部集油室，即为粗分离过程。经过粗分离的含油污水经过多孔阻滞板和集油罩中部圆孔流入细分离室。

细分离室是由多层锥形盘状油滴聚结板组成。聚结板间互相隔开，构成相同的小室，并具有 15°倾斜角。当油污水以极慢速度流经这些聚结板间狭窄通道时，细小的油粒互相碰撞使油粒积聚。当其浮力克服油粒重力和黏着力影响而上浮运动时，油粒沿着倾斜的聚结板下表面向外流动，最后脱离聚结板边缘向上直接浮升至集油罩的下面，再经油上升管进入顶部集油室。

经粗分离室分离后，水中含油量小于 100 ppm。处理后的清洁水则由中央集水管流向细

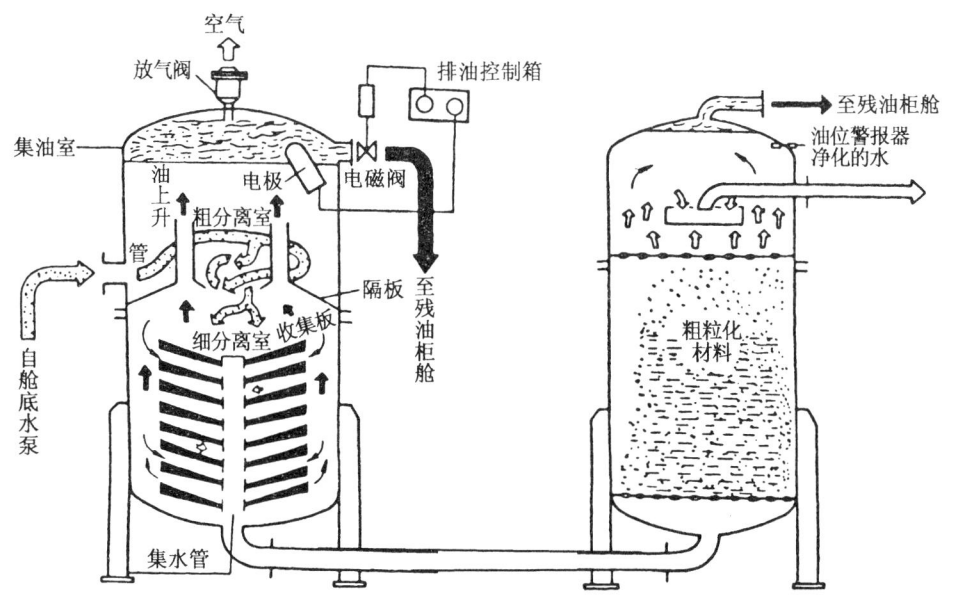

图 4-2 典型的油水分离与过滤装置

分离室进行精分离,分理后的水中含油量少于 15 ppm。

（2）CYF-B 型舱底水分离器

CYF-B 型油水分离器采用重力分离与聚结分离相结合,见图 4-3。

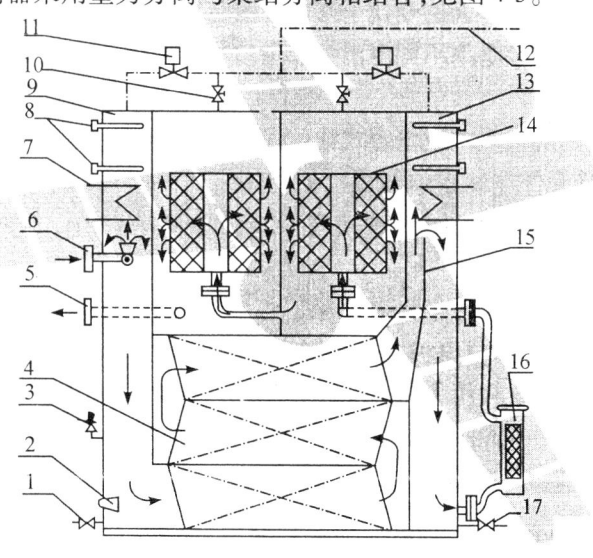

图 4-3 CYF-B 型舱底水分离器

1—泄放阀;2—蒸汽冲洗喷嘴;3—安全阀;4—板式聚结器;5—清洁水排出口;6—油污水
进口;7—加热器;8—油位检测器;9—集油室(左);10—手动排油阀;11—自动排油阀;
12—污油排出管;13—集油室(右);14—纤维聚结器;15—隔板;16—细滤器;17—泄放阀

当机舱舱底水通过多个扩散喷嘴进入分离器后,粗大油粒随即上浮进入左集油室顶部,含有小颗粒油滴的污水向下流动进入峰谷对置的多层波纹板板组。几十层波纹板分成三组,每组之间用隔板隔开,形成三折回路流道。由于湿周大,上浮距离小,流程长,水流平均流速低,含油污水以层流状态在波纹板流道内缓慢流动。粒径较小的油滴上浮聚结在波纹板表面上形成油膜,由于水流冲击油膜从波纹板上剥落,聚结成大油滴,在波纹板组末端与水分离上浮至右集油室,其余污水通过外接管流经过滤器后再顺次流经两级聚结材料,使尚余留的细微油粒在其中聚结成大油粒与水分离,上浮至集油室。符合排放标准的水从排放口排出。

集油室内设有蒸汽或电加热器,保证高黏度污油在环境温度较低时也能顺利排出。由油位检测器检测左右集油室内的污油,控制排油阀启闭。聚结材料室顶部的污油量很小,采用人工定期排放。

CYF-B型油水分离器的性能满足船舶排放舱底油污水时含油量低于15 ppm的要求。该分离器的配套泵为单螺杆泵。

3. 油水分离器控制箱的检查

控制箱有泵浦电控箱、自动排油电控箱及排油监控系统电控箱等,有的是结合在一起,有的是分开的。检查时,主要查看各电控箱能否对相关的用电设备正常供电及控制,有关指示灯能否亮。若电源指示灯不亮,则可能是总配电板或分配电板上油水分离设备电源开关未合闸,或电控箱内保险丝断了。

四、自动排油装置

油水分离器分离出的污油集聚在顶部达一定数量时,便自动打开排油阀将污油排入污油柜,这种装置称为自动排油装置。

自动排油装置按液位检测仪工作原理不同有三种方式:

①浮筒式。利用油水比重不同,使浮筒动作发出信号,控制排油阀。

②电容式。利用油水分界面的变化引起电容量变化,发出信号控制排油阀。

③电极式。利用油水导电率不同测出油层厚度,发出信号控制排油阀。目前这种形式使用最多。

自动排油装置主要由电阻式或电容式油位检测器和排油阀组成。油位检测器装在分离器的集油室中,利用感受元件在油水中与分离器壳体之间导电率(或电容)的变化,测出油层厚度的变化,并输出控制信号,通过电气控制箱控制排油阀的启闭。排油阀有电磁阀和气动阀两种。

如图4-4所示是一种气电联合自动排油装置。由一个电磁阀同时控制气开排油和气闭排水的气动隔膜阀。当上、下油位电极2、3感应油位而产生的电信号经放大去打开电磁阀时,减压的压缩空气经分水滤器6和压力调节阀7进入气开式隔膜排油阀9下腔和气闭式隔膜排水阀1的上腔,使其分别打开排油阀和关闭排水阀;相反,排油后水位上升,电极感应的信号又使排水阀打开,排油阀关闭。

五、舱底水报警装置的组成及工作原理

船用舱底水报警装置测定水中油分的方法都是基于光学的原理。用光学法测定水中油分可分为:光学浊度法、荧光法、红外线吸收法及紫外线吸收法。

1. 光学浊度法

光学浊度法,就是让光线通过分散成乳化状的油水混合物,通过测定其散射光的强度,以标定混合物含量,见图4-5。当光线照射含油微粒时,光线会产生散射现象。根据瑞利散射定律,当入射光强度一定且油粒直径小于入射光的波长时,散射光的强度与入射光强度的比值,与乳油液的含量、浊度成正比。

在光学浊度法中,常用超声振荡或加入界面活性剂使含油污水乳化,使油粒直径细微,分

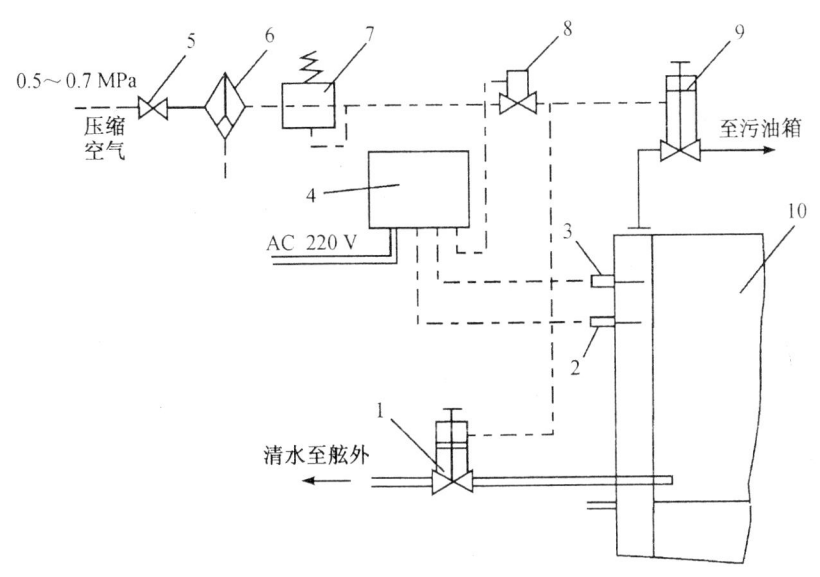

图 4-4 CYF 型油水分离器污油自动排放控制系统
1—气闭式隔膜排水阀;2—下油位电极;3—上油位电极;4—控制箱;5—截止阀;6—分水滤器;7—压力调节阀;8—电磁阀;9—气开式隔膜排油阀;10—油水分离器

布均匀。可采用普通可见光、近红外光或激光作为光学浊度法的入射光源。采用光学浊度法制成的船用油分浓度计,可以直接测定油污水中的含油量,具有操作简单、准确可靠、反应迅速等特点。测试精度仅与油粒大小有关,而与油种无关。光学浊度法易受油分以外的杂质如气泡或悬浮固体颗粒的影响,因而引起测量误差。

FOCAS-1500A 型舱底水油分浓度计采用超声波乳化水中的油滴,用光电比色计测量因乳化而导致的浊度变化,见图 4-6。为了减少测量中洗涤剂和悬浮固体的不良影响,采用二次乳化。由洗涤剂和悬浮固体物质引起的浊度变化在第一次乳化过程中就完成了。在第二次乳化时,唯一能够改变浊度的,只有含油量。这样,只要简单测定在第二阶段乳化过程中的浊度改变量,就能准确地测量含油量。为了减少由于超声振动所产生的空气泡,设有压力调节器,以保证始终高精度和平

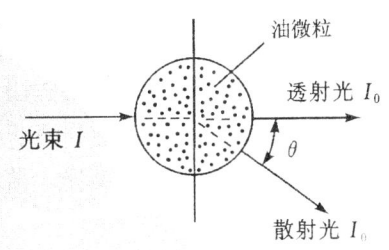

图 4-5 光束在油水混合液中的散射

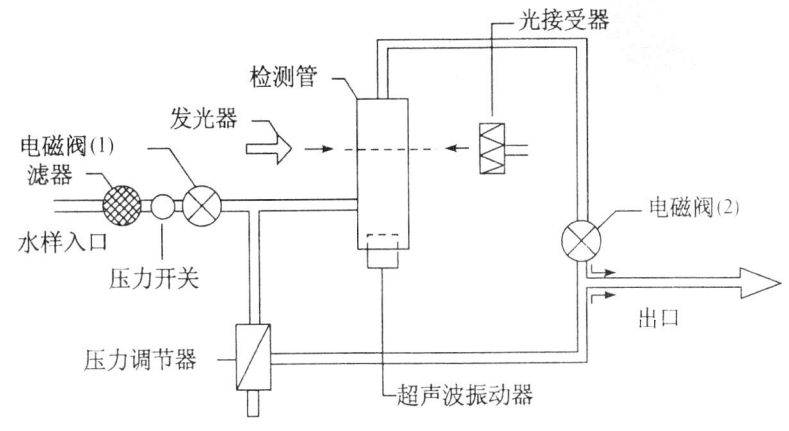

图 4-6 超声波油分浓度计原理

稳的测量。

2. 荧光法

石油烃在一定波长的紫外线照射下均能产生荧光。紫外线在通过试样液时,根据产生的荧光强度来测定含油量的方法就称为荧光法。由于水不能产生荧光,这样就能按油水原样测出分散在水中的含油量。图4-7所示为利用荧光法连续测定含油量装置的原理示意图。为避免容器玻璃壁污染,试料液经扁平槽口,呈薄的水膜自然下流。紫外光源照在水源上,所产生的荧光用光电倍增管放大和测定,并用指示仪和记录仪分别显示和记录。该法因为油种的不同而产生不同的荧光强度,一般重组分荧光强度较强,轻组分荧光强度较弱,所以在同一浓度时不同油种可得出不同数据。

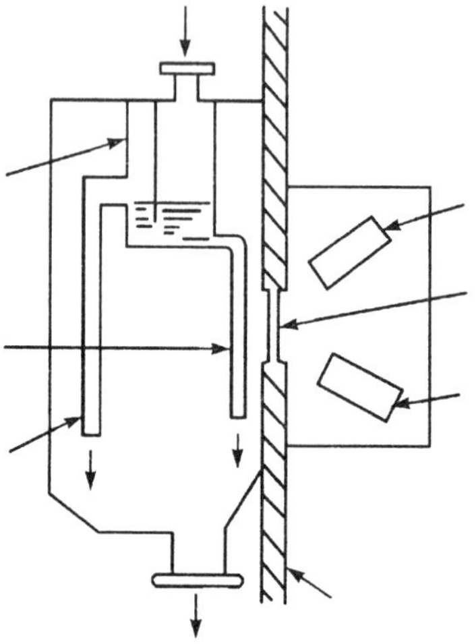

3. 红外线吸收法

红外线吸收法是利用油分中的化合物 CH_1、CH_2、CH_3 等能吸收红外领域内的振动波特性来测定水中的含油量。

当红外线波长为 $3.4 \sim 3.5~\mu m$ 时,石油对红外线的吸收极为明显,而氟利昂在这种波长范围内对红外线并不吸收。这就是用红外吸收法测定水中油分的理论基础,也是红外吸收法测定水中油分采用氟利昂作为萃取剂的依据。早期曾用四氯化碳作为萃取剂,因其有毒性,现采用氟利昂 R113 或 R316 来取代。

图 4-7 荧光法油分浓度计原理

图 4-8 为红外吸收式油分浓度计原理图。两束经过扇形切光片调制后的红外光源分别通过参比室和试样室到达监测室。监测室内设有电容微音器,内充丙烷气体。监测室正面有两

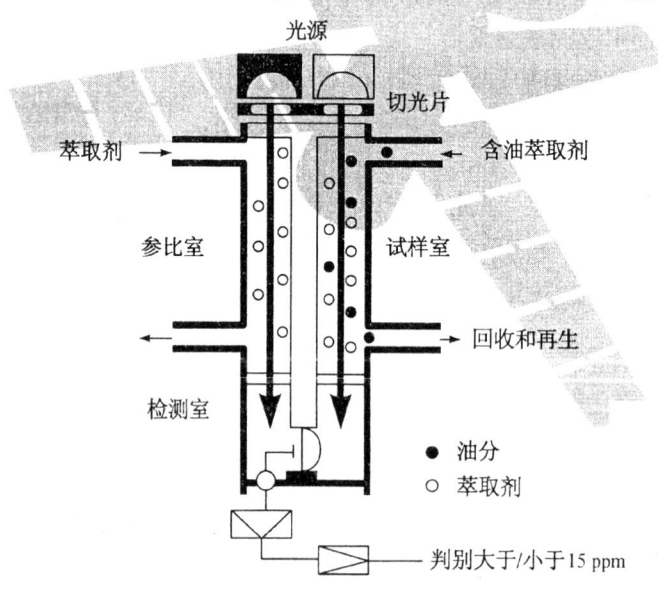

图 4-8 红外线吸收法油分浓度计原理

个几何形状相同的圆锥形辐射接收室,它们之间被电容器的膜片隔开,当参比室和试样室都供入未萃取油液的氟利昂时,监测室内对上述两者的红外辐射能接收量相等,电容微音器的膜片保持平衡。分析器无信号输出,指示表头处于零位。

当含有石油的氟利昂注入试样室时,石油将一部分红外辐射加以吸收,使辐射能变小,温

度降低,压力下降,而通过参比室的辐射能量仍保持不变,因而使监测室内被电容器膜片隔开的两个辐射接收室之间的温度和压力产生差别,使电容微音器的薄膜(动极)发生振动,并产生信号。该信号经前置放大器和主放大器放大后,由指示表头显示出来,就可读出含油量值。

4. 紫外线吸收法

紫外线吸收法是利用石油烃成分中具有共轭体系的烃类能吸收紫外线的特性,并根据紫外线被吸收的强度来测定油分浓度的一种方法。这种方法对于芳烃具有很高的灵敏度,最低检测浓度可达 0.03~0.05 mg/L。但因各种原油和油品中芳烃含量不同,必须根据污染来源经常作出相应的曲线(对各种混合油的浓度则可用一根平均测量线来代替),因此操作较为麻烦。

六、舱底水报警装置的检查

1. 检查报警功能

可通过试验,检查排油监控系统的报警功能,如:按动试验按钮;或无试验按钮而有试验孔时,打开试验孔盖,插入如毛刷之类的物体试验。

在作产品性能试验时(船上检查时一般不用),可在油水分离器筒体内充满水后,再泵入纯油,泵油时间为 5 min,看能否在超过 15 ppm 时发出声光报警。

2. 检查自动停止排放功能

具有自动停止排放功能的排油监控系统,还需检查其在超过 15 ppm 时能否使分离器专用配套泵停止运转,或能否使排水管路上的气动、电磁、气动/电磁组合式等的三通阀动作。若不能,则说明该排油监控系统本身的故障或三通阀故障。

三通阀故障可能有:

①电磁阀故障。

②气动三通阀驱动气体未达到设定气压。

③三通阀本身漏气。

3. 检查排油电磁阀

很多国内船上,可通过从自动排油按钮转换到手动排油按钮时的下列现象判断其正常:

①排油电磁阀,手触有振感,且可听到动作声。

②排油指示灯亮。

③观察镜中,可看到有污油排出等。

大部分外国船上,排油电磁阀设计成处于自动排油状态,可以通过在控制箱内的强制性动作试验按钮,查看排油电磁阀是否处于良好工作状态。

4. 油位探头检查

油位探头通常在非排油状态。分离器腔体内充满水时,探头上的工作指示灯是亮的(工作指示灯需打开探头盖才能看到)。

若只是油位探头指示灯不亮,可能是排油电磁阀故障。

若油位探头工作指示灯不亮,而相应排油电磁阀开启指示灯亮,可能是探头受到污染,需要抽出来擦洗干净。

若油位探头工作指示灯不亮,且相应排油电磁阀开启指示也不亮,或相应探头取样口有污油排出,则可能是探头本身故障,电信号不能传送到电磁阀处。

第三节 排油监控系统

根据《MARPOL 73/78 公约》规定,150 GT 及以上的油船必须装设经主管机关批准的排油监控系统。我国根据国际海事组织(IMO)海上环境委员会 MEPC.108(49)决议《修订的油船排油监控系统指南和技术条件》制定了《油船排油监控系统技术条件》(GB/T12918-2009)。本节所述内容主要参考 GB/T12918-2009。散装化学品船也应安装排油监控系统。

排油监控系统(Oil Discharge Monitoring and Control System)是监控含油压载水或其他油污水从货舱区域排入海中的系统。排油监控系统主要由取样系统、油分计、分析单元、流量计、计算单元等组成。当含油压载水或其他油污水从货舱区域排入海中时,监控系统开始取样、分析、记录,如果出现故障,则终止排放物排入海中。

一、对排油监控系统的一般要求

①能监控任何排放物从舷外排出口排入海中。
②能在油船适用的环境条件下工作。
③只有当监控系统处于正常运行模式时,才能使含油压载水或其他油污水从货舱区域排放。
④从最少数量的排出口排放物中取样,且在同一时间只从一个排出口进行舷外排放。
⑤如果有一个以上管道用于同步排放,应在每条管道上安装一个油分计和一个流量计。这些仪器应与每一个公共处理机连接。
⑥为避免由于短期高油浓度信号(尖峰)造成高瞬间排放率指示而引起报警,监控系统的设计可抑制短期高 ppm 信号最高 10 s,或者,瞬间排放率可取前 20 s 或更短时间内瞬间 ppm 的连续平均值,该平均值以间隔不超过 5 s 的油分计读数的瞬间 ppm 值计算。
⑦监控系统的每个组成部分应设有铭牌,标明该部件的装配图号、型号和系统编号。
⑧监控系统的电气部件如果安装在危险区域,则应符合该区域的有关安全规定。

二、排油监控系统的组成和工作原理

排油监控系统包括:测量排放物含油量 ppm 的油分计;测量排入海中的排放物速度的流量指示系统;指示船舶速度的船舶速度指示装置;指示船舶位置(经度和纬度)的船舶位置指示装置;把排放物代表性样品传送至油分计的取样系统;终止舷外排放的控制;在监控系统未完全处于工作状态时防止任何排放物向舷外排放的启动连锁;控制部分包括接收排放物含油量、排放物流量和船舶速度信号并将这些数值换算成每海里的排油量和排油总量的处理机,提供报警和向舷外排放控制提供命令信号的装置,提供数据记录的记录装置,提供数据显示的数据显示器,在监控系统发生故障时使用的越控系统,向启动连锁提供信号以防止在监控系统完全运作前排放任何排放物的装置。

1. 油分计

通过取样系统将水样送到油分计,来测量舷外排出物含油量 ppm 值。测定含油量的方法都是基于光学的原理。

油分计需设计成监控大油量范围,其准确度保证读数能代表试样实际含油量在 ±10 ppm 或 ±10% 之内,取其绝对值的较大者。即使有除油之外的污染物,例如空气、铁锈、泥沙,准确度仍能保持在上述限制范围内。当动力源(电力、压缩空气等)偏离设计值±10%时,油分计仍能正常工作。油分计的读数一般应不受油的种类的影响,如果有,应不必在船上标定油分计的刻度,但应按制造商的操作说明书预先校正刻度。油分计的反应时间不超过20 s。油分计可有一些用做预期用途的标度,其最大范围应不小于1 000 ppm。油分计应有一个简单的装置,使船员能通过一个相当于油分计满量读数一半的模拟信号来检查油分计电气和电路的功能。

油分计如果安装在可能有易燃气体的处所,应符合该处所的有关安全规定。安装在危险区域的任何移动部件的布置要避免形成静电。通常油分计安装在货油泵舱内,而该装置的电气设备安装在机舱内,并通过光电电缆相连接。

2. 取样系统(见图4-9)

油船从货舱区域排放压载水或含油污水,应在水线以上专用舷侧排放口排出。取样点的位置使取样系统能从舷外排出口获得相关样品。位于舷外排放管路的取样探针和连接取样探针与油分计的管路为耐火、耐腐蚀和耐油材料制成,具有足够的强度并予以适当连接和支撑。取样系统在每个取样探针附近设置一个截止阀,如果取样探针位于货油管路上,则取样管路上应装两个串联的截止阀,其中一个可以是遥控样品选择阀。

取样探针的布置应便于拆装,并尽可能位于排放管路垂直且易于接近的位置。如有必要在排放管路的水平部位安装取样探针,应确保排放物排放时管路中一直充满液体。取样探针一般应穿透排放管路直径的1/4处。

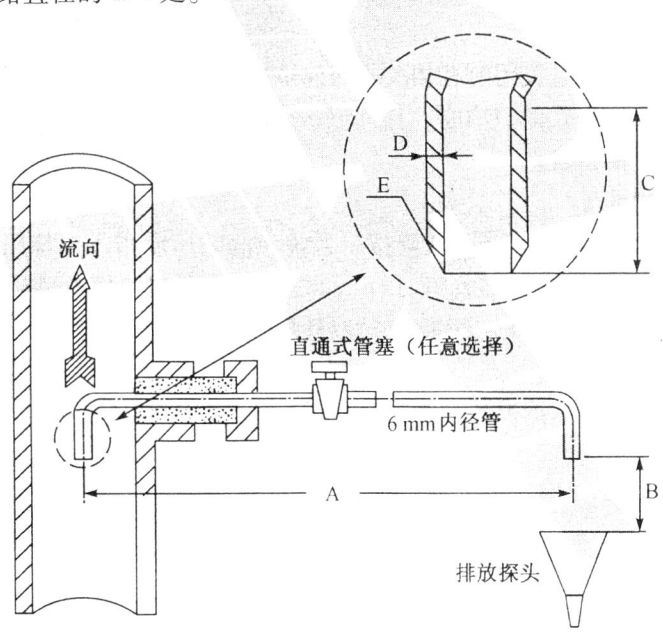

图4-9 取样系统

A—距离,不大于400 mm;B—距离,足以插入样品瓶;C—尺寸,直线长度为不小于60 mm;D—尺寸,管道厚度不大于2 mm;E—细节,凿边斜面(30°)

取样系统应装有永久清洗水冲洗装置,以便定期清洗探针和取样管路,减少油、油残余物和其他物质堵塞的可能性。取样探针与油分计之间的取样管路应尽可能短,以缩短反应时间。《规范》要求反应时间不大于40 s,其中包括油分计的反应时间。

取样系统中还包括取样泵,取样泵安装在货油舱与机舱之间的舱壁上,电气部分位于机舱

一侧,泵体部分位于泵舱一侧。它们之间由舱壁贯穿件连接,该贯穿件应经主管机关认可。取样水返回污油水舱时,不允许自由流到舱内。在设有惰性气体的油船上,在通至污水舱的管路中应设置一个具有适当高度的U型密封件。

应在取样泵下游点处或主管机关认可的等效部位设置一个阀,用于从油分计入口管路上手动收集样品。

3. 流量指示系统

用于测量排放流量的流量计应尽量安装在排放管路的垂直位置,如安装在排放管路的其他位置,应保证流量计中一直充满排放的液体。

流量计应能适合在船上使用,必要时能用于大直径管路。流量计的量程应能适用于常规操作中可能遇到的整个流量范围,如果需要,可采用两个不同量程的流量计或限制流量范围来满足要求。流量计的准确度应为排放期间的瞬间排放率的±10%。流量计中与排放物接触的任何部件应为耐腐蚀和耐油材料制成。

4. 船舶速度指示系统

排油监控系统所要求的自动速度信号从船舶速度指示装置通过转发信号获得。该信号可为对地速度或对水速度,这取决于船上安装的速度测量装置。

5. 船舶位置指示装置

此装置由一个全球航行卫星系统或地球无线电航行系统接收器或其他装置组成,适合于在整个预期航行中随时使用,通过自动方式建立和更新船舶位置。

6. 舷外排放控制管理

舷外排放控制应能通过关闭所有相关的舷外排放阀或终止所有相关的泵来自动停止排放物排入海中。它还具有失效保护功能,当监控系统在非工作状态、报警状态或当监控系统失效时能停止所有排放物的排放。

7. 处理机和传送装置

控制部分的处理机可从油分计、流量指示系统和船舶速度指示系统以不超过5 s的间隔接收信号,并自动计算油量瞬间排放率(L/n mile)和航行期间的排油总量(m^3 或 L),如果数据超过规定的限制,处理机会发出报警并向舷外排放控制发出命令信号以终止排放物排入海中。

处理机一般包括一个连续产生时间和日期信息的装置,也可用从外部自动和连续接收时间和日期信息的装置来代替。

如果发生断电现象,处理机自动保存排油总量计算、时间和日期的记忆。当监控系统为手动操作时,能获得数据打印,但如果断电时监控系统启动舷外排放控制来终止排放物的排放,可不要求获得数据打印。

8. 记录装置

控制部分的记录装置包括一个可电子格式化的数字打印机,记录的参数在打印机上清晰显示,一旦从记录装置中取下也能保持原样,并应保存至少3年。

自动记录的数据至少包括:油量瞬间排放率(L/n mile)、瞬间含油量(ppm)、排油总量(m^3 或 L)、时间和日期(GMT)、船舶速度(kn)、船舶位置——经度和纬度(°)、排放物流量(m^3/h)、舷外排放控制状态、油种类选择器设定(如适用)、报警条件、故障(如无流动、错误等)、越控动作(即手动越控、清洗、校准等)。越控动作导致的人工插入的任何信息在打印中标出。

记录装置应位于负责舷外排放操作的人员易于到达的位置。

9. 数据显示器

除打印记录外,实时数据还显示至少以下数据:油量瞬间排放率(L/n mile)、瞬间含油量(ppm)、排油总量(m^3 或 L)、船舶速度(kn)、排放物流量(m^3/h)、舷外排放控制状况。数据显示应位于负责舷外排放操作的人员易于到达的位置。

10. 设备发生故障时的手动操作替代方法

当监控系统发生故障时,可用以下替代方法获取信息:

① 油分计或取样系统,目视观察邻近排放物排放的水面。

② 流量计、泵排放特性等。

③ 船舶速度指示装置,主机每分钟转速等。

④ 处理机、手工计算和手工记录。

⑤ 舷外排放控制,手动操作泵和阀。

11. 导致排放停止的报警条件

在下列情况下监控系统会发出声光报警,并终止排放物排入海中:

① 油量瞬间排放率大于 30 L/n mile 时。

② 排油总量达到先前货物的 1/30 000 时。

③ 系统运行发生故障,例如断电、样品丢失、测量或记录系统重大失误时。

④ 任何传感器的输入超过系统的有效范围时。

第四节　生活污水及船舶垃圾处理装置

一、生活污水处理装置

根据《MARPOL 73/78 公约》规定,400 GT 及以上和经核定许可载运 15 人以上的国际航行船舶,应安装经主管机关认可的污水粉碎消毒系统或生活污水处理装置,按规定排放生活污水;或配备主管机关认为容积足够储存所有生活污水的集污舱,保证把生活污水排入岸上接收装置。

1. 收集、储存、排出方式

船舶装设生活污水贮存柜,在禁止排放区域内,将生活污水全部暂时存入贮存柜中,当船舶航行到允许排放海域时再排光,或排至港口接收设备。该方法设备简单、造价低,也容易管理和操作。但如果船舶在禁排区内时间过长,污水贮存量受到限制,处理将发生困难。

如图 4-10 所示为收集贮存装置工作原理,该系统由集污舱、污水泵、粉碎机、污水管、冲洗管等组成,集污舱与外界保持密封,排放时通过防浪阀排出舷外,或经通岸接头排出。

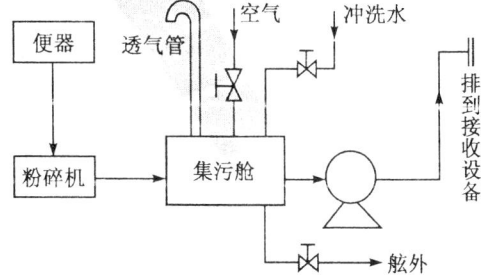

图 4-10　收集贮存装置工作原理

2. 生物处理装置系统

生物处理装置是利用好氧菌为主的活性污泥对污水中有机物质进行分解处理的装置,如图 4-11 所示。

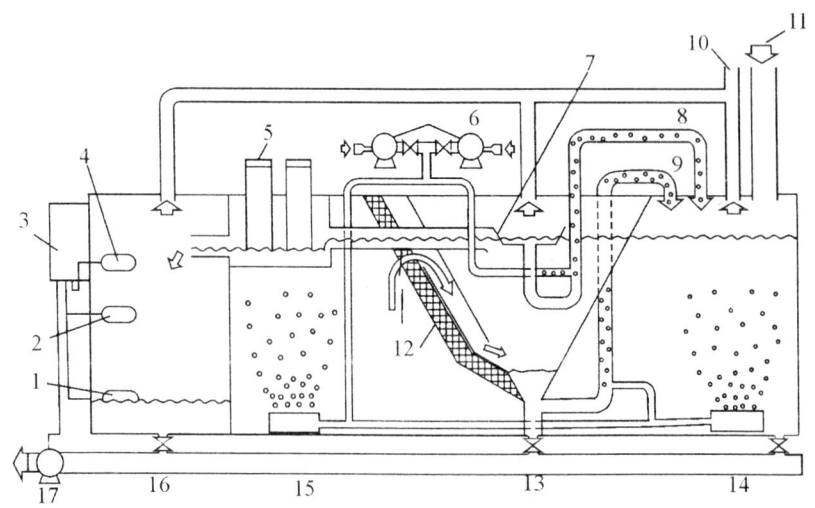

图4-11 Super-Trident 污水处理装置

1—低水位浮子开关;2—高水位浮子开关;3—控制箱;4—超高水位浮子开关;5—氯化器;6—空气压缩机;7—撇渣器;8—浮渣返回;9—污泥返回;10—通气管;11—污水进口;12—滤网;13—沉淀室;14,15—曝气室;16—杀菌室;17—排出泵

该设备分为三个部分:在曝气池中生活污水由顶部进口送入,压缩空气经安装在池内底部的几个扩散器供入污水中,搅拌污水使进入池内的污水与活性污泥充分混合完全接触,保证好氧菌生存所需氧气。经过曝气后,污水中有机物通过好氧菌新陈代谢转化成 CO_2 和 H_2O,同时产生新的活性污泥,水和污泥流入沉淀池,CO_2 通过排气系统排出。

在沉淀池中,混合液沉淀,水和污泥分离,净化后水溢流至消毒池;污泥一部分通过空气提升器回流到曝气室,另一部分定期排出,从而保持曝气池内活性污泥的浓度一定。

在消毒池中,水经过药物杀菌消毒然后排入海中。

生物处理装置操作管理注意事项:

①运行应连续进行,不能停止供风,否则,活性污泥中好氧菌群会因缺氧而死亡。每3个月检查曝气池活性污泥浓度,一般保持污水呈巧克力色。如表面出现浮渣,说明浓度过大,需要调整。

②要及时补充消毒剂,通常3个月补充一次,按每人每月20 g量投放。

③装置运行时,应控制进入的水量不超过装置的处理量(一般厕所冲洗量在60~65 L/d),而且,不应丢入如破布、棉纱等粗制纤维一类物品,以免造成阻塞。

二、船舶垃圾处理装置

船舶垃圾处理方法主要有三种:暂时收存、粉碎处理和焚烧处理。

船用焚烧炉是用来焚烧船上的污油、油渣、生活污水处理装置排出的污泥以及机舱废棉纱、食品残渣和其他可燃固体垃圾的。其中,污油是通过污油燃烧器燃烧;固体垃圾是经投料口送入炉内燃烧;生活污泥,可送入污油柜中与污油混合,经粉碎泵循环粉碎后,通过污油燃烧器喷入炉内燃烧。

1.船用焚烧炉应满足的要求

①装置须是通用性的,能够燃烧油类液体垃圾,也能够燃烧固体垃圾。

②排气含灰量要低,通常含灰量不超过 4 g/m^3。

③排气温度必须在 250～350 ℃之间。
④不能有气味外泄。
⑤必须能够在不停炉状态下安全地清除灰渣和不能燃烧物体。
⑥有充分的安全防护设施,以保证操作者的安全。
⑦焚烧炉尽可能自动化,要求当排烟温度过高、火焰故障、雾化压力过低、风机故障、燃烧器供给泵故障等情况时要给出报警,并停炉。

2. 焚烧炉的结构

焚烧炉的关键部件是燃烧器,它的好坏直接影响焚烧性能。依照所用燃烧器的不同,焚烧炉可分为:旋转喷嘴式、压力雾化式、滴下旋转式三种。

①旋转喷嘴式:只要有油经旋转喷嘴喷出即可燃烧。
②压力雾化式:利用具有一定压力的空气或蒸汽的喷射使污油水雾化而燃烧。
③滴下旋转式:靠一高速回转的中央圆筒在高速回转时所产生的离心力将污油柜滴入的污油雾化而燃烧。

焚烧炉的结构组成:在钢制外壳内衬耐火砖形成燃烧炉膛,在炉膛中设主燃烧器以喷入污(废)油,辅燃烧器以保证点火的助燃;设置固体废料投入口;在排烟口装抽风机,以保证炉膛内负压;此外,还设有观察孔、控制箱等。

3. 焚烧炉的管理

(1) 焚烧炉操作注意事项

①燃烧固体垃圾应在点火前打开送料口送入炉膛。
②点火前应先扫气 30 s 以上,以驱除膛内油气,防止爆炸。
③焚烧污油时要先放掉油柜中污水,并加温至 80～100 ℃。
④先点燃辅燃烧器喷入的柴油,待炉膛达到一定温度(约 600 ℃),再补入污油燃烧,停止喷入柴油。正常情况下,污油中混合有 30%～50%水时仍可连续燃烧。当不能连续燃烧时,则需一定量的柴油进行引燃(一般作为引燃用柴油的供给量与污油比例为 1/5～1/10)。停炉前应燃烧柴油,以冲洗污油管路。
⑤焚烧后的炉灰属无毒垃圾,可在距最近陆地 12 n mile 以外排入海中。
⑥每次处理污油和垃圾时,应做好相应记录。

(2) 维护保养注意事项

①在冷态下清除炉内垃圾。
②经常清洁燃烧器,保证油路畅通和点火有效。
③定期检查炉门,对铰链要清洁后注油防锈,必要时更换炉门的石棉密封填料。
④如发现炉内耐火砖损坏应及时修理。
⑤每日定期检查和试验自动控制和报警装置,保证其工作有效。

第五章

船舶安全用电

第一节 触电原因及预防

一、触电伤害的种类

触电是指人体触及到带电物体,由于电流通过人体而造成伤害的现象。按照电能施加的方式和危险程度,触电分电伤和电击两种情况。

1. 电伤

电伤是电流转变成其他形式的能量造成的人体伤害,包括电能转化成热能造成的电弧烧伤、灼伤和电能转化成化学能或机械能造成的电印记、皮肤金属化及机械损伤、电光眼等。电伤多数是局部性伤害,在人身表面留有明显的伤痕。

2. 电击

电击是指电流通过人体内部,对人体心脏、肺等内器官和中枢神经系统的正常工作造成伤害,严重可危及生命。人遭受电击时,轻者发生痉挛、呼吸困难,重者失去知觉甚至死亡。电击是全身伤害,但一般不在人身表面留下大面积明显的伤痕。

虽然触电事故所造成的伤害可分为电击和电伤两种,但事实上触电过程是比复杂的,在很多情况下,电击和电伤往往同时发生,但大多数触电死亡是由于电击造成的。日常所说的触电事故,基本上多指电击而言。

二、触电形式

触电形式主要可分为直接触电、间接触电、感应电压触电、剩余电压触电等几种形式。每种方式下又有不同的具体触电方式。了解这些触电方式有助于避免在船舶及岸上触电事故的发生。

(一)直接触电

直接触电是指人体直接触及正常运行的带电体所发生的电击,如误触相线、刀闸或其他设备带电部分等。按照人体触电的方式和电流通过人体的途径,直接触电主要有四种情况:双线触电、电源中性点接地的单相触电、电源中性点不接地的单相触电、弧光触电。

1. 双线触电

双线触点是指人体同时与两相电接触的触电,如图 5-1 所示。这种方式人体承受的是线电压,且有电流通过心脏,无论是在船上还是在陆地上,都是最危险的触电方式。

2. 电源中性点接地的单相触电

如图5-2所示,此时人体承受相电压,电流经过人体、地(船体)和中性点的接地线形成闭合回路,触电后果也非常严重。因为一般远洋船舶上都采用的是三相三线绝缘电力系统,故此种方式一般发生在陆地上,在船上仅船舶在靠泊或修船期间采用岸电供电时有可能发生。

3. 电源中性点不接地的单相触电

如图5-3所示。对于大多数船舶电力系统而言,由于电源中性点不接地,电源线与船体间是隔离状态(绝缘电阻极大),因此发生单相触电时,从理论上讲人体不会流过电流。但实际上一方面因船上电缆与船体间存在分布电容(电缆越长电容越大)从而具有容抗;另一方面船上绝缘也经常不太理想,因此当发生单相触电时,流过回路:电源A相→人体→地(船体)→相与地间的阻抗(Z_C、Z_B)→电源(B和C相)的电流可能比较大,因而造成触电伤害。

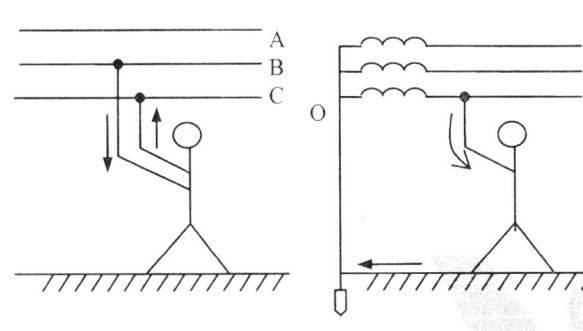
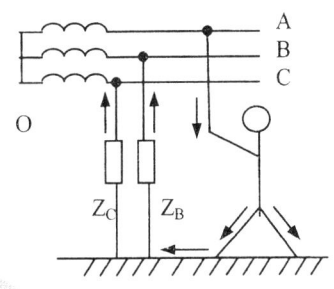

图5-1 双线触电　　图5-2 电源中性点接地的单相触电　　图5-3 电源中性点不接地的单相触电

4. 弧光触电

弧光触电是指人靠近高压线(高压带电体),高压可击穿带电导体与人体之间的空气,造成弧光放电而产生的触电伤害。弧光触电可将人体烧伤,严重时可致死亡。现代大型船舶和海洋工程船舶采用高压电力系统的越来越多(但按中国船级社的定义,船上超过1 kV以上的电压即为称为高压电),因此这种触电方式在船上有可能发生。应防范这种触电事故,时刻注意与高压系统保持足够的安全距离。

(二)间接触电

间接触电是指电气设备发生故障后,人体触及该意外带电部分所发生的电击,如大风或船损导致电线接触到本不带电的物体上、电动机等用电设备的绝缘损坏而引起外壳带电等情况下导致的触电。间接触电也有两种方式:跨步电压触电和接触电压触电。

1. 跨步电压触电

当带电体接地有电流流入地下时,电流在接地点周围产生电压降,人在接地处两脚之间电位不同因而产生了跨步电压,由此引起的触电事故叫跨步电压触电。人受到跨步电压时,电流虽然是沿着人的下身,从脚经腿、胯部又到脚与大地形成通路,没有经过人体的重要器官,好像比较安全,但是实际并非如此。因为人受到较高的跨步电压作用时,双脚会抽筋,使身体倒在地上。这不仅使作用于身体上的电流增加,而且使电流经过人体的路径改变,完全可能流经人体重要器官,如从头到手或脚,因而这种触电也非常危险,能造成致命伤害。

跨步电压触电一般发生在高压电线落地时,但对低压电线落地也不可麻痹大意。根据试验,当牛站在水田里,如果前后跨之间的跨步电压达到10 V左右,牛就会倒下,电流常常会流经它的心脏,触电时间长了,牛会死亡。

当一个人发觉跨步电压威胁时,应赶快把双脚并在一起,然后马上用一条腿或两条腿跳离危险区。

2. 接触电压触电

正常情况下电气设备不带电的外露金属部分,如金属外壳、金属护罩和金属构架等,在发生漏电、碰壳等金属性短路故障时就会出现危险的电压,此时人体触及这些外露的金属部分,如果人体不同部位如手、脚同时触及具有不同电位的部位时,人体就会承受电压,由此电压导致的触电即为接触电压触电。

接触电压就是指与接地装置相连的电工设备外壳等接触处和人站立点间的电位差。电流通过接地装置时,大地表面会形成以电流入地点为中心的分布电位,距电流入地点越近,电位越高。

(三) 感应电压触电

带电设备通过电磁感应和静电感应作用,在附近停电设备上感应出一定的电位,此电位大小与带电设备的电压、电气和几何对称度、停电设备与带电设备的接近程度、平行距离及其他多种因素有关。

如果感应出的电压足够高,人接触到停电设备,就会导致感应电压触电。此外,电力线路对通信等弱电线路的危险感应,还经常造成通信设备的损坏甚至工作人员的触电伤亡。

(四) 剩余电荷触电

电气设备的相间和对地间都存在一定的电容效应,当电源断开时,刚断开的停电设备上由于电容效应将保留一定的电荷,这就是所谓的剩余电荷。此时如果人体触及停电设备就可能遭受剩余电荷的电击。设备容量越大,遭受电击的程度也就越严重。因此对未装地线的较大容量设备,在其停电工作或测试时应逐相短路接地后进行。

此外,诸多电气设备的电源部分、变频器等都含较大的电容,在检修前也应对其充分放电,防止电容上剩余电荷导致的触电。

还有些其他触电方式,如雷电触电、静电触电等,就不再介绍了。

需要说明的是,船上发生的触电大部分为**直接触电**形式,但随着高压电力系统的船舶上的应用,其他几种触电方式也应引起足够的重视。

三、影响触电危险程度的因素

影响电击伤害严重程度主要有以下几个方面因素。

(一) 电流的大小

通过人体的电流越大,人体的生理反应越明显、感觉越强烈、破坏心脏正常工作所需的时间越短,致命的危险性越大。

按照通过人体电流大小的不同,以及人体呈现状态的不同,可将触电电流分为感知电流、摆脱电流和致命电流。

1. 感知电流

感知电流是指在一定概率下,引起人的感觉的最小电流。不同人的感知电流是不同的,取平均值,成年男性约 1.1 mA,成年女性约 0.7 mA。

2. 摆脱电流

摆脱电流是指人触电后能自主摆脱电源的最大电流。对于成年男性平均约为 16 mA,成年女性平均约为 10.5 mA。

3. 致命电流

致命电流是指在较短时间内危及生命的最小电流,通常规定为 30 mA。当流经人体电流大于 30 mA 时,就有发生心室颤动的危险,而电击致死的主要原因就是电流引起心室颤动。

(二) 电流持续时间

通电时间越长,越容易引起心室颤动,越危险。

(三) 电流的种类和频率

一般讲,直流的危险性比交流小。直流对人体有分解作用,交流对人的神经起破坏作用。频率 25~300 Hz 的交流电,对人体的伤害最严重,10 Hz 以下和 1 000 Hz 以上,伤害程度明显减轻,如电流频率为 1 MHz 时,人体可流过达 1 A 的电流而基本没危险。

(四) 电流的途径

电流通过人体任意途径都可能使人死亡。例如,电流经过某一局部,可能引起中枢神经紊乱而导致死亡,电流通过人的头部会使人昏迷、甚至不醒进而死亡。心脏是人的薄弱环节,通过心脏的电流越多,电击致命的危险性越大。所以,从左手到前胸是最危险的电流途径;从手到脚、从左手到右手都是很危险的电流途径;从左脚到右脚的电流途径的危险性相对小,但人可能因痉挛而摔倒,导致电流经过全身或引起其他二次事故。

(五) 人体电阻

人体的平均电阻可按 100~3 000 Ω 考虑,一般正常情况下按 1 000~1 500 Ω 计算。接触电压一定时,流过人体的电流决定于人体电阻。人体电阻越小,流过人体的电流越大。人体电阻包括人体的内部电阻和皮肤电阻。

人体电阻不是固定不变的。接触电压增加、皮肤潮湿程度增加、通电时间延长、接触面积和接触压力增大、环境温度升高以及皮肤破损都会使人体电阻降低。以接触到 250 V 交流电为例说明人体电阻的变化:

皮肤干燥,1 500 Ω (干燥场所,电流途经单手至双足的人体电阻);

皮肤潮湿,1 000 Ω (潮湿场所,电流途经单手至双足的人体电阻);

皮肤湿润,650 Ω (特别潮湿场所,电流途经单手至双足的人体电阻);

浸入水中,325 Ω (游泳池或浴池中,基本上是体内电阻)。

(六) 人体状况

人体的健康状况和精神正常与否是决定触电伤害程度的内在因素。患有心脏病、结核病、精神病、内分泌器官疾病和酒醉者,由于自身抵抗能力较差,还可能诱发其他疾病,触电的后果更严重。此外,女性和儿童触电的危险性都比较大。

四、防止触电的技术措施

绝缘、安全间距、漏电保护、安全电压、遮栏及阻挡物等都是防止直接触电的防护措施。保护接地、保护接零是间接触电防护措施中最基本的措施。

(一) 绝缘

1. 绝缘的作用

绝缘是用绝缘材料把带电体隔离起来,实现带电体之间、带电体与其他物体之间的电气隔离,使设备能长期安全、正常地工作,同时可以防止人体触及带电部分,避免发生触电事故,所以绝缘在电气安全中有着十分重要的作用。良好的绝缘是设备和线路正常运行的必要条件,也是防止触电事故的重要措施。

2. 绝缘破坏

绝缘材料经过一段时间的使用会发生绝缘破坏。绝缘材料除因在强电场作用下被击穿而破坏外,自然老化、电化学击穿、机械损伤、潮湿、腐蚀、热老化等也会降低其绝缘性能或导致绝缘破坏。

绝缘体承受的电压超过一定数值时,电流穿过绝缘体而发生放电现象称为电击穿。

气体绝缘在击穿电压消失后,绝缘性能还能恢复;液体绝缘多次击穿后,将严重降低绝缘性能;而固体绝缘击穿后,就不能再恢复绝缘性能。

在长时间存在电压的情况下,由于绝缘材料的自然老化、电化学作用、热效应作用,等其绝缘性能逐渐降低,有时电压并不是很高也会造成电击穿。所以绝缘需定期检测,保证电气绝缘的安全可靠。

3. 绝缘安全用具

常用的绝缘安全用具有绝缘手套、绝缘靴、绝缘鞋、绝缘垫和绝缘台等。绝缘安全用具可分为基本安全用具和辅助安全用具。基本安全用具的绝缘强度能长时间承受电气设备的工作电压,使用时,可直接接触电气设备的有电部分。辅助安全用具的绝缘强度不足以承受电气设备的工作电压,只能加强基本安全用具的保安作用,必须与基本安全用具一起使用。在低压带电设备上工作时,绝缘手套、绝缘鞋(靴)、绝缘垫可作为基本安全用具使用,在高压情况下,只能用做辅助安全用具。

在一些情况下,手持电动工具的操作者必须戴绝缘手套、穿绝缘鞋(靴),或站在绝缘垫(台)上工作。采用这些绝缘安全用具使人与地面,或使人与工具的金属外壳(其中包括与其相连的金属导体)隔离开来。这是目前简便可行的安全措施。

为了防止机械伤害,使用手电钻时不允许戴线手套。绝缘安全用具应按有关规定进行定期耐压试验和外观检查,凡是不合格的安全用具严禁使用,绝缘用具应由专人负责保管和检查。

(二)屏护

屏护是指采用遮栏、围栏、护罩、护盖或隔离板等把带电体同外界隔绝开来,以防止人体触及或接近带电体所采取的一种安全技术措施。除防止触电的作用外,有的屏护装置还能起到防止电弧伤人、防止弧光短路或便利检修工作等作用。配电线路和电气设备的带电部分,如果不便加包绝缘或绝缘强度不足时,就可以采用屏护措施。

开关电器的可动部分一般不能加包绝缘,而需要屏护。其中防护式开关电器本身带有屏护装置,如胶盖闸刀开关的胶盖、铁壳开关的铁壳等;开启式石板闸刀开关需要另加屏护装置。对于高压设备,由于全部加绝缘往往有困难,而且当人接近至一定程度时,即会发生严重的触电事故。因此,不论高压设备是否已加绝缘,都要采取屏护或其他防止接近的措施。

变配电设备都需要设置遮栏或栅栏作为屏护。邻近带电体的作业中,在工作人员与带电体之间及过道、入口等处应装设可移动的临时栅栏。

屏护装置不直接与带电体接触,对所用材料的电性能没有严格要求。屏护装置所用材料应当有足够的机械强度和良好的耐火性能。但是金属材料制成的屏护装置,为了防止其意外带电造成触电事故,必须将其接地或接零。

使用屏护装置时,还应注意以下内容:

①屏护装置应与带电体之间保持足够的安全距离。

②被屏护的带电部分应有明显标志,标明规定的符号或涂上规定的颜色。

遮栏、栅栏等屏护装置上应有明显的标志,如根据被屏护对象挂上"止步,高压危险","禁止攀登,高压危险"等标示牌,必要时还应上锁。标示牌只应由担负安全责任的人员进行布置和撤除。

③遮栏出入口的门上应根据需要装锁,或采用信号装置、连锁装置。前者一般是用灯光或仪表指示有电;后者是采用专门装置,当人体超过屏护装置而可能接近带电体时,被屏护的带电体将会自动断电。

(三)漏电保护器

漏电保护器是一种在规定条件下电路中漏(触)电电流(mA)值达到或超过其规定值时能自动断开电路或发出报警的装置。

漏电是指电器绝缘损坏或其他原因造成导电部分碰壳时,如果电器的金属外壳是接地的,那么电荷就由电器的金属外壳经大地构成通路,从而形成电流,即漏电电流,也叫做接地电流。当漏电电流超过允许值时,漏电保护器能够自动切断电源或报警,以保证人身安全。

漏电保护器动作灵敏,切断电源时间短,因此只要能够合理选用和正确安装、使用漏电保护器,除了能保护人身安全以外,还有能防止电气设备损坏及预防火灾的作用。

漏电保护器在陆地上应用广泛。

(四)安全电压

安全电压又称安全特低电压,它是兼有防止直接触电和间接触电的防护措施。安全电压与安全工作关系极大,它是制定安全措施和保安设计的依据。如果把安全电压规定过低,对人身安全有很大好处,但会增加投资甚至造成不必要的浪费;反之,如果把安全电压规定过高,虽然满足经济上的要求,但对人身安全造成很大威胁。因此确定安全电压的原则是,在保证安全的前提下尽可能提高经济性。

实际上对触电后果造成直接影响的是触电电流而不是电压,但如果假设安全电压是指作用于人体的有效电压,而取人体电阻为一定数值,这样一个安全电流值就和某一个安全电压值相对应了。在实际使用时,大家习惯使用安全电压来作为遵循的指标,因为使用安全电压比使用安全电流来得简便。

1. 安全电流

触电的特定条件和场合不同,触电后的危险程度也不同,因此确定安全电流的原则和大小也不同。

在触电后如果电源能自动消失的场合,可把不致引起心室颤动、人体所能忍受的极限电流作为安全电流,并考虑触电持续时间的影响;在触电后电源不会自动消失但也不会引起其他性质的伤害(如泳池触电后会导致溺死)的场合,可把不致引起心室颤动的电流值作为安全值,并考虑到时间较长,通常取 30 mA 作为安全电流值;在触电后电源不会自动消失且有发生二次危险的场合,则应以摆脱电流作为安全电流值。

2. 安全电压及安全电压等级

安全电流确定后,安全电压就由安全电流与人体电阻的乘积来确定。显然,安全电压在不同场合应有不同的值。

触电后电源不会自动消失但也不会引起其他性质的伤害是最常见的一种情况,因此它所对应的安全电压是最基本的一个指标。我国所采用的基本安全电压为 50 V,它是取安全电流为 30 mA、人体电阻 1 700 Ω 时得到的安全电压值。

在特别危险场合,取安全电流为摆脱电流,并取人体电阻为几百欧至几千欧,即可得到该

情况下的安全电压值,该值当然小于50 V,如6 V、12 V、24 V、36 V等。

我国GB3805-1993《安全电压》中定义:安全电压是指为防止触电事故而采用的由特定电源供电的电压系列。标准中还规定安全电压额定值的等级为42 V、36 V、24 V、12 V、6 V。这个电压系列的上限值,在任何情况下,两导体间或任一导体与地之间均不得超过交流(50～500 Hz)有效值50 V。

安全电压应根据人体和环境状态等因素选用。特别危险环境中使用的手持电动工具应采用42 V安全电压;有电击危险环境中,使用的手持式照明灯和局部照明灯应采用36 V或24 V安全电压;金属容器内、特别潮湿处等特别危险环境中使用的手持式照明灯应采用12 V安全电压;在水上作业等场所工作应使用6 V安全电压。采用超过24 V的安全电压时必须采取防止直接触及带电导体的防护措施。

GB/T 3805-2008《特低电压(ELV)限值》,它参考了国际电工委员会IEC的相关标准,是不同环境下选用安全电压等级的指导原则。例如在皮肤阻抗及对地电阻均可忽略的环境下(如人体浸没),工作时安全稳态电压限制为0 V(交直流);在皮肤阻抗及对地电阻降低的环境下(如潮湿状态),安全稳态电压限制为交流16 V、直流35 V以下(发生单个故障的情况下限制值分别为交流33 V、直流70 V以下);在皮肤阻抗及对地电阻均不降低环境下(如干燥条件),安全稳态电压限制为交流33 V、直流70 V以下(发生单个故障的情况下限制值分别为交流55 V、直流140 V以下)。为预防电容放电所导致的触电,该标准还规定了易触及的不同电容(值)下的稳态电压限制值。

值得注意的是,国际电工委员会相关导则中有慎用"安全"一词的原则,因为安全电压只是作为特低电压保护形式的表示,并不是说采用安全电压电源供电就一定不会发生触电事故和电击伤害。

(五)安全间距

安全间距是指在带电体与地面之间、带电体与其他设施、设备之间、带电体与带电体之间保持的一定安全距离,简称间距。设置安全间距的目的:防止人体触及或接近带电体造成触电事故;防止车辆或其他物体碰撞或过分接近带电体造成事故;防止电气短路事故、过电压放电和火灾事故;便于操作。安全间距的大小取决于电压高低、设备类型、安装方式等因素,如在低压工作中,人体及所携带的工具与带电体距离不应小于0.1 m;造船规范规定,主配电板的前后应留有足够宽度的通道,其前面通道的宽度应至少为0.8 m,后面通道的宽度应至少为0.6 m,若配电板的结构形式可在前面和侧面进行维护检查和更换部件时,则允许不设后通道等。

关于保护接地和保护接零将在其他章节介绍。

五、触电事故的原因及预防

在船上及船舶相关作业中发生的触电事故,分析起来,大多是由于下列原因引起的:

①电气安全知识不足或未能严格遵守安全操作规程,直接接触或过分靠近具有触电危险的设备。

②电气设备和设施运行监视不严、检修不合格、维修不及时等,造成电气设备不合格(如电线或电缆绝缘损伤后未能及时处理、电气设备年久失修未能及时更换)。

③偶然因素,如船体受损、火灾使电线与人体接触。

以上触电原因中,除了偶然因素外,其他的都是可以避免的。

防止人身触电事故,应从两方面采取预防措施。一方面在技术上要采取相应的防护措施,如利用绝缘材料对带电体进行封闭和电位隔离、用屏护或障碍方法防止人体接触到带电体、电气隔离、特低电压、安全距离、漏电保护、自动断开电源、等电位等;另一方面要防止人为因素导致的触电事故,就是要求对船上人员尤其是电气设备技术管理人员、电气设备的操作和使用人员,加强安全用电的教育,着重从以下方面入手,预防人为因素导致的触电:

①克服麻痹思想,严格遵守安全操作规程、安全用电规则。
②学习安全用电及相关知识,提高安全用电意识和情景意识,主动识别潜在危险。
③及时维修、保养电气设备,保证电气设备的良好绝缘和良好接地。
④加强对电气设备运行管理,防止过热、过载等情况的发生,保证电气设备及供电系统安全。

六、触电急救

当发现有人遭受电击(低压电)伤害时,应迅速组织现场急救。急救工作包括下列内容:脱离电源;对症急救。

(一)脱离电源

发现有人触电时,最急迫的反应是让触电者脱离电源。这项动作应让电工或受到安全用电方面培训的人员执行,没有把握时应迅速报告。在脱离电源时应注意:如果事故离电源开关较近,应立即切断电源开关;如果事故离电源开关太远,来不及立即断开,救护人员可用干燥的衣服、手套、绳索、木板、木棒、绝缘杆等绝缘物作为工具,拉开触电者或挑开电源线使之脱离电源;如果触电者因抽筋而紧握电线,可用干燥的木柄斧、胶把钳等工具切断电线;或用干木板、干胶木板等绝缘物插入触电者身下,以隔断电流;如果触电者在高处,应采取安全措施,防止触电者从高处跌落受伤。在触电者未完全脱离开电源前,救护人员切勿直接接触触电者,情况特殊特别需要时最好只用一只手操作并做好救护人员对地的隔离措施,防止救护人员的触电事故;当触电者脱离电源后,应注意及时处理现场,排除危险,防止再次触电。

(二)对症急救

触电者脱离电源后,应按照触电者的伤害程度采取相应的救治办法。尽量在现场救护,同时申请医疗方面的帮助,先救后搬;现场和搬运中也要注意触电者的变化,按伤势轻重采取不同的救护方法:

①如触电者伤害不太严重、神志清醒,只感到心慌、乏力、肢体发麻时,应将其抬到通风处平卧,同时注意观察,如有必要及时请医生诊治或获得外界帮助。
②如触电者神志不清,但呼吸、心跳正常,应将其抬到空气清新处平躺,解开衣领以利于呼吸。如发现呼吸困难、脉搏变浅或发生痉挛,应准备心跳停止时的进一步救护。
③如触电者呼吸停止,但心跳存在,应立即采用人工呼吸法抢救;如触电者有呼吸无心跳,应采用胸外心脏按压法进行抢救,使其恢复心跳;如触电者心跳呼吸均已停止,则应立即按心肺复苏法就地进行抢救。只要触电者没有明显死亡症状就应坚持抢救。

在现场抢救的同时,应尽快通知医务人员赶至现场急救,同时做好送往医院的准备。如船在海上航行途中,应及时向外寻求帮助。

关于心肺复苏术,考虑到本书的读者一般都在合格证培训中接受过训练和学习,本书不予介绍。

第二节 安全用电

一、安全用电规则

安全用电规则是在以往大量触电事故和理论知识的基础上分析总结出来的,必须严格遵循。不同的场所应根据具体情况制定相应的安全用电规则。由于与人们工作生活密切相关、人们容易接触到、最易发生危险的是低压电,因此本处的安全用电规则也仅针对低压电部分。高压电力系统的维护和管理需经专门的培训。

在船舶电气维护管理和其他相关工作中,作为电气设备的维护和管理人员,在工作中应遵循以下安全规则:

①工作服应扣好衣扣,必要时扎紧裤脚,不应把手表、钥匙、项链、手链等金属带在身边,工作时应穿电工绝缘鞋。

②检查自己的工具是否完备良好,如各种钳柄的绝缘、行灯、手柄、护罩等,如发现有缺陷,应及时更换。

③电气器具的电线、插头必须完好,插头应与插座吻合,插头、插座、电线等都不能过载,无插头的移动电器不准使用,36 V以上的电器外壳必须安全接地。

④不要先开启开关后接电源(指手提电器),禁止用湿手或在潮湿的地方使用电器或开启开关。

⑤在修理任何线路及线路上的电器时,应切断电源(或从进线端取下熔断器),并挂上警告标示牌(如"有人工作,禁止合闸")。修理完毕后,在通电前应先查看相关线路上有无其他人在工作,确定无人后,才可装上熔断器,合上开关。

⑥换熔丝时,一定要先拉断开关,并换上规定容量的熔丝,不得用铜丝或其他金属丝代替。

⑦检查电路是否带电,只能用万能表、验电笔和校验灯。在未确定无电前不能进行工作。带电作业必须经轮机长批准。带电作业时除穿工作鞋、戴绝缘手套外还应戴防护面具,作业时必须有两人一同进行,一人作业一人监护;尽可能用一只手触及带电设备及进行操作。

⑧在带电设备上严禁使用钢卷尺等金属尺进行测量工作。

⑨高空作业应先申请,获批准后方可进行。高空作业是指在坠落高度基准面2 m以上(含2 m)有可能坠落的高处进行作业。高空作业时应系安全带,以防失足或触电坠落,同时要注意所携带的工具、器材,防止失手落下伤人和损坏设备。使用梯子应先检查梯子是否牢固,要有防止滑倒的措施,现场条件达不到要求时,要设专人扶持,人字形梯必须有防止闭合装置,单靠梯子上端与墙壁间以30°上下为宜,必须注意防止滑倒。单靠梯子高度不够时不准垫高,也不准两个梯子接在一起使用。

⑩在维修和检查有大电容(或电感)的电气设备时,应将电容器(或电感)充分放电,必要时可先予短接。

⑪在机舱工作时,应有适当的照明,所用灯具电压应符合安全标准。

⑫工作完毕后,应检查清点工具,不要遗留。特别是在配电板、发电机等重要设备附近工作时更应注意保证不必要的灯或未燃尽的火应熄灭。

⑬严禁使用四氯化碳作为清洁剂(四氯化碳易损害绝缘层)。

⑭电路接线部分不应有接头裸露或裸线接入插座。

⑮发现电气设备发生不正常现象时,应马上停止使用,及时采取适当的措施(如切断电源)防止发生火灾或烧坏设备。

⑯为确保电气设备的安全运行,非责任者不得随意移动船上电气设施,保险丝容量不准随意更改。

⑰夏天或密闭空间等其他易致人体出汗的场合,在使用电焊、通风、照明等电气设备时应特别注意触电危险。

⑱电气设备的移动应在断电且电源线从插头拔出的情况下进行。

⑲手持电动工具应按照国家标准制定安全操作规程,并遵守该规程。使用前,合理选用手持电动工具,检查完好情况。

⑳电焊作业人员必须经过专门培训。电焊机要按要求设置焊机二次回路的工作接地线,避免"一根龙头线拎到哪里焊到哪里"的现象。

㉑船上临时用电应征得电气管理人员的同意,电气管理人员有责任和义务纠正本船不安全用电的行为。

二、电气安全用具

安全用电规则的遵循,很大部分要依赖电气安全用具。电气安全用具是指进行电气操作、检查、维修等工作时使用的保安器具,用以防止工作中的电击。

电气安全用具分为绝缘安全用具和一般安全防护用具两大类。船上常见的绝缘安全用具有验电笔、带有绝缘柄的电工工具、绝缘手套、绝缘靴(鞋)、绝缘垫、绝缘台等,防护安全用具有安全标示牌、防护眼镜、安全帽、安全带等。

电气安全用具使用前应进行检查,某些用具应定期进行电气和机械试验。例如,绝缘垫应2年试验一次,绝缘台应3年试验一次,绝缘手套和绝缘靴(鞋)应半年试验一次,其他用具一般1年试验一次。

第三节 电气防火知识

船舶火灾不仅直接危及船舶安全运输,同时也给广大船员和乘客造成很大威胁,因此船舶防火是船舶安全的重要工作。

燃烧的三要素是:充足的空气、可燃物质、火源或危险温度。只要这三者不同时存在就不会发生火灾。爆炸和燃烧是同一化学反应,其氧化反应的传播速度极快,而且伴随着气体急剧膨胀而产生巨大声响。

船舶防火重在控制火源,而意外火灾的火源很大一部分是由电气设备引起的。

一、船舶电气设备引发火灾的原因

船舶电气设备的运行中出现故障、使用或管理不善、电气设备绝缘老化都有可能形成电气火种,进而引发火灾。下列情况可能形成火源:

①电气设备因绝缘老化、绝缘损坏、潮湿等原因造成绝缘强度下降,通电时就可能发生短路、接地等故障进而造成温度过高或发出火星。

②电气设备或电缆长期超负荷工作,或由于短路故障、非正常电压等引起电流过大,使电缆或电气设备温度过高而可能引起火花。

③导体的连接点的松动、氧化、腐蚀等引起接触不良,造成局部过热。
④电气设备(特别是插座)进水形成短路或接地,在短路或接地点局部发热。
⑤可燃物质离发热电器设备过近,照明灯具上覆盖衣物、纸张等。
⑥电器设备的铁芯局部短路、接触不良等,会导致电气设备局部过热。

二、电气设备防火要求

为防止电气设备引起火灾,应注意下列事项:
①经常检查电气线路及设备的绝缘电阻,发现绝缘低于最低要求、接地、短路等故障要及时排除。
②电气线路和设备的载流量必须控制在额定范围内,禁止超载运行。
③严格按工艺要求,保证电气设备的安装质量。
④按环境条件选择和使用电缆、电气设备,易燃易爆场所要使用防爆电器。
⑤电气连接处要牢靠,防止松动脱落。
⑥注意电气设备的日常维护、保养和清洁工作;保证物料堆放整齐、离发热电器距离远、通风良好。
⑦防止机械损伤破坏绝缘。

三、电气火灾的扑灭

电气设备起火时,首先应设法切断着火部分的电源,然后用二氧化碳、干粉等灭火剂灭火。不能用水龙灭火,防止触电。切断电源的地点应选择得当,一方面要尽量减少停电范围以利于灭火;另一方面,开关设备受火灾影响可能绝缘受到破坏,要防止操作中发生触电。

第四节 船舶电子电气系统的接地

船舶接地,就是把船舶电气设备的金属外壳、支架或电缆的护套等与大地等电位的船体所做的永久性良好电气连接。它是保证电子电气设备正常工作和防止触电的重要安全保护措施。船舶电子电气系统中常见有如下几种接地。

一、工作接地

为保证电气设备在正常工作情况下可靠运行所进行的接地称为工作接地,如船上电焊机的接地线、三相四线制系统中的中性点接地、阴极保护装置、绝缘监测系统等,它是构成正常工作回路的一部分。因为一般船上供电采用的是三相三线绝缘系统(IT系统),故船上工作地线相对陆地而言不普遍。

二、保护接地

为了防止电气设备因绝缘破坏,使人遭受触电危险而进行的接地称为保护接地。船舶保护接地是将电气设备的金属外壳与船体钢结构件做好的电气连接。当具有保护接地装置的电气设备绝缘损坏外壳带电时,接地电流和短路电流沿过人体和接地体两条通路,流过每一通路的电流值与其电阻值大小成反比,一般接地电阻远小于人体电阻,因而流经人体的电流几乎为零,从而使人体避免触电。根据中国船级社《钢质海船入级规范》(2009)规定,电气设备保护接地的主要要求有：

①电气设备的金属外壳均需要进行保护接地。但下列情况除外：工作电压不超过50 V的设备；具有双重绝缘设备的金属外壳；为防止轴电流的绝缘轴承座；荧光灯管的紧固件；正常运行不可能带电或接触接地部件的金属部件、电缆紧固件等。

②当电气设备直接紧固在船体的金属结构或紧固在船体金属结构有可靠电气连接的底座（或支架）上时，可不另设置专用导体接地。

③无论是专用导体接地还是靠设备底座接地，接触面必须光洁平贴，保证接触良好，并有防松和防锈措施。

④电缆的所有金属护套或金属覆层须作连续的电气连接，并可靠接地。

⑤接地导体应用铜或耐腐蚀的良导体制成。接地导体的截面积须符合规定的要求。

⑥可移动和可携电气设备的不带电裸露金属部分，应以附设在软电缆或软电线中的连续接地导体，并通过插头和插座接地，其接地导体的截面积应符合规定。

三、屏蔽接地（防干扰接地）

屏蔽接地是为了防止电磁干扰，在屏蔽体与地或干扰源的金属机壳之间所做的良好电气连接。屏蔽接地是防止无线电干扰，保证电磁兼容性的良好措施。

无线电通信设备一般都装在封闭的金属机壳内，以防止外来的干扰。屏蔽是抑制无线电干扰的有效措施。任何外来干扰所产生的电磁波，其电力线将垂直终止于封闭机壳的外表面上，而不能穿进机壳内部。这种屏蔽将使屏蔽体内的无线电通信设备或导体不受干扰源的影响。另外，同样也可以防止无线电干扰源影响屏蔽体外的无线电通信设备或带电体。此时，屏蔽体需要与地或干扰源的机壳之间有良好的电气连接。

四、其他接地

实际工作中还可能遇到其他几种接地，下面只是简单介绍。

1. 保护接零

电气设备在正常条件下不带电的金属部分与电网的中性线紧密相连，或与直流回路中的接地中性线相连，称之为保护接零。

保护接零的作用是当低压线路中发生碰壳短路时，可形成单相短路，使保护装置能迅速动作，切断电源，保护人体免受触电的危险。

保护接零系统，要求电源中性点有良好的工作接地，而且如果零线断路反而会带来更大的危险。它仅适用于三相四线制中性点直接接地的低压配电系统中。目前在推广 TN-S 三相五线配电方式的情况下，保护接零的概念正在逐渐弱化，在船上也少见。

2. 防雷接地

为防止雷击而进行的接地称为防雷接地。船舶上避雷针通常直接焊在钢桅杆杆顶上，桅杆与船体是可靠接触的，故不需要像陆地上那样另设地线。

3. 电子设备的接地

电子设备的接地有两方面的含义，一种是将电路板和设备与地（船壳）相接，以增加系统的电磁兼容性和安全性；另一种接地是指与信号的参考零电位——"虚地"相接。对于这些接地技术的应用和维护，应严格参照相关说明书进行。

4. 静电接地

为防止可能产生或聚集静电荷,对设备、管道和容器等进行接地,称为静电接地。设备在移动或物体在管道内流动,因摩擦产生静电,聚集在管道、容器或加工设备上,可能形成很高的电位,会危及人身安全、击穿电子元件、形成静电火带来火灾危险。静电接地的作用是提供静电的泄放通道以消除静电荷聚集的可能。静电接地在船上危险区域或油船和化学品船上应用广泛。

总体上说,船舶电气设备的接地可分成功能性接地和保护性接地两种,工作接地属于功能性接地,而保护接地、保护接零属于保护性接地。在船上,经常会碰到某些图纸或某些电气设备的插头/插座、接线柱等,常标有E、PE、N等字样,其中E表示接地(Earthing);PE表示保护线(Protecting Earthing),通常是保护地线;N表示中性线/零线(Neutral)。如果标有PEN,则是表示零线和保护地共线(这是一种可能经济但并不安全的方式,限小范围内使用)。

第五节　油船预防静电起火和爆炸

油船(和散装化学品船)上很多区域会存在可燃性油气,遇到火源易产生爆炸和燃烧。普通船上的防火要求也适用于油船。在油船的特殊环境下,因静电产生的火花放电特别危险,因此油船上有更严格的防静电起火(爆炸)要求。

一、静电的产生及危害

静电是由两种不同物体接触摩擦时在物质间发生了电子转移而形成的带电现象。

静电产生原因有:

①摩擦带电。

②剥离、分离、撞击带电,如穿脱尼龙袜和脱下化纤衣物时产生的静电、附着在器壁上液滴坠落分离时产生的静电、塑料管传送液体时一部分电荷被带走而产生的静电。

③感应带电,当导通在电场中受到场强的作用使其表面不同部位感应出电荷,如人体处于带电的静电空间因感应而成为一个独立的带电等位体。

人体表皮有一定电阻,人在活动过程中,上述三种原因都会使人体带电,此外,人因自身生理作用可能产生数百伏乃至上千伏的静电电压。

在船舶环境下,由于带电低云层的静电感应,会使船舶金属体感应带电。船舶航行与空气的摩擦也能使金属体带电。

对于油船而言,油品在装卸货、运输过程中,油品不可避免地要与管壁、舱壁、滤器、空气等产生摩擦或撞击,因而会产生静电;在洗舱时,洗舱机及喷嘴软管在工作中会产生静电;水柱、水雾等与管壁或油滴摩擦冲击也会产生静电。

静电的特点是能量小但电压很高、泄漏缓慢。由于上述种种原因产生的静电,如果没有较快地消散,积累到一定程度就会在突出部位产生静电放电,当放电的两个电极间的空气被击穿形成通路后,就可能发生火花放电,它成为火灾和爆炸的隐患。特别是油船,存在可燃气体的空间较大,更容易引起爆炸,所以油船必须设法严格预防静电起火和爆炸。当然,静电还可能使人体遭受电击,或因电击引起二次伤害。

二、油船预防静电起火和爆炸

预防油船静电起火的主要途径一是避免和减少静电的产生；二是采取措施消散静电，避免静电大量聚集而产生火花放电。具体的措施主要有：

①接地。油管如不是直接焊接在船体上，就应做可靠接地，并且不同油管段间应跨接，以便形成良好的电气连接，接地和跨接的导体应有一定的截面积和防腐蚀措施；输送可燃性液体或海水的管系中使用非金属软管的，其内部还应至少有一层金属丝编织物；通风设备和管道也应接地；锁具、活动吊杆、舱口盖等处也应有类似消除静电荷的接地措施；电气设备的金属外壳均须可靠接地，所有电气设备的保护接地可作为防静电接地。

②对油管要接线有专门的要求。接油管时，应先接接地电缆，后接油管；在拆油管时，应先拆油管，后拆接地电缆，两者不能颠倒。

③控制油品流速。由于静电与货油的流速成正比，因此在装卸油时应控制货油的流速。为防止油管内或舱底残留积水而发生油水冲击而大量产生静电，开始装油时，货流速度应控制更小。

④装油后测量、取样时，应考虑油的半衰时间，宜在装完后 30 min 进行，所用的量尺及取样装置应采用非金属材料制成。

⑤洗舱时，洗舱机数量不宜过多，在吊入舱内之前应可靠接好接地电缆，工作人员必须防止金属工具落入舱内。

⑥路经甲板前，一定要用手触摸静电放电铜板，使人体电位与船体电位持平。

⑦在装油、洗舱、除气作业期间，应按指定的通道出入生活区。作业人员应穿着防静电服、防静电鞋。

三、其他要求

油船上，除了防止静电起火外，还有一些其他要求，以提高油船的安全性，防止火灾或爆炸，如：

①油船的电力系统，不论是直流或单相、三相交流电力系统，都必须是对地绝缘的系统，即发电、供电和配电电路均不应接地，更不能以船体作为回路；但允许使用互感器二次绕组、抗无线电干扰电容器及电网绝缘监测器接地；允许内燃机启动、点火系统的接地回路；不同电压的电网不应有电气上的连接。

②货油舱在卸油、排压载水或洗舱前，都要向舱内充入惰性气体；航行期间，也要向舱内补充惰性气体，以使其含氧量极低。该惰性气体可由锅炉或主机的排烟经洗涤、净化、干燥等处理后产生，亦可由专用的惰性气体生产设备提供。

③在有引起爆炸或可能引起爆炸的区域和处所，原则上不准安装电气设备（包括电缆）。必须安装的一些电气设备都应是防爆型或本质安全型。安装的一些插座也都是带开关连锁的插座，只有当开关断开电源时，插头才能插入或拔出，以避免产生火花。在这些危险处所电气设备的控制开关和保护装置都设有永久性标志，以便识别。

④作为船上工作人员，不允许在这些有危险的区域拉临时电线或安装临时设备；不允许使用带电缆的便携照明或普通手电筒，应使用合格的防爆照明器；禁止挂彩灯；严格控制使用电炉，禁止使用明火电炉。

⑤禁止在室外使用万用表和兆欧表。

⑥船上应使用安全火柴,禁止使用打火机。

⑦禁止在船上使用非防爆式对讲机、手电筒;禁止在室外使用手机、聚焦玻璃制品及闪光照相机。

⑧油船上的人员不准随身携带火种(火柴、打火机及小电器等),不准穿底带铁钉的鞋到货油舱甲板上。

第六节　IP防护等级

IP(Ingress Protection,防外物入侵)防护等级是一个以电气设备和包装的防尘、防水和防碰撞程度来对产品进行分类的方法,它是由国际电工协会IEC起草的,得到大多数国家和行业的认可并等同或等效采用。IP防护等级是由两个数字所组成,第1个数字表示防固体异物入侵的等级,这里所指的外物含工具、人的手指等;第2个数字表示防水侵入(密闭程度)的等级。数字越大表示其防护等级越高,两位数字的意义分别如表5-1、5-2所示。

表5-1　第一位数字所代表的防护等级

数字	防护等级	
	简要说明	意义
0	无防护	对外界的人或物无特殊的防护
1	防护直径大于50 mm的固体	人体大面积部分如手(但对有意识的接触并无防护),直径超过50 mm的固体
2	防护直径大于12 mm的固体	手指或类似物,长度不超过80 mm,直径超过12 mm的固体
3	防护大于直径2.5 mm的固体	直径或厚度大于2.5 mm的工具、电线等,直径超过2.5 mm的固体
4	防护大于直径1.0 mm的固体	厚度大于1.0 mm的线或片状物,直径超过1.0 mm的固体
5	防尘	并不防止全部灰尘进入,但进入量不能达到妨碍设备正常运转的程度
6	尘密	无尘土进入

表5-2　第二位数字所代表的防护等级

数字	防护等级	
	简要说明	意义
0	无防护	无专门防护
1	滴	垂直落下的水滴(如凝结水)应无有害影响
2	15°防滴	设备与垂直线成15°角时,滴水应无有害影响
3	防淋水	设备与垂直线成60°范围内的淋水应无有害影响
4	防溅	任何方向溅水应无有害影响
5	防冲水	任何方向冲水应无有害影响
6	防猛烈海浪	猛烈海浪或强烈冲水时进入机壳水量应无有害影响
7	防浸水	沉浸在规定压力的水中经过规定的时间后,进水量应无有害影响
8	防潜水	能长期潜水,其技术条件由制造厂家规定 注:通常设备应是完全密封,但对某些类型设备,在不产生有害影响的前提下,可允许水进入设备

《钢质海船入级规范》(2009)规定,电气设备的外壳防护形式的选择,应与安装的场所相适应,其最低防护等级应符合要求,例如:

(1)船上干燥居住处所和控制室(只有触及带电部分的危险),其照明设备、控制箱、电动机、开关、接线盒等,最低防护等级为 IP20。

(2)存在滴水和(或)中等机械损伤危险的环境,如机炉舱(花钢板以上)、舵机舱、冷藏机室、应急机械室、一般贮藏室、配膳室、粮食库等,其电气设备最低防护等级为 IP22,开关、接线盒等附具最低为 IP44。

(3)存在较大的水和(或)机械损伤危险的环境,如浴室、机炉舱(花铁板以下)、围蔽的燃油分离室、围蔽的滑油分离室等,电气设备最低防护等级为 IP34,开关、接线盒等附具最低为 IP55。

(4)存在大量浸水危险的露天甲板,其照明设备防护等级最低为 IP55,其他电气设备至少为 IP56。

其他场所电气设备的防护等级要求不一一列明,需要时可查阅相关资料。

电气设备的防护等级对于电气设备的生产、选择、安装和使用都非常重要,它在防护电气设备本身故障或受损、保障电气系统的连续可靠运行、防止人身触电、电气防火防爆等方面都有十分重要的意义。

第七节 电气防爆知识

可燃性物质与空气的混合浓度介于爆炸极限范围内时,遇点火源就会产生爆炸。产生爆炸的基本条件(爆炸三角形原理)是:爆炸性物质;空气(氧气);点火源(如电火花、炽热表面)。因此防止爆炸发生的基本方法是:

①避免产生可燃物或易燃物与空气混合的爆炸性环境,然而这种方法很难在实际中实现。
②排除/消除可能的对爆炸性环境的点火源,这是实际绝大多数防爆技术采用的方法。

爆炸性环境下不可避免地要用到电气设备,电气设备的电火花和温度是产生爆炸的主要点燃源,因此电气防爆技术主要就是避免产生电火花或温度,或将产生的电火花和温度与爆炸性环境隔开。然而不同爆炸性物质的电火花和温度点燃特性各不相同。因此,为了使采取的防爆措施更具针对性,有必要对爆炸性物质分类、分级、分组以及对爆炸危险区域分区。对危险物质和爆炸性场所的分类是防爆技术的重要基础。

世界各国电气防爆技术标准中对危险场所和区域划分不同,但大致分为两大派系:中国和大多数欧洲国家采用国际电工委员会(IEC)的 ZONE 划分方法,而以美国和加拿大为主要代表的其他国家采用北美的 DIVISION 划分方法。随着国际贸易和交流的日益扩大,以 IEC 标准为代表的电气防爆技术在世界上获得越来越多的应用,美国和加拿大也接受以 IEC 标准为基础进行分区,相应的电气防爆设备也可以采用 IEC 标准规定的防爆技术。本文主要介绍 IEC 及中国的相关防爆技术标准。关于防爆方面的国家强制标准是 GB3836-2010 及 GB12476-2010 系列标准,它基本等同或修改采用了 IEC60079 和 IEC61241 系列标准,其中 GB3836 是关于爆炸性气体环境下防爆电气设备的标准,GB12476 是关于爆炸性粉尘环境下防爆电气设备的标准。《钢质海船建造规范》等效采用了其相关技术标准。

一、爆炸性危险区域的划分

在对爆炸性危险区域进行分区前,应理解防爆基础理论中的几个术语:

①爆炸性环境,可能发生爆炸的环境(气体、粉尘与空气的混合物)。凡涉及爆炸性物质生产、加工、处理、储存、运输的场所都可能形成爆炸性环境。

②危险场所,爆炸性环境大量出现或预期出现的数量足以要求对电气设备的结构、安装和使用采取专门预防措施的区域。在石油、化工、煤炭等生产领域将不可避免地产生爆炸性物质的泄漏,并与空气形成爆炸性危险场所。据资料显示:在煤矿井下、石油开采现场和精炼厂、化学工业中,超过60%的场所属于爆炸性危险场所。

根据爆炸性物质的不同,危险场所也有爆炸性气体危险场所和粉尘危险场所。在船舶上常见的是气体危险场所,本文主要介绍针对气体爆炸环境的防爆技术。

我国防爆标准与IEC标准一样,对于爆炸性气体危险场所划分为3个区域,即0区、1区和2区。它们对应的定义如下:

0区。在正常情况下,爆炸性气体混合物连续地或长时期存在的场所(1 000 h/y以上)。

1区。在正常情况下,爆炸性气体混合物有可能出现的场所。

2区。在正常情况下,爆炸性气体混合物不可能出现,或即使出现也只是短时间存在的场所(10 h/y以下)。

显然,0区的危险程度比1区和2区大。

相应地,对于粉尘场所,同样划分为3个区域,即20区、21区和22区。

爆炸性危险区域主要以爆炸性危险物质出现的频繁程度和持续时间为划分依据的,在实际需要区域划分时应考虑以下主要因素:存在危险物质的可能性、危险物质的释放量、危险物质的特性(如比重)、环境条件(如气压、温湿度及通风情况、风向等)、远离释放源的距离、危险物质泄漏监控设施配置情况、爆炸后果的严重性等多种因素。

二、危险物质的分类

对危险物质进行分类的目的是便于采取针对性防爆技术,生产适用的防爆电气设备。对爆炸性物质的分类,含其分类、分级、分组。

1. 分类

中国及IEC标准将爆炸性物质分为三类:

Ⅰ类,矿井甲烷。

Ⅱ类,爆炸性气体混合物(含蒸气、薄雾)。

Ⅲ类,爆炸性粉尘和纤维。

北美将爆炸性物质分为三类(级),它们分别是:

Class Ⅰ——爆炸性气体。

Class Ⅱ——爆炸性粉尘。

Class Ⅲ——纤维。

2. 分级

危险气体(蒸气、薄雾)的物理、化学性质不同,其点燃、爆炸的特性也各不相同。根据气体的最大试验安全间隙(Maximum Experimental Safe Gap,简称MESG)和最小点燃能量的大小(最小点燃电流比,Minimum Ignition Current Ratio,简称MICR),将其划分不同的级别:即ⅡA、

ⅡB、ⅡC。其中ⅡA级约占全部气体/蒸气的80%,ⅡB级的占15%~20%,ⅡC级的仅确认有6种,ⅡC级物质比ⅡA级物质更危险。

爆炸混合物分级,主要是便于该环境下隔爆型电气设备和本质安全型电气设备等的制造及应用,见表5-3。其他防爆结构类型不存在级别划分。

表5-3 爆炸性气体分级

分级	最大试验安全间隙 MESG（mm）	最小点燃电流比 MICR
ⅡA	MESG>0.9	MICR>0.8
ⅡB	0.5≤MESG≤0.9	0.45≤MICR≤0.8
ⅡC	MESG<0.5	MICR<0.45

最大试验安全间隙:在标准规定的试验条件下,标准外壳内所有浓度的被试气体或蒸气与空气的混合物点燃后,通过25 mm长的接合面均不能点燃壳体外部爆炸性混合物的外壳空腔两部分之间的最小间隙。

最大安全试验间隙的实验装置结构如下:

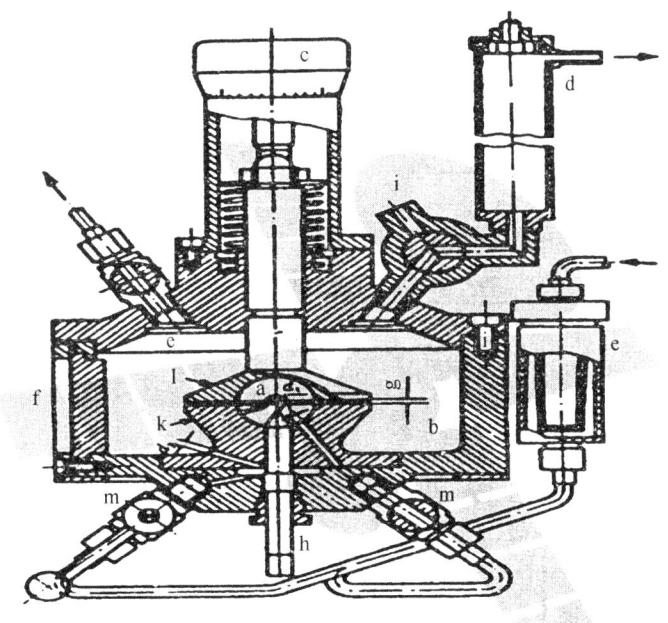

图5-4 最大试验安全间隙实验装置

a—标准外壳内腔;b—试验箱内腔;c—千分表;d—泵;e—阻火器;f—观察窗;m,i—阀门;g—间隙;h—点火电极;k—标准外壳下壳体;l—标准外壳上壳体

试验时,用被测混合气体最易传爆浓度附近多个浓度的气体,充入外壳腔内。然后通过点火电极 h 将其点燃,观察试验箱内腔 b 是否被点燃。以 0.02 mm 为调整间隙,按规定的方法,多次试验即可测得爆炸性气体的最大试验安全间隙。

显然最大试验安全间隙小的物质相对爆炸危险性大。

最小点燃电流(MIC):采用火花试验装置,由电阻电路或电感电路引起爆炸性试验混合物点燃的最小电流。

最小点燃电流比(MICR):该物质最小点燃电流相对于甲烷最小点燃电流的比值。

显然 MICR 小的物质相对爆炸危险性大。表5-4是几种气体按上述方法分级的结果。

表5-4 典型气体分级

典型气体	最大试验安全间隙(MESG)(mm)	最小点燃电流比(MICR)	分级
甲烷	1.14	1.0	I
丙烷	0.9 < MESG < 1.14	0.8 < MICR < 1.0	IIA
乙烯	0.5 ≤ MESG ≤ 0.9	0.45 ≤ MICR ≤ 0.8	IIB
乙炔	MESG < 0.5	MICR < 0.45	IIC
氢气			

3. 分组

危险物质还需按引燃温度分组。所谓引燃温度是在规定试验条件下,可燃物质不需外来火源即发生燃烧的最低温度。按此方法,危险气体的组别如表5-5：

表5-5 危险气体的分组

组别	引燃温度
T1	T > 450 ℃
T2	450 ℃ ≥ T > 300 ℃
T3	300 ℃ ≥ T > 200 ℃
T4	200 ℃ ≥ T > 135 ℃
T5	135 ℃ ≥ T > 100 ℃
T6	100 ℃ ≥ T > 85 ℃

表5-6是几种危险气体的组别级别：

表5-6 几种危险物质的组别级别

类和级	组别					
	T1	T2	T3	T4	T5	T6
I	甲烷					
IIA	乙烷、甲苯、甲醇、乙酸、丙烷	乙醇、丙烯、丁烷	汽油、硫化氢	乙醛、乙醚		亚硝酸乙酯
IIB	二甲醚、民用煤气	乙烯、丁二烯	异戊二烯			
IIC	水煤气、焦炉煤气、氢气	乙炔			二硫化碳	硝酸乙酯

对于爆炸性粉尘和纤维也有其分类分组。

三、防爆电气设备

防爆电气设备就是指能在爆炸危险场所安全运行的所有带电设备。防爆电气设备按其适用场所分类为：

① I 类,煤矿用防爆电气设备。

②Ⅱ类,除煤矿用以外的电气设备(石油和化工用电气设备)。

③粉尘类,用"DIP"表示。

在船舶环境下,常见的是Ⅱ类防爆电气设备。

(一)防爆电气设备的结构形式及防爆原理

爆炸性气体环境中安装的电气设备主要有隔爆型电气设备(用"d"标识,deter),增安型电气设备(e,ehanced),本质安全型电气设备(i,instrinsic safety),正压型电气设备(p,positive),浇封型电气设备(ma、mb,mold),充油型电气设备(o,oil),充砂型电气设备(q,quartz),"n"型电气设备(nA、nC、nL、nR、nZ,non-spark),除这些结构以外的,还有并经检验机构检验确认的防爆特殊型"s"。

船上通常使用下列几种类型的防爆电气设备:本质安全型、隔爆型、增安型、正压型、充砂型、浇封型。下面就这几种结构及防爆原理做简单介绍。

1. 隔爆型

隔爆型电气设备是指具有隔爆外壳的电气设备,防爆标志为"d"。隔爆外壳是指能承受内部的爆炸压力,并能阻止爆炸火焰向周围环境传播的防爆外壳。

隔爆型电气设备允许危险气体进入隔爆外壳,在外壳内可能产生爆炸。但要求外壳必须具有足够的强度;且各外壳结合面必须具有足够长的啮合长度和足够小的间隙,以确保内部爆炸不会穿过隔爆结合面而导致外部环境爆炸。隔爆外壳有耐爆性及隔爆性两种特性。

隔爆型设备是 1 区防爆技术,是**间隙防爆技术**,依靠间隙、啮合长度来达到降温/熄火效果。

由于制造、安装、维护等原因,隔爆外壳不可能是天衣无缝的整体,而是由许多个零部件组成。零件间的连接缝隙会成为壳内的爆炸产物所通过的路径,引燃周围的爆炸性气体混合物。这些零部件的配合部分称隔爆接合面,其接合缝隙称隔爆接合面间隙。根据间隙的大小,隔爆型设备又可分成不同的隔爆级别。

正常运行时会产生火花和高温的隔爆型电气设备,须设置连锁装置。连锁装置的机构应保证电源接通时壳盖不能打开;壳盖打开后,**电源不能接通**。用螺栓紧固的外壳允许用警告牌代替连锁装置。警告牌内容:"严禁带电开盖";若有高温元件或储能元件,应注明"断电后延迟××分钟开盖"。

隔爆型电气设备,其外壳的衬垫、引入装置(电缆或导线进出电气设备的隔爆部件)直接影响到防爆电气设备是否能防爆,必须严格按规定使用和维护。

2. 增安型

增安型电气设备。一种对在正常运行条件下不会产生电弧、火花或可能点燃爆炸性混合物的设备在其结构上进一步采取措施,提高其安全程度,防止产生危险温度、电弧、火花的可能性的电气设备。

增安型是一种 1 区防爆技术,原则上可适用于 1 区场所,但国际间或行业间认可程度略有不同。要求设备在正常工作和认可的过载条件下不会产生电火花、电弧和危险温度。

增安型外壳不要求具有承受内部爆炸的强度,但至少应能承受规定的机械冲击,且具有 IP54 的外壳防护等级,内装绝缘带电零件的外壳(如电磁阀线圈)至少应有 IP44 的外壳防护等级。

增安型设备还要采取:接线端子防松、可靠的结构连接、载流限制、绕组绝缘、温度保护、电气间隙/爬电距离等技术措施。具体的如电气连接件应有足够尺寸,以利于可靠连接和散热;

接线端子应有防松动措施;内部导线的连接只允许几种特别可靠接触良好的方式;增大电气间隙/爬电距离;选择优质绝缘材料和工艺;采用温度或电流保护方式限制表面最高温度。

增安型典型设备是接线盒,还有电磁线圈(阀)、照明灯具、变压器和无刷电机等。自动化仪表通常存在调零/调满度的电位器或选择开关,因为正常情况下会产生火花,一般不设计为增安型。

3. 本质安全型

本质安全型是电气防爆的一种形式,它将设备内部和暴露于潜在爆炸性环境下的可能产生的电火花和热效应限制在不能产生点燃的水平。本质安全型经常简称为本安型。

本安电路是在规定条件下,包括正常工作和规定故障条件,产生的任何电火花或热效应都不能点燃规定的爆炸性环境的电路。

所有电路都是本质安全电路的电气设备即为本质安全设备。关联设备是指装有本质安全电路和非本质安全电路,且结构使非本质安全电路不能对本质安全电路产生不利影响的电气设备。

本安型技术是一种以抑制点火源能量为防爆手段的"安全设计"技术,它要求设备在正常工作和规定故障状态下可能产生的电火花和热效应分别小于爆炸性危险气体的最小点燃能量和自燃温度。对于氢气,这两个值是 19 μJ、560 ℃。

本安技术实际上是一种低功率设计技术[例如对于氢气(ⅡC)环境,必须将电路耗散功率限制在 1.3 W 以下],其在电路与结构设计方面基本设计技术措施是:限制电压;限制电流;限制能量(含储能元件,电容和电感);合理选择元器件额定参数、载流导线截面等;结构及电路的分隔措施。本安系统的技术标准在这方面做了一系列严格而又复杂的规定。

本安防爆的特征是:

①制造工艺简单、体积小、重量轻、造价低。

②易于实现较高防爆级别的设计。

③可带电操作与维护。

④安全可靠性高。

⑤可有效避免人员触电伤亡事故发生。

⑥适用范围广(按以前的标准本安 ia 等级是唯一的 0 区技术)。

⑦简单设备只需满足通用要求,不需认证即可接入本安防爆系统,如热电偶、简单半导体、电阻、接线盒等。

本安设备有三个技术等级:

①ia。直至两个元件或其他类型的故障仍能保持防爆性能的设备,正常工作和一个计数故障时安全系数为 1.5,两个计数故障时安全系数为 1.0。本安设备可安装在 0 区、1 区、2 区危险场所。本安关联设备可连接到 0 区、1 区、2 区危险场所。

②ib。直至一个元件或其他类型的故障仍能保持防爆性能的设备,安全系数为 1.0。本安设备可安装在 1 区、2 区危险场所。本安关联设备可连接到 1 区、2 区危险场所。

③ic。正常工作时不能点燃爆炸性环境的电路。它不包含故障状态,即故障状态下可能点燃爆炸性环境。

本安电气设备通常不能单独使用,一般要有本安现场仪表、关联设备及两者间的本安电缆共同构成防爆系统,如图 5-5 所示。

常见的关联设备包括齐纳式安全栅、隔离式安全栅及其他形式的具有限流、限压功能的保

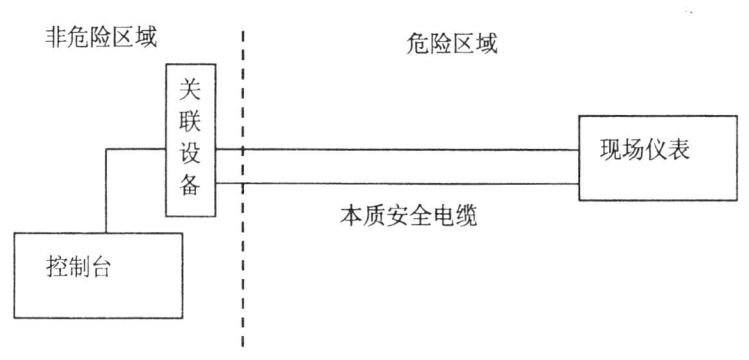

图 5-5 本质安全防爆系统的构成

护装置,它能将窜入到现场本安设备的能量限制在安全值内,从而确保现场设备、人员和生产的安全。关联设备安装在安全区域控制室内,是本安电路与非本安电路的分界面。

本质安全电路的电缆具有低电感低电容的重要特性,以防止电路中储藏能量、从而产生点燃危险。此外它一般有较多的屏蔽层和专用接地线,屏蔽作用和抗干扰性强。一般是纯蓝色的,不能与其他电缆一起敷设,使用长度也会有一定的限制,否则就起不到应有的作用。

4. 正压型

正压型电气设备:指具有正压外壳的电气设备,即该外壳能保持内部气体的压力高于外部环境大气压力,且能阻止外部爆炸性混合物的进入。

正压技术是 1 区防爆技术,即通过**换气使外壳内部的** 1 区爆炸性环境置换为"安全区域",并通过保持适当正压,使周围危险气体不能进入外壳。这样未经防爆设计和认可的普通电气设备可安全地安装在外壳内。

主要技术措施:用空气或惰性气体换气,在规定时间内进行换气后,当外壳内部压力高于设计规定值(50 Pa)时,外壳内部电气设备自动得电;当内部压力低于规定值时就切断主电源。其压力监控设备通常需要采取其他防爆技术,因此它是一种较为复杂的防爆技术,但有时又是唯一的技术。

正压技术也有多种防爆等级,其典型应用:**控制柜、仪表盘**、分析仪器、正压小屋等。

5. 充砂型

充砂型电气设备外壳内充填沙粒或其他填充材料,使之在规定的使用条件下,壳内产生的电弧、传播的火焰、外壳壁或填充材料表面的过热均不能点燃周围爆炸性混合物的电气设备。危险气体可能与电火花接触并产生爆炸,但足够的石英砂厚度能阻止爆炸传播到周围环境。

填充材料为标称值 0.5 ~ 1 mm 石英或玻璃颗粒。

充砂型防爆电气设备的保护外壳应能够承受规定的外力冲击和具备 IP54 以上的防护等级。若防护等级高于 IP55 时,应在外壳上增加呼吸装置。

充砂型技术目前主要用于要求散热性能的电气元件上,例如灯具的镇流器、启辉器,它也可作为其他防爆技术的附加措施。

6. 浇封型

浇封型电气设备将整台设备或部分浇封在浇封剂中,在正常运行和认可的过载或认可的故障下不能点燃周围的爆炸性混合物。

浇封 m 型技术为 1 区防爆技术是一种隔离型防爆技术。在没有形成专门标准前,将这种技术称为特殊型(Ex s)。主要适用于电子组件单元(电子整流器)、线圈部件、超声波探头等产品,也可用做对本安技术的补充措施,如降低功率元件温升、结构间距保护等。

浇封型标准规定了两个等级:ma(适合于0区),mb(适合于1区)。

(二)防爆电气设备标志

爆炸性气体环境电气设备的防爆标志为:

Ex + 防爆结构形式 + 类别(Ⅱ) + 级别(A/B/C) + 温度组别(T1~T6)

其中"Ex"为防爆标志,欧洲某些产品的防爆标志为"E Ex"。

例如:

隔爆型设备　　Ex d ⅡB T4;

增安型设备　　Ex e ⅡA T3。

如果设备整体是由多种防爆结构组成,则在防爆结构栏中顺次标注:主体、次主体……例如,主操作腔为d,接线腔为e的防爆操作柱:Ex d e ⅡB T4。

(三)防爆电气设备的选择

危险区域防爆电气设备的选择首先要根据危险区域来选用相应的电气防爆类型,一般规定如下。

①0区:ia等级的本质安全型;ma等级的浇封型。

②1区:ia/ib型;d型;p型;q型;o型;ma/mb型;e型(包括接线盒/箱、单插头荧光灯和配有合适热保护装置的低压异步电动);复合型等。

③2区:上述类型和n型。

其次要根据危险环境可能存在的易燃易爆气体/蒸气的种类来选择防爆电气设备的级别和温度组别;还要考虑其他因素,如环境条件对防爆性能的影响、不同行业危险场所安装使用维护的特殊性等。通常,不同危险环境同时要求电气设备要有一定的外壳防护等级要求。

四、船舶电气防爆

1. 危险处所及防爆电气设备要求

根据《钢质海船入级规范》,一般船的防爆区及防爆电气设备主要要求如表5-7:

表5-7　船舶危险区域及防爆电气设备要求

处所	类别	温度组别
蓄电池室	ⅡC	T1
油灯间	ⅡB	T3
油漆间	ⅡA	T3
氨装置室	ⅡA	T1
乙炔储藏室	ⅡC	T2
危险货物舱	按载运危险货物的类别	按载运危险货物的类别
60℃及以下闪点的油管管隧	ⅡA	T3

对于油船或其他类型船舶也有很多危险区域,对此规范有明确的规定,并对可安装在这些危险区域的电器有一定的IP等级要求(通常至少为IP54)和防爆类型。

2. 防爆电气设备的使用和维护

防爆电气设备不仅要保证在制造过程中防爆安全质量,而且还要保证安装、使用和维护得当,才能真正达到防爆的目的。

船舶危险区域的防爆电气设备应按照国家相关标准进行维护和检修,工作中应注意如下事项:

①严格执行安全生产作业规定,进入现场应消除静电;作业时,应确认现场无可燃性物质泄露,可燃性气体浓度应在安全下限以下。

②危险环境下的检修应使用防爆工具,测试仪器尽量采用符合危险场所的防爆型。

③设备维修或更换部件时,应切断前级电源,严禁带电开盖。若设备内部有储能元件或发热元件时,还应延迟一段时间,待壳体内部温度降至点燃温度以下时再开盖。严格按照设备警示说明操作。

④若检修需要焊接动火,应将设备拆离危险场所进行;或确保可燃性气体浓度稳定在安全下线以下。

⑤设备检修完毕后,紧固螺栓时,应将各个螺栓拧紧并受力均匀,建议采用扭力扳手紧固。

⑥接线时,应注意引入装置中的橡胶密封圈是否可靠抱紧电缆;密封填料是否可靠密封。尤其是在安装时,多根导线引入要保证隔离密封可靠,不可勉强进线;电气设备的隔离密封应使用具有防爆安全认证的粉剂填料或有强度的其他填料等;防爆电气设备未使用的引入装置及通孔应用适合相关防爆型式的堵塞件进行堵封(本安型除外),应采用仅用工具才能打开的堵塞件。

⑦检修清洁设备,尤其是检修清洁非金属材料外壳的电气设备应采用湿布擦拭,避免静电点燃。

⑧更换电气部件或光源时注意不得随意改变型号规格或制造企业。

⑨电器、仪表中的观察窗、灯具的透明件与金属壳体隔爆配合面,只能采用胶粘,或金属衬垫,或直接配合的方式,不允许采用橡胶衬垫配合。

⑩防爆电气设备的外壳发生碰撞变形、锈蚀后,通常意味着防爆性能破坏,不应继续使用。

第六章 船舶电子电气管理

第一节 日常工作基础知识

一、电子电气员的一般职责

根据《STCW公约马尼拉修正案》,电子电气员的职能共有三项:电子电气和控制工程、维护和修理、船舶操作控制和船上人员管理。在此主要基础上,各航运公司可能结合船舶设备、船舶配员、船员技术水平等实际情况,在电子电气员职责上可能稍微作些调整。一般情况下远洋船舶电子电气员的主要职责如下:

①电子电气员在轮机长的领导下,熟悉和执行公司的质量方针,主管船舶电力系统、电机等电气设备、自动检测报警和控制装置的管理和维修;负责船舶通信设备、助航仪器和全船其他电子电气设备的维护和保养;完成公司质量管理体系中有关工作。

②全面负责管理、维护和保养船舶发电机、电动机、电力系统及其自动控制装置;负责维护和修理船舶主机遥控及安全保护系统、主机曲柄箱油雾探测器、集中监控警报系统及副机、舵机、制冷装置、锅炉、防污染设备等机舱辅助机械的电子电气部分;负责维护和修理船舶内部通信系统、火警系统和烟雾探测系统、电气仪表、船体外加电流阴极保护装置、海水防海生物装置、船舶避雷装置;负责维护和修理空调系统及全船通风系统的电气部分、厨房和生活电器设备;负责修理移动式电气设备和电动工具;负责货物装卸设备、锚缆机及其他甲板机械的电气及控制系统;负责管理和维护船舶正常和应急照明系统、岸电接入装置、24 V直流系统。

③负责导航、助航设备电气部分的检查、维护和修理,包括船舶导航雷达、GPS接收机、电罗经、回声探测仪、计程仪等设备的检查、维护和修理,其他电子电气装置如自动车钟仪、主机转速指示器、风速仪、舵角指示器、航行灯、运河灯、信号灯等电子电气设备的维修等;负责各种通信设备的维护和保养,包括各类Inmarsat船站、MF/HF组合电台、VHF设备、SART设备、EPIRB设备、DSC设备、救生艇电台、GMDSS专用蓄电池;船上各种天线等。配合船舶驾驶人员完成通信、导航设备的其他维护、保养和测试工作;注意保持与驾驶员的沟通交流,提醒驾驶人员按时更换便携式VHF应急电池、SART和EPIRB电池、EPIRB净水压力释放器等。

④负责船上办公用计算机硬件系统和通用软件系统的检查和修理,负责船上计算机和网络控制系统的维护、故障排除和病毒防控。

⑤根据本船实际情况,按照国家、公司有关标准和规则,负责船舶安全用电和电气防火防爆规则的制订,经轮机长批准后公布实施;根据船舶电机和电气设备、电子设备的情况,拟定和实施主管设备的安全操作规程。

⑥日常检查和记录船舶电力系统、电机及其他电子电气设备的运行情况,纠正不正常的工况参数,遇到疑难问题应及时报告轮机长;设备发生事故时,应立即采取有效措施防止事故扩大,及时报告轮机长并查明原因,落实防止事故重复发生的措施。

⑦对全船应急电源系统、应急照明系统应定期检查、保养和试验,负责应急发电机启动电瓶充放电与保养,并做好记录;对其他应急设备的电子电气部分配合检查,确保使用可靠性;对关键电气设备应定期检查和功能试验。

⑧定期测量、检查、记录全船电气绝缘,保证设备和线路经常处于良好的技术状态;做好防潮湿、防高温、防擦碰等防护工作;经常注意危险警告牌的正确悬挂;禁止非电气工作人员接触重要的带电设备。

⑨开航前做好各项开航准备工作,特别应注意检查舵机、锚机、绞缆机、航行灯、无人机舱的遥控装置、各种报警装置等电机(气)设备的可靠性;开航后,应检查甲板、室外电气设备和装置的水密与防潮情况。

⑩到港前应检查锚机、绞缆机、装卸设备的电气部分,甲板和室外照明装置及装货灯,发现问题应及时修复,确保系泊和装卸作业的顺利进行。

⑪船舶进出港、移泊、抛(起)锚或在备车状态航行时,应在机舱值班。

⑫拟定电机、电子、电气设备和线路的预防检修计划,经轮机长批准后,按计划检查、测量和维修;负责记载并保管电机日志和测量修理记录簿,定期送轮机长审阅签署。

⑬负责保持电机、电气设备、物料间和电气工作间的整洁。

⑭拟定主管设备的修船计划,提出航次修理项目,送交轮机长审核;厂修期间,负责发电机、电站、重要的电机和电气设备、通信导航设备的监修和验收;负责船舶临时用电的管理;做好自修工作;在重要设备安装或更新时,应亲自在场监督、验收。

⑮负责编制全船电气设备、电子设备、控制系统的计算机、办公用电脑等设备的备件、工具、仪器(表)、专用物料等的请领计划,送轮机长审核,并负责保管、养护、验收、盘点和报销。

⑯负责保管由本人主管设备的技术文件、图纸、说明书和其他技术资料;负责所属设备各类报表的填报、存档。

⑰在有电子技工的情况下,合理分工,领导电子技工或实习船员完成上述工作;负责对实习船员的业务指导和培训工作;交接班时做好交接班工作。

⑱在应急情况下,履行应急程序所规定的职责。

⑲经常如实地向轮机长汇报工作,并完成轮机长指派的其他工作。

二、电子电气员日常工作内容

电子电气员的日常工作主要是做好电气电子设备的维护保养,对故障设备进行修理,确保全船电气设备尤其是安全和应急设备处于完好状态;做好相关记录和报表,并进行技术学习和研究。

电子电气员的具体工作与船舶电子电气设备配置、船舶航行状态等有关。

(一)正常航行状态下电子电气员的工作

正常航行状态下,电子电气员不需要值班,但需要做好下面几个方面的工作:

①如实做好电工日志记录工作,按规定要求进行测量、记录。

②参加轮机部班前会,配合轮机部工作,完成电气方面的临时工作。

③坚持每天早晚对电气设备进行巡视,特别是发电机、配电盘、为主机辅机服务及其他重要机舱电气设备、舵机、蓄电池、应急发电机及配电板、驾驶台通导设备、应急照明尤其是逃生通道的应急照明的运行情况,发现异常,立即处理。

④按照船舶维修保养体系(CWBT)或机械计划保养系统(PMS),适当安排,完成其要求的维护项目(如电机轴承润滑油添加、轴承更换、接触器触电处理和更换、电气绝缘测量、应急电气设备的功能试验等);根据巡视中的发现及个人经验,综合考虑船龄、电气设备状况、电气设备的使用频度、机械设备的维修和使用要求,做好电气设备维护或准备。

⑤做好业务学习,尤其是刚接班的头两三个月内,应分重点有步骤熟悉船舶电气图纸和技术资料,并与实物对应;尤其要注意技术资料中提到的维护和检查项目。

⑥做好电气设备的日常清洁维护等工作。

⑦做好到港前的准备工作,如货舱等检查和修理、锚缆机设备检查等。

⑧按计划做好蓄电池的充放电工作,始终保持船上蓄电池处在完好状态,并做好蓄电池组充放电记录。

(二)机动状态下电子电气员的工作

船舶的机动状态是指船舶在备航、离靠码头、起抛锚、过窄水道、过运河等情况下的工作状况。

1. 备航时的工作

(1)检查所有运行电气设备、驾驶台通信导航设备的工况,主要包括以下内容:

①检查主配电板。观察并联运行发电机的工况,调整负载使之分配均匀;观察了解负载板供电情况、运行情况。

②检查为主、辅机运转服务的海水泵、淡水泵、滑油泵、燃油泵等辅助机械的电动机及控制设备的工作情况是否正常。

③检查锚机、绞缆机的电动机及控制设备、刹车的工作情况是否正常。

④检查航行灯、信号灯、助航仪器电源、无线电电源及应急电源的供电情况是否正常。

⑤检查主机操纵台、电车钟的试用情况是否正常。

⑥检查驾驶台和关键场所,例如船头、船尾等的处所通信是否畅通,包括便携式、固定式对讲设备等。

⑦检查 VHF 设备是否正常。

(2)对舵:

开航前 1 h 会同轮机长、大副检查舵机工作情况。

对舵时主要检查电动机及其控制设备是否正常;检查满舵限位开关是否灵活、可靠;检查舵角指示器指示是否准确,其误差不应大于 ±1°,正舵时偏差应为 0°;检查电动机的运转情况。

(3)检查起货机桅屋和其他甲板电气室的门窗关闭情况,防止雨水浸入室内浸渍电气设备。

(4)保障通信畅通,包括对内的对讲设备、对外的 VHF 设备等。

2. 离靠码头、起抛锚、过窄水道、过运河时的工作

①在靠离操作之前,完成发电机的选择和并车工作,保证供电可靠。

②要选择性能和技术状况最好的舵机电动机及控制设备,以保证舵机可靠工作。

③到主配电板前值班,注意观察用电情况,一旦跳电,立即采用应急措施恢复对航行设备的供电。

(三)停泊状态下的工作

船舶停泊包括有载停泊与无载停泊两种。

1. 有载停泊

有载停泊是船舶在停泊时需要进行装货或卸货的停泊。如果装卸货时需用本船电气起重设备,电子电气员应安排港口值班,巡视检查并监视起货机工作情况,如有故障立即排除。在对电动起货机进行巡视时,应重点检查以下几方面:

①观察、了解电动机和电磁制动器的工作电流、温升、绝缘等情况,如发现异常及时采取措施。

②观察、了解控制箱的工作情况,查看有无异响、异味、松动等情况,如有异常应及时查明,防止故障扩大。

③观察、了解起重操作人员的工作情况,如发现有粗暴野蛮操作应及时提出建议,保证电气设备长期可靠运行。

2. 无载停泊

无载停泊时,船舶待命,只有辅机工作,只需给照明灯、信号灯等供电。

停泊前,电子电气员应根据停泊的时间长短,认真做好以下几项准备工作:

①做好在港期间的工作计划、维修保养设备计划。

②准备好备件、备品、物料账单。

③准备好电气设备运行日志、检修测量记录等航次报告。

停泊期间,应按计划安排值班及进行维修保养工作,并及时补充备品、备件和物料等。如果停靠危险品码头,根据主管部门的要求使用通信设备和维持通信设备的状态,例如接地、关机等。

(四)交接班时电子电气员的工作

在交接班时,调任者和调离者应当做好交接工作,电子电气员应重点注意以下内容:

①介绍(了解)本人在船上的分工职责、有关规章制度及应变部署、救生衣存放位置,并用书面报告详细交代本人尚未完成而又急需进行的工作和注意事项。

②介绍(了解)全船电气设备情况,特别是电站、舵机、锚机、起货机、锅炉和蓄电池等重点设备,交接双方要一起到现场由交班人作重点介绍(了解),必要时作示范操作。

③介绍(了解)本船易出毛病的电子电气设备情况及典型故障、维护检修经验与方法等。

④介绍(了解)本船其他在船船员的工作作风等。

具体的交接内容有:

①交接电气电子备件、备品、工具的清单,必要时当面点清。

②交接电工日志、主要设备测量记录、原始数据、修理记录、事故处理单等。

③交接全部电气电子设备图纸、说明书等技术资料,对实际设备与原图纸有改动的地方要特别说明。

④交接正在厂修的电子电气设备单据及外借物品单据。

接班人员上船后,除了应尽快熟悉船舶主要结构和部位、应急程序、消防和安全设备外,为了尽快掌握本船电子电气设备情况,接班人员上船后应着重做好下面工作:

①仔细阅读电气设备图纸、说明书和有关技术资料,了解本船技术水平,大致了解设备情况及技术资料情况。

②尽快弄清本船供电线路,主要电气设备及开关位置。

③重点熟悉船舶电站。主机遥控装置、舵机控制系统、起货机、锚机、绞缆机的自动锅炉的控制原理和技术状况。

④熟悉本船各种报警、声响和灯光指示系统。

三、安全和应急程序

船舶安全操作程序对于船舶设备安全、人身安全和海洋环境保护都非常重要,船上所有关键性设备都应制订安全操作程序,用于防止危险情况的发生。

应急程序是指某种危险即将发生或已经发生时,为防止造成危害或减少危害而采取的行动步骤。应急程序是船舶应变体系的重要组成部分。

(一)安全操作程序

由于电子电气员职责的特点决定了其日常工作中关键性操作较少,大部分在"船舶安全用电"一节中有介绍,本处仅作部分补充。

1. 并车时的安全操作程序

①发电机的并车操作一般应根据值班轮机员的要求进行,电站功率不足需要并车时也应征得轮机员的同意。

②并车前需向主管轮机员确认原动机及其辅助系统的状态是否完好。

③并车前应确认电站控制屏上相应指示灯、仪表指示正常,各种开关处于正确位置,船舶电力系统负载比较平稳,无较大设备的启停。

④启动待并发电机后,查看其是否工作正常,电压、频率是否在额定值附近,必要时作调节。

⑤合上同步指示表。

⑥观察同步表的指示,将待并机频率调至略高于电网,寻找合适时刻(超前)按下主开关合闸按钮。

⑦查看待并机功率、电流情况,及时调整功率和电流,达到均分。

⑧断开同步表。

⑨根据需要适当切换电站控制方式、发电机备用顺序等。

2. 一般安全注意事项

①登高作业应履行登高作业申请手续,带好安全带及其他防护用品。

②进入某些相对封闭的场所较长时间,应事先告诉他人,并注意其照明通风情况。

③进行电气设备的维修时,一定要在相应开关上挂上"禁止合闸"的警告牌,并在经维修结束后该设备可以正常工作时及时取下。

④进行电机绝缘测量时,应切断电机电源及其防潮加热装置的电源;暂停运行中的电机应征得轮机员的同意。

⑤工作时应穿戴安全用具、工作服等。

⑥查找绝缘故障时,确认负载是否允许断电,尽量先排查经常出现或最可能出现故障线路。

⑦对于主机遥控系统、舵机控制系统等进行检修时,应确保不改变当前运行状态。

3. 驾驶台通信导航等设备维护安全注意事项

①对 GMDSS 设备、SSAS 设备进行功能测试或检修时,应确保不会发生误报警或误求救信号。

②对驾驶台电子设备进行维修测试时,应尽量避免产生电子干扰。

③对驾驶台电子设备进行维修测试时,应征得设备主管驾驶员和值班驾驶员的同意;需要切断设备电源时,应显著张贴警告牌将电源开关锁住。

④桅杆附近作业时,应注意防止雷达天线造成辐射危害,采取措施防止天线转动或突然启动对人身造成的危险。

⑤如需铺设线缆,尤其室外线缆,注意防水、防辐射干扰和漏电。

⑥应建立情景意识,注意断电和恢复供电操作对设备或系统运行、设备寿命、人员安全的影响。

(二) 应急程序

电子电气员在应急情况下的具体反应应遵照所在船舶应变部署表中规定的任务进行。这里只介绍全船电力故障时的应急程序、事故性溢油和危险物质泄漏的应急程序。

这些程序中,各项工作具体由什么人来完成,要以实船的应变计划为准。作为高级船员,了解整个应急程序是必要的。

1. 电力系统故障时的应急程序

当船舶发生电力故障,即全船失电时,其应急反应按先后顺序由如下部分组成:立即采取的行动和措施;根据现场情况采取的措施;报告。

(1) 立即采取的行动和措施

①呼叫船长。

②显示船舶失控信号。

③通知附近船舶或海事管理部门。

④确定是否存在船舶安全和货物的危险。

⑤保持 VHF 值守。

(2) 根据现场情况采取的措施

①如果有搁浅的危险,考虑抛锚或拖带。

②调查情况确定故障。

③检查原动机是否运转。

④确定应急电源供应。

⑤检查备用电力系统、优先脱扣是否复位。

⑥备用泵转到手动控制方式。

⑦恢复主配电板电力供应。

⑧重新启动所需泵和辅助机械。

⑨检查船舷阀开度是否适当。

⑩重新启动风机。

⑪重新启动主机系统。

⑫准备航行。

⑬重新启动主机。

⑭备用泵转到自动操作模式。

⑮检查污水系统。
⑯通知驾驶台电力恢复。
⑰记入航海日志和轮机日志。

(3)给船舶所有人的报告

当电力系统故障得到确认和恢复后,船方应及时向船舶所有人进行报告,报告内容应含如下项:

①故障发生的时间。
②故障发生时船舶位置。
③故障情况。
④导致电力故障的原因。
⑤电力供应恢复是否令人满意及所采取的措施。
⑥电力故障的持续时间和可能引起的船期延误。
⑦是否需要救援。
⑧是否需要进一步的修理。
⑨船舶是否能够继续预定的任务。

当船舶发生电力系统故障时,如何处理故障恢复供电请参考船舶电站的相关知识。

2.事故性溢油和危险物质泄漏的应急程序

当船舶事故性溢油时,其应急反应**按先后顺序由如下部分组成**:立即采取的行动和措施;根据现场情况采取的措施;报告。

(1)立即采取的行动和措施

①拉响警报。
②启动船上应变小组。
③停止所有非必要的作业。
④鸣放适当的声响信号。
⑤保持VHF16和VHF13频道值守。
⑥停止生活区空气吸入。
⑦停止机舱非必要空气吸入。
⑧船舶驶向上风侧或远离陆地一侧。
⑨对可能的伤员提供急救。
⑩连续船定位。
⑪通报其他船舶。
⑫确保排水孔堵塞。

(2)根据现场情况采取的措施

①尽快报告溢油。
②确保货物相关资料可用。
③详细记录船上所采取的措施及日期时间。
④确定泄漏部位,采取措施停止减少油的溢出和泄漏。
⑤征得官方许可,采取合适方法处理溢油。
⑥确保处理溢油的小组成员穿着适当防护服。警惕任何可能的火源、有毒气体的释放。
⑦考虑驳油,降低溢油舱的液位。

⑧考虑货物的转移。
⑨考虑是否需要水下检查。
⑩如有必要,计算强度和稳性,防止过度横倾。
⑪采用正确的方法处理溢油和溢油处理材料。
⑫评估船舶、货物损坏程度。
⑬获取溢油事故相关人员的陈述。
⑭如溢油是设备故障引起的,保存故障设备。
⑮重新启动风机。
⑯陈述溢油对第三方影响情况。
⑰提交海事声明。
⑱评估后续影响。
⑲考虑非必要船员的撤离。
⑳检查污水系统。
㉑对船上的油和溢油取样。
(3) 给船舶所有人的报告
①溢油发生的时间。
②船舶位置。
③潮流情况。
④溢油时的处理措施。
⑤溢油的种类和名称。
⑥所通知的主管机关名称。
⑦天气情况和预报。
⑧开始处理溢油的时间。
⑨船舶损坏情况、负伤船员情况。
⑩货物损害情况、第三方财产损坏情况。
⑪溢油程度、所使用的产品或化油剂。
⑫是否需要岸上支援。
⑬修理时间及其可能引起的延误。
⑭船舶是否后续可能出现的问题。
⑮处理溢油使用的材料和数量。
⑯最近的避难港或离岸距离。

第二节　船舶电子电气设备检验与维修

一、船舶检验

　　船舶检验是指国家授权或国际上承认的验船机构组织等,按照国际公约、国内立法、标准、规范或规则等的要求,对船舶的设计、制造、材料、机电设备、安全设备、技术性能及营运条件等进行的审核、测试、检查和鉴定,是目前各国为保证船舶技术状态、保障水上人命财产安全和防止海洋环境污染所普遍采取的一种对船舶监督管理的措施。船舶检验的目的在于通过对船舶

及其设备的检验,促使公司保持船舶的良好技术状况,以保证船舶的营运安全和防止污染、损害海洋环境;保证船旗国和港口国政府对船舶实施有效的管理和控制;同时也为船舶所有人提高船舶在航运市场的竞争力,降低保险费率;以及为公证、索赔、海事处理等提供必要的技术依据。

我国的船舶检验机构是中国船级社(CCS,China Classification Society),总部设在北京,是中国唯一从事船舶入级检验业务的专业机构,是国际船级社协会(IACS)10家正式会员之一。目前世界上其他主要船级社有:英国劳氏船级社LR、法国船级社BV、意大利船级社RINA、美国船级社ABS、挪威船级社DNV、德国劳氏船级社GL、日本海事协会NK、希腊船级社HR、俄罗斯船舶登记局RS。

(一)船舶检验的种类

船舶检验按照其性质可分成四种:法定检验;船级检验;公证检验;临时检验。与船舶电子电气员日常工作关系较大的是船级检验。各种检验的检验范围和内容在验船机构的有关规定、规则和规程中均有具体规定。

1. 法定检验

法定检验是一种强制检验,它是船旗国政府规定的对船舶执行政府法令、法规的一种监督检验,由政府主管机关设置的检验机构、政府指定的验船师或授权的组织和个人对船舶进行检验,合格后签发船舶法定证书。法定检验的依据是船旗国政府承认、批准、接收和参加的国际公约、规则和规定的要求;船旗国国家法令及法律的规定。

法定检验依据不同内容可分为初次检验、年度检验、期间检验、定期检验、换证检验和船底外部检验等。

法定检验由其船旗国政府指定的验船机构进行,船级检验由船舶所入船级的船级社进行。如果中国船舶加入中国船级社船级,这两种检验通常同时进行。

2. 船级检验

船级检验是由船舶所有人为了使船舶获得某种船级资源申请的一种技术检验。船级社根据船舶的用途、技术状况和航行区域等,按照船级社的有关规范和规则对船舶进行技术检查,合格后授予相应的船级证书、船级符号和附加标志,并载入船级社的《船舶名录》。

船级是由船级社授予的,表明船舶技术状况及安全程度和管理已达到船级社规范要求的船舶级别。船级是评定船舶技术状态的通用形式,是船级社按照本社的规范对船舶结构的完整性和机械设备等的可靠性及其预定用途所必要的设施等所作的评价。船舶入级可保证船舶航行安全,有利于国家对船舶进行技术监督;便于船舶的租赁和买卖;便于保险公司决定船、货的保险费用。

船级检验通常由船舶所有人选择的船级社进行,可分为船舶入级检验和保持船级检验两种。本文主要介绍CCS的船级检验,其他船级社的船级检验类似。

(1)船舶入级检验

入级检验是船东由于保险和船舶登记的需要而自愿申请,接受船级社的检验,使自己的船舶或海上设施取得某种船级。入级检验合格后,由船级社发给证书,授予船级符号及附加标志,并登入船级社出版的《船舶名录》内。船级符号的作用在于说明此船或海上设施是在该船级社的监督下建成或建成后由该船级社进行全面的初次入级检验,证明符合或等效于此船级社的规范或规定。附加标志系根据船舶及设备的具体条件,在船级符号后面附加一个或数个标志,如船舶类型、货物装载、特种任务、航区限制、冰区加强等。

入级检验是船级社最传统的业务。随着船级社的发展,现代的入级检验已较船级社产生之初有所变化。现代的入级检验已不光是为了保险商服务,而且通过入级检验保证船舶的质量和航行安全,并能代替政府执行有关国际公约的要求。没有入级证书,船舶将无法正常营运,因为入级是船舶登记和投保的前提。

新造船舶的入级检验包括入级申请、图纸资料审查、船厂资格审查与开工准备和船舶建造中的检验和实验等环节。不在本船级社检验下的建造船舶的入级检验,包括已开工的船舶的入级检验和尚未投入运营船舶的入级检验等;已投入运营的船舶的入级检验,包括IACS成员船级社船舶的转级检验和其他船舶的初次入级检验等。

(2)保持船级检验

已在CCS入级的船舶,为保持已获得的船级,必须按CCS的规定进行下列各种检验:年度检验、中间检验、坞内检验、特别检验、螺旋桨轴和尾管轴检验、锅炉和热油加热器检验、循环检验、损坏和修理检验、改装或更换检验等。CCS各种检验的范围和内容《钢质海船入级规范》中有具体规定。

①年度检验(Annual Survey)

所有船舶应经受年度检验。年度检验应于初次入级检验日期或上次特别检验日期的每周年日前后3个月内进行。年度检验只对船体、轮机和电气设备等作一般性检查,以确认其是否处于良好状态。

②中间检验(Intermediate Survey)

所有船舶应经受中间检验。中间检验应在第2个或第3个年度检验之时或两次检验之间进行。中间检验的范围和程度介于年度检验与特别检验中间。

③特别检验(Special Survey)

船体和轮机(包括电气设备)应在5年间隔期内进行,以便更新入级证书。第一次特别检验应在初次入级检验之日起5年内完成,以后的特别检验应在上次特别检验起5年内完成。特别检验日起可从到期之日前1个年度检验开始,到期日前完成。检验的范围是对船体、轮机、电气设备进行全面彻底地检查和试验,大部分的机器、设备和系统要拆开检查,进行功能和效用试验,验证其理否达到船舶规范的要求。

④船底外部及有关项目检验

船底外部及有关项目检验即可在干船坞或船排上进行,也可在漂浮状态下进行。在干船坞或船排上进行的检验称为坞内检验(Docking Survey),在漂浮状态下进行的称为水下检验。

船舶水线以下的外板、构建和设备均应接受坞内检验。所有船舶应经受坞内检验或上排检验,除另有规定外,坞内检验5年内应不少于2次,间隔期为2.5年,最长间隔不大于3年,但其中一次应在特别检验时进行,以检查水线下船体或设备的具体情况。

⑤循环检验(Continuous Machinery Survey,简称CMS)

循环检验是特别检验的一种替代检验,是把特别检验项目由一次集中完成改为按年度平均分配在有效期内完成,包括船体循环检验系统的实施和轮机循环检验系统的实施。采用循环检验可方便船东,提高其经济效益。

由船舶所有人申请并经CCS同意,机械设备(包括电气设备)的特别检验,以及除普通干货船、油船、散货船和兼用船及化学品船以外的船体检验可由循环检验代替。循环检验的周期与特别检验的周期相同。该检验将所有特别检验项目在规定的周期内轮流检查。在循环检验周期内,应尽量将特别检验项目按年度平均分配进行,且每一项目的检查周期,最长不超过循环检验的周期。实行循环检验的船舶,年度检验和中间检验照常进行。CCS 或船东可根据循环检验实施的情况,中止循环检验系统而采用特别检验。

⑥机械计划保养系统检验

按计划维护保养的机械和装置,船级社可同意采用机械计划保养系统检验,详见该社的《船舶机械计划保养系统检验指南》,条件是:制订船上所有机械、装置和设备的维护保养计划,并经船级社认可;船上实施计划人员应遵守认可的维护保养计划,按计划进行维护保养并作记录。

当计划维护保养记录进行确认认为不能完全满足保持船级的检验要求时,则实施的此办法将予以取消,以采用循环检验的方式进行。

⑦其他

除上述检验外,实际营运中的船舶可能还有改装或更换检验、损坏和修理检验、螺旋桨轴和尾管轴检验、锅炉和热油加热器检验等。

3. 临时检验

临时检验是指不属于定期检验的检验。根据检验内容不同,检验可分为船体、机械、锅炉、电气、自动控制和遥控系统等临时检验,它是验船机构对技术状况或用途等发生变化的船舶所进行的检验。当船舶发生影响其入级的船舶及其设备损坏;船名、船籍港、船旗、船东或经营人更改;涉及入级的任何修理、改装或更换;港口国当局检查;检验的延期或建议,当发生上述情况时船东或其代理人申请临时检验。

4. 公证检验

船舶公证检验业务的内容很广泛,主要是为船舶的海损、机损以及为履行某种合约条款而进行的第三方检验。

(二)入级符号与附加标志

船舶的船体(包括设备)和轮机(包括设备)符合 CCS 规则、指南或等效规定,船级社将根据不同情况授予入级符号和附加标志。

1. 入级符号

CCS 的入级符号有:

★CSA   或   ★CSA   或   ★CSA
★CSM   ★CSM   ★CSM

入级符号含义如下:

★CSA——表示船舶结构和设备由 CCS 审图和建造中检验,并符合《钢质海船入级规范》(以下简称《规范》)规定。

★CSA——表示船舶结构和设备不由 CCS 审图和建造中检验,其后经 CCS 入级检验,认为其符合 CCS《规范》的规定。

★CSM——表示船舶推进机械和重要用途的辅助机械由 CCS 进行产品检验,而且船舶轮机和电气设备由 CCS 审图和建造中检验,并符合《规范》规定。

★CSM——表示船舶推进机械和重要用途的辅助机械不由 CCS 进行产品检验,但船舶轮机和电气设备由 CCS 审图和建造中检验,并符合《规范》规定。

★CSM——表示船舶轮机和电气设备不是由 CCS 审图和建造中检验,其后经 CCS 入级检验,认为其符合 CCS《规范》的规定。

2. 附加标志

附加标志是船舶不同特点的分级表述,加注在入级符号之后,分可选性标志和必需性标志。具体有船舶类型附加标志、航线或航区限制附加标志、特殊任务附加标志、货物特性附加标志、特殊性能附加标志、特殊检验附加标志、特殊设备附加标志、自动控制附加标志、环境保护附加标志、冷藏装置附加标志等。

附加标志标注原则是:附加标志加注于入级符号之后,其中涉及船体及其航区限制、船型、性能、设备、货物特性、检验等加注于★CSA之后,涉及轮机自动控制、轮机特殊设备、环境保护、冷藏装置、轮机检验等加注于★CSM之后;船舶类型、航区限制和特殊任务等属于必需附加标志;授予特定船舶的附加标志,如果该附加标志对应的规范要求适用于该船舶,则该标志是必需标志,否则是可选的;多个附加标志间以"/"隔开。

表6-1、表6-2和表6-3是几个常见的附加标志。

表6-1 船舶类型附加标志

船舶类型	附加标志	备注
普通干货船	General dry cargo ship	
客船	Passenger ship	
滚装船	RO-RO ship	
集装箱船	Container ship	
油船	Oil tanker	
化学品液货船	Chemical tanker	
散货船	Bulk carrier	
液化气体船	Liquefied gas carrier	

表6-2 特殊任务附加标志

特殊任务	附加标志	说明
第N类消防船	Fire fighting ship N	N为数字1、2、3,分别代表具有扑灭初期火灾、大火、大火和油类火灾能力的消防设备
训练船	Training ship	
调查船	Research ship	

表6-3 自动控制附加标志

附加标志		说明
AUT-0	机器处所周期无人值班	主推进装置由驾驶室控制站控制,机器处所(含集控室)周期性无人值班
MCC	机器处集中控制	船舶设机舱集中控制室和就地控制站,机电设备正常运行时集控室需有人连续值班
BRC	驾驶室遥控	主推进装置由驾驶室控制站控制,机器处所连续有人值班
DP-N	动力定位	N为数字1、2、3,代表系统的可靠性
OMBO	一人驾驶	桥楼和驾驶室的布置,以及航行设备和系统能适合1人操纵船舶

(三)电气设备检验

1. 年度检验

年度检验尽量与法定的年度检验同时进行。检验项目有:

①驾驶室与机械控制站的通信设施应进行试验,若设有替代操舵站,驾驶室与替代操舵站之间的通信设施应进行试验。

②电气设备和它的主电源和应急电源的供电电缆布线尽量在工作状况下进行总体检验。

③主电源和应急电源的工作应令人满意,船舶安全重要设备的应急供电应进行试验。若上述电源设有自动供电装置则应用自动方式进行试验。

④若设有控制静电和接地装置时,连接带应进行检验。

⑤电力推进装置,系泊定位辅助推进装置及控制装置应进行试验。

⑥确认发电机和驱动为主推进机械和辅助机械服务泵的电动机及其控制装置处于良好状态。

⑦航行安全和船舶安全的供电设施及故障指示和报警器进行检验和试验。

⑧确认在航行中船员自行修理项目。

⑨确认危险处所内无潜在火源存在。

⑩确认电气设备处所内不会有可燃性气体、可燃蒸气或可燃性灰尘存在,并得到良好维护保养。

⑪油船的泵舱及货物区域上方及相邻处所内的电气设备、电缆、控制器、防爆设备、器具进行检验,确认无不正确的设备安装、无未经认可的设备及空端线路等。

⑫GMDSS 设备,包括电源、天线、卫星和地面通信终端、应急设备等。

⑬船舶内部通信系统。

2. 中间检验

中间检验应尽量与法定的中间检验及坞内检验一起进行,检验项目有:

①年度检验对该船适用的项目。

②发电机应在工作情况下进行运转试验,确认其处于良好工作状态。

③危险区域内的电气设备或通过危险区域的电路应进行检验,确认无任何危险的存在、无缺陷、无不正当的设备安装、无未经认可的设备及空端线路等。

④危险区域内电气设备或通过危险区域的电路的绝缘电阻应进行测量。如果船上没有除气,则上一次电阻测量记录也可以接受。

3. 特别检验

检验和试验项目:

①中间检验对该船适用项目。

②电气设备和电路上的绝缘电阻应进行测量。

③主配电板、应急配电板和分配电板上的附件应进行检验,验证过载电流保护和熔断器,确认其对各自的保护是合适的。

④发电机的空气断路器应进行试验,以验证其保护装置,包括动作和延时是令人满意的。

⑤所有电缆应进行检验,确认夹具和保护罩无松动。

⑥重要用途的电动机连同它的辅助控制和操作机构应进行检验,必要时在工作情况下进行运转试验。所有的发电机和操舵电动机应进行检验和在工作条件下进行试验,必要时可同时进行全负荷试验。

⑦重要用途供电的变压器若是湿式的,则船东应将液体取样送权威机构测定其击穿电压、酸度和水分,试验结果报告应提交验船师。

⑧航行灯应在工作状态进行试验,验证其供电故障或航行灯故障的正确显示和报警。

⑨应急电流和它的自动装置和辅助电源应进行试验。

⑩应急照明、临时应急照明、补充应急照明、通用报警和公共广播系统应尽实际可行进行试验。

⑪电力推进装置的推进电动机、发电机、电缆及所有附属设备、控制设备应进行检验并测量绝缘电阻。

对于电气设备，PMS 检验指南里对于电气装置的检验项目和内容有更具体的要求，限于篇幅本文不一一介绍。

二、维修计划

维修是指对设备进行维护或修理，是为保持或恢复设备预定功能而采取的技术和管理措施或活动。船舶的常见的维修方式有预防性维修、视情维修和事后维修三种。预防性维修是根据设备故障率的统计规律制定出以时间为基础的维修计划，并在设备发生故障前实施以避免设备发生故障，目的是保障设备的连续运行，这种方式适用于大多数设备。视情维修也称状态维修，这种方式需连续监测设备状态，判断故障模式和趋势，在此基础上决定维修策略，把故障消灭在萌芽状态，一般适用于昂贵设备。事后维修是设备出现故障后才进行修理。

设备的实际维修策略应根据设备或系统的具体情况、多种维修方式的综合考虑，其中预防性维修始终占据着设备维修的主要方式。作为船舶电气设备的主管人员，也应根据设备的具体情况制定预防性维修计划。对于船舶上庞杂的电气设备和系统而言，维修内容和周期是维修计划的核心。实际工作中，作为船舶管理人员，要严格地按维修理论系统科学地对每个设备制定维修计划是很困难的，因此通常按如下原则制定维修计划：

①随机说明书或维修保养手册所规定的**维修保养要点和标准及要求**。

②船级社、相关国际公约、国家标准和规范所规定的**检查维修要求**。

③上级权威部门的检查和维修标准。

④机务、船舶管理人员的实际经验。

随着航运和管理信息化的发展，船舶维修计划的制订和执行也从人工纸质走向计算机化、网络化、标准化。我国颁布了中华人民共和国国家标准（GB/T 16558-2009）：船舶维修保养体系（CWBT），CWBT 将船舶设备的维修保养级别分为八种，如表 6-4 所示。

表6-4　CWBT 维修保养级别划分

维修级别	A	B	C	D	E	F	G	H
定期制周期	日	周	月	季	六月	一年	二年(二年半)	五年
定时制周期				1 500 K	3 000 K	6 000 K	12 000 K	24 000 K
保养形式	常规检查			主要部件维修		拆检		拆检/特检/循检

表中 K 表示运转小时。

CWBT 把不同性质的维修、保养工作分为四大类别，在设备卡和工作卡上以星号或颜色加以特殊标志进行区别，如表 6-5 所示。

在船舶 CWBT 建立之初，需要对全船设备制定维修保养周期并输入到计算机中，计算机软件将会据此输出每天需要进行的维修工作。现在国内诸多机务管理软件都支持 CWBT。有了支持 CWBT 或类似维修体系的机务管理软件后，作为船舶电气的管理人员主要的任务就是执行机务管理软件制定的维修计划。然而，CWBT 中具体电气维修项目和周期的制定，是比较庞杂的工作，难免存在遗漏或不尽合理的地方，仍需要电子电气员在日常工作中密切注意设备运行情况,学习和研究设备技术资料,积累经验,防止检查和维护不及时导致设备故障。

表 6-5　CWBT 维修保养工作分类

工作类别	工作性质	设备卡上标志	工作卡上标志	
			一卡一级	一卡多级
第一类	含有年检或坞检项目的工作	＊＊＊	红	＊＊＊
第二类	含有特检或循检项目的工作	＊＊	兰	＊＊
第三类	其他重要维修工作	＊	黄	＊ 或无标志
第四类	一般维修工作	无标志	白	无标志

PMS 检查(Planned Maintenance System Survey for Marine)是一种由船舶所有人申请,经船级社批准的以船舶计划保养系统来替代船舶机械(包括电气设备)的年度检查、中间检查和特别检查的制度。CWBT 属于 PMS 检查范畴,但它已经超过了 PMS 检查的范围。PMS 对于电气装置的检验有项目和内容的明确要求,如果船舶采用 PMS 检验,显然电气维修计划里也必须覆盖这些内容。

如果没有机务管理软件,电气设备的维修计划可参照如下进行考虑。

(一)蓄电池维护的周期、内容与要求

1. 酸性蓄电池

①每 10 天要检查一次电压、电解液的相对密度及高度,并做好记录。如果低于规定值,应及时补充蒸馏水、进行充电,然后清洁表面。

②不经常使用的蓄电池,每月至少要检查一次,并进行补充电。

③蓄电池表面,每 3 个月进行一次彻底清洁,清洁时先用温水擦除接头处的氧化物,然后再涂上牛油或凡士林,防止氧化。

2. 碱性蓄电池

①每 15 天检查一次电压、电解液相对密度及高度,并做好记录。如果低于规定值,应及时补充蒸馏水,进行充电,然后清洁表面。

②每 2 个月检查一次蓄电池螺丝塞和透气橡皮套管,如果弹性失效应换新。

③每 6 个月要彻底清洁一次蓄电池的外表面,如果有锈蚀,应用煤油擦光,再涂上一层无酸凡士林。

3. 蓄电池维护,保养注意事项

①注意保持蓄电池表面清洁,不要有油渍污垢在上面,决不允许在上面放置金属工具、物品,以防造成短路,损坏蓄电池。

②保持极柱、夹头和铁质提手等处的清洁,如出现电腐蚀或氧化物等应及时擦拭干净,以保证导电的可靠性。平时应将这些零件表面涂上凡士林,防止锈蚀。

③平时注意盖好注液孔的上盖,以防船舶航行时电解液溢出,或海水进入到蓄电池里。必须保持通气孔畅通。

④蓄电池放电终了,应及时按要求进行充电。

⑤蓄电池室内严禁烟火。

⑥碱性蓄电池充电时,不要取下气塞,以防进入大量碳酸气,而使电解液失效,一般每年或使用过 50~100 次充放电循环,应更换一次电解液。要注意保持排气胶管畅通,定期打开气塞排气,防止气体聚集太多而造成蓄电池膨胀。

4.蓄电池维护用具

国际上的很多检验机构,例如化学品分类协会(Chemical Distribution Institute,简称CDI),国际石油公司等,经常关注蓄电池维护时船员的防护装备,包括:

①护目镜。

②洗眼液。

③皮裙。

④橡胶手套和雨鞋等。

对于特种船舶,如果设有电瓶间,电瓶间需要通风良好并且保持适当的温度。

(二)照明系统维护周期及要求

(1)航行灯及信号灯

每航行一次,检查航行灯、信号灯供电是否正常,故障报警或显示装置是否正常。

(2)MORSE信号灯

每2个月一次,检查灯具、导线的完好性,并测量绝缘电阻。

(3)普通照明及可携式灯具

每半年一次,检查灯头接线是否老化、断开,同时检查室外灯具水密锈蚀情况,如有损坏要更换。

(4)应急照明

每月一次效能试验,逐路检查灯具及应急照明接触器的工作情况,如有故障应予以排除。另外,每半年应测量一次绝缘电阻。

(5)探照灯、运河灯

使用前应检查开关及灯具的水密、电缆、电源情况,并测量绝缘电阻。

(6)货舱灯

货舱灯应每航次抵港前进行一次检查,及时对电缆破损部分进行包扎,必要时更换电缆;检查灯泡及灯头、灯座情况,检查绝缘情况,保证工作安全可靠。

(三)船舶电站的主要维护要求

船舶电站日常维护应注意保持配电屏、发电机控制屏、并车屏等清洁、绝缘情况,保证其指示灯、仪表指示正常。

每半年应检查主开关活动部件动作是否灵活可靠,主触头、辅助触头接触是否良好,如果发生过流跳闸,应立即进行一次维护检查,重点检查主触头、灭弧机构情况,必要时予以清洁或触头更换。

主配电板上的各种仪表应在特别检验时予以校验。

发电机日常注意发电机表面、空气滤网的清洁,2 000 h或根据说明书的要求更换轴承润滑油,半年检查发电机绕组间绝缘、绕组对地的绝缘情况,检查空间加热器的工作情况;对于调压器应每年进行电路板的清洁、接头焊点情况检查。

(四)自动锅炉的电气系统维护要求

自动锅炉控制系统日常维护应注意控制箱的清洁、保证通风良好、控制箱内部外观检查;每半年检查频繁动作的接触器触头结构情况;每3个月应检查各种水位、火焰传感器、点火电极情况,必要时予以清洁或更换。

(五)电动机及启动箱维护检查

电动机日常维护注意保持清洁、良好的通风散热、防潮防水,巡视中注意电机的发热、噪声、振动情况。每3个月测量一次绝缘情况,连续运转的电动机应半年更换或添加轴承润滑油,按要求必要时更换电机轴承。

启动箱日常维护应注意保持清洁、注意箱内防潮加热器的工作情况、接头锈蚀、防护情况等,检查电磁机构、灭弧系统、主触点的工作情况,必要时对主触点予以清洁、研磨、更换。

(六)电子电气设备的维护

电子电气设备,如计算机、变频器、UPS、PLC、驾驶台各种电子设备、控制系统的电路板等,日常注意重点保持机箱周围通风良好、风扇(如有)运转正常、机箱及机箱内部电路板清洁、散热器接触可靠牢固。一年或半年(与设备安装位置有关)应重点检查风扇和散热器的工作情况,必要时予以清洁、更换、更换导热硅脂;每年应注意检查电路板的接插口,防止氧化造成的接触不良。

电子设备在进行维护时,应注意不得带电拔插电路板(除非有特殊说明),进行清洁维护时应防止静电对电路板的伤害,测量绝缘时应选择合适的电压等级。

计算机硬盘(非电子固态盘)上的程序和数据应予以备份。

含电池的存储设备(如PLC上的存储卡),应注意测量电池电压;根据电池的容量、性能,及时更新电池。

重要设备的UPS(不间断电源)应每半年进行功能试验,重点检验其自动电源切换功能和持续供电时间。当其供电时间达不到要求时,应更换蓄电池或整个UPS。

对于非线性用电设备,应注意其滤波元器件的工作情况。

(七)舵机控制系统的维护

每航次应检查自动舵的随动控制系统工作情况、内部机构的接触磨损情况,尤其是船龄较大的船舶。

(八)甲板机械拖动控制系统

每航次抵港前,应对起货机、锚机、缆机的电气系统进行一次检查,重点检查电机运转是否正常,检查接触器的电磁结构、集电环、防潮加热器、控制箱内部接线是否松动,限位开关、主令的密封和工作情况等。

船舶电气设备的种类繁多,不能一一详述,上述维护周期和内容也只是一般参考,具体应以机务管理软件中的规定或厂家技术说明书为准。实际工作中,合理设定维护周期与设备的使用频率或运行时间、设备安装条件和环境、设备负载情况、设备的工作年限、设备本身的质量等相关。过短的维护周期一方面增加了船员劳动强度,另一方面并不一定能增加设备的可靠性,严重的反而减少设备的寿命和可靠性。电子电气员应注意研读设备制造厂家说明书,加强日常巡视,注意观察,积累经验,才能对各种设备的运行情况及元器件磨损、失效情况做到心中有数,有助于制定合理的维护周期。

船上设备的计划维修体系是PSC检查的重要内容,船上检查的内容通常包含(但不限于):

(1)计划维修保养体系,含船级和法定检验所有项目的维修保养体系。

(2)维修保养体系的内容,含:

①维修保养的详细目录。

②维修保养周期或时间表。

③维修保养的结果和报告。

④维修保养须知。

⑤对计划的执行情况和后续安排。
⑥应急设备及备用设备的试验。
(3) 计划维修保养体系所使用文件的标识。
(4) 按规定期限进行保养和检验的证据(即正确填写维修保养和检验表)和检验者的签字。
(5) 维修保养和检验工作人员的理论知识和实践能力。
(6) 上报公司的缺陷报告和公司回复的记录。
(7) 检验与维修保养记录的管理和保存。
(8) 修理者的资格证明。
(9) 参考资料。
(10) 备件订购和交付单。

第三节 电气测试和测量设备

一、常用电工仪表及分类

电工仪表是用于测量电压、电流、电能、电功率等电量和电阻、电感、电容等电路参数的仪表,在电气设备安全、经济、合理运行的监测与故障检修中起着十分重要的作用。电工仪表的结构性能及使用方法会影响电工测量的精确度,电气管理人员必须能合理选用电工仪表,而且要了解常用电工仪表的基本工作原理及使用方法。

1. 电工仪表的分类
电工仪表的分类方法很多:
①按测量对象不同,可分为电流表、电压表、功率表、电度表、电阻表等。
②按仪表的工作原理,可分为磁电式、电磁式、电动式、感应式等。
③按测量电流种类,可分为交流表、直流表、交直流两用表。
④按使用性质和装置方法,可分为固定式、携带式。
⑤电工仪表按准确度等级分为 0.1、0.2、0.5、1.0、1.5、2.5、5.0 共七级,数字越小表示准确度越高。通常 0.1 级和 0.2 级仪表为标准表,0.5~1.5 级仪表用于实验室,1.5~5.0 级则用于电气工程测量。
⑥按防御外界磁场或电场干扰的能力,分为Ⅰ、Ⅱ、Ⅲ、Ⅳ等,其中Ⅰ等的防御能力最好。
⑦按使用条件分为 A、B、C 三组,A、B 两组用于室内,C 组用于室外或船舰、飞机、车辆上。
⑧按数据显示方式,可分为模拟式和数字式。

2. 工作原理
这里只简单介绍磁电式、电磁式、电动式、感应式仪表的工作原理。
(1) 磁电式仪表
磁电式仪表的原理结构如图 6-1 所示,它是由固定的磁路系统和可动部分组成的。固定部分:永久磁铁、极靴、圆柱形铁芯。可动部分:绕在铝框上的线圈、线圈两端的轴、指针、平衡重物、游丝。永久磁铁置于可动线圈外面,可动线圈位于永久磁铁当中。

仪表的磁路系统是在永久磁铁的两极,固定着极靴。两极靴之间是圆柱形铁芯。圆柱形铁芯固定在仪表的支架上,用来减小磁阻,并在极靴和铁芯之间的气隙中形成沿圆柱形表面均匀辐射的磁场，其磁感应强度处处相等，方向与圆柱形表面垂直。处在这个磁场中的可动线圈是用很细的漆包线绕制在铝框架上的。框架的两端分别固定着半轴，半轴上的另一端通过轴尖支承于轴承中。指针安装在前半轴上。当可动线圈通入电流时，在磁场的作用下便产生转动力矩，使指针随着线圈一起转动。线圈中通过的电流越大，产生的转动力矩也越大。

转动力矩需要有反作用力矩制衡才能使仪表指针停留在某个指示位置上。反作用力矩可以由游丝、张丝或悬丝产生。当采用游丝时，还同时用它来导入和导出电流，因此装设了两个游丝，它们的螺旋方向相反。仪表的阻尼力矩则由铝框产生。高灵敏度仪表为减轻可动部分的重量，通常采用无框架动圈，并在动线圈中加短路线圈，以产生阻尼作用。

随着偏转角的增大，反作用力矩也将不断增大，直到反作用力矩和转动力矩相等时，可动部分的力矩达到平衡。此时，可动部分将稳定在某一个平衡位置，而指针有一个稳定的偏转角。经分析计算可得，可动部分的稳定偏转角和电流的大小成正比。因此，在仪表中就可以用偏转角来衡量被测电流的大小，并通过指针在标度尺上直接标示出电流的数值。

磁电式仪表通常用来测量直流电压、电流。

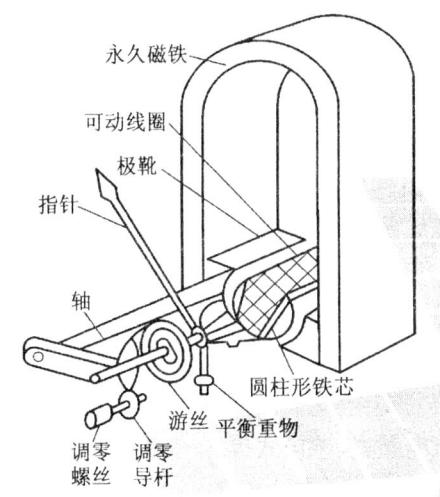

图 6-1　磁电式仪表结构

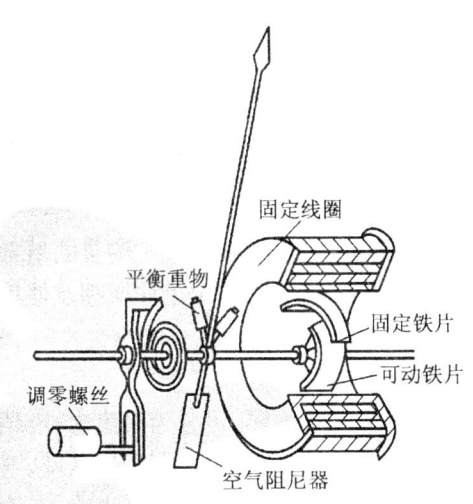

图 6-2　电磁式仪表结构

（2）电磁式仪表

电磁式仪表结构也可分为固定部分和可动部分。固定部分有固定线圈、固定铁片，可动部分有可动铁片、转动轴、指针、游丝、零位调整装置，如图6-2所示。

可动部分的核心是一片可被磁化的软磁性材料（如铁片、坡莫合金等），利用被磁化可动铁片与通电线圈（或被磁化的静铁片）磁极之间的作用力（吸力或斥力）。电磁式仪表根据测量机构的结构形式不同，分有扁线圈吸引型和圆线圈排斥型两种。

固定线圈通电后，其磁场将使可动铁片磁化。铁片磁化后的极性，即铁片靠近线圈侧是N极还是S极，完全由线圈中的电流方向所决定，不管线圈电流是什么方向，铁片的极性都是使铁片和线圈互相吸引（铁片间相互排斥）。这是因为当线圈电流改变方向时，铁片被磁化后的极性也同时改变的缘故。因此，不管电流方向如何改变，而铁片转动力矩的方向不会改变。所以，这种测量机构不仅可以用来测量直流，也可以用来测量交流变量。

电磁式仪表是测量交流电流与电压最常见的一种仪表。它具有结构简单、过载能力强、造价低廉以及可交、直流两用等一系列优点，因此电磁式仪表在电力工程、尤其是固定安装的测量中得到了广泛的应用。

磁电式电流表和电压表的刻度基本上是均匀的,而电磁式仪表的刻度则由密变疏。从性能上看,磁电式仪表反映的是通过它的电流的平均值,因此它的直接被测量只能是直流电流或电压;而电磁式仪表反映的是通过它的电流的有效值,因此,不加任何转换,电磁式仪表就可用于直流、交流,以及非正弦电流、电压的测量。但其测量灵敏度和精度都不及磁电式仪表高,而功耗却大于磁电式仪表。

由于电磁式仪表构造简单、成本低廉,在电工测量中获得了广泛的应用,尤其是开关板式交流电流、电压表,基本上都采用这种仪表。

电磁式仪表根据测量机构的结构形式不同,分有扁线圈吸引型和圆线圈排斥型两种。

(3) 感应式仪表

感应式仪表主要组成元件有一个铝盘和一个或数个绕在铁芯上的线圈,其他还有铝盘转轴、涡轮、计数器和阻尼磁铁等,当外输交流电流通过缠绕在铁芯上的线圈时,在铁芯的间隙中便产生出一个交变磁通,铝盘在这个交变磁通的作用下,感应产生涡流,此涡流在切割交变磁通的磁场时受力,使铝盘转动。由于可动部分的铝盘切割制动磁铁的磁力线,其二者相互作用又产生了制动力矩,该力矩和转速存在比例关系,当转动力矩和制动力矩大小相等、方向相反时铝盘转速达到平衡。计数器累计铝盘转数,通过换算即为被测电量,如电度表等。

(4) 电动式仪表

电磁式仪表的测量准确度一般不高,其主要原因是由于电磁式仪表铁磁材料的磁滞和涡流效应等造成的。用于交流精密测量大多采用电动式仪表,基本上消除了磁滞和涡流的影响。磁电式仪表的磁场是由永久磁铁建立的,当利用通有电流的固定线圈来代替永久磁铁时,便构成了"电动式仪表"。

电动式仪表的测量机构主要由建立磁场的固定线圈和在此磁场中偏转的可动线圈组成,其结构如图 6-3 所示。固定线圈分为平行排列,互相对称的两部分,中间留有空隙,以便穿过转轴。这种结构的特点是能获得均匀的工作磁场,并可借助改变两个固定线圈之间的串、并联关系而得到不同的电流量程。可动线圈与转轴固接在一起,转轴上装有指针和空气阻尼器的阻尼片。游丝用来产生反作用力矩,并起引导电流的作用。可动线圈比固定线圈小些、轻些,常见的线圈形状有圆形、椭圆形及矩形等。由于线圈工作磁场很弱,通常只有磁电式仪表磁场的 1% ~ 5%,故易受外磁场影响。为此,电动式仪表的测量机构应置于磁屏蔽罩内,以减少对测量机构的干扰。固定线圈不仅可以通过直流,而且还可通过交流,因此,电动式仪表的主要优点是能交直流两用,并能达到 0.05 ~ 0.1 级的准确度,使电动式仪表的准确度得到了提高。电动式仪表不但能精确地测量电流、电压和功率,而且还可以测量功率因数、相位及频率等。它可使用的频率范围较宽,可用在 45 ~ 2 500 Hz 的交流电路中。所以,电动式仪表用途广泛,在精密指示仪表中占有重要地位。

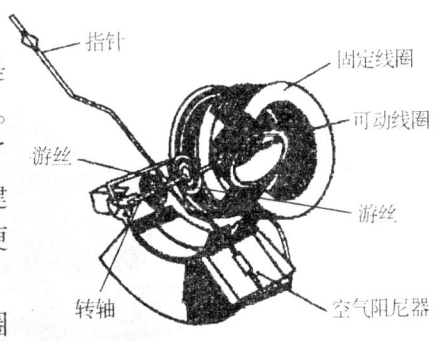

图 6-3 电动式仪表结构

现在,电动式仪表正朝着提高灵敏度、扩大量程和频率范围,以及降低功耗、缩小外形、减小质量、降低成本和提高使用寿命的方向发展。目前,国内外出现了张丝支承、陶瓷支架、陶瓷转轴、小偏转角以及光标指示的电动式仪表,其准确度为 1%,功率损耗小于 1 W,交流使用的额定频率可达 15 ~ 5 000 Hz,扩展频率范围则达 10 000 Hz,这样就更扩大了电动式仪表的应用范围。显而易见,电动式仪表在各类指示仪表中,保持着明显的优势

3. 电工仪表的符号

为了表示常用电工仪表的技术性能,在电工仪表的表盘上有许多符号,如被测量单位的符号、工作原理符号、电流种类符号、准确度等级符号、工作位置符号和绝缘强度符号等,各符号表示的内容见表6-6。

表6-6 常见电工仪表符号标志

符号	含义	符号	含义
Ⓐ	电流表	∠60°	标度尺位置与水平面呈60°
Ⓥ	电压表	kW·h	电度表
cosφ	功率因数	W	功率表
∼	交流	+	正端钮
≂	交直流两用	—	负端钮
═	直流	∗	公共端钮
3∼ 或 ≡	三相	⏚	接地端钮
⊥	与外壳相连的端钮	1.5	精度等级
↑ 或 ⊥	标度尺位置为垂直放置	⊓	标度尺位置为水平放置
☆	绝缘等级	I	防外磁场电场强度(Ⅰ级)
电磁式仪表	电磁式仪表	⊙	感应仪表
电动式仪表	电动式仪表	⋃	磁电式仪表

二、常用电工仪表的使用及注意事项

(一)万用表的使用

万用表是一种多功能、多量程的便携式电工仪表,一般的万用表可以测量直流电流、直流电压、交流电压和电阻等。有些万用表还可测量电容、功率、晶体管共射极直流放大系数 hFE 等。所以万用表是船上必备的仪表之一。

万用表可分为指针式万用表和数字式万用表。下面主要介绍指针式万用表的使用。

1. 准备工作

由于万用表种类型式很多,在使用前要做好测量的准备工作:

①熟悉转换开关、旋钮、插孔等的作用,检查表盘符号,例如"⊓"表示水平放置,"⊥"表示垂直使用。

②了解刻度盘上每条刻度线所对应的被测电量。

③检查红色和黑色两根表笔所接的位置是否正确,红表笔插入"+"插孔,黑表笔插入"−"插孔,有些万用表另有交直流2 500 V高压测量端,在测高压时黑表笔不动,将红表笔插入高压插口。

④机械调零。旋动万用表面板上的机械零位调整螺丝,使指针对准刻度盘左端的"0"位置。

2. 测量直流电压

①把转换开关拨到直流电压挡,并选择合适的量程。当被测电压数值范围不清楚时,可先选用较高的测量范围挡,再逐步选用低挡,测量的读数最好选在满刻度的 2/3 处附近。

②把万用表并接到被测电路上,红表笔接到被测电压的正极,黑表笔接到被测电压的负极,不能接反,防止打坏指针或损坏表头。

③根据指针稳定时的位置及所选量程,正确读数。

3. 测量交流电压

①把转换开关拨到交流电压挡,选择合适的量程。若误用直流电流或电阻挡,轻则打弯指针,重则烧坏表头,损坏万用表。

②将万用表两根表笔并接在被测电路的两端,不分正负极。

③根据指针稳定时的位置及所选量程,正确读数。其读数为交流电压的有效值。

4. 测量直流电流

①把转换开关拨到直流电流挡,选择合适的量程。

②将被测电路断开,万用表串接于被测电路中。注意正、负极性:电流从红表笔流入,从黑表笔流出,不可接反。

③根据指针稳定时的位置及所选量程,正确读数。

5. 用万用表测量电压或电流时的注意事项

①测量时,不能用手触摸表笔的金属部分,以保证安全和测量的准确性。

②测直流量时要注意被测电量的极性,避免指针反打而损坏表头。

③测量较高电压或大电流时,不能带电转动转换开关,避免转换开关的触点产生电弧而被损坏。

④测量完毕后,将转换开关置于交流电压最高挡或空挡。

6. 测量电阻

①把转换开关拨到欧姆挡,合理选择量程。

②两表笔短接,进行电调零,即转动零欧姆调节旋钮,使指针打到电阻刻度右边的"0 Ω"处。

③将被测电阻脱离电源(不能有并联支路),用两表笔接触电阻两端,从表头指针显示的读数乘以所选量程的倍率数即为所测电阻的阻值。如选用 R×100 挡测量,指针指示 40,则被测电阻值为:40×100 = 4 000 Ω = 4 kΩ。

7. 普通二极管的检测

通过用万用表检测其正反向电阻值,可以判别出二极管的电极,还可估测出二极管是否损坏。

(1)极性的判别

通常二极管管体上印有彩色标记面有标志的一端为负极,也可用万用表测试其正负极。将万用表置于 R×100 挡或 R×1k 挡,两表笔分别接二极管的两个电极,测出一个结果后,对调两表笔,再测出一个结果。两次测量的结果中,有一次测量出的阻值较大(为反向电阻),一次测量出的阻值较小(为正向电阻)。在阻值较小的一次测量中,黑表笔接的是二极管的正极,红表笔接的是二极管的负极。

(2)单向导电性能的检测及好坏的判断

通常,锗材料二极管的正向电阻值为 1 kΩ 左右,反向电阻值为 300 Ω 左右。硅材料二极管的电阻值为 5 kΩ 左右,反向电阻值为 ∞（无穷大）。正向电阻越小越好,反向电阻越大越好。正、反向电阻值相差越悬殊,说明二极管的单向导电特性越好。若测得二极管的正、反向电阻值均接近 0 或阻值较小,则说明该二极管内部已击穿短路或漏电损坏。若测得二极管的正、反向电阻值均为无穷大,则说明该二极管已开路损坏。

需要说明的是,因为二极管的电阻是非线性的,对于同一个二极管,用不同的电阻挡所测的电阻值是不一样的。

8. 发光二极管的检测

（1）正、负极的判别

将发光二极管放在一个光源下,观察两个金属片的大小,通常金属片大的一端为负极,金属片小的一端为正极。

（2）性能好坏的判断

用万用表 R×10k 挡,测量发光二极管的正、反向电阻值。正常时,正向电阻值（黑表笔接正极时）为 10～20 kΩ,反向电阻值为 250 kΩ～∞（无穷大）。较高灵敏度的发光二极管,在测量正向电阻值时,管内会发微光。若用万用表 R×1k 挡测量发光二极管的正、反向电阻值,则会发现其正、反向电阻值均接近∞（无穷大）,这是因为发光二极管的正向压降大于 1.6 V（高于万用表 R×1k 挡内电池的电压值 1.5 V）的缘故。用万用表的 R×10k 挡对 1 只 220 μF/25 V 电解电容器充电（黑表笔接电容器正极,红表笔接电容器负极）,再将充电后的电容器正极接发光二极管正极、电容器负极接发光二极管负极,若发光二极管有很亮的闪光,则说明该发光二极管完好。也可用 3 V 直流电源,在电源的正极串接 1 只 33 Ω 电阻后接发光二极管的正极,将电源的负极接发光二极管的负极,正常的发光二极管应发光。或将 1 节 1.5 V 电池串接在万用表的黑表笔（将万用表置于 R×10 或 R×100 挡,黑表笔接电池负极,等于与表内的 1.5 V 电池串联）,将电池的正极接发光二极管的正极,红表笔接发光二极管的负极,正常的发光二极管应发光。

9. 桥堆的检测

（1）全桥的检测

大多数的整流全桥上,均标注有"+"、"-"、"~"符号（其中"+"为整流后输出电压的正极,"-"为输出电压的负极,"~"为交流电压输入端）,很容易确定出各电极。检测时,可通过分别测量"+"极与两个"~"极、"-"极与两个"~"之间各整流二极管的正、反向电阻值（与普通二极管的测量方法相同）是否正常,即可判断该全桥是否已损坏。若测得全桥内某只二极管的正、反向电阻值均为 0 或均为无穷大,则可判断该二极管已击穿或开路损坏。

（2）半桥的检测

半桥是由 2 只整流二极管组成,通过用万用表分别测量半桥内部的 2 只二极管的正、反电阻值是否正常,即可判断出该半桥是否正常。

10. 三极管的检测

首先判断基极并判断三极管类型是 NPN 型还是 PNP 型:试着将黑表笔接触三极管的一级,再分别用红表笔接触其他两级,当两次指针都有较大偏转时,可以判断黑表笔接触端为 b 极,该三极管为 NPN 型;将红表笔接触三极管的一级,分别用黑表笔接触其他两级,若两次指针都有较大偏转,则红表笔接触端为 b 极,该三极管为 PNP 型。

以 NPN 为例,判断 e、c 两级:用红、黑表笔分别接触其余两级,用手分别接触黑表笔接触端和 b 极,当表头指针有偏转时黑表笔接触端为 c 极。

估计 β 值:可由测得的电阻值估测电流值,即可估测出相应的 I_b 和 I_c 值,$\beta \approx I_c/I_b$。

11. 检测电容

测电容的好坏:将两表笔分别接触电容的两级,若观察到指针偏转到一定角度又返回,则电容是好的,并可以由其偏转大小估测电容大小。比较 1 只已知电容值的偏转幅度可估算待测电容大小。对于小电容如 1 000 pF 或稍大一点,要用 R×10 kΩ 挡,只要表针稍有摆动,即可认为容量够了。

测电容是否漏电:对 1 000 μF 以上的电容,可先用 R×10 Ω 挡将其快速充电,并初步估测电容容量,然后改到 R×1 kΩ 挡继续测一会儿,这时指针不应回返,而应停在或十分接近 ∞ 处,否则就是有漏电现象。对一些几十微法以下的定时或振荡电容,对其漏电特性要求非常高,只要稍有漏电就不能用,这时可在 R×1 kΩ 挡充完电后再改用 R×10 kΩ 挡继续测量,同样表针应停在 ∞ 处而不应回返。

12. 用万用表测量电阻时的注意事项

①不允许带电测量电阻,否则会烧坏万用表。

②万用表内干电池的正极与面板上"-"号插孔相连,干电池的负极与面板上"+"号插孔相连。在测量电解电容和晶体管等器件的电阻时要注意极性。

③每换一次倍率挡,要重新进行电阻调零。

④不允许用万用表电阻挡直接测量高灵敏度表头内阻,以免烧坏表头。

⑤不准用两只手捏住表笔的金属部分测电阻,否则会将人体电阻并接于被测电阻而引起测量误差。

⑥测量完毕,将转换开关置于交流电压最高挡或空挡。

⑦应在干燥、无振动、无强磁场、环境温度适宜的条件下使用和保存万用表,对长期不用的万用表应将电池取出。

⑧严禁测量过程中拨动转换开关,防止损坏表头。

⑨在测量时,请先连接公共测试表笔(黑表笔)再连接带电表笔(红表笔);断开连接时,请先断开带电表笔,再断开公共表笔。

13. 数字万用表

现在,数字式测量仪表已成为主流,有取代模拟式仪表的趋势。与模拟式仪表相比,数字式仪表灵敏度高、准确度高、显示清晰、过载能力强、便于携带、使用更简单。

(1)使用方法

①使用前,应认真阅读有关的使用说明书,熟悉电源开关、量程开关、插孔、特殊插口的作用。

②将电源开关置于 ON 位置。

③交直流电压的测量:根据需要将量程开关拨至 DCV(直流)或 ACV(交流)的合适量程,红表笔插入 V/Ω 孔,黑表笔插入 COM 孔,并将表笔与被测线路并联,读数即显示。

④交直流电流的测量:将量程开关拨至 DCA(直流)或 ACA(交流)的合适量程,红表笔插入 mA 孔(<200 mA 时)或 10 A 孔(>200 mA 时),黑表笔插入 COM 孔,并将万用表串联在被测电路中即可。测量直流量时,数字万用表能自动显示极性。

⑤电阻的测量:将量程开关拨至 Ω 的合适量程,红表笔插入 V/Ω 孔,黑表笔插入 COM 孔。如果被测电阻值超出所选择量程的最大值,万用表将显示"1",这时应选择更高的量程。测量电阻时,红表笔为正极,黑表笔为负极,这与指针式万用表正好相反。因此,测量晶体管、

电解电容器等有极性的元器件时,必须注意表笔的极性。

(2)使用注意事项

①如果无法预先估计被测电压或电流的大小,则应先拨至最高量程挡测量一次,再视情况逐渐把量程减小到合适位置。测量完毕,应将量程开关拨到最高电压挡,并关闭电源。

②满量程时,仪表仅在最高位显示数字"1",其他位均消失,这时应选择更高的量程。

③测量电压时,应将数字万用表与被测电路并联。测电流时应与被测电路串联,测直流量时不必考虑正、负极性。

④当误用交流电压挡去测量直流电压,或者误用直流电压挡去测量交流电压时,显示屏将显示"000",或低位上的数字出现跳动。

⑤禁止在测量高电压(220 V以上)或大电流(0.5 A以上)时换量程,以防止产生电弧,烧毁开关触点。

⑥当仪表上小电池符号闪烁、显示"BATT"或"LOW BAT"时,表示电池电压低于工作电压,应予及时更换。

数字万用表与模拟(指针)万用表相比,功能强大、精度高、适用频率范围广等,但也有其不足之处。如输出电流小,因此如果用电阻挡测二极管、电容时,与指针式将不同;另外,在被测量变动时,数字式显示也不如指针表直观。

(二)兆欧表的使用

兆欧表又称摇表,是专门用于测量绝缘电阻的仪表,它的计量单位是兆欧(MΩ)。

1. 兆欧表的结构

常用的手摇式兆欧表,主要由磁电式流比计和手摇直流发电机组成,输出电压有 500 V、1 000 V、2 500 V、5 000 V 几种。随着电子技术的发展,现在也出现用干电池及晶体管直流变换器把电池低压直流转换为高压直流,来代替手摇发电机的兆欧表。

磁电式流比计是测量机构。如图6-4所示:可动线圈 F_1 与 F_2 互成一定角度,放置在一个有缺口的圆柱形铁芯的外面,并与指针固定在同一转轴上;极掌为不对称形状,以使气隙不均匀。

2. 兆欧表的工作原理

兆欧表的工作原理如图6-4所示。被测电阻 R_x 接于兆欧表测量端子"线端"L与"地端"E之间。摇动手柄,直流发电机输出直流电流。线圈 F_1、电阻 R_1 和被测电阻 R_x 串联,线圈 F_2 和电阻 R_2 串联,然后两条电路并联后接于发电机电压 U 上。

设线圈 F_1 电阻为 r_1,线圈 F_2 电阻为 r_2,图6-4中 r_1、r_2、R_1 和 R_2 为定值,R_x 为变量,所以改变 R_x 会引起比值 I_1/I_2 的变化。由于线圈 F_1 与线圈 F_2 绕向相反,流入电流 I_1 和 I_2 后在永久磁场作用下,在两个线圈上分别产生两个方向相反的转距 T_1 和 T_2,由于气隙磁场不

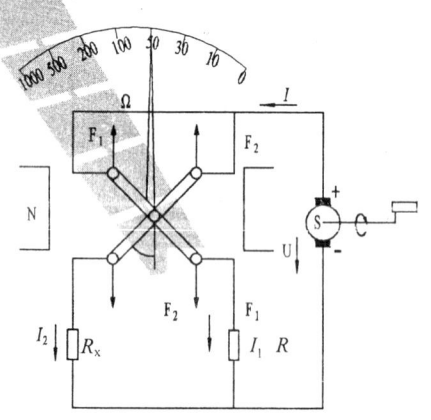

图6-4 兆欧表的工作原理

均匀,因此 T_1 和 T_2 既与对应的电流成正比又与其线圈所处的角度有关。当 $T_1 \neq T_2$ 时指针发生偏转,直到 $T_1 = T_2$ 时,指针停止。指针偏转的角度只决定于 I_1 和 I_2 的比值,此时指针所指的是刻度盘上显示的被测设备的绝缘电阻值。

当E端与L端短接时,I_2 为最大,指针顺时针方向偏转到最大位置,即"0"位置;当E、L端

未接被测电阻时，R_x 趋于无限大，$I_2 = 0$，指针逆时针方向转到"∞"的位置。该仪表结构中没有产生反作用力距的游丝，在使用之前，指针可以停留在刻度盘的任意位置。

3. 兆欧表的使用

首先应正确选用兆欧表：兆欧表的额定电压应根据被测电气设备的额定电压来选择。测量 500 V 以下的设备，选用 500 V 或 1 000 V 的兆欧表；额定电压在 500 V 以上的设备，应选用 1 000 V 或 2 500 V 的兆欧表；对于绝缘子、母线等要选用 2 500 V 或 3 000 V 兆欧表。

其次使用前检查兆欧表是否完好：将兆欧表水平且平稳放置，将 E、L 两端开路，以约 120 r/min 的转速摇动手柄，观测指针是否指到"∞"处；然后将 E、L 两端短接，缓慢摇动手柄，观测指针是否指到"0"处，经检查完好才能使用。

兆欧表的使用：

①兆欧表放置平稳牢固，被测物表面擦干净，以保证测量正确。

②正确接线：兆欧表有三个接线柱，线路(L)、接地(E)、屏蔽(G)。根据不同测量对象，作相应接线。测量线路对地绝缘电阻时，E 端接地，L 端接于被测线路上；测量电机或设备绝缘电阻时，E 端接电机或设备外壳，L 端接被测绕组的一端；测量电机或变压器绕组间绝缘电阻时先拆除绕组间的连接线，将 E、L 端分别接于被测的两相绕组上；测量电缆绝缘电阻时 E 端接电缆外表皮(铅套)上，L 端接线芯，G 端接芯线最外层绝缘层上。接线柱 G 是用来屏蔽表面电流的。如测量电缆的绝缘电阻时，由于绝缘材料表面存在漏电电流，将使测量结果不准，尤其是在湿度很大的场合及电缆绝缘表面又不干净的情况下，会使测量误差很大。为避免表面电流的影响，在被测物的表面加一个金属屏蔽环，与数字兆欧的"屏蔽"接线柱相连。这样，表面漏电流 I_B 从发电机正极出发，经接线柱 G 流回发电机负极而构成回路。I_B 不再经过兆欧表的测量机构，因此从根本上消除了表面漏电流的影响。为获得正确的测量结果，被测设备的表面应用干净的布或棉纱擦拭干净。

③由慢到快摇动手柄，直到转速达 120 r/min 左右，保持手柄的转速均匀、稳定，一般转动 1 min，待指针稳定后读数。

④测量完毕，待兆欧表停止转动和被测物接地放电后方能拆除连接导线。

4. 注意事项

因兆欧表本身工作时产生高压电，为避免人身及设备事故必须重视以下几点：

①不能在设备带电的情况下测量其绝缘电阻。测量前被测设备必须切断电源和负载，并进行放电；已用兆欧表测量过的设备如要再次测量，也必须先接地放电。

②兆欧表测量时要远离大电流导体和外磁场。

③与被测设备的连接导线应用兆欧表专用测量线或选用绝缘强度高的两根单芯多股软线，两根导线切忌绞在一起，以免影响测量准确度。

④测量过程中，如果指针指向"0"位，表示被测设备短路，应立即停止转动手柄。

⑤被测设备中如有半导体器件，应先将其插件板拆去。

⑥测量过程中不得触及设备的测量部分，以防触电。

⑦测量电容性设备的绝缘电阻时，测量完毕，应对设备充分放电。测量具有大电容设备的绝缘电阻，读数后不能立即断开兆欧表，否则已被充电的电容器将对兆欧表放电，有可能烧坏兆欧表。应在读数后应首先断开测试线，然后再停止测试，在兆欧表和被测物充分放电以前，不能用手触及被试设备的导电部分。测量设备的绝缘电阻时，还应记下测量时的温度、湿度、被试物的有关状况等，以便于对测量结果进行分析。

⑧一般最小刻度为 1 MΩ,测量电阻应大于 100 kΩ。

⑨禁止在雷电时或高压设备附近测绝缘电阻,摇测过程中,被测设备上不能有人工作。此外要定期校验其准确度。

第四节　船舶电工材料

电工材料是电工领域应用的各类材料的统称,包括导电材料、半导体材料、绝缘材料和其他电介质材料、磁性材料等。

由于船舶的工作环境比陆地要恶劣得多,所以对电工材料性能的有特殊要求,船用电气设备一般应用耐久、滞燃和耐潮的材料制成,除非对可能遭受到的大气环境和温度作了适当的防护;绝缘材料和绝缘绕组均应能耐潮、耐海上空气和耐油雾,除非针对这些因素采取了专门的防护措施;导电部分一般应用铜或铜合金制造;金属部分除其材料本身有较好的耐腐蚀性能外,均应有可靠的防护层。

对于工作环境,《钢质海船入级规范》里规定,船舶电气设备应能在下列环境下正常工作:

①环境空气温度和初级冷却水温度如表6-7所示,但适用于电子设备的环境空气温度的上限为 55 ℃。

表 6-7　环境温度

介质	部　位	温度(℃)	
		无限航区	除热带海区以外的有限航区
空气	围蔽处所内	0~45	0~40
	温度超过45 ℃(或40 ℃)或低于围蔽处所内0 ℃的处所内	按这些处所的温度	按这些处所的温度
	开敞甲板	-25~45	-25~40
水		32	25

②倾斜摇摆如表6-8所示。
③船舶正常营运中所产生的振动和冲击。
④潮湿空气、盐雾、油雾和霉菌。

表 6-8　倾斜角

设备组件	横向倾斜角(°)		纵向倾斜角(°)	
	横倾	横摇	纵倾	纵摇
应急电气设备、开关设备、电器及电子设备	22.5	22.5	10	10
上列以外的设备、组件	15	22.5	5	7.5

限于篇幅,本处只介绍部分船舶常用低压电工材料。

一、船用导电材料

导电材料大部分是金属,其特点是导电性好、有一定的机械强度、不易氧化和腐蚀、容易加工和焊接。金属中导电性能最佳的是银,其次是铜、铝。由于银的价格比较昂贵,因此只在比较特殊的场合才使用,一般都将铜和铝用做主要的导电金属材料。

导电材料包括高导电材料和高电阻材料。

(一) 高导电材料

高导电材料可分为传导电流的导电材料、保护性导电材料、接触性导电材料等。

1. 传导电流的导电材料

这种材料应用最广泛,如船用各种电缆、电线、电磁线等。船用传导电流的材料大多用铜或铜合金制成。

(1) 船用电缆

电缆是船舶上一种重要的电工材料,它主要用于传输电能、信息和电气设备间的连接。因为船舶长期在海上航行,环境变化大,船用电缆要求绝缘性能、防潮防腐蚀、抗振与抗机械损伤、耐高温、防火或阻燃、耐油污和耐酸碱等方面要求性能较高。

船用电缆按用途分,船用电缆可分为船用电力电缆、船用控制电缆、船用通信电缆。本处主要介绍船用电力电缆。

①电缆的结构

电缆一般由导电芯线、绝缘层和护套三部分组成,有的护套还加铠装。其截面如图6-5所示:

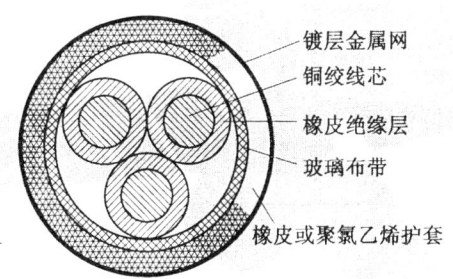

图6-5 电缆的结构

芯线的材料一般是电解铜,主要功能是传输电能并能承受一定的机械力,形状一般是圆形以利于增加散热面积。它有单股和多股之分,多股绞合在一起可以减少大电流通过时电缆的温升并有助于增加柔软度。

绝缘层主要功能是隔绝芯线电流与外界物质的联系,防止芯线接地或发生相间短路。

护套主要是用来保护电缆内部,以免遭受机械损伤,同时防止水、盐雾、油雾等的侵蚀,起密封作用。

②船用电缆的型号及意义

按国标GB9331-2008(船舶电气装置 额定电压1 kV和3 kV 挤包绝缘非径向电场单芯和多芯电力电缆)等相关标准,船用电力电缆产品的表示方法为:

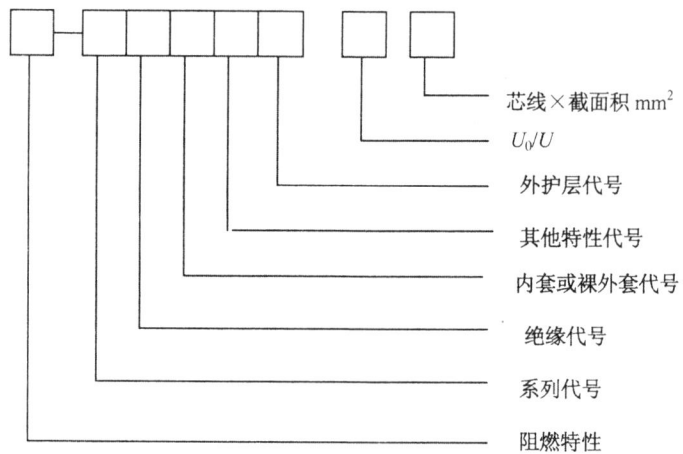

阻燃特性。Z 表示阻燃,有 ZA、ZB、ZC、ZD 类,ZA 类阻燃特性最好;N 表示耐火,如 ZAN 表示阻燃 A 类耐火。

系列代号。C—船用;CB—船用电线;CH—船用通信电缆;CK—船用控制电缆。

绝缘代号。E—乙丙橡胶;YJ—交联聚乙烯或交联聚烯烃;G—硅橡胶;V—聚氯乙烯。

其他特性代号。R—软(电缆);M—水密(电缆);P—屏蔽(电缆);U—设计用的导体对地或屏蔽间的额定工频电压;U_0—设计用的导体间的额定工频电压。

绝缘、内套、铠装及外套的代号如表 6-9:

表 6-9 内护套、铠装及外护套的代号

代号	内护套	代号	铠装	代号	外护套
V	聚氯乙烯	0	—	0	—
F	氯丁橡胶	3	细圆钢丝	2	聚氯乙烯
H	氯硫化聚乙烯或氯化聚乙烯	8	铜丝编织	3	聚乙烯或聚烯烃护套
Y	聚乙烯或聚烯烃	9	钢丝编织	4	交联聚乙烯或弹性护套
YJ	交联聚烯烃或交联聚乙烯				

表 6-10 是几种电缆型号举例。

表 6-10 常见电缆型号及名称

型 号	名 称
ZA – CEF	乙丙绝缘氯丁护套船用电力电缆 ZA 型
ZA – CEFR	乙丙绝缘氯丁护套船用电力软电缆 ZA 型
ZA – CEF80	乙丙绝缘氯丁内套裸铜丝编织铠装船用电力电缆 ZA 型
ZA – CEF92	乙丙绝缘氯丁内套钢丝编织铠装聚氯乙烯外套船用电力电缆 ZA 型
ZA – CEH	乙丙绝缘氯磺化聚乙烯护套船用电力电缆 ZA 型
ZA – CEHR	乙丙绝缘氯磺化聚乙烯护套船用电力软电缆 ZA 型
ZA – CEH92	乙丙绝缘氯磺化聚乙烯内套钢丝编织铠装聚氯乙烯外套船用电力电缆 ZA 型
ZA – CEV	乙丙绝缘聚氯乙烯护套船用电力电缆 ZA 型
ZA – CEV92	乙丙绝缘聚氯乙烯内套钢丝编织铠装聚氯乙烯外套船用电力电缆 ZA 型
ZAN – CEF	乙丙绝缘氯丁护套船用耐火电力电缆 ZAN 型
ZAN – CEFR	乙丙绝缘氯丁护套船用耐火电力软电缆 ZAN 型

不同的船用电缆,应用环境不同,主要有环境温度、长期工作允许温度(65~95 ℃ 等)、是固定敷设还是移动连接、是否接触油类、能否承受一定机械外力等。例如,按照 IEC 60092 的

相关标准,热塑性材料如 PVC(聚氯乙烯)作为绝缘层的电缆,长期工作温度为 60 ℃;绝缘层为弹性体或热固性材料的,如交联乙烯、乙丙橡胶等,电缆长期工作温度可达 85 ℃;硅橡胶的可达 95 ℃。通常绝缘层决定电缆的额定工作电压、温度、载流量及是否可用在高频场合;护套决定其机械强度、耐油性、耐潮、阻燃等性能。护套材料有如下几种。

A. 氯丁橡皮:是非燃性橡套材料,具有较高的机械强度,并且有良好的耐大气、日光老化及耐腐蚀性能,但耐油性能较差。适于油雾较少的场合或舱外敷设。

B. 硫化丁聚物:是丁腈橡皮与聚氯乙烯的复合物。具有弹性较好、机械强度高、耐磨、耐油、耐水、耐老化且阻燃的特性,适于油雾较多的机舱内敷设。

C. 聚氯乙烯塑料:具有优良的耐化学腐蚀和耐油、耐潮性能,具有较高的机械强度,并且重量轻、工艺简单、价格便宜。适于大多数场合的电缆敷设。

D. 氯硫化聚乙烯:具有较高的气候适应性、耐潮耐化学腐蚀性能,还具有着色稳定性好、热稳定性好、质地细密、重量轻、极柔软等特点。适于大多数场合的电缆敷设。

E. 铠装层:有钢丝编织护套和铜丝编织护套两种。一般在其外层加有镀层,以防止被腐蚀,并有利于电缆外壳的接地。

③电缆护套材料的选择与应用

A. 护套应具有耐潮、耐油、阻燃、耐寒及耐老化等性能。

B. 机舱等油水较多的场所应选用橡皮或塑料且有钢丝编织的护套。

C. 卫生间等经常冲水的场所应选用聚氯乙烯塑料护套或氯丁橡皮护套。

D. 冷藏舱室应选用铅护套或氯丁橡皮护套,不宜用塑料护套。

E. 无线电通信等舱室应选用氯丁橡皮并具有铜丝编织的护套。

F. 蓄电池室、油漆间等有腐蚀性气体的场所,应适用聚氯乙烯塑料护套。

④船用电缆的连续工作载流量表

电缆载流量是指一条电缆线路在输送电能时所通过的电流量,在热稳定条件下,当电缆导体达到长期允许工作温度时的电缆载流量称为连续工作载流量(电缆长期允许载流量)。

不同电缆、不同应用环境,电缆载流量不同。表 6-11 是乙丙绝缘氯丁护套船用电力(软)电缆载流量:

表 6-11 CEF、CEFR 载流量表

导体长期允许工作温度 85 ℃							
乙丙橡皮绝缘电缆载流量(环境温度 45 ℃)							
芯 数	1	2	3 或 4	芯 数	1	2	3 或 4
标称截面(mm^2)	载流量(A)			标称截面(mm^2)	载流量(A)		
1	16	14	11	50	180	153	126
1.5	20	17	14	70	225	191	158
2.5	28	24	20	95	275	234	193
4	38	32	27	120	320	272	224
6	48	41	34	150	365	310	256
10	67	57	47	185	415	353	291
16	90	77	63	240	490	417	343
25	120	102	84	300	560	476	392
35	145	123	102				

在实际应用时,还需根据不同环境温度、成束敷设、短时工作制、5芯以上等因素进行修正。例如,环境温度上升时,电缆载流量可以稍大;成束敷设时,电缆载流量需减少;短时工作制下电缆载流量可以加大等。

⑤电缆的敷设工艺要求

A.电缆敷设的线路应尽可能平直和易于检修。主干电缆暗式敷设时,敷设路径上的封闭板必须便于开启。所有电缆线路的分支接线盒若为暗线敷设时,则封板必须便于开启,并有耐久的标记。不应将电缆敷设在隔热或隔音的绝缘层内,也不应在电缆上喷涂泡沫塑料等隔热材料。冷藏舱、锅炉舱等处的电缆应全部明线敷设。

B.电缆敷设应防止机械损伤。尽量避免在货舱、贮藏室、甲板上、舱底花铁板下等易受机械损伤的场所敷设电缆。若无法避免时,则需设置可拆的电缆护罩或电缆管,加以保护。尽量避免在可移动或可拆的场所敷设电缆,以免活动件移动或拆装时损伤电缆。电缆穿过甲板时,必须用金属电缆管、电缆筒或电缆围板加以保护。电缆敷设不应横过船体伸缩接头,若不能避免时,则应将电缆弯成一个环形伸缩接头,其长度正比于船体伸缩长度,其内半径应不小于电缆外径的12倍。

C.电缆应尽量远离热源敷设。电缆离蒸汽管、排气管及法兰、电阻器、锅炉等热源的空间距离一般应不小于100 mm,否则应采取有效的隔热措施。电缆与蒸汽管道穿过同一水密舱时,电缆与法兰之间的距离为:当蒸汽管直径>75 mm时,应不小于450 mm;当蒸汽管直径≤75 mm时,应不小于300 mm。

D.电缆敷设应尽量避免潮气凝结、滴水和有油水浸入的场所。在易受油水浸渍的舱底花铁板下敷设电缆时,应将电缆敷设在金属管子或管道内;管子或管道应贴近花铁板安装,其两端应高出花铁板,并用填料密封。在潮湿舱壁上敷设电缆时,电缆与舱壁之间的距离至少应有20 mm以上的空间。进入有潮气凝结、滴水和有油水侵入的场所时,必须采用电缆填料函,并应有填料密封。

E.有易燃、易爆和有腐蚀性气体影响场所的电缆,应敷设在管道内。当管道穿过舱壁时,应保持舱壁原有的密封性能,防止有害气体进入其他舱室。

F.电缆一般不应穿越水舱,如无法避免时,可用单根无缝钢管穿管敷设,管子及其与舱壁的焊接均应保证水密并应有防腐措施。电缆严禁穿越油舱。

G.电缆与船壳板、防火隔堵及甲板的敷设间距应不小于20 mm,与双层底及滑油、燃油柜的敷设间距应不小于50 mm。

H.在磁罗经安装中心1 m范围内的直流馈电线,必须采用双芯电缆。

I.为了便于电缆的敷设与检修,电缆线路周围应留有一定的空间。

J.电缆的弯曲半径应符合要求,且施工时的环境温度应不低于-15 ℃。

K.下列电缆应尽量避免在一起敷设。具有不同允许温度的电缆不应成束敷设在一起;否则所有电缆的允许工作温度应以允许工作温度最低的一根为准;主用和应急用的干线、馈电线、主用和备用馈线等均应远离分开敷设。

L.主用和应急馈电线通过防火区时,应尽可能分开敷设。

M.舱室的木质封闭板上允许明线敷设,但封板必须是固定的。

N.桅杆、吊杆上敷设的电缆原则上敷设在桅杆、吊杆的背面,在不妨碍人员上下的情况下尽量靠近梯子,以利于敷设与维修。但为了人员上下的安全,敷设的电缆不应靠近扶手,以免发生触电事故。

(2)船上常用电线及电磁线

船上除了大量使用各种带有护套的电缆外,在日常维修中也常用到一些电线和电磁线。"电线"和"电缆"在概念上并没有严格的界限。狭义上,分为"电线"和"电缆",广义上统称为"电缆"。通常认为:

①单根叫"线";多根叫"缆"。

②直径小的叫"线";直径大的叫"缆"。

③结构简单的叫"线";结构复杂的叫"缆"。

但随着使用范围的扩大,很多品种"线中有缆","缆中有线",所以没有严格区分。

在日常习惯上,人们把家用布电线叫做电线,把电力电缆简称电缆。电线在船舶日常维修中也经常使用,其命名方法类似电缆。

电磁线是用于绕制电器、电机绕组和变压器线圈的绝缘导线,由于导线外面有绝缘材料,因此电磁线有不同的耐热等级。常用的电磁线有漆包线和绕包线两类。

(3)其他导线

船上常用裸铜编织线作为软连接的导线;铜母线可作为汇流排和大电流传导用。

(二)保护性导电材料

保护性导电材料主要用于制造电路保护用的各种熔丝、熔片等,对其主要要求是熔点低。此外要求加工容易、热惯性小等,常用的材料有铜、银、锌、铅锡合金、铝及其合金。

(三)接触性导电材料

船上各种电器触头、电位器滑动触头以及开关的触点等都是用接触性导电材料制成的。一般要求其高电导、接触处不易产生电阻较高的氧化物、不腐蚀、不熔焊等,同时在机械方面要求弹性好、抗拉、抗压、耐磨等。一般是银铜合金、硬铜、黄铜等。

二、高电阻材料

高电阻材料主要是高电阻合金,它是用以制造电阻元件的合金导电材料。它主要不是用于传导电流,而是以其高电阻来限制或控制电路中的电流,如在电机、电位器、标准电阻器、电位差计、滑线电阻器中应用的电阻元件、电阻线等;制造反映应变、温度、磁场、压力等参数的传感元件用的电阻合金;温度补偿器、测温电阻器中的电阻元件。高电阻合金还可用于制造各种电阻加热设备中的发热元件。高电阻合金按用途可分为以下五种:调节元件用电阻合金、精密元件用电阻合金、电位器用电阻合金、传感器元件用电阻合金和发热用电阻合金等。

1. 调节元件用电阻合金

用于电流、电压的调节和控制元件的绕组。要求机械强度高,耐腐蚀、抗氧化性好。工作温度一般为500 ℃。常用的有康铜、镍铬、镍铬铁、铁铬铝,电阻率$\rho(20\ ℃)$为$1\ \Omega(mm)^2/m$左右。

2. 精密元件用电阻合金

主要用于制作仪器仪表中的电阻元件。应具有电阻温度系数小、稳定性高、对铜的温差电动势小的特点。例如电工仪表用锰铜基合金工作温度为5~45 ℃,在室温附近使用电阻值比较稳定;分流(分压)器用锰硅铜和锰镍铜合金工作温度为20~80 ℃,而在30~50 ℃范围内使用较好。

3. 电位器用电阻合金

要求接触电阻小、化学稳定性和耐磨性好。电阻合金常用的有铂基合金(铂铑、铂铱、铂铜等)、金基合金、钯基合金等。

4. 传感器元件用电阻合金

主要用于制造反映应变、温度、磁场和压力等参数的传感元件。把这些参数的变化转变为相应的电阻变化,以利于对它们进行测量、控制或补偿。要求它们传感灵敏度高,复现性和互换性好,反应快,漂移小及稳定性好。常用的有铁基合金、镍基合金以及供测温用的铂、镍、铜等纯金属线。

5. 发热用电阻合金

用于制造各种电阻加热设备中的发热元件。要求合金在高温下具有好的抗氧化性能。常用的电热材料有镍铬合金,常用发热体工作温度为900~1 050 ℃;高熔点纯金属铂、钼、钽等,工作温度为1 300~1 400 ℃。

三、船用绝缘材料

绝缘材料又称电介质,是指电阻率为 $10^7 \sim 10^{20}\ \Omega \cdot m$ 的电工材料。在直流电压作用下仅有极微弱的漏泄电流通过,一般可认为是不导电的。绝缘材料在电气设备、输电线路和电工仪器仪表中最重要的作用是将带电部件与其他部件相互隔离,也就是绝缘,以使电流按所规定的途径流通,并保证设备的安全运行。绝缘材料还能起到支撑和固定导体、分隔不同电位的导体、改善电场的电位分布以及散热、灭弧、防潮、防霉等保护导体的作用。绝缘材料的另一个用途是为电容提供储能条件。

绝缘材料种类很多,可分气体、液体、固体三大类。常用的气体绝缘材料有空气、氮气、六氟化硫等。液体绝缘材料主要有矿物绝缘油、合成绝缘油两类。固体绝缘材料可分有机、无机及混合绝缘物三类。有机固体绝缘材料包括绝缘漆、绝缘胶、绝缘纸、绝缘纤维制品、塑料、橡胶、漆布漆管及绝缘浸渍纤维制品、电工用薄膜、复合制品和黏带、电工用层压制品等。无机固体绝缘材料主要有云母、玻璃、陶瓷及其制品。相比之下,固体绝缘材料品种多样,也最为重要。

不同的电工设备对绝缘材料性能的要求各有侧重。高压电工装置如高压电机、高压电缆等用的绝缘材料要求有高的击穿强度和低的介质损耗。低压电器则以机械强度、断裂伸长率、耐热等级等作为主要要求。

(一)绝缘材料的性能指标

1. 耐高压

绝缘材料应在一定的电压下使用,使用电压过高会加速老化。对船舶低压设备,所有绝缘材料都能满足耐压要求。

2. 耐热性能

工作于电气设备(电机、电器、电热器等)上和温度较高场合(如锅炉舱等)的绝缘材料,由于设备和周围环境温度的升高,将使绝缘材料温度随之升高。绝缘材料受热后将发生软化、熔化、挥发、灼焦、开裂、脆化、电阻率降低、损耗增加、老化和热击穿等一系列性能与形态的变化,因而要求绝缘材料的导热性好、热导率高,同时有足够的热稳定性。

3. 耐潮、抗霉性能好

船舶绝缘材料经常受到霉菌的侵袭,使材料丧失绝缘性能。当遭霉菌侵袭后,轻者使绝缘材料表面呈现白霉点,重者可长出白色绒毛状的霉菌。这时需要立即采取措施进行处理,否则会导致绝缘击穿。当温度为20~30 ℃,相对湿度为85%~100%时,最适宜霉菌的生长,而船舶上则具备这种霉菌生长的条件。为了提高防霉性能,在船用绝缘材料中往往用加入防霉剂的方法来杀死或抑制霉菌的生长。

4. 机械强度高

船舶绝缘材料因受到机械力的影响(如振动、压挤、拉伸等),会使绝缘材料产生裂纹、起层皮、变形和破损等,因此要注意选择机械强度高的绝缘材料。

(二) 绝缘材料的耐热等级

绝缘材料的绝缘性能与温度有密切的关系。温度越高,绝缘材料的绝缘性能越差。为保证绝缘强度,每种绝缘材料都有一个适当的最高允许工作温度,在此温度以下,可以长期安全地使用,超过这个温度就会迅速老化。当超过极限工作温度 8 ℃时,其寿命会缩短一半左右,这就是 8 ℃热劣化规则。

按照耐热程度,把绝缘材料分为 Y、A、E、B、F、H、C 等级别,各耐热等级对应的温度如表6-12 所示:

表6-12 绝缘材料耐热等级

耐热等级	容许工作温度(℃)	主要绝缘材料
Y	90	用未浸渍过的棉纱、丝及纸等材料或其组合物所组成的绝缘结构
A	105	用浸渍过的或浸在液体电介质(如变压器油中的棉纱、丝及纸等材料或其组合物所组成的绝缘结构)
E	120	用合成有机薄膜、合成有机瓷漆等材料其组合物所组成的绝缘结构
B	130	用合适的树脂粘合或浸渍、涂覆后的云母、玻璃纤维、石棉等,以及其他无机材料、合适的有机材料或其组合物所组成的绝缘结构
F	155	用合适的树脂粘合或浸渍、涂覆后的云母、玻璃纤维、石棉等,以及其他无机材料、合适的有机材料或其组合物所组成的绝缘结构
H	180	用合适的树脂(如有机硅树脂)粘合或浸渍、涂覆后的云母、玻璃纤维、石棉等材料或其组合物所组成的绝缘结构
C	180 以上	用合适的树脂粘合或浸渍、涂覆后的云母、玻璃纤维以及未经浸渍处理的云母、陶瓷、石英等材料或其组合物所组成的绝缘结构

船用电气设备通常采用 E 及以上绝缘材料。

电气设备投入运行后,由于损耗转变为热量,电气设备各部分的温度将高于周围介质的温度(环境温度)。电气设备的温度 θ 与环境温度 θ_0 之差,称为电气设备的温升,以 τ 表示

$$\tau = \theta - \theta_0 \text{ 或 } \theta = \theta_0 + \tau$$

由此可见,电气设备工作时的温度是由环境温度和温升两部分来确定的。

当所用的绝缘材料确定后,电气设备的最高容许温度就确定了,这样,在一定的环境温度 θ 下,电气设备就有一个与所用绝缘等级相对应的最高容许温升,称为温升限值。它是制造厂确定额定容量和额定电流的主要依据,并标志在产品的铭牌上,这时的 θ_0 为国家规定的标准环境温度,对船舶电器 $\theta_0 = 45$ ℃。

要准确测出工作中的电气设备各部分的温度是比较困难的,用不同的测温方法测得的温度往往不同,如电阻法只能测得温度的平均值,酒精温度计测得可接触到的表面温度,都不是最热点的温度,所以,电气设备最热点的温度等于测量值加上 10 ~ 20 ℃的差值。

(三)船舶常用液体绝缘材料

液体绝缘材料主要是绝缘漆和溶剂。绝缘漆主要是以合成树脂或天然树脂等为漆基(成膜物质)与某些辅助材料(溶剂、稀释剂、填料和颜料等)组成。一般船用电气设备对绝缘性能要求较高,在维修这些设备时,使用的绝缘漆也相应有较高的要求。常用的绝缘漆分为浸渍用清漆和覆盖用磁漆两种。

1. 浸渍漆

浸渍漆主要用于浸渍电机、电器的线圈和绝缘零部件,以填充其间隙和微孔,固化后能在浸渍物表面形成连续平整的漆膜,并使线圈黏结成一结实的整体,提高绝缘结构的耐潮性、导热性、电击穿强度和机械强度等。

2. 覆盖漆

覆盖漆有清漆和瓷漆两种,用来涂覆经浸渍处理后的线圈和绝缘零部件,在其表面形成连续而均匀的漆膜,作为绝缘保护层,以防止机械损伤以及受大气、润滑油和化学药品的侵蚀。

船舶常用的覆盖漆是内含填料或颜色的磁漆,其用于涂覆经浸渍处理的线圈和绝缘零部件,在其表面形成连续而厚度均匀的漆膜,作为绝缘保护层,提高表面放电电压。因此对覆盖漆要求具有干燥快、附着力强、漆膜坚硬、机械强度高以及耐潮、耐油、耐腐蚀、耐电弧等特性。

3. 溶剂

上述各种绝缘漆在浸渍时都需要稀释到一定浓度。在使用各种绝缘漆时,使所用的溶剂必须与绝缘漆相适应,否则会引起化学变化而变质。溶剂的使用应按照说明书的要求进行,特别是一些外国产品,更应仔细阅读说明书。

(四)船舶常用的固体绝缘材料

在维修船舶电气设备时经常用到一些绝缘带、各种绝缘纸和薄膜、绝缘套管及衬垫用各种绝缘板等。对这些固体绝缘材料的一般要求是:要有较高的电气绝缘强度,应耐热、耐潮,有些材料应具有柔韧性,具有一定的抗拉强度,导热性能良好,温度变化时对其性能无较大影响。

1. 常用各种绝缘带

①白布带。白布带有斜纹、平纹两种,根据要求的抗拉强度来选择,白布带若不经浸渍,其电气性能较差,吸潮后绝缘性能更差,一般用做增强机械强度和绑扎。

②各种绝缘布带。常用的有黑胶布带、黄蜡布带、黄蜡绸带、玻璃漆布带、有机硅玻璃黏带等多种,这些都是日常维护各种电气设备的常用材料。

2. 常用绝缘薄膜和复合箔

①电工用绝缘薄膜的特点是厚度薄、柔软、耐潮、电气性能和机械性能高,其主要用于电机、电器线圈匝间、端部包扎绝缘,衬垫绝缘以及做电容器介质。它常与纤维材料一起制成复合箔。

②复合制品是在薄膜的一面或双面粘合纤维材料,以加强薄膜的机械性能,提高抗撕强度和表面挺度,其适合于中小型电机槽绝缘,电机、电器线圈端部绝缘和相间绝缘。常用的聚酯薄膜绝缘纸复合箔,其颜色为青灰色,耐热等级为 E 级,厚度为 $0.1 \sim 0.3$ mm。在常态下,厚度为 0.15 mm 的聚酯薄膜绝缘纸复合箔电击穿强度为 $6.5 \sim 12$ kV。

3. 电绝缘纸和纸板

电绝缘纸和纸板,系由含胶质纸的木或棉、亚麻等植物做原料,经制造而成。用植物纤维制成的绝缘纸和纸板,具有一定的机械性能,但易吸潮,耐热性差。使用时,一般需要与绝缘油组成组合绝缘或经一定的浸渍处理,以提高其电气和热老化性能、耐潮性能以及导热能力等。

电绝缘纸有各种规格的电缆纸、电话纸、电容器纸、钢纸板用于日常维修,做衬垫和线圈的绝缘框架,其颜色多为红色,又称红钢纸,其厚度为 0.5～3 mm,其绝缘强度不小于 3.5 kV/mm。

4. 电工常用层压制品

电工层压制品是由绝缘纤维作底材,浸或涂以不同的胶黏剂,经热压、卷制而成。层压制品主要分层压板、管、棒及特种层压板四类。常用的有酚醛层压纸板、酚醛层压布板、层压玻璃布板等,可用做衬垫和隔离各种电气设备,也可做控制屏板用来安装电器等设备。

四、其他材料

(一) 磁性材料

电机、电器、变压器、电磁式仪表及电磁铁等,均是利用电磁感应原理制造的电气设备,它们都是用磁性材料来构成磁通回路的。为了获得比较高的磁通密度和系统的磁能,就要求磁性材料具有高的导磁率和低的铁损耗,同时,还要有较好的机械加工性能。

磁性材料按其特性和应用通常可分为软磁材料和硬磁材料两大类。

1. 软磁材料

软磁材料特点是具有很大的导磁率和很小的矫顽力。这类材料在较弱外磁场作用下,就能产生高的磁感应强度,而且随着外磁场的增强,磁感应强度很快达到饱和。当外磁场去掉后,磁性又基本消失。从磁滞回线看,呈现陡而窄的曲线。硅钢片就是其中的一种。

2. 硬磁材料

硬磁材料特点是具有较大的矫顽力和剩磁感应强度。它经饱和磁化后,即使去掉外部磁化磁场,材料的剩磁仍能长时间地保持磁化状态,并在周围空间产生长久不变的磁场。

硬磁材料主要用做永久性磁铁。它是仪表、微电机、电信和自动控制设备中用来储藏和提供磁能的重要元件。各向同性和各向异性的铝镍钴合金、**硬磁铁氧体**、钨钢、稀土钴等都是硬磁材料。另外,还有用于**高精密电磁器件和设备**(如不变误差的电流互感器等)的恒导磁合金和用于**电子计算机、自动控制和远程控制**等方面作**记忆元件、开关元件和逻辑元件的矩磁材料**等。

(二) 电刷

电刷是与运动件作滑动接触而形成电连接的一种导电部件。电刷是用于换向器或滑环上,作为导入导出电流的滑动接触体。它的导电、导热以及润滑性能良好,并具有一定的机械强度和换向性火花的本能。船上直流电机、交流同步发电机、绕线式交流电动机、各型电焊机等都可能用到电刷,此外向可旋转机械的供电部分也可能用到电刷,如克令吊的集电环。

常见电刷的主要成分是碳,故又称炭刷。炭刷分为四大类:石墨电刷;电化石墨电刷;树脂粘合石墨电刷;金属石墨电刷。

1. 石墨电刷

石墨电刷主要是指用天然石墨制成的电刷,是一种低电阻材料,容易形成氧化膜,主要用于汽轮发电机的滑环上。

2. 电化石墨电刷

电化石墨电刷由石墨、焦炭、炭黑等做原料,经 2 500 ℃ 以上的高温烘焙而成,其有良好的耐磨性,易加工,寿命长,而且对换向器的磨损小,适用于各类电机及整流条件困难的电机,应用广泛。

3. 树脂粘合石墨电刷

该类炭刷的主要原材料石墨,黏结剂采用沥青或树脂,经过烘焙或1 000 ℃烧结而成。这类炭刷是高电阻炭刷,但它有良好的润滑性能和集流性能。多数用于低电流密度、换向性能比导电性能要求更重要的地方,如运行平稳的中小型直流电机和高速汽轮发电机集电环。

4. 金属石墨电刷

该类炭刷的主要材料是石墨和电解铜。根据使用需要有时也采用银粉(精密仪器上用的,非常贵)、铝粉等其他金属。这类炭刷既有石墨的摩擦特性又有金属的高导电性,因此,适用于传导比换向更重要的大电流场合,如充电电解电镀用的直流发电机;高负荷和换向要求不高的低电压电机,其圆周速度不超过30 m/s。

电刷在电机集电环上运行时,在其接触面上形成一层匀称、适度、稳固的氧化膜,这是电机运行良好的主要标志之一。氧化膜的正常厚度在8~100 nm的范围内,一般平常为25 nm。

氧化膜的形成对电刷的工作非常有利。有研究表明,外加电压小时,氧化膜起绝缘作用,当电压升高到给定值时,氧化膜被击穿。当击穿后,不管电流怎样增长,由于导电点的增长、导电面积的扩大,则接触电压联结恒定。这样氧化膜就有利于换向,减少换向火花。

氧化膜具有非常好的润滑性能。电刷与集电环接触面起润滑作用的润滑层主要是石墨膜,这层石墨膜将电刷与集电环脱离,使摩擦在石墨润滑层间进行,降低了摩擦系数,防止了摩擦热的产生,防止了电刷的磨损。电刷的过热问题,许多情况是由于氧化膜被破坏且无法重新创建导致的。此外氧化膜硬度较高,增加了其耐磨性。因为氧化膜是在有电流的条件下产生的,故炭刷的空载运行磨损比带负载时大得多。

电刷具体的型号也很多,它们在耐磨、润滑、电阻系数、电流密度、换向性能等方面不一样。从使用来看,电刷使用性能良好的标志主要有以下几种情况:

①使用寿命长并且不磨损换向器或集电环,不使换向器出现划痕、不平、烧蚀、拉丝等。

②具有良好的换向和集流性能,使火花抑制在允许的范围内,并且能量损耗小。

③电刷运行时,不过热、噪音小、不破损、刷辫不变色、不烧蚀。

④运行过程中,能够在换向器或集电环表面较快地形成一层均匀、适度和稳定的氧化薄膜。

有电刷的场合,应经常注意观察电刷的工作情况,主要包括电刷的磨损、电火花、电刷温度、电流平衡情况等,并应经常及时吹除磨下来的碳粉末。当电刷磨损超过1/3时,就应考虑更换电刷,不同电刷一般不能混用,炭刷的接触压力不得随意增加或减少。必要时应对电刷进行打磨。

(三)船用其他电气附属材料

1. 常用润滑脂

船舶电机需要润滑油或润滑脂来增加润滑,以减少摩擦,延长轴承的寿命。两者比较,后者润滑及防锈、防水和防尘效果好;密封装置简单、漏油或飞散少;冷却效果好。而且船用的电机转速不太高(<3 000 r/min),承受力不很大,所以基本都使用润滑脂润滑。润滑脂的牌号很多,适用于船舶的润滑脂有:复合钙基润滑脂、锂基润滑脂、铝基润滑脂、复合铝基润滑脂、硫化钼润滑脂、二硫化钼复合锂基脂及膨润土润滑脂等。

一般轴承运行1 000~1 500 h后应加一次润滑脂,运行2 500~3 000 h后应更换润滑脂。不同型号的润滑脂不能混用,更换润滑脂时必须将陈脂清洗干净。轴承中润滑脂不能加得太多或太少,一般占轴承室空容积的1/3~1/2;转速低、负载轻的轴承可以加得多一些,转速高、负载重的轴承应该加得少一些。

装配前,必须对轴承进行仔细清洗。用防锈油封存的轴承使用前可用汽油或煤油清洗,用高黏度油和防锈油脂进行防护的轴承可先放入油温不超过 100 ℃ 的轻质矿物油 L-AN15 机械油中溶解油脂,待防锈油脂完全溶化后再从油中取出,冷却后用汽油或煤油清洗。两面带防尘盖或密封圈的轴承出厂前已加入润滑剂,安装时不需要进行清洗。另外,涂有防锈润滑两用油脂的轴承也不需要清洗。

2. 电气设备清洁剂和胶黏剂

(1) 清洁剂

在维护保养电气设备时常常需要对其进行清洁。在 20 世纪 70 年代以前,大多使用四氯化碳,因为其有毒,所以现在禁止使用。汽油是很好的清洁剂,但是使用时千万要注意防火,它也是不推荐使用的产品。目前国家有关部门还没有具体规定船舶电气清洁剂的标准。对于国内外的许多产品,购买和使用时一定要看懂说明书,并且按照说明书中规定的使用条件、应用场所和适合的部件进行使用,否则会损坏电气设备,严重者会造成事故。

(2) 胶黏剂

胶黏剂又称黏合剂或黏结剂,常用于胶黏各种电气元件及其附属部件。其品种繁多,而且新产品不断出现,用时参看使用说明。

第五节　函电及相关文件管理

电子电气员工作中的活动或申请、交流等需要用到各种函电、文件和记录表格,目前都基本上是以报表或表格的形式出现的。其中有些是船舶安全管理体系要求的,应予以认真填写、及时上报和妥善保管。

这些表格每个公司的规定不完全一样,因此并没有统一标准,但也有很多是基本相同的。电子电气员的报表大致可分为定期呈报类、事故报告和交接班类、物料备件和工程类、设备检修和测量记录、藏船内部类。随着船舶对外交流增强,一般表格都采用了中英文对照。此外由于机务管理软件的应用,很多报表可能实现无纸化,如维修计划表、备件情况表之类的表格。

一、定期呈报类

电子电气员常见的定期呈报类报表主要是向公司安技部门或机务部门主管人员送交的报告,主要有:电气年度维修计划;电气月度维修测试保养计划;电子电气员出航报告。

1. 电气年度维修计划(见表 6-13)

需要说明的是,虽然目前大多数船舶实行了船舶维修保养体系(CWBT)或类似的机务管理软件,由机务管理软件输出维修计划和内容。但此类机务管理软件,在制定维修计划时,并不一定能考虑到船舶的实际状况和需要,因此仍需电气管理人员提出年度维修计划。

表 6-13 电气年度维修保养计划表

轮机部年度维修保养计划

ANNUAL INSPECTION AND MAINTENANCE PLAN OF ENGINE DEPARTMENT

船舶（M/V）：　　　　　　　　　　　　　　　　　　　　　　　　　　　　　　　　　　年度（YEAR）

序号 No.	预防检修保养项目 Maintenance Items	检修周期（hs） Overhaul Periods	上次检修后工时（hs） Running Hours Since Last Overhaul	一月 Jan.	二月 Feb.	三月 Mar.	四月 Apr.	五月 May	六月 Jun.	七月 July	八月 Aug.	九月 Sep.	十月 Oct.	十一月 Nov.	十二月 Dec.	备注 Remark

轮机长（Chief Engineer）：　　　　　　　　　　　　　　　　　　　　　　船长（Master）：　　　　　　　　　　　　　　　　　机务监督员（Superintendent）：

制定日期（Made Date）：　　　　　　　　　　　　　　　　　　　　　　审核日期（Checked Date）：　　　　　　　　　　　　　审核日期（Checked Date）：

注：本表一式两份，一份轮机长存，一份报船技处机务科。该表按要求审签后，各主管干部船员应保留一份复印件。

预防检修保养项目实施月份用"△"号表示。

Remark: This list should be in duplicate. One for C/E, one for technical department. This list should be kept one copy by each engineer after the superintendent verified. The month which will implement the maintenance item indicate with the symbol "△".

2. 电气月度维修测试保养计划（见表6-14）

表6-14 电气月度维修测试保养计划表

轮机部 月份设备（包括应急设备）维修保养测试计划 Monthly Inspection and Maintenance Plan of Engine & Auxiliary Equipment (Include Emergency Equipment)			
职务 Rank：	责任人姓名 Name：		
序号 No.	检修、保养测试项目 Item	要求 Requirement	备 注 Remark
轮机长（C/E）：		日期（Date）：	

注：该计划由主管人员制定后，由轮机长审核，大管轮组织实施，电气部分由电子电气员安排实施。

Note：C/E audit this plan made by responsible engineer, 2nd engineer organize to carry out, ETO is responsible for electrical parts and arrange to carry out.

3. 电子电气员出航准备报告（见表6-15）

出航报告在船舶离港前检查填写，电子电气员的出航准备报告主要向船长报告通信、导航、应急设备（应急示位标、搜救雷达应答器等）是否正常。

表6-15 电子电气员出航准备报告表

船名		港口		日期	
应急设备	卫星应急示位标是否正常	☐	电池有效期_____		
	搜救雷达应答器是否正常	☐	电池有效期_____		
	VHF 双向无线电话是否正常	☐	电池有效期_____		
	VHF CH.70 值守机是否正常	☐			
	2 182 kHz 值守机是否正常	☐	救生艇手提电台是否正常		☐
	应急电源是否正常	☐	电瓶工作情况		☐
通信设备	卫通 C 站工作是否正常	☐	卫通 B 站工作是否正常		☐
	卫通 F 站工作是否正常	☐	通站是否工作正常		☐
	图文传真机是否正常	☐	窄带直接印字电报是否工作正常		☐
	主电源工作情况	☐	天线装置是否工作正常		☐
	ORIN 系统是否工作正常	☐			
导航设备	雷达工作是否正常	☐	GPS 工作是否正常		☐
	综合导航仪工作是否正常	☐	罗兰仪工作是否正常		☐
	518 kHz 工作是否正常	☐	欧米伽工作是否正常		☐
	气象传真机工作是否正常	☐	台卡接收机工作是否正常		☐
	当天航行警告是否已接收	☐	当天气象传真图是否已接收		☐
其他需要报告的内容：					
				电子电气员/日期：	

注：1. 认可项目填"✓"即可，设备不正常工作填"✗"，或用文字叙述。
　　2. 本报告在收到"船长航次开航通知书"后填写，并在开航前递交船长。

二、事故报告和交接班类

船舶事故报告书和交接报告书用于船舶发生较大机损事故向公司说明情况,请求岸基支持或处理。

1. 船舶事故报告

船舶事故报告的内容应含:

①船舶基本资料,如船名、船长姓名、轮机长姓名,船舶建造年月、船型、总吨位;主机型号、功率、厂家、建造年月等。

②事故及处理信息,如事故发生时间、地点,事故情况综述;事故发生的详述;原因分析;预防纠正措施等。

对于事故信息的描写应尽量客观,提供的信息应准确全面、结构合理、调理清晰。限于篇幅,具体格式不予举例。事故报告通常要求责任人、船上、公司各至少保留一份。

2. 电子电气员交接报告书

电子电气员交接报告书格式如表 6-16 所示。

三、物料备件和工程类

1. 船舶备件申请单

船舶备件申请单如表 6-17 所示。

2. 船舶物料申请单

船舶物料申请单如表 6-18 所示。

3. 船舶修理工程单

电子电气员的修理工程单用于向公司提出设备修理申请。工程单一般有多页,其中首页用于填写本船的一般数据,如原船名、现船名、船籍港、制造厂名和厂址、呼号、交付日期、总吨、载重吨、净吨位、总长、两柱长、总宽、型深、首中尾吃水;主机、副机、发电机的基本数据(型号、生产厂家、制造日期、实际功率和转速、额定功率和转速);螺旋桨的材质、螺距等。

申请单正文是对需要进行修理的项目进行说明,文字叙述应既简明又准确清楚,避免不确切的词语,如"解体检查视情修理"。项目应予编号,通常甲板部的项目以 H 开头,轮机部以 M 开头,电气设备以 E 开头,通信和导航以 N 开头,如 E-01、N-02 等。如需要备件、材料应说明备件材料的提供者(是需要公司联系提供备件还是船上有备件)。修理单有 2 页以上的,应注明页次和总页数。修理单需要公司安技部门审核批准。

本修理单通常轮机部、公司、责任人应各保留一份,至少保存一年。

4. 船舶备件增添、消耗报告

船舶备件的增添消耗报告每季度由设备主管人填写,交轮机长汇总上报,主要报告发生变动的备件情况,如表 6-19 所示。

表6-16 电子电气员交接报告书

轮机部干部船员交接报告书
Handing Over and Take Over Report of Engineer

船名 Ship Name:　　　　　港口 Port:　　　　　日期 Date:

交班人 Hand-over Person（职务 Rank、姓名 Name）　　　与接班人 and Incoming Person（职务 Rank、姓名 Name）

就本职主管的机电设备、备件、物料、各种文件、说明书、资料及记录等已于　　月　　日　　时开始进行交接并于　　月　　日时全部交接清楚，同时对下列几项内容也做了详细说明。The responsible engineer is beginning to hand over and take over about machinery and electrical equipment in charged, spare parts, store, documents, instruction book, files and records at __ and finished at __ and make the detailed explain about the following items.

一、设备存在的主要问题 Major problem of equipment existent:

二、常发生的故障及管理注意点 Troubles occur frequently and management notices:

三、备件、物料、补油、报表、厂修、自修、保修等事宜交接备忘录 The memo about spare parts, store, bunkering, reports, shipyard repair, self-repair and guarantee repair:

四、文件资料移交清单（依轮机部文件清单）：√：适用，交接清楚；×：不适用。
Check list for handing over and take over　√：applicable ×：not applicable

1	SMS 文件 document ☐	9	主管设备年度、月度预防检修计划 PMS ☐	15	应急设备试验、检查、修理记录簿 emergency equipment test inspect repair record	☐
2	本职记录清单及其标明的全部记录簿 record list and record book ☐					
		10	各种机务报表 all reports ☐	16	循环检验记录 continuous survey record	☐
3	轮机日志 engine log book ☐	11	油类记录簿 oil record book ☐	17	燃、润油航次耗用报告 voyage consumption of FO and LO.	☐
4	电机日志 electric log book ☐	12	不合格、事故、险情的报告及处理记录簿 report of non-conformity, accident, hazardous occurrence and disposal record. ☐	18	函电、信件往来 fax, correspondence	☐
5	付机日志 G/E. log book ☐					
6	设备说明书、图纸资料 instruction, drawing, file ☐			19	备件、物料、燃润油单据 bill of FO, LO, spare parts and store	☐
7	属具\物料及其清册 apparatus & store inventory list ☐	13	安全活动记录簿 safety activity-day record ☐	20	主、副机滑油化验报告 analysis report for M/E,G/E L.O.	☐
8	备件及其清册 spare parts & inventory list ☐	14	培训记录簿 onboard training record ☐	21	船舶技术证书 ship's technical certificate	☐

五、应急设备及应急职责 Emergency Equipment and responsibility:

1. 本职所主管的救生、消防、防污染设备是否均处于良好状态?(如有任何缺陷请写明)　　是/否
   Are lifesaving, fire fighting and pollution prevention equipment under good condition?　　Yes/no
2. 应变部署表中所指定的应急岗位职责及其有关操作是否熟悉并胜任?　　是/否
   Are familiar with muster responsibility and related operation, and qualified to the operation?　　Yes/no

交班人 Outgoing（签名）　　　接班人 Incoming（签名）　　　监交人 Supervisor（签名）

表 6-17　船舶条件申请单

船名 M/V：		申请日期 Date：	年　月　日		申请单编号 No.：		
设备名称及型号 Type：							
系列号 Serial. No.：		图纸号 Draw. No.：					
生产厂家 Manufacture：							

序号 No.	备件名称 Spare part name	备件号 P/N	单位 Unit	申领数 Request	船存数 ROB	核批数 Approval.	备注 Remark

填写要求(requirement for filling in)：

申请单中各项(包括船长、轮机长签字)必须填写清楚,配微机的船舶必须打印,否则,公司不处理。

The every item in this form should be filled in clear handwriting (including the signatures of master and chief engineer). The vessel with computers should print the form out; otherwise the company will not deal with the requisition.

申请单编号按每船每年申请次序(包括应急情况下电传或电话申请)编写,该表生效后的第一次申请为年号(如 2002)-01 号,以后每年第一次申请为当年年号(如 2003)-01 号,该编号作为船舶与公司之间的查询号。

The order number of this form should be arranged upon the requested order of the vessel of yearly (including requisitions by the telegram or fax). After this form takes effect, the first request number should be of the title of the year (for instance 2002)-01, in further future the first request number should be of the title of this year (such as 2003)-01. This order number will use as the inquiry number between the vessel and the company.

如果设备型号、生产厂家、图纸号、系列号、备件名称、备件号确实查不到,可抄录设备铭牌资料附图纸或草图,在图纸或草图中指明所需备件,并在备注中说明。

If the type, manufacturer, drawing number, serial number, part name and part number could not be found indeed, the date in the name plate of the equipment should be transcribed and attached with drawing or sketch. The expected part should indicate on the drawing and explained in the remark.

除非应急情况,物料申请应在每季度初向公司船技处机务科申请,该批栏由机务监督员填写。

The ship stores requisition form should be delivered to Technical Department at the beginning of the quarter; the approval column of this form should be completed by the superintendent exception the emergency case.

修船备件需提前半年申请。

The spare parts requisition for docking repair should request in advance a half of year.

部门长 Dept.：　　　　　　　　　　　　　　船长 Master：
日　期 Date：　　　　　　　　　　　　　　日期 Date：

表 6-18 船舶物料申请单

S/N 序号	Description 名称	ISSA Code ISSA 编码	Type 型号	Unit 单位	Quantity 数量		
					Onboard 船存	Appl. 申请	Approved 核批

船名 Ship：　　　　　　　序号 S/N：
部门 Department：　　　　日期 Date：

Remarks 备注：

1. This form to be completed according to the shipboard requirement and signed by department heads and Master.

此表根据船舶需要填写，由部门长和船长签字。

2. The entry shall be clear and printed out when shipboard PC / printer applicable.

项目应填写清楚尽量用打印机打印。

3. Application No. should be given according to sequence (including Emergency application through Telex. or Tel.), year to be including to the No. at the first utilize after this form take effect, e.g. 2002-01 shown as the first application in 2002, thereafter, the year mark to be keep continuously, for the purpose of check back between ship and office.

申请单编号按每船每年申请次序(包括应急情况下电传或电话申请)编写，该表生效后的第一次申请为年号(如 2002)-01 号，以后每年第一次申请为当年年号(如 2003)-01 号，该编号作为船舶与公司之间的查询号。

4. Ship store requisition should be submitted in the beginning of each quarter except emergency. Superintendent shall fill approval column in charge.

除非应急情况，物料申请应在每季度初向公司船技处机务科申请，该批栏由机务监督员填写。

C/E or C/O：　　　　　　Master：　　　　　　　Superintendent：
轮机长或大副：　　　　　船长：　　　　　　　　机务监督
Date：　　　　　　　　　Date：　　　　　　　　Date：
日期：　　　　　　　　　日期：　　　　　　　　日期：

表6-19 船舶备件增添、油耗报告

<table>
<tr><td colspan="11" align="center">船舶备件增添、消耗报告
Spare Parts and Stores Consumption Report</td></tr>
<tr><td colspan="11">船名 M/V： 　　　　　填报日期 Fill in Date： 　　　年　　月　　日</td></tr>
<tr><td>序号
No.</td><td>设备名称及型号
Name/Type of Equipment</td><td>备件名称
Spare Part Name</td><td>备件号
P/N</td><td>单位
Unit</td><td>备件箱号
Box No.</td><td>上季度库存
ROB Last Quarter</td><td>本季度增添
Supplied This Quarter</td><td>本季度消耗
Consumption This Quarter</td><td>现库存
ROB now</td><td>备注
Remarks</td></tr>
<tr><td></td><td></td><td></td><td></td><td></td><td></td><td></td><td></td><td></td><td></td><td></td></tr>
<tr><td></td><td></td><td></td><td></td><td></td><td></td><td></td><td></td><td></td><td></td><td></td></tr>
<tr><td></td><td></td><td></td><td></td><td></td><td></td><td></td><td></td><td></td><td></td><td></td></tr>
<tr><td colspan="11">轮机长 Chief Engineer： 　　　　　　　　　　　　　　　　年　　月　　日</td></tr>
</table>

说明：①本表每季度由轮机长填写，一式二份，轮机长存一份，报船技处机务科一份。
C/E. fill this list every quarter, in duplicate, one for C/E, one for company.

②本表只填报季度内增添和消耗及其现存量，没有增添及消耗的项目不必填报。
Only the supply, consumption and ROB should be recorded every quarter, and the items without changing do not need to be recorded.

四、设备检修和测量记录

1. ICCP 外加电流阴极保护月度记录表(见表6-20)

表6-20 ICPP 外加电流阴极保护月度记录表

Month and Year： 月和年								
Date 日期	Ship Position 舷位	Sea Temp 海水温度	Anodes 阳极		Reference Cells 参考室		Propeller Shaft Earth Device 推进轴接地装置	Observations, Dry-dock Inspection, Maintenance, Replaced Parts, etc. 检查，干坞检查，维护，更换零件等
			Current 电流	Voltage 电压	Port 左舷	Stbd. 右舷		
		℃	A	V	mV	mV	mV	
1								
2								
3								

Ship Position： 　　　　　　　　　ETO： 　　　　　　　　　Chief Engineer：
船位： 　　　　　　　　　　　　　电子电气员 　　　　　　　轮机长

Remark：This sheet filled by ETO and sent to superintendent after signed with C/E at monthly end, the form kept on board for 1 year。

注：该表格由电子电气员每天填写，月末由轮机长签署后报公司机务监督员，该表格在船由电子电气员保存一年。

2.烟火探头月度检查单(见表6-21)

表6-21 烟火探头月度检查单

编号 No.	型号 Type	探头编号和位置 Code No. & Position	检查日期 Testing Date	签名 Sign	备注 Remark
区域/组别(1)District/Group 1					
1					
2					
3					
区域/组别(2)District/Group 2					
1					
2					
3					

Note:①以上探头在一个月内完成测试、检查(每周一组),每半年全船通测一次。

Above detectors to be motivated/tested and lubricated within a month, all ship's detectors to be checked every 6 months.

②完成的检查单在船保留三年。

Retain completed form on board for 3 years.

③发现损坏及时报告轮机长或大副。

Any defective if found must be reported to C/E or C/O immediately.

3.船舶应急蓄电池维修保养测试记录簿

关于蓄电池管理的通告

国际船级社理事会批准:凡2004年7月1日以后交船入CCS级的船舶,应按"蓄电池据记录表"内容填写本船蓄电池数据,蓄电池的日常维护、测量要记入蓄电池测量记录表,见表6-22。在2004年7月1日以前接船的船舶也应参照此要求执行。

"蓄电池据记录表(1)"是应急电池的维护和记录,见表6-23。

"蓄电池据记录表(2)"是通信和导航系统电池的维护和记录,见表6-24。

船用酸性蓄电池维修保养及注意事项:

①电池在使用过程中必须保持清洁,在充电完毕并旋上注液孔塞后,可用蘸有碳酸钠溶液的抹布抹去电池外壳、盖子和连接条上的酸液的灰尘。

②极柱和电线引线夹头表面上应经常保持一层薄凡士林油膜,如有氧化物必须刮除,并涂以凡士林以防再锈蚀。接线夹头和电池极柱必须保持紧密接触。

③注液孔上胶塞必须旋紧,以免船舶航行时摇动使电液溢出,但胶塞上的透气孔必须畅通。

④电液面应高于极板上缘10～20 mm,每隔半个月应进行一次液位高度的检查,在添加电解液时要注意保持电解液的纯净。

⑤为了消除极板硫化现象,应按时进行过充电和定期进行全容量放电,以便使作用物质得

到充分均匀的活动。

⑥当蓄电池充电和放电时就分别计算出充入容量或放出容量,避免放电后充电不足,放电后应及时进行充电,在充电过程中,电解液温度不得超过规定值。

⑦蓄电池室应严禁烟火,并保持通风良好。

⑧经常不带负荷的蓄电池,每月应进行一次充电和放电(放电时一般只放出50%的容量,并立即进行充电)。

⑨储藏室中应储备有合格的稀硫酸和蒸馏水,使用的工具应齐全。

⑩测量蓄电池用的仪表如:比重表、温度计、电压表等应定期校验。

⑪酸性电池、碱性电池不应同置于一个舱室内。

⑫酸性电池中每个小电池的电动势为2.1 V,放电时电压变化在1.7~2 V范围内,充电时电压变化在2.05~2.7 V,充电设备的电压应考虑到能调节到每个小电池2.7 V的数值。

常见故障:

铅蓄电池在运行中往往因为长时间充电不足、过放电或其他一些原因(如短路等)使其极板造成硫化现象,从而在充电时电压、比重都不易上升,如有下列情形之一者,需进行过充电。

①蓄电池已放电到极限电压以下,小于1.7 V。

②放电超过最大电流限度。

③蓄电池放电后停置1~2昼夜而没及时进行充电。

④蓄电池极板抽出检查清除沉淀物之后。

⑤电解液内混有杂质。

⑥个别电池极板硫化,充电时比重不易上升。

测试周期:

①检查电液高度并清洁电池表面,每10天或半个月一次。

②每月进行一次充电放电工作。

③对电解液每年应化验一次(如发现异常时需及时化验电解液)。

表6-22 蓄电池维护测量记录表

日期 Date	充放电起讫时间 Charge, Discharge	时数 Time	比重 Specific Gravity		电压 Voltage				责任人签名 Responsibility Person Sign
			充前 Before Charge	充后 After Charge	充前 Before Charge	充后 After Charge	放电前 Before Discharge	停放后 After Discharge	
维护保养工作记录 Maintenance Record									

轮机长(C/E):　　　　　　　　　　　　　　日期 Date:

第六章 船舶电子电气管理

表 6-23 蓄电池数据记录表(1)

船名 Ship Name			船舶建造号 Ship Building No.	
蓄电池技术说明 Battery Specification	制造厂家 Manufacture			
	型 号 Battery Type			
	电 压 Battery Voltage			
	组 数 Battery Number of Cells			
	容 量 Battery Capacity			
	安装位置 Battery Place			
DC24 V 控制屏/Control Panel			用 途/Supply to (按本船实际填写)	
供电设备 和/或系统 Supply Equipment &/or System	充放电板 Charge & Discharge Panel System			
维护周期/Maintenance Period 开始使用日期和/或**更换日期** Start Using Date &/or **Replacement Date**			备用蓄电池制造日期: Spare Battery Made of Date: ※有备用电池填此项/无备用电池划去	
检验号 No. 验船师(签名): Surveyor(Sign)				
			(检验业务章)/Seal	

表6-24　蓄电池数据记录表(2)

船名 Ship Name			船舶建造号 Ship Building No.	
蓄电池技术说明 Battery Specification	制造厂家 Manufacture			
	型　号 Battery Type			
	电　压 Battery Voltage			
	组　数 Battery Number of Cells			
	容　量 Battery Capacity			
	安装位置 Battery Place			
DC24 V 控制屏/Control Panel			用　途/Supply to（按本船实际填写）	
供电设备 和/或系统 Supply Equipment &/or System	充放电板 Charge & Discharge Panel System			
维护周期/Maintenance Period				
开始使用日期和/或更换日期 Start Using Date &/or Replacement Date			备用蓄电池制造日期： Spare Battery Made of Date： ※有备用电池添此项/无备用电池划去	
检验号 No.				
验船师（签名）： Surveyor(Sign)			（检验业务章）/Seal	

4. 电子电气员检修记录簿

用于记录电子电气员对船舶所有电子电气系统分系统进行检修的情况作记录。

5. 船舶电气绝缘测量记录簿

该簿用于记录全船所有电机及电器的绝缘情况,按不同公司要求,每季度或半年测量一次。

6. 船舶主要安全、警报装置功能检测记录簿

该簿记录全船主要安全、警报装置功能的测试情况,半年一次。

五、藏船内部类

1. 电机日志

电机日志是电子电气员日常工作的记录,应每天都做好记录。记录内容除一般信息,如船舶航行状态、发电机运行状况、船舶电站及主要电气设备的运行状况、驾驶台电子设备的运行状况外,还应重点记录所作的维护工作、电气故障及维修情况、电气设备技术状况、物料备件工具的消耗使用状况、技术维修心得、需待解决的问题等。它是接班电子电气员了解船舶电子电气设备技术状况、查找疑难问题解决方法的重要参考资料。它本身是电子电气员的备忘录,当班电子电气员应如实全面填写,而接班电子电气员应注意翻阅,从中了解全船设备技术状况,进行针对性预防和维修。

2. 月度工作报告

电子电气员的月度工作报告用于向轮机长和公司安技部门汇报当月重大维修保养执行情况、缺陷设备技术状态、备件物料质量反馈等,一般应一式三份,轮机长审阅签字后,轮机部、公司安技部及电子电气员各保留一份。

3. 上高作业单(见表6-25)

表6-25 上高作业单

上高作业检查单 Aloft Work Check List		
船舶(M/V):	航次(VOY. No.):	日期(DATE):
上高作业部位 Location of Aloft Work:		
1. 上高作业前是否严格检查绳索、滑车、脚手架、座板、保险带、移动式扶梯 Are the ropes, blocks, staging, bosun chair, safety belt, movable ladder strictly checked before aloft work		□
2. 脚手架上是否铺防滑的帆布或麻袋 Has the slip prevent canvas or hemp bags extended on the staging		□
3. 上高作业人员是否穿安全鞋,系保险带并挂在牢固的地方,如有必要应在下方铺安全网 Have the crew wear safety shoes, safety belt hang on safety place, rig safety net if necessary		□
4. 上高作业人员是带工具包,将作业工具或零配件放在工具包内以防落下伤人 Have the crew brought with tool bag, tools in the bags to prevent them fall dawn and injure persons		□
5. 高层作业的下方是否禁止在其下方停留或作业,如属必要应佩戴安全帽 Area under working place prohibit entry or stay, wear safety helmet as necessary		□
6. 扶梯、栏杆是否有断裂的地方 Check ladder, rail to find any broken		□
操作人: Worker:		监督人: Monitor:

本章节给出了电子电气员日常工作涉及的表格及文件样例。实际表格、文件等,在各船、各公司可能要求不同,应以本公司和本船舶要求的为准。

第七章 领导力和团队工作技能的运用

现代船舶在船舶设计和制造技术领域取得了一系列重大进展和突破，在较大程度上改进了结构安全性与综合性能。然而，在安全方面的改进却不能令人满意。大量海难事故的统计分析表明，海事事故中有80%以上与人为因素有关，人为因素引发的海难事故在先进设备的运行下仍然出现，并且这种情况越来越明显，这充分说明了人为因素是导致海上事故的主要原因。人为因素是指人的行为或使命对一特定系统的正确功能或成功性能的不良影响。

这样我们逐渐认识到，船舶设备的可靠性已远远大于人操作的可靠性，人的失误对船舶安全构成了更大的威胁，这就使得提高船舶安全的关注点逐步转移到人的身上。国际海事界和航运界也意识到，对于船舶安全和防污染的管理，必须正视人为因素和管理机构的职能。为此，IMO和相关组织进行了大量研究，并制定了一系列的规则和标准，其中包括IMO对相应公约的修改，IACS针对船舶安全问题采取了一系列行动，发布了重要的统一要求（United Requirements，简称UR）以及货物装卸、检验和维修方面的指南文件。尽管这些公约、修正案对改善船舶安全发挥了重要作用，然而从总体上讲，在船舶安全系统中，人为因素问题并没有得到很好的解决，为此，国际海事组织2010年通过了《STCW公约马尼拉修正案》，新的STCW公约和STCW规则于2012年生效，过渡期为5年。修正案将"领导力和团队工作技能的运用"纳入到STCW规则的A部分（强制培训内容）。

第一节 船上人员管理和培训的实用知识

一、概述

船员的职业素质和技术技能，直接影响着海上人命财产安全和海洋环境保护的效果。政府通过制定相应的法规来加强对船员的管理从而有效控制船员的身份、职业素质和行为，以及控制船员的出入境、海关、卫生检疫、边防等国境管理事务。

中华人民共和国海事局是我国船员管理的主管机关，通过海员证、船员服务簿、培训、考试和发证，安全配员及值班标准等立法来管理船员。海员证是船员的身份证明，用以加强海员出入境管理，保障航行安全和航运秩序。船员服务簿用以加强对船员的监督管理，核定其在船上的服务资历。培训、考试和发证用以控制船员的技术素质。安全配员规定用以确保船舶在航行和停泊时，配有足够数量的合格船员以保证船舶安全。海船船员值班规则用以加强船员值班管理。

海关依照《中华人民共和国海关法》等立法监管进出境运输工具、货物、物品、征收关税和其他税费，缉查走私等。海关向船员发放"运输工具服务人员进出境携带物品登记证"，按"运输工具服务人员携带进境自用物品限量表"规定的时间、物品和数量给船员以免税优待。船员带进物品、外币、金银制品等应如实填写"登记证"，向入境海关申报，经审核、验放后，方可进口。船员不得携带违禁物品出入境，不得受人委托携带物品。船员休假离船时，应向海关申报结清海关手续。

中华人民共和国国境卫生检疫机关，依照《中华人民共和国国境卫生检疫法》及其实施细则，实施国境卫生检疫，保护身体健康，防止传染病的传入或传出。中国籍船员出境前，均须到卫生检疫机关接受健康检查，预防接种，领取和签署"国际预防接种证书"等卫生文书。出境时经卫生检疫机关验证，方可出境。入境船员需经卫生检疫机关验证。卫生检疫重点为鼠疫、霍乱、黄热病，对中国籍船员还要检查有无艾滋病、性病或其他传染病。鼠疫、霍乱、黄热病的潜伏期分别为：6天、5天、6天。"国际预防接种证书"的有效期：霍乱疫苗自接种后第6天起，6个月内有效；黄热病疫苗自接种后第10天起，10年内有效。

边防检查机关负责对进出国境的人员及其护照，或者其他进出国境的证件、行李物品、载运工具和物资实施边防检查，以保护我国主权和国家安全。进出境的船舶，必须向边防检查站申报船员、旅客清单，并接受其检查。进出境的船舶，在我国领海、内海、港湾或者江河内行驶时，不准中途上下人员或者装卸货物。外国籍船舶上下人员，必须向边防检查机关交验上下船的有效证件，检查行李物品，并经许可。

1. 海员证

海员证是中国海员出入中国国境和在境外使用的有效身份证件，是海员的专用护照。海员证的有效期：①长期海员证，5年；②中期海员证，2年或3年；③短期海员证，18个月或12个月或6个月或3个月。有效期满不得不延期时，延期最长不得超过3个月；有效期不足2年的海员证，不得延期。

办理海员证的海员出境批件自批准之日起6月内有效，其批件审批权限由交通运输部确定。

海员在国内遗失海员证，海员本人应立即向所在单位或派出单位报告，由所在单位或派出单位向原颁发机关报告并申请补发海员证。补发海员证的有效期不超过原有期限。

海员在国外遗失海员证，应由所在船船长持书面报告，向中国驻外国的外交代表机关、领事机关或者外交部授权的其他驻外机关申请补发海员证。所补发海员证的有效期，按返回国内所需时间确定，但最长不得超过半年。

2. 船员服务簿

"船员服务簿"是记录船员本人的在船服务资历、违法记分以及参加有关专业训练和体格检查情况的证件，是船员申请考试、办理职务升级签证和换领船员适任证书的证明文件之一。

船员服务簿"任解职记载"栏的各项内容，都必须正确无误，不得谎报或涂改，船长负责填写的栏目应认真负责。签发机关如发现谎报或涂改任解职记载的各项内容，可收回、注销该船员服务簿，责令该船员写出检查后，方准申请新的船员服务簿。并可同时对该船员进行相应的处罚。

自2002年10月1日起，中华人民共和国海事机构对因违反水上交通安全管理法规受到海事行政处罚的船员、船舶安全检查存在缺陷的当事船员或实际操作检查不合格的船员实施

违法记分管理,在船员服务簿"主管机关签注(一)栏"加盖"船员违法记分专用章",并填上分值。在每一公历年的记分周期期满时,分值累加满 15 分的船员,必须经强制培训、考试后,记分分值方可重新起算。

二、中华人民共和国船舶最低安全配员规则

为确保船舶的船员配备,足以保证船舶安全航行、停泊和作业,防治船舶污染环境,依据《中华人民共和国海上交通安全法》、《中华人民共和国内河交通安全管理条例》和中华人民共和国缔结或者参加的有关国际条约,原交通部于 2004 年 6 月 18 日第 15 次部务会议通过了《中华人民共和国船舶最低安全配员规则》,并于 2004 年 8 月 1 日起施行。规则由总则、最低安全配员原则、最低安全配员管理、监督检查、附则共五章以及最低安全配员表等内容组成,现简要介绍。

本规则适用于中华人民共和国国籍的机动船舶的船员配备和管理,不适用于军用船舶、渔船、体育运动船艇以及非营业的游艇。

中华人民共和国海事局是船舶安全配员管理的主管机关,各级海事管理机构依照职责负责本辖区内的船舶安全配员的监督管理工作。

确定船舶最低安全配员标准应综合考虑船舶的种类、吨位、技术状况、主推进动力装置功率、航区、航程、航行时间、通航环境和船员值班、休息制度等因素。

中国籍船舶应当按照本规则的规定,持有海事管理机构颁发的"船舶最低安全配员证书"。在中华人民共和国内水、领海及管辖海域的外国籍船舶,应当按照中华人民共和国缔结或者参加的有关国际条约的规定,持有其船旗国政府主管机关签发的"船舶最低安全配员证书"或者等效文件。

海事管理机构应当在依法对船舶国籍登记进行审核时,核定船舶的最低安全配员,并在核发船舶国籍证书时,向当事船舶配发"船舶最低安全配员证书"。

"船舶最低安全配员证书"的编号应与船舶国籍证书的编号一致。"船舶最低安全配员证书"有效期的截止日期与船舶国籍证书有效期的截止日期相同。

船舶所有人(或者其船舶经营人、船舶管理人,下同)应当按照本规则的要求和"船舶最低安全配员证书"载明的船员配备要求,为所属船舶配备合格的船员,但是并不免除船舶所有人为保证船舶安全航行和作业增加必要船员的责任。船舶所有人可以根据需要增配船员,但船上总人数不得超过经中华人民共和国海事局认可的船舶检验机构核定的救生设备定员标准。

船舶在航行、停泊、作业时,必须将"船舶最低安全配员证书"妥善存放在船备查。船舶不得使用涂改、伪造以及采用非法途径或者舞弊手段取得的"船舶最低安全配员证书"。

无论何时,500 GT 及以上(或者 750 kW 及以上)海船、600 GT 及以上(或者 441 kW 及以上)内河船舶的船长和大副,轮机长和大管轮不得同时离船。

船舶所有人应当在"船舶最低安全配员证书"有效期截止前 1 年以内,或者在船舶国籍证书重新核发或者相关内容发生变化时,凭原证书到船籍港的海事管理机构办理换发证书手续。

证书污损不能辨认的,视为无效,船舶所有人应当向所辖的海事管理机构申请换发。证书遗失的,船舶所有人应当书面说明理由,附具有关证明文件,到船籍港的海事管理机构办理补发证书手续。换发或者补发的"船舶最低安全配员证书"的有效期,不超过原发的"船舶最低安全配员证书"的有效期。

船舶状况发生变化需改变证书所载内容时,船舶所有人应当到船籍港的海事管理机构重

新办理"船舶最低安全配员证书"。

中国籍、外国籍船舶在办理进、出港口或者口岸手续时,应当交验"船舶最低安全配员证书"。轮机部的最低安全配员标准如表7-1所示。

表7-1 海船轮机部最低安全配员表

航区和总功率		一般规定	附加规定
所有船舶	海上 3 000 kW 及以上	轮机长、大管轮、二管轮、三管轮各1人,值班机工3人机工3人	①连续航行时间不超过36 h,可减免三管轮和值班机工各1人 ②AUT-0自动化机舱可减免二管轮、三管轮和值班机工2人 ③AUT-1自动化机舱可减免三管轮和值班机工2人 ④BRC半自动化机舱可减免机工2人
	750 kW 及以上至未满 3 000 kW	轮机长、大管轮各1人、值班机工2人	连续航行时间超过16 h,须增加轮机员1人和值班机工1人(自动化机舱及BRC半自动化机舱作外)
	220 kW 及以上至未满 750 kW	轮机长、轮机员各1人、值班机工2人	连续航行时间超过36 h,须增加二管轮1人(自动化机舱及BRC半自动化机舱除外)
	未满 220 kW	轮机长、值班机工各1人(机驾合一的免)	连续航行时间超过4 h,须增加轮机员1人(机驾合一的免)
	港内	三管轮1人,值班机工1人	

注:①值班机工为持有值班机工适任证书者。
②国际航行船舶的机舱自动化程度按其轮机人级证书载明情况为准;国内航行船舶的机舱自动化程度按照船舶检验证书簿载明情况为准,主推进装置驾驶室遥控的可按半自动化机舱进行减免。
③轮机部可按航行时间减免,或按机舱自动化程度减免,但不应按航行时间和机舱自动化程度同时减免。
④核定乘客人数12人及以上的特种用途船舶,按客船要求核定配员。
⑤废钢船需航行时按其检验时的船舶种类及相关参数核定配员,不适用减免规定。
⑥船舶在中途港或海上作业点停留时间不超过4 h的,计入连续航行时间。
⑦机驾合一指在驾驶室能直接操纵主机。
⑧低级岗位可由持有相应等级适任证书的高级岗位船员担任。

第二节 运用任务和工作量管理的能力

一、资源与管理

1. 资源的含义

广义的资源指人类生存发展和享受所需要的一切物质和非物质的要素,所以资源包括物质和非物质的要素。狭义的资源仅指自然资源,是指在一定的时间、地点的条件下能够产生经济价值的,以提高人类当前和将来福利的自然环境因素的总和。

现在在资源概念的解释和使用上有多种情况。总体来讲,资源是指在一定历史条件下被人类开发利用以提高自身福利水平或生存能力的,具有某种稀缺性,受社会环境约束的各种环境要素或事物的总称。

通常我们将资源按以下几种情况分类：
①按资源的基本属性不同分为自然资源、社会资源。
②按利用限度分为可再生资源、不可再生资源。
③按其性能和作用的特点分为硬资源、软资源。
④按资源的更替特点分为可更新资源、不可更新资源。
⑤按自然资源的固有属性分为可耗竭性、可更新性、可重复使用性、发生的差异性等。

2. 管理的含义

长期以来，许多中外学者从不同的研究角度出发，对管理作出了不同的解释。直到目前为止，管理还没有一个统一的定义。西方各个管理学派，按照其各自的管理理论，对管理的概念有不同的解释。其中有以下几种情况：
①管理是一种程序，通过计划、组织、控制、指挥等职能完成既定目标。
②管理就是决策，决策程序就是全部的管理过程，组织则是由作为决策者的个人所组成的系统。
③管理就是领导，则强调管理者个人的影响力和感召力对管理工作的重要意义。
④管理就是做人的工作，它的主要内容是以研究人的心理、生理、社会环境影响为中心，激励职工的行为动机，调动人的积极性。

综合各种观点，对管理的比较系统的理解应该是：**管理是管理者或管理机构，在一定范围内，通过计划、组织、控制、领导等工作，对组织所拥有的资源**（包括人、财、物、时间、信息）**进行合理配置和有效使用，以实现组织预定目标的过程。**

这一定义有四层含义：第一，管理是一个**过程**；第二，管理的**核心是达到目标**；第三，管理达到目标的手段是运用组织拥有的各种资源；第四，管理的**本质是协调**。

3. 资源管理的含义

资源管理是指对所拥有或应当拥有的**资源**进行组织、协调、控制、改进，以使其正常发挥其效用的过程。所拥有的资源一般可分为人、机、料、信息、环境等五种主要资源，而这些资源是企业生存和发展所必备的条件，没有资源或没有完备的资源就不能或不可能正常进行企业经营运作，不可能由目的地产出，也就不会有满意的产品或服务。所谓的质量也就没有意义了。因此，从某种意义上说，企业管理，特别是质量管理，就是对**资源的管理**。

二、管理的基本职能

管理任务的实现，需要发挥各项管理职能的作用。管理职能是对管理职责与功能的简要概括。管理有多少职能，不同的管理学派认识不一。我们赞同把计划、组织、领导和控制作为管理的四大基本职能。

（1）计划职能

计划职能是指为实现组织的目的而研究组织活动的环境和条件，在此基础上作出决策、制订行动方案等一系列工作。它是管理的首要职能。计划工作有广义和狭义之分。广义的计划工作是指制订计划、执行计划和检查计划三个阶段的工作过程。狭义的计划工作是指制订计划，即根据组织内外部的实际情况，权衡客观的需要和主观的可能，通过科学的调查预测，提出在未来一定时期内组织所需达到的具体目标以及实现目标的方法。

(2) 组织职能

组织职能是指为了实现既定的目标,根据计划安排,对组织拥有的各种资源进行制度化安排,包括组织设计、人员配置、组织变革与发展。

组织设计包括机构设计和结构设计。机构设计是根据计划安排的事务设置相关的岗位和职务,然后按一定标准组合这些岗位和职务,形成不同工作部门。结构设计是根据组织活动和环境特点,规定不同部门之间的相互关系。

人员配置是根据各个岗位活动的要求以及组织成员的素质和技能特点,选拔适当的人员安置在相关的岗位上。具体涉及人员招聘、选拔、安置、培训、考核、定级、提升及薪酬策划等工作。人员配置中管理人员的选聘是组织工作的重心。

组织变革是根据作业活动及其环境的变化,对组织机构和结构做必要的调整。这是消除组织老化,克服组织惰性,优化资源配置,实现组织中人与事动态平衡的需要,是确保组织活力,有效实现组织目标的需要。

(3) 领导职能

领导职能是指领导者对组织成员施加影响,使他们以高昂的士气、饱满的热情为实现组织目标而努力,具体包括指导、沟通和激励等工作。

指导工作是领导者对下属的指点和引导,使他们明确方向和任务。具体指导方式包括以指令、指示形式指导和身先士卒、以身作则等形式指导。

沟通工作是领导者与同事或下属交流思想、互通信息、协调关系,在相互理解基础上求同存异,增强组织的凝聚力。沟通是消除隔阂,解决矛盾和冲突的有效途径。

激励工作是领导者把实现组织目标与满足个人需要有机结合起来,通过激励元素激发和强化下属工作的动力。

要有效发挥领导的作用,除进行以上指导、沟通和激励工作外,领导者还必须正确认识权力的性质和作用,努力提高自身素质,不断改善领导作风,从实际出发随机选择领导方式,并充分发挥领导集体的作用。

(4) 控制职能

控制职能是指管理者根据既定计划要求,检查组织活动,发现偏差,查明原因,采取措施给予纠正,或者根据新的情况对原计划作必要调整,保证计划与实际运行相适应。控制过程包括依据计划制定控制标准,衡量实际业绩,发现偏差,纠正偏差。

控制工作之所以成为管理的一个基本职能,是因为计划的制订和执行在时空上相对分离,只有依靠控制,才能防止或纠正执行中的偏差,把计划落到实处。同时,内外情况的变化,需要管理者及时对原计划作必要的调整,避免计划僵化。随着人类有组织活动的规模不断扩大,加强和改善控制显得格外必要。

(一) 计划的含义

从狭义来讲,计划是一种管理文件,是指组织在未来一定时期中,用文字和指标等具体形式表达的,关于组织成员的行动方针、行动目标、行动内容及行动安排的管理文件。从广义来讲,计划可以泛指计划工作或计划职能。计划的主要内容包括"5W2H",计划必须清楚地确定和描述这些内容:

What——做什么?目标与内容。

Why——为什么做?原因。

Who——谁去做?人员。

Where——何地做？地点。
When——何时做？时间
How——怎样做？方式、手段。
How much——需要多大代价？

(二)计划的组织实施

计划编制完成后，就要把计划所确定的目标任务在时间和空间两个角度展开，落实到组织各个单位和个人，规定他们在计划期内应该从事什么活动，达到什么要求，这个过程就是计划的组织实施过程。其行之有效的方法主要有目标管理和"PDCA"循环等。

1. 目标管理

目标管理是指在计划内，组织以目标作为一切管理活动的出发点、归宿点和手段。它要求把组织的总目标分解为下属单位与成员的分目标。一切活动的进行以目标为导向，活动的结果用目标来评价，管理者通过"目标－责任链"对下级进行领导，并以此来保证组织总目标的实现。

目标管理的程序一般包括三个阶段实施：成果的检查与考核，即目标的制订与展开；目标的组织与实施；成果的实施与考核。

第一阶段，目标的制订与展开。组织目标的制订是目标管理的中心内容。一般应由组织的领导决策层首先制订出组织的总体目标，然后由组织下属各单位依据组织总目标制订出分目标，再由组织各成员依据单位分目标制订出个人目标。在目标制订过程中，首先，要求分目标必须保证总目标的实现，个人目标必须保证组织目标的实现。其次，要求在上下级之间进行目标协商，各部门之间的目标要相互协调配合。组织对整个目标体系要进行综合平衡。这种从上到下、层层分解、逐级落实的过程，就叫做目标展开。在目标展开的过程中，除了必须做好目标分解工作，还要抓好目标责任的落实。以工业企业为例，在企业目标确定之后，首先要把企业总目标逐级分解为各部门、车间、班组和个人岗位等各个层次的分目标，构成企业目标体系。同时，也将目标责任逐级分解落实到各部门、车间、班组和个人岗位，形成企业目标责任体系。整个企业的目标责任体系，则通过"目标－责任链"这条纽带把它连接起来。

第二阶段，目标的组织与实施。"自我控制"是目标管理的组织实施过程中一个十分重要的指导思想。所谓自我控制，就是组织的下属机构和全体员工都按照自己单位和个人所承担的目标责任，在实现目标的过程中，充分发挥主动性和积极性，进行自主管理，即不断进行自我分析、自我检查、自找差距、自我激励、自我完善。上级的管理则主要表现在指导、协助、授权、提供情报、提出问题、创造条件、纵横协调、改善环境等工作上；此外，就是做好检查和考核工作，实施奖惩。

第三阶段，成果的检查与考核。为了保证目标的实现，对目标实施的全过程必须进行控制和检查，其基本做法是通过信息反馈系统，将组织所属各级单位和全体员工的目标实施情况定期逐级反馈到上级单位，从中发现差异，查清原因，以便及时采取措施，纠正偏差。若在检查中发现预定目标与实际情况不符，或因不可抗拒的原因造成无法实现预定目标，则应对原定目标进行调整修改。在检查工作中，可以把自我检查与上级检查相结合，把专业检查与全面检查相结合，把定期检查与经常检查相结合。

在对目标实施过程进行检查、控制的同时，还应对检查结果作出评价和考核，并与经济责任制联系在一起，实施奖励和惩罚。具体做法就是按月份或季度和年度定期组织管理人员对下属各级单位和全体员工的目标责任完成情况进行检查考评，并据考评结果决定工资、奖金的发放水平,组织行政的嘉奖惩罚和岗位职务的升降调动。

一个计划期的目标管理过程结束之后,可根据检查考评资料发动广大群众进行总结,以推广成功的经验,吸取失败的教训,并用以指导和改善下一个计划期的目标管理工作,进行新的、更高水平的目标管理循环。

2."PDCA"循环

(1)"PDCA"循环的特征

①"PDCA"循环是大循环套小循环,小循环保大循环,一环扣一环的综合体系。大循环是指整个组织的计划管理活动的"PDCA"循环,小循环是指组织下属各级单位和部门的计划管理活动的"PDCA"循环。上一级循环是下一级循环的根据,下一级循环又是上一级循环的保证。通过"PDCA"循环,使组织各个方面、各个环节的计划组织实施工作有机结合起来,形成一个相互制约、相互促进的整体,更有利于实现组织的计划目标。

②"PDCA"循环每循环一次,就提高一步。"PDCA"循环不是原有水平的重复,而是螺旋式的上升,每循环一次,就前进一步,使计划管理水平和组织目标水平上升到一个新的高度,并在新的高度基础上,制订更高的组织目标,不断提高管理水平,开始进行新的更高一级的循环。

③"PDCA"循环是综合性的开放式的循环。"PDCA"循环是包含组织内部各种资源要素(人力、财力、物力、信息等)和各个职能部门管理活动以及各级下属单位的全方位的、综合性的循环。在循环过程中,要不断根据客观环境的变化,不断适应新情况,解决新问题。在动态管理过程中,进行新的综合平衡。因而循环的四个阶段不是绝对的,各阶段之间也不是截然分开,而是紧密相连的,有时还得一边计划,一边实施,一边检查,一边处理,各个环节交叉进行。

"PDCA"循环体现了计划管理过程是一个从实践到认识,再从认识回到实践,并且不断地通过再认识,再实践,从而使主观认识和客观实际逐步趋于统一的事物发展过程,这正是辩证唯物主义的认识论和方法论在计划管理工作中的具体应用。

(2)"PDCA"循环的运转

"PDCA"循环的运转程序一般要经历四个阶段八个步骤。

①计划制定阶段(P)。编制组织计划可分为四个步骤:

第一步,对组织现状进行分析,找出组织营运中存在的主要问题。

第二步,对组织存在问题的产生原因和影响因素进行分析。

第三步,从影响组织活动的各种可控因素中找出主要因素,以便抓住主要矛盾,解决主要问题。

第四步,针对组织存在的主要矛盾和问题及其产生的主要原因制订出组织计划和对策措施。

②计划实施阶段(D)。这一阶段就是按照计划的要求,切实执行计划,努力实现目标,这是第五步。

③计划检查阶段(C)。检查,就是把执行计划的结果与计划预期的目标进行对比,对实施计划的效果进行考核与评价,这是第六步。

④计划处理阶段(A)。处理阶段是在计划执行完毕之后的善后阶段。这一阶段包含两个步骤:

第七步,总结经验,吸取教训,巩固成绩,处理问题。这项工作主要通过发动全体员工,上下一起来进行。

第八步,修订计划,克服偏差,协调平衡,以利再战。修订计划可采用滚动计划的方法,使

组织计划更适合新的环境变化的要求,更切实可行。

在"PDCA"循环的运转过程中,旧的问题解决了又会产生新的矛盾,随着"PDCA"循环的不停运转,矛盾和问题不断地出现又不断地解决,计划管理水平也就得以不断地提高,组织也因而不断地发展和壮大。

三、人员配备

人员配备是组织根据目标和任务需要正确选择、合理使用、科学考评和培训人员,用合适的人员去完成组织结构中规定的各项任务,从而保证整个组织目标和各项任务完成的职能活动。

1. 人员配备的任务

①物色合适的人选。组织各部门是在任务分工基础上设置的,因而不同的部门有不同的任务和不同的工作性质,必然要求具有不同的知识结构和水平、不同的能力结构和水平的人与之相匹配。人员配备的首要任务就是根据岗位工作需要,经过严格的考查和科学的论证,找出或培训为己所需的各类人员。

②促进组织结构功能的有效发挥。要使职务安排和设计的目标得以实现,让组织结构真正成为凝聚各方面力量,保证组织管理系统正常运行的有力手段,必须把具备不同素质、能力和特长的人员分别安排在适当的岗位上。只有使人员配备尽量适应各类职务的性质要求,从而使各职务应承担的职责得到充分履行,组织设计的要求才能实现,组织结构的功能才能发挥出来。

③充分开发组织的人力资源。现代市场经济条件下,组织之间的竞争的成败取决于人力资源的开发程度。在管理过程中,通过适当选拔、配备和使用、培训人员,可以充分挖掘每个成员的内在潜力,实现人员与工作任务的协调匹配,做到人尽其才,才尽其用,从而使人力资源得到高度开发。

2. 人员配备的程序

①制订用人计划,使用人计划的数量、层次和结构符合组织的目标任务和组织机构设置的要求。

②确定人员的来源,即确定是从外部招聘还是从内部重新调配人员。

③对应聘人员根据岗位标准要求进行考查,确定备选人员。

④确定人选,必要时进行上岗前培训,以确保能适用于组织需要。

⑤将所定人选配置到合适的岗位上。

⑥对员工的业绩进行考评,并据此决定员工的续聘、调动、升迁、降职或辞退。

3. 人员配备的原则

(1)经济效益原则

组织人员配备计划的拟定要以组织需要为依据,以保证经济效益的提高为前提;它既不是盲目地扩大职工队伍,更不是单纯为了解决职工就业,而是为了保证组织效益的提高。

(2)任人唯贤原则

在人事选聘方面,大公无私,实事求是地发现人才,爱护人才,本着求贤若渴的精神,重视和使用确有真才实学的人。这是组织不断发展壮大,走向成功的关键。

(3)因事择人原则

因事择人就是员工的选聘应以职位的空缺和实际工作的需要为出发点,以职位对人员的实际要求为标准,选拔、录用各类人员。

(4)量才使用原则

量才使用就是根据每个人的能力大小来安排合适的岗位。人的差异是客观存在的,一个人只有处在最能发挥其才能的岗位上,才能干得最好。

(5)程序化、规范化原则

员工的选拔必须遵循一定的标准和程序。科学合理地确定组织员工的选拔标准和聘任程序是组织聘任优秀人才的重要保证。只有严格按照规定的程序和标准办事,才能选聘到真正愿为组织的发展作出贡献的人才。

四、时间管理与优先顺序

在管理工作中,要能对时间作出客观准确的估计,强调准时;工作注重轻重缓急、优先顺序,合理安排、分配、利用自己的工作时间;工作有节奏,办事有条理,讲究效率,能充分地利用时间、精力;善于把握各种时机,遇到各种紧迫任务能当机立断,并具有严格的时限观念。

(一)时间管理的步骤

怎样很轻松地把时间管好,要成为自己的时间管理大师,一切要从简单的计划开始。其实只要你能好好地安排时间,分成次序,很有系统,很有组织,你便可以在每天收获更多的知识。以下是时间管理的五个步骤:

1. 列单

首先把你要做的事情一项一项地记录下来,**并养成良好的习惯**。如果记性不太好,最好及时记下想做的事情。记事本有很多,有电子记事本、笔记本等,借助于它把你要做的事情记下来。

2. 组织

组织是根据列好的清单分门别类,**再依据重要性安排次序**,以及想清楚每项事情应该怎样来处理。

3. 删除

完成组织以后,看看排在最后的事情是**否必要**,如果没有必要,就把它删掉。

4. 习惯

将上述的三个步骤,列单、组织、删除,变成日常生活的习惯。

5. 成就感

当以上的步骤办妥以后,你就会发现,自己比没有计划的日子完成的事情多了,人也感觉到有成就感了。这个成就感就是优质计划的回报。而这个回报,让你感觉到所付出的努力并没有白费。

可见,要成为一个出色的时间经营者,要管理你自己,并不是一个非常困难的工作。但是缺乏一个良好的时间管理系统就坏处多多。很多人因为不会设定计划,不会评估每天工作的重要性以及加以调配,而感到自己的工作非常沉重,压力很大。缺乏时间管理的人,容易感到灰心、愤怒和焦虑,而且没有多大的成就,甚至缺乏自尊,没有办法真正地享受生活。

(二)时间管理的途径

我们都能够认识到时间管理对我们自身是有很大帮助的。那么时间管理是通过哪些途径来实现的呢?一般可通过优先计划管理、自我组织管理和沟通管理三方面途径,来实现高效的时间管理。

第一个途径是优先计划管理,就是把事情按照目标来进行优先设定,优先计划管理可以使事情井井有条,不忙不乱。

第二个途径是自我组织管理,主要是通过调整自身的工作方式和方法来提高工作效率。因为人是社会组成的一部分,很难避免不同其他人打交道。而工作方式、方法很重要,调整好自己的工作方式就能够解决时间管理中的一些问题。

第三个途径是沟通管理,强调的是与人沟通过程中控制时间的能力。

1. 优先计划管理

按照事情的重要程度来确定优先顺序。

举一个例子:有一个非常大的桶,桶旁边放了一些大石块、小石块、水和沙子,你怎么做才能最大限度地把这些东西都放进桶里呢?

正确的顺序是先放大石块再放小石块,再放沙子,最后放水,如果按照反过来的顺序,先把水倒进去,再放沙子,再放小石块,最后放大石块,这个桶就装不下这么多的东西。其实,人的精力就像这个桶的容量一样是有限的。大石块就相当于那些非常重要的事情,那些小石块、沙子和水其实就相当于那些琐碎的小事,如果先去处理那些琐碎的小事,到最后大的事情反而会被忽略到一边。所以要按照事情的重要程度来确定优先顺序,这样能够节省你的精力和时间,专注于你要做的事情。

(1) 如何确定优先顺序

应该按照什么来确定事情的优先顺序呢?这是一个仁者见仁、智者见智的问题。为了进一步说明这个问题,我们根据事情的重要和紧急程度的不同,将事情划分成为四种类型:

第一类就是既重要又紧急的事情。比如,房屋着火或者客户打来的投诉电话,对这种事情我们的态度是马上处理,防止危机进一步扩散。

第二类是重要但不紧急的事情。如平时要做的工作规划、预算,和客户沟通,同事之间的交流等,虽然不紧急但是一定要花很多时间。

第三类是不重要但是很紧急的事情。比如说,在工作的时候,你的父母或者好朋友突然打来电话,询问你的工作情况。事情虽然不是很重要,但是父母或好朋友打来电话怎能不处理。所以要尽量减少这类事情的发生,无意义的闲聊应该杜绝。

第四类是非重要又非紧急的事情。

这四种类型的事情有一个规律:如果不把时间投资在这种重要但不紧急的事情上,就一定会吃苦头,这类事情会使你的工作不能正常进行。

(2) "二八"原则

划分事情的紧急程度时,我们应该遵循的原则是什么呢?首先应该是"轻重",再就是"缓急"。应该把时间多投资在重要的事情上,大家一定要牢记这四个字"轻重缓急"。那么"轻重缓急"是建立在什么基础上的呢?是建立在"二八"原则上的。"二八"原则是一个意大利的经济学家帕雷托提出的,他在1897年观察19世纪英国社会财富和人的关系时,发现国家80%的财富是聚集在20%的人的手里。

比如说,在你的客户中,有20%的客户是非常重要的,他给你带来80%的经济效益。奥斯卡的票房中,80%的票房是由20%的影片创造的。在任何特定的群体中,重要的因子通常只占少数,而不重要的因子则占多数,因此只要能控制具有重要性的少数因子即能控制全局。

集中精力在能获得最大回报的事情上,而不要花费在对成功无益的事情上。所以我们不要在琐碎的小事上投入了80%的精力,最后却产生20%的成效,而应该把精力专注于那20%

的重要事情上,才会达到事半功倍的效果。

2. 自我组织管理

所谓自我组织管理主要是通过对自身工作方式、方法的改变,达到时间管理的目的。有人简单地总结和概括自我组织管理,就是做好时间上的四则运算,即加、减、乘、除。

所谓加法就是要找出我们在时间管理中隐藏的时间;所谓减法就是要减少那种无谓的时间浪费;乘法可以成倍地提高工作效率,而不是延长工作的时间;除法是要根除浪费时间的习惯。下面我们就跟大家一起来做一下这个时间的四则运算。

(1)加法

时间上的加法就是找出隐藏的时间,可以通过下面几种方式:

①善于利用等候和空当时间。如在等电梯、等公交车、上下班的路上。

②创造时间区。在平时的工作中,比大家早到一个小时,或者晚走一个小时,在这一个小时里没有人打扰,可以静下心来仔细地考虑一些事情,这就是要创造时间区。

③逆势操作。逆势操作就是别人干这件事的时候我偏不去干,等没人干的时候我再去干,这个方法确实非常好。比如午餐时间,楼下的写字楼里挤满了人,晚去半个小时会发现那时候的人非常少,原本晚去半个小时却比大家早回来,这就是先来后到的原因。

④背包原则。有个笑话说,两个人去搬砖,其中一个人说对方:"你多懒呀,你一次就搬一块砖。"对方说道:"我觉得你才懒,你一次搬四块砖,你比我少走三趟。"这就是背包原则,其实如果善用背包原则的话,可以帮我们节省不少的时间。

(2)减法

减法就是要减少时间的浪费。那么这些时间都是在什么过程中浪费的呢?在你犹犹豫豫、反复思考,或者是下决心的过程中。需要改变的是什么?是我们思考和行动的习惯。

有个心理学家提出"五分钟思考法"的原则,就是说遇到一些小事情不要犹犹豫豫,不要反复去思考,只要五分钟就可以解决问题。这五分钟是这样分配的:第一分钟先来决定目标和课题,就是说我究竟要做什么,达到什么样的目的。接下来的两分钟是思考的扩张及探求,要达到这个目标,我要有哪些准备条件,具体要做哪些事情,可不可行。最后的两分钟你就必须整理思路,定出结论。当你遇到一些小事情,就可以用"五分钟思考法"来衡量,这样就可以减少很多无谓的时间浪费。

(3)乘法

时间管理中的乘法,就是怎么样来提高工作的成效。大家知道效率和时间是成反比的,有时候给自己定计划,认为这件事情比较难,为了做得更加好一些,就多一点时间。其实往往相反,多一点时间不仅不能改变事情的品质,反而会养出一些懒散、效率低的毛病。对于计划所需要的时间,应该是合理预计,不多也不少,这样才会提高工作的成效。

在提高工作成效方面,有以下方法:

①物尽其所,物归原处。看起来好像很简单,但是留意一下周边的同事,就会发现有很多人不是这样做的,办公桌不堪入目,文件堆得到处都是。办公桌不堪入目会妨碍你的注意力,导致你的情绪紧张,压力非常大,增加了许多查找的时间。要养成物尽其所,物归原处的习惯。

②建立有效的工作环境。办公桌上物件的摆放次序应该遵循两个原则,一个是方便,另一个是固定。比如:方便——如果你习惯用右手写字,你的电话可以放在左边,这样可以用左手拿起电话,右手还可以写便条。固定——每件东西从哪里拿出,就要放回原处去,这样的话你就不必再花很多时间来想,我这个东西到底放在哪里,我的订书机到底放在哪里,我的打孔器

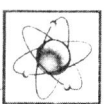

又放在哪里,减少不必要的时间浪费。

③有效的文件处理。要善用文件夹,建立文件处理原则。处理完了的文件要归档;建立一套文件处置系统,分清哪些是待送出的文件,哪些文件是处理完的;电脑中的文件目录和邮件都要归好类,这样查找起来一目了然,非常方便。其实,文件处理也是有非常多的学问的。

(4)除法

除法就是要根除浪费时间的习惯。主要是"拖延"。比如说上班总是迟到,交给他的事情今天不办,拖到明天办。对付拖延的办法只有当机立断。

①采取逐个击破、逐步进行的方式来进行。如果这件事情非常大,就把大事情划分成小事情,从容易的事情做起。

②调整思维方式。举个例子,我们往往觉得事情越难办就越拖后办,不妨反过来想一想:如果把这个难的事情做完,可能后面几天都不需要再想这个事情了。调整了思维方式,你会变得更加主动,很乐意去做这件事情,那么往往事情就不会像你想的那么难了。

③不要过分追求尽善尽美。有的人往往把问题想得非常透彻才去动手做,那么往往由于你考虑得非常细致,而没有时间去做了,先想好大框架,然后动手去做,避免追求尽善尽美。

3. 沟通管理

沟通管理是指通过注意和别人交往过程中的一些事情,从而达到提高效率的目的。

(1)懂得说"不"

沟通管理的第一条原则就是要懂得说"不",中国人大多都是比较中庸的,非常不好意思对别人说"不"。懂得说"不",这要注意以下四点:

①时间结构的暗示。话要说在前面,比如你跟别人会面之前,先告诉对方,我们这次会谈大约要用 30 min 的时间。这样做大家都心中有数。

②肢体的暗示。比如会谈的时间就要结束了,你会下意识地看一下手表,暗示对方时间快到了。通过这些肢体的暗示,大家都能够清楚地明白你的想法,又能够做到不得罪人。

③在拒绝别人的时候,附以理由并提供其他途径。比如说你正在工作的时候,你的朋友打来电话,这时候你一定要告诉他,你正在上班,下班以后再聊。这样回答,不仅告诉了他理由,而且提供了下班以后再聊的其他方式,既得体又解决了问题。

④做到对事不对人。告诉对方,自己只是对这件事情发表观点,并不是对人,所以请不要生气。切忌通过第三者来做这个事情。

(2)善用电话

沟通管理中的第二点是善用电话。电话可以节约时间,也可能浪费你的时间,这完全取决于你的态度和行为。要学会管理电话,首先要学会管理自己,善用电话进行沟通。电话沟通中需要注意以下几个方面:

①要避免开头的题外话。如最近好吗?最近过得怎么样?假期是怎样度过的?避免提出这样的话题。

②善用结束谈话的技巧。不懂得结束谈话的技巧,是造成电话冗长的原因。如同客户可以以闲聊的方式开场,谈一段时间,觉得比较融洽时,就进入正题。

③尽量集中回复电话。通过这三点,我们就可以善用电话,达到高效的目的。

(3)会议沟通

很多人经常抱怨:开会时间太长;讨论了半天,最后也没有结果;不相关的会议太多等。说明在日常会议中存在着许多的弊病,如何避免呢?可以从下面五个方面考虑。如果解决好这五个方面,会议就会有成效。

①制订清晰的目标,就是这次开会一定要达到什么目的,比如说一定要拿出一个成熟的市场方案等,这就是目标清晰。

②尽量减少与会人数。邀请那些可提出建设性建议的人员。对于只会泼冷水的人尽量不让参加,因为这些人不但不会提建议,还会延长会议的时间。所以一定要减少参会人数,该参加的一定要参加,不该参加的最好不要来。

③选择适当的开会时间和地点。时间不要定在下午,最好在上午,这时大家的思维比较活跃。开会地点一定要通风。时间和地点选择好了,有利于会议的进程。

④提前准备议程,资料分发给与会者。这样做大家都非常清楚要做什么事情,提前了解资料会促进会议的正常进行。

⑤避免长时间的会议。会议开的时间越长效率越低,对时间一定要加以限制,会议时间不宜超过 2 h。

第三节　运用有效资源管理的知识和能力

一、团队与团队工作

船舶是一个整体,船员是一个团队,整体有整体的大局,团队有团队的利益,任何个体只有依托整体和团队才能有效发挥其作用。一个没有组织纪律性没有服从意识的船员,即使他的能力再强,也势必会给船舶的整体工作带来危害;一个没有团队精神的船员只能致使船舶产生不和谐的工作局面。

(一)团队的含义

所谓团队,指的是具有不同知识、技术、技能、技巧,拥有不同信息,相互依赖紧密的一流人才所组成的一种群体。团队有几个重要的构成要素,总结为"5P"。

1. 目标(Purpose)

团队应该有一个既定的目标,为团队成员导航,知道要向何处去。没有目标,这个团队就没有存在的价值。

2. 人(People)

人是构成团队最核心的力量。3 个(包含 3 个)以上的人就可以构成团队。

目标是通过人员具体实现的,所以人员的选择是团队中非常重要的一个部分。在一个团队中可能需要有人出主意,有人定计划,有人实施,有人协调不同的人一起去工作,还有人去监督团队工作的进展,评价团队最终的贡献。不同的人通过分工来共同完成团队的目标,在人员选择方面要考虑人员的能力如何,技能是否互补,人员的经验如何。

3. 团队的定位(Place)

团队的定位包含两层意思:

①团队的定位,团队在组织中处于什么位置,由谁选择和决定团队的成员,团队最终应对谁负责,团队采取什么方式激励下属。

②个体的定位,作为成员在团队中扮演什么角色,是订计划还是具体实施或评估。

4. 权限(Power)

团队当中领导人的权利大小跟团队的发展阶段相关,一般来说,团队越成熟领导者所拥有

的权利相应越小,在团队发展的初期阶段领导权是相对比较集中。

团队权限关系的两个方面:

①整个团队在组织中拥有什么样的决定权?比方说财务决定权、人事决定权、信息决定权。

②组织的基本特征。比方说组织的规模多大,团队的数量是否足够多,组织对于团队的授权有多大,它的业务是什么类型。

5. 计划(Plan)

计划的两层含义:

①目标最终的实现,需要一系列具体的行动方案,可以把计划理解成目标的具体工作的程序。

②提前按计划进行可以保证团队工作进度的顺利实现。只有在计划的引导下团队才会一步一步地贴近目标,从而最终实现目标。

(二)高效团队的特征

除了上述五个基本构成要素,高绩效的团队还具有以下的一些特征。

1. 清晰的目标

高效的团队对所要达到的目标有清晰的了解,并坚信这一目标包含着重大的意义和价值。而且,这种目标的重要性还激励着团队成员把个人目标升华到群体目标中去。在有效的团队中,成员愿意为实现团队目标作出承诺,清楚地知道希望他们做什么工作,以及他们怎样共同工作来最终完成任务。

2. 充分的人际技能

高绩效团队的成员之间的角色是经常发生变化的,这要求团队成员具有充分的人际技能,即勇于面对并协调成员之间的差异。由于团队中的问题和关系时常变换,成员必须能面对和应付这种情况。成员之间有高度的相互作用和影响,因而易于调整彼此的关系。

3. 相互的信任

成员间相互信任是有效团队的显著特征,也就是说,每个成员对其他人的品行和能力都确信不疑。而信任这种东西是相当脆弱的,它需要花大量的时间去培养而又很容易被破坏。而且,只有信任他人才能换来被他人的信任,不信任他人只能导致不信任。

组织文化和管理层的行为对形成相互信任的群体内氛围很有影响。如果组织崇尚开放、诚实、协作的办事原则,同时鼓励员工的参与和自主性,它就比较容易形成信任的环境。

4. 一致的承诺

高效的团队成员对团队表现出高度的忠诚和承诺,为了能使团队获得成功,他们愿意去做任何事情。我们把这种忠诚和奉献称为一致的承诺。成员对团队具有认同感,他们很看重自己属于该团队的身份。成员对团队目标具有奉献精神,愿意为实现团队目标而发挥自己最大的潜能。电视剧《亮剑》中的独立团骑兵连连长孙德胜,能够在全连只剩一兵一马的情况下,仍然发动正式进攻,就是这种奉献精神的表现。

5. 良好的沟通

这是高效团队一个必不可少的特征。团队成员之间以他们可以清晰理解的方式传递信息,包括各种言语和非言语信息。此外,良好的沟通还表现在管理者与团队成员之间健康的信息反馈上,这种反馈有助于管理者对团队成员的指导,以及消除彼此之间的误解。如同一对共同生活多年的夫妻,高效团队中的成员也能迅速并有效地分享彼此的想法和情感。

6. 成员的工作自主性和精神状态

在高绩效团队中,成员被分配了合适的角色,并对其工作具有一定的自主权。成员有较强的工作动机和良好的精神状态,充满自信和自尊。目前的一些非传统型企业实行灵活的工作时间制度,正是为了充分调动员工的工作自主性和精神状态。

7. 有效的领导

高绩效团队的领导者能为团队建立愿景,指明前途,鼓舞成员的信心,帮助他们更充分地挖掘自己的潜力。领导者往往担任的是教练或后盾的角色,他们对团队提供指导和支持,而不是试图去控制下属。这不仅适用于自我管理团队,当授权给小组成员时,它也适用于任务小组、交叉职能型团队。对于那些习惯于传统方式的管理者来说,这种从上司到后盾的角色转换,即从发号施令到为团队服务,实在是一种困难的转变。当前很多管理者已开始发现这种新型的权力共享方式的好处,或通过领导培训,逐渐意识到它的益处;但仍然有些脑筋死板、习惯于专制方式的管理者无法接受这种新概念,这些人应当尽快转变自己的老观念,否则就将被取而代之。

8. 内部支持和外部支持

高绩效团队必须有一个支持环境。从内部条件来看,团队应拥有一个合理的基础结构,这包括:适当的培训,一套清晰而合理的测量系统用以评估总体绩效水平,一个报酬分配方案以认可和奖励团队的活动,一个具有支持作用的人力资源系统。恰当的基础结构应能支持团队成员,并强化那些取得高绩效水平的行为。从外部条件来看,管理层应该给团队提供完成工作所必需的各种资源。

(三) 团队成员的角色及作用

"天生我才必有用"讲的是人们在人类社会活动过程中,任何人都会有自己的价值和贡献。其实,团队中的各成员更是如此。从团队成员性格和行为的角度可以将团队成员分成如下8种类型,如图7-1所示。

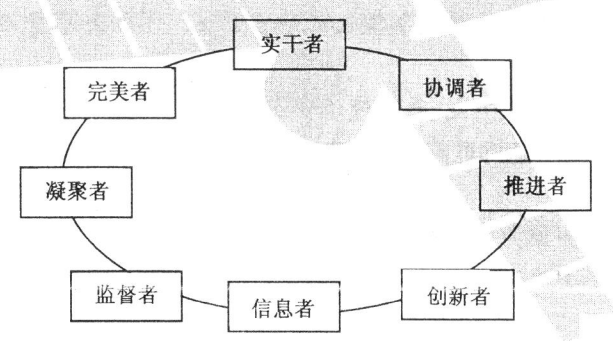

图7-1 团队成员的角色类型

以下分别从角色描述、典型特征、作用、优点、缺点几个方面简单分析一下这八种角色。

1. 实干者

角色描述:实干者非常现实,传统甚至有点保守,他们崇尚努力,计划性强。喜欢用系统的方法解决问题;实干者有很好的自控力和纪律性,对团队忠诚度高,为团队整体利益着想而较少考虑个人利益。

典型特征:有责任感、高效率、守纪律,但比较保守。

作用:由于其可靠、高效率及处理具体工作的能力强,因此在团队中作用很大;实干者不会根据个人兴趣而是根据团队需要来完成工作。

　　优点:有组织能力、务实,能把想法转化为实际行动;工作努力、自律。

　　缺点:缺乏灵活性,可能会阻碍变革。

　　2.协调者

　　角色描述:协调者能够引导一群不同技能和个性的人向着共同的目标努力。他们代表成熟、自信和信任,办事客观,不带个人偏见;除权威之外,更有一种个性的感召力。在团队中能很快发现各成员的优势,并在实现目标的过程中能妥善运用。

　　典型特征:冷静、自信、有控制力。

　　作用:擅长领导一个具有各种技能和个性特征的群体,善于协调各种错综复杂的关系,喜欢平心静气地解决问题。

　　优点:目标性强,待人公平。

　　缺点:个人业务能力可能不会太强,比较容易将团队的努力归为己有。

　　3.推进者

　　角色描述:说干就干,办事效率高,自发性强,目的明确,有高度的工作热情和成就感;遇到困难时,总能找到解决办法;推进者大都性格外向且干劲十足,喜欢挑战别人,好争执,而且一心想取胜,缺乏人际间的相互理解,是一个具有竞争意识的角色。

　　典型特征:挑战性、好交际、富有激情。

　　作用:是行动的发起者,敢于面对困难,并义无反顾地加速前进;敢于独自做决定而不介意别人的反对。推进者是确保团队快速行动的最有效成员。

　　优点:随时愿意挑战传统,厌恶低效率,反对自满和欺骗行为。

　　缺点:有挑衅嫌疑,做事缺乏耐心。

　　4.创新者

　　角色描述:创新者拥有高度的创造力,思路开阔,观念新,富有想象力,是"点子型的人才"。他们爱出主意,其想法往往比较偏激和缺乏实际感。创新者不受条条框框约束,不拘小节,难守规则。

　　典型特征:有创造力,个人主义,非正统。

　　作用:提出新想法和开拓新思路,通常在项目刚刚启动或陷入困境时,创新者显得非常重要。

　　优点:有天分,富于想象力,智慧,博学。

　　缺点:好高骛远,不太关注工作细节和计划,与别人合作本可以得到更好的结果时,却喜欢过分强调自己的观点。

　　5.信息者

　　角色描述:信息者经常表现出高度热情,是一个反应敏捷、性格外向的人。他们的强项是与人交往,在交往的过程中获取信息。信息者对外界环境十分敏感,一般最早感受到变化。

　　典型特征:外向、热情、好奇、善于交际。

　　作用:有与人交往和发现新事物的能力,善于迎接挑战。

　　优点:有天分,富于想象力,智慧,博学。

　　缺点:当初的兴奋感消逝后,容易对工作失去兴趣。

　　6.监督者

　　角色描述:监督者严肃、谨慎、理智、冷血质,不会过分热情,也不易情绪化。他们与群体保持一定的距离,在团队中不太受欢迎。监督者有很强的批判能力,善于综合思考谨慎决策。

典型特征:冷静、不易激动、谨慎、精确判断。

作用:监督者善于分析和评价,善于权衡利弊来选择方案。

优点:冷静、判别能力强。

缺点:缺乏超越他人的能力。

7. 凝聚者

角色描述:是团队中最积极的成员,他们善于与人打交道,善解人意,关心他人,处事灵活,很容易把自己同化到团队中。凝聚者对任何人都没有威胁,是团队中比较受欢迎的人。

典型特征:合作性强、性情温和、敏感。

作用:凝聚者善于调和各种人际关系,在冲突环境中其社交和理解能力会成为资本;凝聚者信奉"和为贵",有他们在的时候,人们能协作得更好,团队士气更高。

优点:随机应变,善于化解各种矛盾,促进团队合作。

缺点:在危机时刻可能优柔寡断,不太愿意承担压力。

8. 完美者

角色描述:具有持之以恒的毅力,做事注重细节,力求完美;他们不大可能去做那些没有把握的事情;喜欢事必躬亲,不愿授权;他们无法忍受那些做事随随便便的人。

典型特征:埋头苦干、守秩序、尽职尽责、易焦虑。

作用:对于那些重要且要求高度准确性的任务,完美者起着不可估量的作用;在管理方面崇尚高标准严要求,注意准确性,关注细节,坚持不懈。

优点:坚持不懈,精益求精。

缺点:容易为小事而焦虑,不愿放手,甚至吹毛求疵。

从以上的描述可知:实干者善于行动,团队中如果缺少实干者,则会太乱;协调者善于寻找到合适的人,团队中如果缺少协调者,则领导力不强;推进者善于让想法立即变成行动,团队中如果缺少推进者,则工作效率将会不高;创新者善于出主意,团队中如果缺少创新者,则思维会受到局限;信息者善于发掘最新"情报",团队中如果缺少信息者则会比较封闭;监督者善于发现问题,团队中如果缺少监督者,则工作绩效不稳定甚至可能大起大落;凝聚者善于化解矛盾,团队中如果缺少凝聚者,则人际关系将会变得紧张;完美者强调细节,团队中如果缺少完美者,则工作会比较粗糙。

(四) 轮机部团队工作

团队工作(Team Work),又称小组工作,是指与以往每个人只负责一项完整工作的一部分(如一道工序、一项业务的某一程序等)不同,由数人组成一个小组,共同负责完成这项工作。在小组内,每个成员的工作任务、工作方法以及产出速度等都可以自行决定。在有些情况下,小组成员的收入与小组的产出还挂钩,这样一种方式就称为团队工作方式,其基本思想是使全员参与,从而调动每个人的积极性和创造性,使工作效果尽可能好。

在远洋船上工作生活过的人大概都有这样的经历,当身体不适的时候,特别渴望同事给予关心和安慰。并不是说关心和安慰对身体的康复有多么神奇的疗效,重要的是让船员感觉到个人受到了重视,感觉到这个集体的温暖,一旦有了困难会得到帮助,从而有安全感;若这个集体发生了问题,需要他的时候,他也会毫不犹豫地挺身而出。这就是团队精神。这样的团队精神对于我们这种相对封闭、独立、危险的工作和生活环境的人而言,是大有裨益的,对企业而言更是十分需要的。

所谓团队精神,简单来说就是大局意识、协作精神和服务精神的集中体现。团队精神的核心是协同合作,反映的是个体利益和整体利益的统一。良好的团队精神可以充分发挥集体的潜能。当然,团队精神并不是以牺牲自我为前提的,相反,团队精神尊重个人兴趣和成就,培养和肯定每个成员的特长,从而充分发挥每个成员的作用。

有团队精神的团队,团队成员的个人智商可能是100,但加在一起的团队智商可能会达到150甚至更高;反过来缺乏团队精神的团队,即使个人智商达到120,但团队组合到一起的智商只有60到70。出现这种情形的关键要素就是团队中的文化成分,也就是所说的团队精神。

(1) 团队精神包含的内容

① 团队的凝聚力

团队的凝聚力是针对团队和成员之间的关系而言的。团队精神表现为团队强烈的归属感和一体性,每个团队成员都能强烈感受到自己是团队当中的一分子,把个人工作和团队目标联系在一起,对团队表现出一种忠诚,对团队的业绩表现出一种荣誉感,对团队的成功表现出一种骄傲,对团队的困境表现出一种忧虑。

当个人目标和团队目标一致的时候,凝聚力才能更深刻地体现出来。

② 团队合作的意识

团队合作意识指的是团队和团队成员表现为协作和共为一体的特点。团队成员间相互依存、同舟共济、互敬互重、礼貌谦逊;他们彼此宽容、尊重个性的差异;彼此间是一种信任的关系、待人真诚、遵守承诺;相互帮助、互相关怀,大家彼此共同提高;利益和成就共享、责任共担。

良好的合作氛围是高绩效团队的基础,没有合作就谈不上最终很好的业绩。

③ 团队高昂的士气

这一点是从团队成员对团队事务的态度体现出来,表现为团队成员对团队事务的尽心尽力及全方位的投入。

(2) 团队精神在船舶上的体现

良好的团队精神在船舶至少体现在四个方面:

① 良好的团队精神可以预防事故的发生,有益于安全工作。事故的发生有多方面因素,人的因素占很大的成分,大家相互协作,取长补短,彼此提醒,事故就一定会大幅度减少。

② 良好的团队精神有助于增加船员之间互相沟通、交流,实现船舶的准班、节能增效目标。"降本增效"不是一句空洞的口号,需要大家共同努力,共同钻研才能够取得显著效果。

③ 良好的团队精神可以促进船员个人事业的发展。每个人在工作上都可能遇到这样或那样的问题,如果和周围的人经常沟通,就会及时化解一些矛盾,解决相关的问题,对自己的个人业务也会有促进和帮助,一旦有了发展的机遇也能很好把握。

④ 良好的团队精神可以健全人格,完善提高个人素质。集体中的每个人各有各的长处和缺点,只有融入这个团队,才会发现对方的美,同时也能在比较中看到自己的不足,逐步培养自己求同存异、与人为善的素质,形成良性循环。在日常生活中,培养良好的与人相处的心态,并在日常生活中运用,这不仅是培养团队精神的需要,而且也是获得人生快乐的重要方面。

(3) 团队精神的培育

在船舶上打造良好的团队精神,其特殊性要求我们每一个人都要承担起责任,齐心协力、众志成城。首先要营造一个相互信任的氛围。彼此信任是最坚实的基础,它会增加我们对船舶的认可,让大家在心理上有充分的安全感,从而真正把"以船为家"的观念落实下来。其次要建立合理有效的沟通机制。多一些沟通、交流,始终抱着合作的心态,多理解别人的苦衷,多设身处地为别人想一想,要懂得以恰当的方式同他人合作,用恰当的方式让别人接受,学会被别人领导和领导别人,这样工作起来就会得心应手、事半功倍了。第三是加强业务知识、敬业精神的学习和提高。态度并不能解决所有的问题,我们远洋船员不仅要有高度的责任感,良好的敬业精神,同时还应该有丰富的技能,能够帮助别人解决问题。帮助别人的同时也是在帮助自己,使别人快乐的同时也使自己快乐。第四是船舶管理人员的带头作用。"火车跑得快,全靠车头带"。管理干部的行为有着极强的示范意义。他们应该注意自己的言行举止,有宽广的胸怀和长者的风范,懂得关心和体恤下属,有包容之心,能够营造大家庭的环境。

二、领导

所谓领导,是指管理者运用其权力和管理艺术,指挥、引导、带动、激励和影响组织成员,协调他们的行动,激发他们的积极性和创造性,使他们为实现组织目标而作出努力和贡献的过程。

领导的构成要素主要有以下四个方面。

(1)指挥

指挥的基础是职位权力,即某个人由其职位所赋予的可以施加于别人的控制力。主要包括惩罚权、奖赏权、合法权等。这是一种依靠权力施加影响,借助指示、命令等手段,指导下属履行其职责的活动。

(2)激励

由于人们往往愿意追随那些他们认为能够有助于他们实现个人目标的人,所以,领导者越有能力去了解其下属需求,并设计出满足这些需求的方法,就越有可能成为有效的领导者。为此,领导者既要谙熟激励理论,深刻理解各类激励因素,又要有能力把这些激励理论和激励手段加以灵活应用。

(3)感召

感召能力是领导者以自己的行为和人格魅力激发和鼓舞组织成员全力以赴进行工作的能力。激励因素的使用源于下属及其需求,而感召力则来自领导者自身。领导者以他的行为和人格魅力引发下属的忠诚、热忱和献身精神。下属接受领导者的鼓舞并不是为了满足自己的需要,而是对自己所中意的领导者所表现出来的一种无私的支持。

(4)造势

组织环境在很大程度上影响着组织成员的工作热情和工作效率。领导者的首要任务,就是要设计和维持一个良好的工作环境和文化氛围,要营造一个积极向上、团结进取的工作氛围。而要做到这一点,就要靠领导者崇高的价值观、良好的领导作风以及营造环境的能力。

具体地说,一个领导者主要应做好以下几方面工作:一是,制订组织目标和发展战略;二是,组织与协调下级的工作,协调组织与外部的关系;三是,塑造组织文化;四是,培育组织的核心竞争能力;五是,培育并开发组织的人力资源。

(一)激励

1.激励的含义

从心理学角度讲,激励是指激发人的行动动机的心理过程,是一个不断朝着期望的目标前进的循环过程。简言之,就是在工作中调动人的积极性的过程。

可以从以下三个方面来理解激励这一概念。

①激励是一个过程。人的很多行为都是在某种动机的推动下完成的。对人的行为的激

励,实质上就是通过采用能满足人需要的诱因条件,引起行为动机,从而推动人采取相应的行为,以实际目标,然后再根据人们新的需要设置诱因,如此循环往复。

②激励过程受内外因素的制约。各种管理措施,应与被激励者的需要、理想、价值观和责任感等内在的因素相吻合,才能产生较强的合力,从而激发和强化工作动机,否则不会产生激励作用。

③激励具有时效性。每一种激励手段的作用都有一定的时间限度,超过时限就会失效。因此,激励不能一劳永逸,需要持续进行。

2. 需要激励理论

作为人类行为的原动力,需要是行为科学中激励理论的重点研究对象之一。许多著名的行为科学家曾从不同角度对需要进行了详细的描述。

(1) 马斯洛的需要层次论

马斯洛是被人们引用较多的一位美国管理心理学家。他认为,人类的需要可分为五类:生理的需要、安全的需要、社交的需要、自尊的需要以及自我实现的需要。

①生理的需要。指人类生存最基本的需要,如食物、水、住房、医药等。这是动力最强大的需要,如果这些需要得不到满足,人类就无法生存,也就谈不上其他的需要。

②安全的需要。是指保护自己免受身体和情感伤害的需要。这种安全需要体现在社会生活中是多方面的,如生命安全、劳动安全、职业保障、心理安全等。

③社交的需要。包括友谊、爱情、归属、信任与接纳的需要。人们一般都愿意与他人进行社会交往,想和同事们保持良好的社会关系,希望给予和得到友爱,希望成为某个团体的成员等。这一层次的需要得不到满足,可能会影响人的精神上的健康。

④尊重的需要。包括自尊和受到别人尊重两方面。自尊是指自己的自尊心,工作努力不甘落后,有充分的自信心,获得成就后的自豪感。受人尊重是指自己的工作成绩、社会地位能得到他人的认可。这一层次的需要一旦得以满足,必然信心倍增,否则就会产生自卑感。

⑤自我实现的需要。这是最高一级的需要,指个人成长与发展,发挥自身潜能、实现理想的需要。即人希望自己能够充分发挥自己的潜能,作他最适宜的工作。马斯洛认为,如果一个人想得到最大的快乐的话,那么,一个音乐家必须创作乐曲,一个画家必须绘画,一个诗人必须写诗。一个人能做哪样的人,他就必须成为那样的人。

需要层次在企业中的应用见表7-2。没有满足的需要是激励的开端,而需要的满足则是激励过程的完成。可见,需要是人类行为的出发点、基础和最根本的原因。管理者只有了解了员工的需要以及员工之间需要的差异,然后有针对性地采取管理措施,才能收到良好的激励效果,充分调动员工的工作积极性。

(2) 赫茨伯格的双因素理论

"双因素理论"是"保健、激励因素理论"的简称,是美国匹兹堡心理学研究所的赫茨伯格于20世纪50年代后期提出的。赫茨伯格认为,使员工感到满意的因素与使员工感到不满意的因素是大不相同的。使员工感到不满意的因素往往是由外界环境引起的,使员工感到满意的因素通常是由工作本身产生的。

①保健因素。赫茨伯格发现造成员工非常不满的原因有:公司政策、行为管理和监督方式、工作条件、人际关系、地位、安全和生产条件等。这些因素改善了,只能消除员工的不满、怠工与对抗,但不能使员工变得非常满意,也不能激发他们的积极性,提高效率。赫茨伯格把这一类因素称为保健因素,就像某些保健物品只能预防疾病,但不能提高身体状况一样。

表7-2 需要层次在企业中的应用

需要层次	激励因素(追求的目标)	应用
生理需要	工资和奖金；各种福利工作环境	足够的薪金、舒适的工作环境、适度的工作时间、住房和福利设施、医疗保险等
安全需要	职业保障；意外事故的防止	雇用保证、退休养老金制度、意外保险制度、安全生产制度、危险工种营养福利制度
社交需要	友谊、团体的接纳；组织的认同	建立和谐的工作团队、建立协商和对话制度、互助金制度、联谊小组、教育培养制度
尊重需要	名誉和地位；权力和责任	人事考核制度、职衔、表彰制度、责任制度、授权
自我实现需要	能发挥个人特长的环境；具有挑战性的工作	决策参与制度、提案制度、破格晋升制度、目标管理、工作自主权

②激励因素。赫茨伯格还发现使员工感受到满意的原因有：工作富有成就感、工作成绩能得到认可、工作本身具有挑战性、负有较大的责任、在职业上能得到发展等。这类因素的改善，能够激励员工的工作热情，从而提高生产率。如果处理不好，也能引起员工的不满，但影响不是很大，赫茨伯格把这类因素称为激励因素。这两类因素如表7-3所示。

表7-3 保健因素与激励因素

保健因素	激励因素
金 钱	工作本身
监 督	赏 识
地 位	进 步
安 全	成长的可能性
工作环境	责 任
政策与行动	成 就
人际关系	……

3．激励的原则

激励是一门科学，正确的激励应遵循以下原则。

(1) 组织目标与个人目标相结合的原则

在激励机制中，设置目标是一个关键环节。目标设置必须体现组织目标的要求，否则激励将偏离实现组织目标的方向。目标设置还必须能满足员工个人的需要，否则无法提高员工的目标效价，达不到满意的激励强度。只有将组织目标与个人目标结合好，使组织目标包含较多的个人目标，使个人目标的实现离不开为实现组织目标所作的努力，才会收到良好的激励效果。

(2) 物质激励与精神激励相结合的原则

员工存在着物质需要和精神需要，相应地激励方式也应该是物质激励与精神激励相结合。鉴于物质需要是人类最基础的需要，层次也最低，则物质激励的作用是表面的，激励深度有限。因此，随着生产力水平和人员素质的提高，应该把重心转移到以满足较高层次需要即社交、自尊、自我实现需要的精神激励上去。换句话说，物质激励是基础，精神激励是根本，在两者结合的基础上，逐步过渡到以精神激励为主。

(3) 外在激励与内在激励相结合的原则

根据赫茨伯格的"双因素理论",在激励中可区分两种因素——保健因素和激励因素。凡是满足员工生存、安全和社交需要的因素都属于保健因素,其作用只是消除不满,但不会产生满意。这类因素叫外在激励。满足员工自尊和自我实现需要,最具有激发力量,可以产生满意,从而使员工更积极地工作,这些因素属于内在的激励因素。内在的激励因素所产生的工作动力远比外在的保健因素要深刻和持久。因此,在激励中,领导者应善于将外在激励与内在激励相结合,以内在激励为主,力求收到事半功倍的效果。

(4)正激励与负激励相结合的原则

根据强化理论,可把强化分为正强化和负强化,也称为正激励与负激励。显然,正激励与负激励都是必要而有效的,不仅作用于当事人,而且会间接地影响周围其他人。通过树立正面的榜样和反面的典型,扶正祛邪,形成一种好的风气,产生无形的压力,使整个群体和组织的行为更积极、更富有生机。但鉴于负激励具有一定的消极作用,容易产生挫折心理和挫折行为,应该慎用。因此,领导者在激励时应该把正激励与负激励巧妙地结合起来,而坚持以正激励为主,负激励为辅。

(5)按员工需要激励的原则

激励的起点是满足员工的需要,但员工的需要存在着个体差异性和动态性,因人而异,因时而异,并且只有满足最迫切需要的措施,其效价才高,其激励强度才大。因此,领导者在进行激励时,必须深入地进行调查研究,不断了解员工需要层次和需要结构的变化趋势,有针对性地采取激励措施,才能收到实效。

(6)坚持民主公正的原则

公正是激励的一个基本原则。如果不公正,奖不当奖,罚不当罚,不仅收不到预期的效果,反而会造成许多消极后果。公正就是赏罚严明,并且赏罚适度。赏罚严明就是铁面无私,不论亲疏,不分远近,一视同仁。赏罚适度就是从实际出发,赏与功相匹配,罚与罪相对应,既不能小功重奖,也不能大过轻罚。

4.激励的方法

激励的方法多种多样,国内外的先进企业在这方面积累了丰富的经验,大体上有如下行之有效的方法。

(1)目标激励

企业目标是一面号召和指引千军万马的旗帜,是企业凝聚力的核心。它体现了员工工作的意义,预示着企业光辉的未来,能够在理想和信念的层次上激励全体员工。企业应该将自己的长远目标、近期目标大张旗鼓地进行宣传,做到家喻户晓,让全体员工看到自己工作的巨大社会意义和光明的前途,从而激发大家强烈的事业心和使命感。

在进行目标激励时,还应注意把组织目标与个人目标结合起来,宣传企业目标与个人目标的一致性,企业目标中包含着员工的个人目标,员工只有在完成企业目标的过程中才能实现其个人目标。使大家具体地了解:企业的事业会有多大发展,企业的效益会有多大提高,相应地,员工的工资奖金、福利待遇会有多大改善,个人活动的舞台会有多少扩大,使大家真正感受到"厂兴我富,厂兴我荣"的道理,从而激发出强烈的归属意识和巨大的劳动热情。

(2)奖罚激励

"赏罚,政之柄也",实际上不管奖励也好、奖罚结合也好,尽管有关激励的各种研究和理论已大量涌现,但奖励和惩罚仍是两个有力的激励因素。当然,"赏罚必在至公",不可滥用,尤其是惩罚,它会引起自卫、报复等副作用。坚持正面的奖励和表扬,通常其效果更好。

然而,有的管理人员说,用正面的奖励来满足员工的各种需要,诚然不错,可是有的员工"欲壑难填"怎么办?事实上奖励及表扬的方法是很多的,以下几类都可适当加以选择并应用:

①薪酬与奖励。用加薪、奖金、奖品、礼品等以示奖励。

②增加责任。鼓励员工参与管理,减少外加的监督与控制,实现员工建议制等。

③对个人和群体实行适当灵活的优惠。如实行弹性工作时间、延长休息或午餐的时间、获准提早下班、带薪或无薪的假期、特殊待遇(如为员工装电话、组织旅游等)、单位资助出席专业会议或送海外培训等。

④职务与地位的升迁。诸如获得新的职务、给予委派授权、工作轮换培训、职务多元化、升迁新的职衔、提供更佳的工作场所、被邀请参加"高层"会议或负责督导更多的下属。

⑤衷心地嘉许与表扬。具体赞扬其所取得的成绩,作出坦率、真诚的评价,鼓励其继续努力。

⑥社交活动。提供免费工作午餐,增加个人和群体的交往接触,组织运动会、户外活动及聚会,通过社交和与工作有关的场合使员工与管理者有更多的相处时间。

(3) 评比、竞赛、竞争激励

竞争是市场经济的重要特点之一,组织中经常开展必要的评比、竞赛、竞争,能使员工的情绪保持紧张,提高士气,克服惰性。同时,通过评比、竞赛,能使劳动者的业绩得到公正合理的评价,促使他们为企业作出更大的贡献。

(4) 榜样激励

榜样激励的方法是在组织中树立先进模范人物和标兵的形象,号召和引导员工向先进模范人物学习,引导员工的行为到组织目标所期望的方向。现在,许多企业都有自己的报纸和内部网站,使榜样激励增添了许多更有效、更丰富、更灵活多样的内容和手段。但榜样的树立,应当坚持实事求是,不要虚构和夸张,以免引起员工的逆反心理。

榜样激励的一个很重要的方面是领导者本人的身先士卒,率先垂范。人们常说身教重于言教,正如一些企业负责人所说:"喊破嗓子,不如作出样子。"领导的一个模范行动,胜过十次一般号召。领导的模范行动,像无声的命令,对其下属有巨大的影响力,可以激发出员工的工作积极性和工作热情。

(5) 参与激励

员工是企业的主人,企业应该把员工摆在主人的位置上,尊重他们,信任他们,让他们在不同层次和不同深度上参与决策,吸收他们中的正确意见,全心全意地依靠他们办好企业。通过参与,形成员工对企业的归属感、认同感,进一步满足自尊和自我实现的需要。全面质量管理(TQC)小组,员工参与班组民主管理,员工通过职代会参与企业重大决策,是员工参与企业决策和企业管理的主要渠道。其他如"奖励员工合理化建议"制度、"诸葛亮会"等,都是行之有效的员工参与形式。

(6) 感情激励

感情投资在现代管理中是一个非常重要的因素,对人的工作积极性有重大影响。它能密切上下级关系,增强员工的动力,振奋员工的精神。感情激励就是加强与员工的感情沟通,尊重员工、关心员工,与员工之间建立平等和亲切的感情,千方百计创造条件满足他们的合理需要,并且积极为员工排忧解难,办实事,让员工体会到领导的关心、企业的温暖,从而激发出他们的主人翁责任感和爱厂如家的精神。感情激励的技巧在于"真诚"二字。

(7) 员工持股激励

员工持股激励是在市场经济条件下,对员工激励的最根本的方法之一。其出发点是实行产权多元化,鼓励员工在企业持股,利润共享。员工持股增加了他们对企业的认同感,使他们迸发出巨大的工作热情和责任感,促使企业效益的提高。

(8) 危机激励

危机激励的实质是树立全体员工的忧患意识,做到居安思危,无论是在组织顺利还是困难的情况下,都永不松懈,永不满足,永不放松对竞争对手的警惕。日本学者小山秋义把这种激励方法称为"怀抱炸弹经营"、"置之死地而后生",唤醒全体员工的危机意识,确保组织立于不败之地。

(9) 组织文化激励

推行组织文化有助于建立员工共同的价值观和组织精神,树立团队意识。美国、日本有许多组织全面推行组织文化,取得了非常成功的经验,不但增加了员工对组织的凝聚力和自豪感,而且提高了组织素质和整体实力。优良的组织文化也是组织必不可少的激励手段。

(二)协调

1. 协调的含义

协调是公共组织为了顺利地实现决策目标,而谋求自身统一和谐,谋求自身各相关要素匹配调剂、协作分工的一种行为方式。其特点如下:

①协调是一种经常性的组织行为。
②协调是一种艺术性的组织行为。
③公共组织协调是一种公关性的公共组织行为。

2. 协调类型(选择)

依据不同标准,划分为不同类型:

①从协调对象上看,可分为对事的协调与对人的协调。
②从协调范围看,公共组织协调有内部协调与外部协调之分。
③从协调内容上看,公共组织协调有认识性协调与利益性协调之分。
④从协调性质上看,可以将公共组织协调分为促进式协调与纠偏式协调。
⑤从协调方式上看,可以将公共组织协调分为合作式协调与应变式协调。
⑥从协调途径看,可以将公共组织协调分为会议协调与非会议协调。

非会议协调可通过个别交谈、广播电视等新闻媒介进行,也可由有关人员在文件上签字表示了解。

3. 协调方式

①主体合流法。将意见基本统一到主导一方的意见上来。
②中间数法。折中处理。
③冷处理与热处理法。
④当面表态法(碰头会,不是背靠背,而是面对面)。
⑤谈心法。
⑥跟踪处理法。对扯皮需要实施跟踪协调。

4. 协调中的若干关系(次重要)

(1)事后与事前的关系
(2)一般与个别的关系

一般寓于个别之中,并通过个别表现出来。不能简单地"一刀切",既要反对教条主义,也要反对经验主义。协调要做到一般与个别的有机结合。

(3) 平衡与创新的关系

平衡所达到的稳定是一种动态的稳定,平衡是暂时的,不平衡是经常性的,突破墨守成规,善于形成锐意求新、不断开拓的思维方式。

(4) 妥协与原则的关系

协调与一定程度的妥协相联系,这是协调的灵活性。妥协就是要尽可能考虑到不同角度、不同侧面的因素,讲求谦让互助,各得其所,实现各方都能接受的一种行为模式。

(5) 协商与命令的关系(合作/以势压人)

协商是协调的一种基本表现方式。

三、情景意识

1. 情景意识的含义

情景意识是人们对于事故发生的一种预知和警惕,是指在一个特定的时间对影响机器的因素和条件的准确感知,能敏捷地察觉和了解周围情况的变化及影响,能正确考虑和计划好即将面临的局面,能随时知晓与团队任务相关的将发生的事情,能够识别失误链和在事故发生前将其破断的能力等。

2. 情景意识对安全的影响

情景意识是安全意识的一个重要组成部分,在船舶安全中起着相当关键的作用。情景意识是指识别一个过失链和在事故发生前将其破断的能力,可随时知晓与团队任务相关的将要发生的事情,识别和找出失误。情景意识对安全有很大的影响:工作人员的理解力、判断力和适应性越强,情景意识就越高,事故风险就越小,安全系数就越高;工作人员不良身体和心理状况、经验与操作技能差、领导与管理技能低,导致低情景意识的产生,安全性就低,发生事故的可能性就很大;同时,工作人员对工况的熟悉程度越高,对局面和条件的感知越清晰准确,团队协作能力越强,情景意识自然越高,是预防和控制轮机事故发生的有效方面。

3. 机舱管理中情景意识的培养

(1) 轮机知识的积累是情景意识培养的基础。知识是一切文明意识产生的根源。没有相关的轮机知识,对轮机管理中情况和条件的变化就缺少联想的基石,甚至是熟视无睹,更谈不上灵活运用轮机知识来推断变化的原因或预料即将发生的结果,轮机情景意识就成了无源之水、无本之木。作为轮机人员应自觉地进行系统性的轮机理论知识的学习,将设备说明书研究透彻,弄清各种运行参数的具体内涵,结合公司安全管理体系搞清方方面面的规定标准和安全裕量;并随着新科技在船舶上的广泛应用,不断更新专业知识与技术,从而使自己储备足够数量的专业知识。同时,要重视专业知识间的联系,有意识地沟通书本与实际、不同知识点之间的纵横交叉联系,使自己获得的专业知识不是一个孤立的点,而是能够融会贯通、有机配合的网络化、一体化的知识结构,以提高轮机知识的质量。只有这样,掌握了数量足够和质量较高的专业知识的轮机人员才具备产生相应的情景意识的基础和作出相应专业判断的前提条件。

(2) 加强轮机管理的关联研究是培养情景意识的关键。轮机本身就是一个多学科的共同结晶,设备种类纷繁芜杂,运行环境变化多端,这些便造就了各船有各船的情景,不同时段有不同时段的情景。轮机人员工作在这样一个不断变化的情境当中,如何去把握这样一个庞大的系统的种种变化呢?这就要靠轮机人员对整个系统进行关联研究,能"窥一斑而知全豹",形成对应的情景意识。具体的关联包括轮机内部系统间的关联、轮机与运行环境间的关联、轮机与人的干预之间的关联等。如排气温度高，从内部关联考虑，要检查喷油设备是否发生异常，气缸状态有无变化，排温表有无失灵等；从外部关联考虑，要核查是否由于航行工况改变导致了负荷增加，抑或是环境温度变高了等；从人的干预的关联考虑，油门是否被人为增加了，是否更换了不同品质的燃油等。只有充分地加强轮机管理的关联研究，对人、机、环境三者内部关系有清楚的了解，"以不变应万变"，才能使得轮机人员在任何时候都能对轮机参数的变化产生相应的"条件反射"，形成良好的情景意识，进行全面认识和预见，对这一系统进行妥善的管理和控制。

对关联的研究的方法通常有两种途径。其一是寻根求源法，即利用"很多表面现象都是有其根源"的道理来进行推断。比如，主机各缸缸头出水温度高，应首先对照脑海中贮存的参数，试问自己主机缸头进水温度高不高，从而判断是否是主机负荷变化引起的；若进水温度也高，要结合海水温度或海水流量有无变化，再检查淡水的循环量及淡水冷却器的冷却能力如何。其二是内外联系法。轮机运行参数的变化经常受到外部环境变化的影响，如船舶由深水区向浅水区航行情景出现，就要与船舶阻力变大、主机负荷增加相联系，与海水水质、海水流量相关联等。

(3) 良好工作态度的形成是培养情景意识的保证。工作态度包括轮机人员对轮机管理工作的认知要素、情感要素以及行为倾向要素。当轮机人员认识到自身工作的重要性和对轮机管理安全的意义时，就会对工作充满热情和兴趣，表现出工作认真踏实、责任心强、积极主动的特点，能够迅速地注意到异常信息，形成相应的情景意识，便于及时发现问题和解决问题。反之会缺乏主动性，对异常信息和潜在的问题不能形成相应的情景意识，造成事故隐患。轮机人员是否具有良好的工作态度，将直接影响到轮机人员对情景的感知状态，其情景意识的高低与工作态度良好与否密切相关。因此，对轮机人员工作态度的培养是一项不容忽视的任务。培养轮机人员良好的工作态度，可从以下三方面入手：

第一，应提高轮机人员对轮机管理工作的认识，使其明确轮机管理工作的重要性及意义，并使之内化为自我的认知观念。

第二，应充分调动一切积极因素，激发轮机人员对轮机管理工作的兴趣。

第三，应严格管理制度，借助公司安全管理体系等使轮机人员在工作中形成良好的行为习惯，养成对工作兢兢业业、认真负责、一丝不苟的作风。

(4) 重视注意力的分配是情景意识培养的重要环节。情景意识形成的整个映射过程是由轮机人员感官所收集的信息触发的，并且感官收集的信息的数量及其质量对形成的情景意识正确与否有着决定性的影响。这些信息可能包括：船舶驾驶台信息，如船舶位置、航向、航速、载货状态、风、流的方向及强弱和航道环境和交通状况、驾驶台用车用舵情况等；轮机部信息，如主机、副机、锅炉、甲板机械、其他设备的各种参数技术状态及轮机人员的操作信息等。收集的信息太少，可能遗漏判据，难以形成相应的情景意识；质量不高的信息太多，可能产生干扰，影响情景意识的形成质量。而收集的信息太少或太多本质上均是由于注意力分配不合理引起的。实践证明：每个人的注意力的容量是有限的。某位轮机人员将注意力过于集中于某一个点，他必然会忽略了其他信息的收集；注意力过于分散，没有集中到对应的关键信息，关注不够，收集的信息质量自然就不会高。可见，合理分配注意力是情景意识的形成的重要环节。因此，轮机人员在管理工作中要清楚地了解信息资源与情景意识及管理工作的关系，充分认识注意力的有限性，始终跟踪环境和状态的发展变化，加强对轮机管理信息，尤其是发生变化的信息的警示,提高对信息的掌控能力,有效防止疏忽重要信息或"贪多嚼不烂"现象的发生,而导致情景意识的丧失或错误。

(5)做好轮机管理中特殊情景的预想是培养情景意识的助推器。情景意识其实是一种触景生"情"的反应能力,只是掌握了大量的知识还是不够的,从"知道"到"做到"看似咫尺之遥,却是两重境界。例如:在机动航行时驾驶台突然由全速前进转换为全速后退,或主机存在部分参数越限等非正常情况时,一些轮机人员脑子就懵了,根本不能按车钟指令及时给出相应的转向和转速。这是因为这些轮机人员没有对紧急倒车、参数越限时操车等情景作任何预想,而当这个情景突然到来时,便感到应接不暇、手忙脚乱,不知道先做什么,后做什么,思维暂时停顿,情景意识出现断档,待克服慌乱,重新镇定下来,忆起紧急倒车、参数越限操车的程序,想按部就班时,船舶的状态和速度等现实情景早已超越起始的情景,错过根据现实情景采取"应景措施"的机会了。所以,轮机管理人员在平时不但要做好正常情况下的情景预想,还要对在轮机管理关键阶段可能出现的特别情况进行情景预想,有备无患,从容应对轮机管理中情景的不断变化。

(6)加强对轮机管理案例的学习研究是情景意识培养的捷径。轮机运行工况变化多端,影响轮机安全的因素千千万万,而公司安全管理体系、设备说明书等只能提供有限的程序帮助,而且其中大多还是基于其他系统、外部环境都正常的逻辑基础之上建立的;另外,单靠自己的经验,不但许多特殊情况个人体验不到,而且由于经历局限于某些常用的情况,还会使某些思维通道因频数效应而畸形发展,导致思维定势的缺陷;所以要想更多地获取各种情况下的情景意识,学习和研究别人的轮机管理案例不失为一个快捷而有效的途径。

4. 机舱管理中良好情景意识的保持

保持良好的情景意识是预防和控制事故发生的有效措施。根据情景意识原理及案例分析并结合轮机资源管理理念,良好情景意识的保持表现在以下六个方面。

(1)身心状况

情景意识是属于思维和思想活动的范畴,是工作态度和情感的产物,身体和心理状况是思维与情感的基础,良好的身体和心理状况是良好的情景意识的基本条件。很难想象一位没有充分休息的、健康状况不良的轮机管理人员会有足够体力去学习和灵活应用自己的知识和技能,会适应海上多变的自然条件以及机舱繁重、恶劣的工作环境,会保持良好的情景意识。同时强烈的责任心、充分的安全意识、优秀的职业道德水准、顽强的意志、忠于职守的热忱与执著及临危不惧巧于应变的能力等,也都是轮机部人员具有良好的情景意识应有的心理表现。

(2)经验与训练

经验和训练是获取知识的重要途径。知识越丰富,理解力、判断力和适应性越强,情景意识自然越高。虽然不同级别的船舶要求轮机员知识的深度、广度有所差别,但随着机舱自动化程度越高,所要求的知识水平就越高。轮机部人员日常工作中的传统习惯和适任性的操作训练,即当值人员应具有的知识、经验、技能和在各种情况下所要求的戒备以及避免危险的做法,都可以作为有效应付不同条件和局面的经验,这些经验可以认为是良好情景意识的基本表现。

(3)理解力与操作技能

理解力与操作技能是良好情景意识的重要表现,理解力与操作技能越强,情景意识越高。机舱是轮机部人员操作和控制的重要场所,机舱是船舶的心脏,其对船舶安全有着重要的影响。理解力是指对于动力装置的实际状态与变化趋势能正确地感知,并对轮机各种设备适航状态的完全理解。操作技能是指通过实际技术的训练才能获得的能力,特别是机舱实际操作

与维修技术,必须能够适应不断变化的各种工况的要求,又能够及时跟上不断更新的现代技术与设备的发展。

(4)适应性与熟悉程度

海上环境千变万化,有时风平浪静,有时狂风恶浪;有时海域宽阔,有时水道狭窄,加上船舶昼夜航行,机器长时间连续不断地振动、噪声使船员得不到充足的睡眠。特别是在机舱的恶劣工作环境中,轮机员必须在短时间内处理一些快速多变的航行工况。这就要求轮机人员具有良好的适应性,此时稍有不慎就可能发生意外,造成重大损失。同时,轮机人员对轮机工况的熟悉程度越高,认识过程中对局面和条件的感知越清晰明白;在思考、分析和判断上会达成与实际情况的一致性,情景意识就越高。

(5)注意力与判断力

注意力是指轮机部人员能敏捷地察觉各自负责维护和保养的设备的实际运行情况与变化趋势。发扬团队精神,同事间及时善意的提醒和知识技能互补,能增加失误链防破断的能力,确保轮机设备安全高效运行。信息输入是轮机人员进行判断的前提,这些信息包括:船舶驾驶台信息,如船舶位置、航向、航速、载货状态、风、流的方向及强弱和航道环境和交通状况等;轮机部信息,如主机、副机、锅炉、甲板机械和其他设备的信息等。

为了实现有效而正确的决策判断,轮机人员还必须对信息进行整理、分析,以便正确确定其真伪。因此,轮机人员具有良好的注意力与判断力也是情景意识的重要表现。

(6)领导与管理技能

船舶作业是一项多部门、多人员协同配合的工作。轮机长、电子电气员、轮机员、机工是常见的一种工作组合,单凭个人的力量是很难保持高水平的情景意识的。在轮机部工作的领导与管理中,要获得良好的情景意识,在注意物的不安全状态的同时,要密切注意人的不安全行为。充分发挥每一位轮机部成员的作用和相互间的支持和监督是十分必要的。良好的轮机部领导与管理技能是保证该团队所有成员具有良好的情景意识的关键,也是预防和控制轮机事故发生的有效措施。

第四节　运用决策技能的知识和能力

一、风险评估

1. 风险评估的含义

从信息安全的角度来讲,风险评估是对信息资产(即某事件或事物所具有的信息集)所面临的威胁、存在的弱点、造成的影响以及三者综合作用所带来风险的可能性的评估。作为风险管理的基础,风险评估是组织确定信息安全需求的一个重要途径,属于组织信息安全管理体系策划的过程。

2. 风险评估任务

风险评估的主要任务包括:

①识别评估对象面临的各种风险。

②评估风险概率和可能带来的负面影响。

③确定组织承受风险的能力。

④确定风险消减和控制的优先等级。

⑤推荐风险消减对策。

3. 风险评估过程注意事项

在风险评估过程中,有几个关键的问题需要考虑:

①首先,要确定保护的对象(或者资产)是什么?它的直接和间接价值如何?

②其次,资产面临哪些潜在威胁?导致威胁的问题所在?威胁发生的可能性有多大?

③第三,资产中哪里存在弱点可能会被威胁、被利用?利用的容易程度又如何?

④第四,一旦威胁事件发生,组织会遭受怎样的损失或者面临怎样的负面影响?

⑤最后,组织应该采取怎样的安全措施才能将风险带来的损失降低到最低程度?

解决以上问题的过程,就是风险评估的过程。进行风险评估时,有几个对应关系必须考虑:

①每项资产可能面临多种威胁。

②威胁源(威胁代理)可能不止一个。

③每种威胁可能利用一个或多个弱点。

4. 风险评估的三种可行途径

在风险管理的前期准备阶段,组织已经根据安全目标确定了自己的安全战略,其中就包括对风险评估战略的考虑。所谓风险评估战略,其实就是进行风险评估的途径,也就是规定风险评估应该延续的操作过程和方式。

风险评估的操作范围可以是整个组织,也可以是组织中的某一部门,或者独立的信息系统、特定系统组件和服务。影响风险评估进展的某些因素,包括评估时间、力度、展开幅度和深度,都应与组织的环境和安全要求相符合。组织应该针对不同的情况来选择恰当的风险评估途径。目前,实际工作中经常使用的风险评估途径包括基线评估、详细评估和组合评估三种。

5. 风险评估的常用方法

在风险评估过程中,可以采用多种操作方法,包括基于知识(Knowledge-based)的分析方法、基于模型(Model-based)的分析方法、定性(Qualitative)分析和定量(Quantitative)分析,无论何种方法,共同的目标都是找出组织信息资产面临的风险及其影响,以及目前安全水平与组织安全需求之间的差距。

(1)基于知识的分析方法

在基线风险评估时,组织可以采用基于知识的分析方法来找出目前的安全状况和基线安全标准之间的差距。

(2)基于知识的分析方法

又称作经验方法,它牵涉到对来自类似组织(包括规模、商务目标和市场等)的"最佳惯例"的重用,适合一般性的信息安全社团。采用基于知识的分析方法,组织不需要付出很多精力、时间和资源,只要通过多种途径采集相关信息,识别组织的风险所在和当前的安全措施,与特定的标准或最佳惯例进行比较,从中找出不符合的地方,并按照标准或最佳惯例的推荐选择安全措施,最终达到消减和控制风险的目的。

二、决策

所谓决策,就是指为了达到一定的目标,从两个以上的可行方案中选择一个合理方案的分析判断过程。

决策能力是指领导者或经营管理者对某件事拿主意、作决断、定方向的领导管理效绩的综合性能力。包括经营决策能力、经营管理能力、业务决策能力、人事决策能力、战术与战略决策能力等。

1. 决策者应具备的素养

决策者除了要具备一般领导者的素质,如政治思想素质、道德品格素质、文化素质、组织能力素质、心理素质外,还必须具备以下决策素养。

（1）要有较高的科学素养

列宁讲过：要管理就要内行,就要精通生产的一切条件,就要懂得现代高度的生产技术,就要有一定的科学修养。所谓领导者的科学素养,是指他要经过科学的基本训练,具有多方面的科学知识,如数学、信息论、控制论、系统论等基本知识；具有科学的思维方法；特别是要有丰富的本行业的专业知识和工作经验,并且要从感性认识提高到理性认识；要熟悉党的方针、政策,了解经济的发展趋势。

（2）要有敏锐的目光和创新精神

决策是创造性活动,它总是以变革现状为出发点和归宿。因此,决策者要目光敏锐,有辨别分析的能力,能一针见血地看出问题的症结和本质。同时思路要开阔,如果不善于发现问题或者安于现状,就不能前进。可以说没有创新就没有决策。决策者有开创、创新精神,才能着眼一个地区或企业的未来,冲出传统制订新战略,才能冒一定的风险去实现较为先进的决策方案。决策者如果思想保守,不敢承担责任,不敢冒风险,他所作出的决策,也只能是因循守旧、无所作为的决策,不可能促进一个地区或企业的发展。

（3）要有当机立断的魄力

当机立断的魄力是指决策者,必须善于和勇于不失时机地作出决策,迅速实施。这就要求决策者,在别人犹豫不前,看不准形势的时候,能够作出准确的判断,及时作出抉择。面对层出不穷的新问题,要审实度势,综观全局,权衡利弊,把握时机,作出科学的决策,才能促进改革和发展。如果优柔寡断,当断不断,就会错过良机,这是领导的大忌。当机立断的魄力,是建立在真实的情报和细致的方案比较基础之上的,绝不是主观臆断,更不是盲目武断。

（4）要有集思广益的民主作风

民主作风就是在决策过程中充分相信群众,依靠群众。它在领导决策中表现为旁征博引,集思广益。在决策前,要认真听取各方面的意见,特别是听取本行业专家的意见；要善于团结与自己意见不同的人,善于听取不同的声音；善于从众说纷纭中,找到客观真实的信息,获得符合客观规律的认识,将各种方案的优点,综合成一种方案。切忌先有结论,然后去搜集与自己相同的意见来论证自己的结论。更不能以权势去压服不同意见。不同意见的充分讨论,是使领导者避免受错误意见愚弄和左右的一个最有效的措施。科学正确的决策,必须经过正反两方面意见的交锋,论证后才能产生。而这一切必须以领导者的民主作风作保证。领导者要善于创造一个宽松的、民主的环境和气氛。决策民主化是实现决策科学化的前提和基础。

2. 领导决策应遵循的基本原则

决策是一门科学,有许多规律和原则可循。从实践来看,应遵循以下几条基本原则。

①选准目标原则。在决策前,要善于发现问题,分析问题,找出症结所在,准确地确定决策课题。课题不准,决策非但无效,还可能走偏。决策目标是指要达到的目的,决策目的明确与否,直接关系到决策效果的好坏。决策目标明确了,选择就会有依据,行动就会有指针性；决策目标不明确,选择就会发生偏移,甚至还会出现目标转换、南辕北辙的惨痛后果。

②信息准确原则。现代决策涉及各方面的因素,需要取得比较广泛的准确信息。如果信

息是"一鳞半爪"、"道听途说",决策的依据就不可靠。必须深入实际作调查,获取全面的、准确的信息,才能作出符合客观规律的决策。目前一些领导靠听汇报,或走马观花式地调查出的信息,往往是片面的、甚至是虚假的,在此基础上作出的决策是不可能正确的。

③可行性原则。决策方案必须切实可行,否则即使是美妙的方案,也是纸上谈兵。决策方案是否可行,就要对其有利因素和不利因素、主观条件和客观条件作出周密而细致的分析。对已形成的多种方案的利弊得失,必须作认真的定量和定性的分析比较,作出评估。只有经过审定、评价、可行性分析后的决策,才能有较大的把握和可实现性。过去靠长官意志、个人拍脑袋决策造成的教训是深刻的。

④系统的原则。这是决策的灵魂。任何决策都应从整体出发,以整体利益为重。一切局部的、暂时的利益要服从全局的、长远的利益。然而全局利益又寓于局部利益之中。这个全局和局部的辩证关系是系统原则的精髓。只有坚持这个原则,才能使决策促进全局和局部的协调发展。目前我国的经济结构不合理的状况,就是缺乏系统原则决策的恶果。

⑤集体决策的原则。在小生产条件下,主要靠个人的经验决策。决策的正误,主要取决于决策者的个人学识、经验和胆略等。在大生产条件下,决策的内容是很复杂的,个人的经验决策已行不通了,要吸收多方面的意见。特别要听取专家的意见,进行充分地分析,然后集中正确合理的内容,才能作出科学的决策。一些地区和单位的领导往往搞"家长制"、"一言堂",个人说了算,在市场经济中必然碰壁。

⑥分层次多系统决策的原则。就是根据总的决策目标,由各个层次、各个系统进行具体目标的决策。也就是把总的目标变成各个层次、各个系统的具体责任。这样,才能最终实现决策目标。一般情况下,上级领导不应过于干涉下级决策,更不能代替下级决策,而应让他们根据本地实际情况自主决策,这样可以增强各级组织的责任,调动他们的积极性,实现总目标。目前,一种很不正常的情况是一些小事,也得一把手拍板才能解决。这是管理之大忌,必须要改变。责、权、利相统一,才能推动发展。

3.科学决策的步骤

科学决策是一个过程,由一整套决策程序,即若干决策步骤所构成。领导者在决策中的作用绝不仅仅是"拍板"决断,在"拍板"的前前后后都有大量工作要做。一个完整的决策过程,一般需要经过如下几个步骤。

第一步:发现问题,确定目标

处理事物一般包括三个环节。即发现矛盾、分析矛盾和解决矛盾。可见发现问题是解决问题的起点。客观事物是复杂多变的,因而发现问题和确认问题,不是一件很容易的事,必须要经过调查研究。没有调查,就没有发言权,只有老老实实地深入到实际中去调查,才能发现和确认问题。确认矛盾以后,就要分析矛盾,找出矛盾的主要方面,然后提出解决矛盾的总体设想,即目标。

第二步:分析价值,拟订方案

目标确定后,要分析目标价值,就是做这件事的投入与产出合不合算。效益有多少、有没有负效益等。确认了目标价值,就要寻求实现和达到目标的有效途径和办法,即拟订方案。要拟订多种方案备选。只有一种方案是很难实现科学决策的。

第三步:专家评估,选定方案

对于拟订的若干方案,只有进行充分的评估,才能成为决策的基础。而正确的评估,只能由各方面的专家来实现。所谓评估,就是对方案进行定量和定性地分析、预测方案近期和远期、局部和整体、经济和社会的效益,如果同时具备这些效益则是最佳方案。但在现实中,同时具备多种效益的方案是极少的,那么就要在各种方案中进行比较,选出那种正效益较高、负效益较低,即比较满意的方案。

第四步:实验试行,检验效果

方案选定后就要实施,为了减少失误,在方案全面实施前,一般都要进行实验或试点,以验证方案的可行性和实效性。在实验试点过程中,要认真分析、总结经验和教训,找出带有普遍性的规律来,具体分析出成功与失败的偶然因素和必然因素。如果试点成功,就可进入全面实施阶段。如果失败,则迅速反馈回去,改变决策。

第五步:修改方案,普遍实施

这是决策程序的最后一环。如果在实验试点后证明:这个方案在总体上是可行的,那么在修正弊端的基础上,就要全面推广实施。由于实施方案是一个动态过程,主观和客观条件都在不断地发生变化。因此,要加强方案实施过程中的监督和控制,并且及时进行反馈。如果出现小的偏差,那么只做微调;如果主客观条件发生了大的变化,影响了决策目标的实现,那么就必须对原定目标做根本修改。以上决策程序,只是一般规律,在不同的决策中,各个步骤可以互相交叉进行,有时也可以合并或省略。

第五节　沟通与交流

一、人际沟通

(一)沟通的含义和特征

1. 沟通的含义

沟通也称为信息交流,是指发讯者把信息(也包括发讯者的思想、知识、观念、意图、想法等在内)按照可以理解的方式传递给收讯者,达到相互了解和协调一致的效果,以确保组织目标的实现。

沟通应具备的基本条件:

①沟通必须在两个或两个以上人之间进行。
②沟通必须有一定的沟通客体,即沟通情况等。
③沟通必须有传递信息情报的一定手段,如语言、文字等。

2. 沟通的特征

①主要通过语言和非语言渠道进行。
②人际沟通不仅仅传递情报、交换消息,还包括思想、情感、观念、态度等的交流。
③人际沟通涉及双方的动机、目的等特殊需要。这使人际交流变得更加复杂,需要相应的沟通艺术和技巧。
④人际沟通过程中,会出现特殊的沟通障碍——心理障碍。

(二)沟通的分类与作用

1. 沟通的分类

①正式沟通与非正式沟通。
②上行沟通、下行沟通和平行沟通。
③单向沟通和双向沟通。

④口头沟通和书面沟通。

2．沟通的作用

①沟通有利于消除误会,确立互信的人际关系,营造良好的工作氛围,增强组织的凝聚力。

②沟通有利于协调组织成员的步伐和行动,确保组织计划和目标的顺利完成。

③沟通有利于领导者准确、迅速、完整地了解组织及下属的动态,获取高质量的信息,有助于提高领导工作的效率。

④沟通有利于加强组织与外部环境的联系,同外部环境进行物质、信息及能量的交换,保证组织与环境协调一致。

⑤沟通有利于激励下属的斗志,激发整体创新智慧,增强组织的持续发展动力。

(三)有效沟通

1．有效沟通的内涵

达成有效沟通须具备两个必要条件:首先,信息发送者清晰地表达信息的内涵,以便信息接收者能确切理解;其次,信息发送者重视信息接收者的反应并根据其反应及时修正信息的传递,免除不必要的误解。两者缺一不可。有效沟通主要指组织内人员的沟通,尤其是管理者与被管理者之间的沟通。

2．有效沟通的原则

①能听话:不随意插断对方说话,听懂别人的想法。

②能赞美:沟通对象的话,有道理的地方,应适当予以赞美。

③能平心静气:沟通两方如无"平心静气"的心理准备,沟通起来就易"斗气"。

④能变通:解决事情的方案绝对不止一个。

⑤能清楚说明:举个例子,"某块地有一英亩",听的人不见得清楚;再加以解说,一英亩大约等于一个足球场,从来没去过足球场的人还不清楚;那就再加以举例说好像我们会议室的几倍大。

⑥能幽默:有一次美国总统里根打电话给众院议长欧尼尔,他说:"依神的旨意,你我为敌,只能到下午六点,现在是下午四点,我们就假装现在是六点,好不好?"一句话,就此解决了彼此沟通的障碍。

3．沟通障碍

所谓沟通障碍,是指信息在传递和交换过程中,受噪音的干扰而失真或中断。沟通障碍包括传送障碍、接受障碍、信道障碍。

克服沟通障碍的艺术有:

①建立正式、公开的沟通渠道。

②克服不良的沟通习惯。

③领导者要善于聆听。

4．提高全员的沟通技巧

组织全员沟通技巧的培训,促进员工的沟通能力。

(1)改变沟通心态

建立平等、尊重、设身处地、欣赏、坦诚的沟通心态。

(2)清晰和有策略地表达

不同的事情,采取不同的表达方式。

口语沟通做到简洁、清晰、对事不对人、注重对方感受;同时多利用身体语言及语音语调等,利于对方理解,并产生亲和感。

书面沟通做到有层次、有条理,学会运用先"图"后"表"再"文字"的表达方式。

(3) 仔细倾听

专注、耐心、深入理解式地倾听发言者所表达的全部信息,做到多听少说。

(4) 积极反馈

对信息发送者所表达的信息给予积极的反馈(书面或口语回复、身体语言反馈、概括重复、表达情感等)。

(四) 如何进行有效沟通

在团队里,要进行有效沟通,必须明确目标。对于团队领导来说,目标管理是进行有效沟通的一种解决办法。在目标管理中,团队领导和团队成员讨论目标、计划、对象、问题和解决方案。由于整个团队都着眼于完成目标,这就使沟通有了一个共同的基础,彼此能够更好地了解对方。即便团队领导不能接受下属成员的建议,他也能理解其观点,下属对上司的要求也会有进一步地了解,沟通的结果自然得以改善。如果绩效评估也采用类似办法的话,同样也能改善沟通。

在团队中身为领导者,善于利用各种机会进行沟通,甚至创造出更多的沟通途径,与成员充分交流等并不是一件难事。难的是创造一种让团队成员在需要时可以无话不谈的环境。

对于个体成员来说,要进行有效沟通,可以从以下几个方面着手:

一是必须知道说什么,就是要明确沟通的目的。如果目的不明确,就意味着你自己也不知道说什么,自然也不可能让别人明白,自然也就达不到沟通的目的。

二是必须知道什么时候说,就是要掌握好沟通的时间。在沟通对象正大汗淋漓地忙于工作时,你要求他与你商量下次聚会的事情,显然不合时宜。所以,要想很好地达到沟通效果,必须掌握好沟通的时间,把握好沟通的火候。

三是必须知道对谁说,就是要明确沟通的对象。虽然你说得很好,但你选错了对象,自然也达不到沟通的目的。

四是必须知道怎么说,就是要掌握沟通的方法。你知道应该向谁说、说什么,也知道该什么时候说,但你不知道怎么说,仍然难以达到沟通的效果。沟通是要用对方听得懂的语言,包括文字、语调及肢体语言,而你要学的就是透过对这些沟通语言的观察来有效地使用它们进行沟通。

以上四个"简单"问题,可以用来自我检测,看看你是否能进行有效的沟通。

(五) 船上和岸上的有效沟通

1. 轮机部与公司职能部门的通信与沟通

(1) 轮机部向公司主管部门送报

①各种机务报表和维修保养计划执行情况报告。

②机舱备件、物料的申领、入库、消耗和库存报表。

③机电动力设备事故报告。

④有关船机状态的报告。

⑤有关设备安全和性能的特殊情况报告。

(2) 公司机务部与轮机部的沟通

①审核、确认机舱的备件、物料、油料、修理、检验等申请,批注要求的供船时间、地点和其他相关的要求。

②收集最新生效的公约、规则、规范和船旗国、港口国等外部组织的最新要求,及时通报船舶,提示船舶注意相关的营运安全问题。

③确认以下方面是否需要提供岸基支持:

A. 备件、物料、油料。

B. 临时修理或计划修理。

C. 证书/检验。

D. PSC 检查。

④在登船时,听取轮机长的工作汇报,对提出的问题在职权范围内作出合理的解释,阐明本人登船的工作任务和需要船方配合的事项。

⑤调查了解主要干部船员的技术状况和人员的配合情况、思想状况。

⑥检查船舶维修保养情况,根据船舶的实际状况,布置下阶段工作,并提交轮机长书面确认。

⑦收集船舶应报送的各种机务报表,在可能情况下审阅并提出意见。

⑧检查船舶的 SMS 运行情况,尤其是各种档案、报表、报告的归档与保管情况。

2. 轮机部与备件物料供应人员的沟通

首先是确保供应人员准确无误的理解采购内容,包括型号、色泽、数量、质量要求、供货进度等。其次,与供应人员的沟通一定要充分并形成文字记录,既然是沟通,就切忌将自己的主观意识强加给供应人员,所以协商时,要善于引导供应人员积极配合。与供应人员打交道,最忌"以为"两字。很多事就犯在"以为"上,"以为"他听懂了、"以为"他收到了、你"以为"他知道、他"以为"你知道、"以为"没有问题、"以为"不会出事、"以为"能按时交货,不是吗? 一解释起来,全是"以为"。就是没有确认,最终不能确定,怎么讲也讲不清。而充分有效的沟通,才能保证主观上出错的几率最低。把能讲的事讲完讲到位,并形成双方确认的书面记录,出了事,是谁犯错一目了然。

二、交接班

(一)通则

①船员公休、因故调离船或在原船变动职务并有接替人员到船接任时,均应按制度的各项规定把工作认真交接清楚。在港期间短期请假的船员也应参照本制度精神向临时接任的人员妥善地交代或安排离船期间本职需做的工作及有关事宜。

②交班船员接到领导通知后应按要求认真做好交接准备,抓紧完成(或完成其中一个段落)正在进行中的工作,集中并整理好各种应交物品,以便交接工作得以顺利进行。

③接班船员按公司通知到船后,应立即向直接领导人报到并按指示抓紧接班,不得借口拒绝或拖延接班。

④交班时间一般不应超过 3 天。交接时交方应耐心细致,接方要虚心勤问,不含糊接班。原则上,属于设备问题和遗留工作交方一定要交代清楚,接方不应因本身的业务能力而过多地拖延时间,如有争议应报告领导处理。

⑤交班船员中凡涉及事故处理,各种海、机、货损报告以及保险索赔等手续的当事者和有关负责人等均应亲自办理完毕,不得移交给接班船员代办,但应向接班船员详细说明情况。

⑥接班完毕后:

A. 共同向直接领导人汇报交接情况。

B. 干部船员应办理调动交接记录，双方签署后由直接领导人加签监交。

C. 船长、轮机长、大副、电台负责人交接后还应分别在航海日志、轮机日志、电台日志上共同签署。

D. 持有职务证书的干部船员，不论调离职或到任，应由船长、轮机长、电台负责人分别在有关日志记载并签署。

E. 经直接领导人认可或监交签署后，交接方告完毕。在此之前，工作由交班船员负责，之后，由接班船员负责。

⑦交接完毕后，交班船员应在3天内离船，不要妨碍接班船员的工作或影响其生活秩序。

⑧如有同职实习人员并为正职代管或分管部分工作的情况，当实习人员离职时应将工作交回正职船员。正职船员交接时应包括实习人员代管或分管的工作，不能省略，也不能因有同职实习人员而不认真交班，凡因此而影响工作或产生后果者，由正职船员承担责任。

⑨凡接班船员到船时交班船员先已离去，因而未能对口交接者，应由直接领导人或由其指定的人员代为交接，或者由接班者单方面清点物品，熟悉情况。在此情况下，也须填写调动交接记录，详细注明情况并由直接领导人签署。

⑩凡因在原船变动职务而不认真执行本制度或者拖延办理交接手续，从而发生事故造成损失者，按上面的第⑥点区分责任。

三、船员主要职责

下面介绍轮机部高级船员职务规则。

（一）轮机长

轮机长在船长和政委的领导下，熟悉和执行公司的安全和环境保护方针，对全船机械、动力、电气设备（无线电通信导航和由甲板部使用的电子仪器除外）的操作和维护负总责，确保全船机电设备的适航。

1. 责任与权力

（1）认真学习和熟悉相关的国际公约和船旗国、港口国及地区的有关法律、法规和要求。

（2）熟悉和执行公司的安全和环境保护方针。

（3）作为全船机电动力设备的技术总负责人，全面负责轮机部的安全生产业务及防污染工作，制定措施并监督落实，保证所有设备处于适航状态。

（4）做好轮机部船员的思想政治工作，搞好部门内和部门间的团结与协作。

（5）负责监督执行轮机值班制度，确保机舱在任何时候保持安全值班，并保证值班人员的休息时间符合公约要求，防止疲劳操作。

（6）提供操作性指导，使值班轮机员有效履行其职责，保证海上安全，防止人员伤亡，避免对环境特别是海洋环境造成危害以及对财产造成损失。

（7）确认轮机部在整个航次任务内备有足够的燃润油、备件和物料。

（8）有权指定具体人员负责"船舶检修、养护责任分工"规定以外机电设备的管理。

（9）如发现在执行船长某项命令将导致机电动力设备损坏时，应将可能引起的后果告知船长，然后按船长的决定执行，并详细记入"轮机日志"。对本部门无法解决的问题，有责任报告船长，通过船长取得岸基支持。

2. 轮机管理

（1）负责编制和调整全船机电设备及系统的维修保养计划并督促执行，对执行结果汇总记录、存档和上报。

(2) 负责完善全船机电设备及系统的操作规程并监督执行。

(3) 负责制订轮机部的降本增效措施,报船长审批后执行。

(4) 监督轮机部的备件、物料的保管、使用、清点和造册等管理,及时做好记录,并将库存情况定期上报机务主管。负责审核备件和物料的申领。

(5) 督促轮机员(电子电气员)对应急、防污染设备进行定期检查、试验和保养,保证这些设备始终处于正常状态,将检查结果记录在"应急设备检修保养试验记录簿"上并签名确认。

(6) 对主机、副机、锅炉、应急、防污染等关键设备保养、检修时,在现场指导监督。

(7) 任何时间机舱值班人员唤请时,尽快到达现场进行指导。

(8) 在船舶进出港口、移泊、通过狭窄水道等特殊情况下,或船长提出特别要求时,在机舱指导和监督值班人员的操作。

(9) 定期组织轮机部的安全自查,如发现缺陷和不合格项应及时报告,并组织制订和落实预防或纠正措施。

(10) 按照船长开航命令,组织轮机部人员做好防火、防爆、防偷盗、防走私、防毒品、防偷渡等安全责任保卫工作。

(11) 经常向船长、政委汇报轮机部的工作。

3. 人员管理和船上培训

(1) 根据船舶培训计划,负责轮机部人员及全船相关人员的业务学习和安全教育培训,使本部门成员及全船相关人员在安全、应急、防污染、职业技术等方面的知识和技能得到更新和提高。计划的实施应记录存档。

(2) 负责对轮机部人员的管理,督促轮机部人员认真履行职责,遵守规章和安全操作规程及有关安全和防污染方面的国际公约。

(3) 监督轮机员交接班,并在其"交接班报告"上签字后存档。

(4) 指导见习轮机长、见习大管轮按计划完成船上见习培训。对其业务能力和综合管理能力在见习报告上签署考评意见后,递交公司主管部门。

(5) 了解新上岗轮机员的技术业务水平,对其进行设备熟悉、操作方法、规章制度等方面的训练和指导,使其能迅速地独立值班和正确操纵设备。督促轮机部新上岗人员熟悉岗位职责和安全管理体系文件,审核"新上岗人员体系熟悉确认表"后报船长。

(6) 负责轮机部人员的业绩考核。对轮机部人员的技术业务水平和工作表现进行评估,并提出奖惩、任免建议。

(7) 制订轮机部人员的休假计划,报送船长、政委审核、批准。

(8) 负责组织轮机部的安全活动,并保存记录。

4. 防污染管理

(1) 审核二管轮编制的"船舶溢油应变部署表",报送船长签署并按船长命令进行演练。

(2) 监督检查船舶防污染器材的品种、数量、配备和存放。

(3) 监督移油操作时的器材配备、人员安排、围油槽和甲板落水孔的堵塞等防污染措施的落实。

(4) 监督轮机部人员对污油、污水、垃圾进行收集、分离的操作。按船长命令,指示主管人员对污油、污水、垃圾进行处理。

(5) 按规定记录、签署和保管"油类记录簿",并送船长签阅。

(6)督促轮机部人员保持主机、副机和锅炉处于良好工况,控制废气排放,防止大气污染。

5.台帐管理

(1)负责有关设备证书、规章制度、函件、传真、修船计划及修理单等档案资料的审签、造册、保管等管理工作。

(2)负责机电设备有关证书、资料簿、技术图纸和说明书、检验报告、试验报告、检修和测量记录及各种机务报表等技术图书资料的审签、登记、保管等管理工作。任期内至少清点一次。

(3)负责保管燃润料加油收据、备件和物料单据发票、污油水排岸收据和证明、修理完工单等单证。

(4)负责填写"轮机检修记录簿"。负责主管机务报表的填报和存档。

(5)审阅并签署轮机员的"检修记录簿"。

(6)审阅、签署并保管"轮机日志"。

6.报告事项

(1)按规定向公司主管部门送报:

①各种机务报表和维修保养计划执行情况报告。

②机舱备件、物料的申领、入库、消耗和库存报表。

③机电动力设备事故报告。

④有关船级状态的报告。

⑤有关设备安全和性能的特殊情况报告。

(2)开航前,填写并签署"轮机长出航准备报告"报船长。

(3)特殊操作前,向船长提出申请报告。

7.燃润料管理

(1)根据航次计划确定燃润料需求量,并提出申请计划报船长签署后,报船公司(或租船人)。

(2)与大副、主管轮机员拟订燃润料加装及使用计划。

(3)组织加油前的培训并记录。

(4)监督燃润料加装的操作过程。

(5)每天正午向船长报告燃润料的消耗与储存量。

(6)审核并签署"航次油料消耗报告"。

(7)监督轮机主管人员对燃润料的驳运、净化、分离和使用等操作。

8.检验

(1)负责船级社授权项目的代理检验,留存记录和有关证据。

(2)负责有关检验项目的申请。

9.船舶修理

(1)审核汇总轮机部修理项目,编制船舶修理单送船长审批上报公司。

(2)督促轮机部人员做好修理前的准备工作,落实图纸、备件、物料、专用工具和人员分工。负责制订并监督落实修船期间轮机部的防火、防冻、防爆、防台、防进水、防污染、防盗、防工伤等安全防范措施。

(3)组织实施轮机部自修、监修和验收项目。

(4)现场监督重要机电设备和应急设备的拆装和验收。

(5)会同船长、大副检查螺旋桨、尾轴、通海阀、舵装置等水线以下的设施。
(6)经常向机务主管、船长汇报厂修、自修进度,力争节省修理费、修期。
(7)负责审核签署完工单,保管各种修理单证。
(8)修船结束后,向主管部门汇报修船质量。
(9)提醒各主管人员收回厂方借用的专用工具和技术资料、图纸,避免丢失。
(10)船舶设备、结构发生重大变化时应及时报告船长,记入"船史簿"。

10. 交接船舶
(1)接船
①根据接船计划,安排轮机部人员做好接船前的各项准备工作。
②督促轮机部人员熟悉机电设备性能、技术指标和各种设备操作规程。
③组织轮机部人员清点各种属具、备件、工具、物料以及图纸和说明书等技术资料。
④组织轮机部人员做好试车、试航和各项设备的验收工作。
⑤备妥开航必需的燃润料、备件和物料。
(2)交船
①负责机电设备技术状况和操作方法的移交管理。
②监督主管人员清点和核算燃润料、备件和物料,负责所列清单的移交。
③清点整理技术资料并办理移交。

11. 保修和索赔事项
涉及保修或索赔的,按规定提出报告,并附证明材料,经船长签署后递交主管部门。

12. 船舶应急
(1)在应急情况下,执行应急程序所规定的职责。
(2)接到弃船命令,指挥机舱人员尽一切可能对有关设备采取相应的安全措施,携带"轮机日志"、监控系统数据记录和"车钟记录簿",最后离开机舱。

(二)大管轮
大管轮在轮机长的领导下,熟悉和执行公司的安全和环境保护方针,履行轮机值班职责,主管船舶推进装置及其附属设备,协助轮机长进行轮机技术管理和轮机部日常工作,确保主管设备适航。当轮机长不能执行职务时临时代理轮机长职务。

1. 值班
①在值班期间是轮机长的代表,应熟悉并遵守轮机值班、驾机联系制度以及航行安全、技术操作方面的规章。
②按照体系文件的要求履行航行和停泊值班职责。
③值班时,督促并指导值班机工的工作。

2. 主管设备
①船舶推进装置、附属设备及其电气设备和控制系统。
②舵机装置、侧推装置及其电气设备和控制系统。
③主机遥控系统、集中监控警报系统。
④机舱应急逃生设备、机舱应急阀。
⑤机舱通风系统、水密设备。
⑥机舱消防设备、安全设备、装置和防护设施。
⑦主机曲柄箱油雾探测器、火警系统、烟雾警报系统及其他报警装置。

⑧润滑油舱柜、处理系统、附属设备及控制系统。
⑨机舱维修设备及其电气设备和控制系统。
⑩冷藏箱机械部件、制冷系统及其电气设备和控制系统。
⑪伙食冷藏装置及其电气设备和控制系统。
⑫船体外加电流阴极保护装置和海水系统防海生物装置。
⑬"船舶检修、养护责任分工"明细表中规定的其他设备和轮机长指定的设备。

3. 机舱管理

①负责对主管设备按维修保养计划指令进行检查、试验、保养和维修,并将结果上报轮机长。
②熟悉和执行主管设备的操作规程,并制订和完善相关的使用规定和注意事项,经轮机长批准后公布执行。
③编制轮机部航行和停泊值班表报轮机长审核经船长确认后监督执行。
④负责维护机舱的工作秩序,保持机舱清洁。
⑤每日审阅和记录"轮机日志"。
⑥负责机舱的防火、防爆、防冻、防进水和防污染工作。
⑦负责主管设备备件的管理。
⑧负责轮机物料(电气物料)、专用工具、劳防用品的管理(配备机工长的船舶由机工长负责)。
⑨负责防污染专用器材的管理。
⑩负责机舱所用化学品、桶装机油的清点、保管等管理工作。
⑪记录并保管"大管轮检修记录簿"。负责主管报表的填报、存档。
⑫负责保管主管设备的技术文件、技术资料、图纸和专用工具、专用仪器等。
⑬在抢修主机、主机吊缸检修、主机大修后试验或新到任轮机长首次试验主机时在场。
⑭负责记录"电气设备绝缘记录簿"。
⑮负责记录"电工日志"、"电气设备检修记录簿"。
⑯合理组织、安排轮机部人员进行各种维修、保养和值班工作。
⑰负责并指导轮机见习人员的船上见习培训。

4. 润滑油管理

①协助轮机长制订润滑油加装计划。
②负责加装润滑油的各项操作。
③负责润滑油的驳运、净化、分离等操作管理。
④负责润滑油的取样、送检、核算。

5. 船舶修理

①拟订修理计划、修理项目报送轮机长。
②负责机舱及作业场所的安全和防范工作。
③负责所属设备和系统的坞修、监修和验收工作。
④协助轮机长组织进行本部门的监修、自修、测量记录和验收工作。

6. 船舶应急

①在应急情况下,执行应急程序所规定的职责。
②在配备电子电气员的船舶上,有关电气设备及其备件、物料和台帐的管理由电子电气员

负责。

(三)二管轮

二管轮在轮机长和大管轮的领导下,熟悉和执行公司安全和环境保护方针,履行轮机值班职责,主管发电原动机等设备,确保主管设备适航。

1. 值班

①值班期间是轮机长的代表,应熟悉并遵守轮机值班、驾机联系制度以及航行安全、技术操作方面的规章。

②按照体系文件的要求履行航行和停泊值班职责。

③值班时,督促并指导值班机工的工作。

2. 主管设备

①发电原动机及其附属设备和系统。

②发电机组、电站、电网及其控制系统。

③应急发电机原动机及舱柜速闭系统,应急空压机及空气瓶。

④应急发电机、应急电源及其控制系统。

⑤空压机、主副气瓶及控制系统。

⑥燃油舱柜、处理系统、附属设备及控制系统。

⑦制淡系统及控制系统。

⑧机舱及生活区的照明电路和电气设施。

⑨"船舶检修、养护责任分工"明细表规定的其他设备和轮机长指定的设备。

3. 机舱管理

①负责对主管的设备按维修保养计划指令进行检查、试验、保养和维修,并将结果上报轮机长。

②熟悉和执行主管设备的操作规程,并制订和完善相应的使用规定和注意事项,经轮机长批准后公布执行。

③负责主管设备的备件管理。

④记载并保管"二管轮检修记录簿"。负责主管报表的填报、存档。

⑤负责保管主管设备的技术文件、技术资料、图纸和专用工具、专用仪器等。

⑥在海上航行时每天填写并与二副交换正午报告。

⑦负责编写"船舶溢油应变部署表"并上报。

4. 燃油管理

①协助轮机长制订燃油加装计划。

②负责加装燃油的各项操作。

③负责燃油的驳运、净化、分离等操作管理。

④负责燃油消耗的核算。航次结束后填写"燃润料消耗报告"并上报给轮机长。

5. 船舶修理

①拟定修理项目报送大管轮审核汇总。

②负责主管设备的修理项目和由大管轮安排的其他修理项目的自修、监修和验收。

6. 船舶应急

①在应急情况下,执行应急程序所规定的职责。

②在配备电子电气员的船舶,有关电气设备和电气备件的管理由电子电气员负责。

(四)三管轮

三管轮在轮机长和大管轮的领导和监督下,熟悉和执行公司安全和质量方针,履行轮机值班职责,主管锅炉、甲板机械等设备,确保主管设备适航。

1. 值班

①值班期间是轮机长的代表,应熟悉并遵守轮机值班、驾机联系制度以及航行安全、技术操作方面的规章。

②按照体系文件的要求履行航行和停泊值班职责。

③值班时,督促并指导值班机工的工作。

2. 主管设备

①副锅炉、废气锅炉及附属系统及其电气控制系统。

②锚机、绞缆机动力系统及其电气控制系统。

③应急消防泵、消防水系统及其电气控制系统。

④救生艇原动机、吊艇机动力传动部件及其电气控制系统。

⑤油水分离器、焚烧炉、生活污水处理装置及其电气控制系统。

⑥污油舱柜、污水舱柜、系统、附属设备及其电气设备和控制系统。

⑦起货机、装卸设备和开关舱等甲板机械、液压动力系统及其电气控制系统。

⑧雾笛、汽笛及其电气控制系统。

⑨压载水系统和舱底水系统及其电气控制系统。

⑩空调暖气装置、生活通风设备及其电气设备和控制系统。

⑪日用水和排水系统及其电气控制系统。

⑫厨房机械、洗衣机、冰箱、冰水机、开水炉等生活设施及其电气控制系统。

⑬舷梯、电梯和升降机及其电气控制系统。

⑭滚动设备及其电气控制系统(滚装船适用)。

⑮"船舶检修、养护责任分工"明细表规定的其他设备和轮机长指定的设备。

3. 机舱管理

①按维修保养计划指令对主管设备进行检查、试验、保养和维修,并将结果上报给轮机长。

②熟悉和执行主管设备的操作规程,并制订和完善相应的使用规定和注意事项,经轮机长批准后公布执行。

③负责锅炉水的化验、处理等操作管理。

④负责主管设备的备件管理。

⑤记载并保管"三管轮检修记录簿"。负责所属报表的填报、存档。

⑥负责保管主管设备的技术文件、技术资料、图纸和专用工具、专用仪器等。

4. 污油、污水、垃圾管理

①负责污油、污水的收集、分离等操作管理。

②负责机舱垃圾的收集、分类、贮存等操作管理。

③按照轮机长的指示对污油、污水和垃圾进行处理,并将处理结果报轮机长,将垃圾焚烧情况报大副。

5. 船舶修理

①拟定修理项目报送大管轮审核汇总。

②负责主管设备的修理项目和由大管轮安排的其他修理项目的自修、监修和验收。

6. 船舶应急
①在应急情况下,执行应急程序所规定的职责。
②在配备电子电气员的船舶,有关电气设备及其备件的管理由电子电气员负责。

四、驾驶轮机联系制度

1. 开航前
①船长应提前24 h将预计开航时间通知轮机长,如停港不足24 h,应在抵港后立即将预计离港时间通知轮机长;轮机长应向船长报告主要机电设备情况、燃油和炉水存量;如开航时间变更,须及时更正。
②开航前1 h,值班驾驶员应会同值班轮机员核对船钟、车钟、试舵等,并分别将情况记入航海日志、轮机日志及车钟记录簿内。
③主机冲车前,值班轮机员应征得值班驾驶员同意。待主机备妥后,机舱应通知驾驶台。

2. 航行中
①每班下班前,值班轮机员应将主机平均转数和海水温度告知值班驾驶员,值班驾驶员应回告本班平均航速和风向风力,双方分别记入航海日志和轮机日志;每天中午,驾驶台和机舱校对时钟并互换正午报告。
②船舶进出港口,通过狭水道、浅滩、危险水域或抛锚等需备车航行时,驾驶台应提前通知机舱准备。如遇雾或暴雨等突发情况,**值班轮机员接到通知后应尽快备妥主机**。判断将有风暴来临时,船长应及时通知轮机长做好各种准备。
③如因等引航员、候潮、等泊等原因须短时间抛锚时,值班驾驶员应将情况及时通知值班轮机员。
④因机械故障不能执行航行命令时,轮机长应组织抢修并通知驾驶台速报船长,并将故障发生和排除时间及情况记入航海日志和轮机日志。**停车应先征得船长同意,但若情况危急,不立即停车就会威胁主机或人身安全时,轮机长可立即停车并通知驾驶台**。
⑤轮机部如调换发电机、并车或暂时停电,应事先通知驾驶台。
⑥在应变情况下,值班轮机员应立即执行驾驶台发出的信号,及时提供所要求的水、气、汽、电等。
⑦船长和轮机长共同商定的主机各种车速,除非另有指示,**值班驾驶员和值班轮机员都应严格执行**。
⑧船舶在到港前,应对主机进行停、倒车试验,当无人值守的**机舱因情况需要改为有人值守时,驾驶台应及时通知轮机员**。
⑨抵港前,轮机长应将本船存油情况告知船长。

3. 停泊中
①抵港后,船长应告知轮机长本船的预计动态,以便安排工作,动态如有变化应及时联系;机舱若需检修影响动车的设备,轮机长应事先将工作内容和所需时间报告船长,取得同意后方可进行。
②值班驾驶员应将装卸货情况随时通知值班轮机员,以保证安全供电。在装卸重大件或特种危险品或使用重吊之前,大副应通知轮机长派人检查起货机,必要时还应派人值守。
③如因装卸作业造成船舶过度倾斜,影响机舱正常工作时,轮机长应通知大副或值班驾驶员采取有效措施予以纠正。

④对船舶压载的调整,以及可能涉及海洋污染的任何操作,驾驶和轮机部门应建立起有效的联系制度,包括书面通知和相应的记录。

⑤每次添装燃油前,轮机长应将本船的存油情况和计划添装的油舱以及各舱添装数量告知大副,以便计算稳性、水尺和调整吃水差。

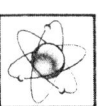

附录
电子电气员最低适任标准规范

职能:电气、电子和控制工程(操作级)

第1栏	第2栏	第3栏	第4栏
适任	知识、理解和熟练	表明适任的方法	评价适任的标准
对电气、电子和控制系统运行的监控	基本理解机械工程系统的运行,包括: .1 原动机,包括主推进装置 .2 机舱辅助机械 .3 操舵系统 .4 装卸货系统 .5 甲板机械 .6 生活系统 有关传热、力学和流体力学的基本知识 下列知识: 电子技术和电气机械理论; 电子学和电力电子学基础; 配电板和电气设备; 自动化、自动控制系统及技术的基础; 仪表、警报和监测系统; 电力驱动	考试并评估从下列一项或数项中获取的证据: .1 经认可的工作经历 .2 经认可的培训船经历 .3 经认可的模拟器培训,如适合 .4 经认可的实验室设备培训	设备和系统的操作与操作手册一致; 性能等级与技术规范一致
对电气、电子和控制系统运行的监控(续)	电气材料技术; 电子-液压和电子-气动控制系统; 理解对电压超过1 000 V供电系统操作的危险和所需的预防措施		
监控推进装置和辅助机械自动控制系统的运行	推进装置和辅助机械控制系统的运行准备	考试并评估从下列一项或数项中获取的证据: .1 经认可的工作经历 .2 经认可的培训船经历 .3 经认可的模拟器培训,如适合 .4 经认可的实验室设备培训	对主推进装置和辅助机械系统的监控足以保持安全运行状态

第1栏	第2栏	第3栏	第4栏
发电机和配电系统的操作	发电机并车、负载分配和切换; 开关板和配电盘之间的连接与断开	考试并评估从下列一项或数项中获取的证据: .1 经认可的工作经历 .2 经认可的培训船经历 .3 经认可的模拟器培训,如适合 .4 经认可的实验室设备培训	按照操作手册、已建立的规定和程序计划执行操作,以确保操作安全; 通过图纸/说明书理解和解释配电系统
电压超过1 000 V供电系统的操作	理论知识: 高压电技术; 安全防备措施和程序; 电力推进船舶、主电动机及控制系统 实际知识: 高压电系统的安全操作和管理,包括了解特殊技术类型的高压电系统和操作电压超过1 000 V高压电系统引起的危险	考试并评估从下列一项或数项中获取的证据: .1 经认可的工作经历 .2 经认可的培训船经历 .3 经认可的模拟器培训,如适合 .4 经认可的实验室设备培训	按照操作手册、已建立的规定和程序计划执行操作,以确保操作安全
操作船上计算机及其网络系统	理解 .1 数据处理的主要特点 .2 船上计算机网络的构造和使用 .3 驾驶台、机舱和商务计算机的使用	考试并评估从下列一项或数项中获取的证据: .1 经认可的工作经历 .2 经认可的培训船经历 .3 经认可的模拟器培训,如适合 .4 经认可的实验室设备培训	正确检查和处理计算机网络和计算机
使用英语进行书面和口头表达	足够的英语知识以确保电子电气员能正确使用工程出版物并履行其职责	考试并评估从实际表达中获取的证据	正确解读与电子电气员职责相关的英语出版物; 语言交流清楚易懂
使用内部通信系统	船上所有的内部通信系统的操作	考试并评估从下列一项或数项获取的证据: .1 经认可的工作经历 .2 经认可的培训船经历 .3 经认可的模拟器培训,如适合 .4 经认可的实验室设备培训	信息的发送和接收一直是成功的; 通信记录完整、准确且符合法定要求

职能:维护和修理(操作级)

第1栏	第2栏	第3栏	第4栏
适任	知识、理解和熟练	表明适任的方法	评价适任的标准
电气和电子设备的维护和修理	船上电气系统的工作安全要求,包括在允许人员检修该设备之前所要求的电器设备的安全绝缘; 电气系统设备、开关板、电动机、发电机和直流电气系统及设备的维护和修理; 电气故障的检测、故障位置的确定及防止损坏的措施; 电气测试和测量设备的结构和操作; 以下设备及其组成部分的功能和性能测试: .1 监控系统 .2 自动控制设备 .3 保护设备 电气和电子图的识读	考试并评估从下列一项或数项获取的证据: .1 经认可的车间技能培训 .2 经认可的实际经验和测试 .3 经认可的工作经历 .4 经认可的培训船经历	工作安全措施是适当的; 手动工具、测量仪表、检测设备是适当的,且结果的解释是准确的; 设备的拆卸、检查、修理和装复符合操作手册和良好的做法; 装复和性能测试符合操作手册和良好的做法

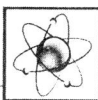

附录　电子电气员最低适任标准规范

第1栏	第2栏	第3栏	第4栏
维护和修理主推进装置和辅助机械的自动和控制系统	适当的电气和机械知识和技能 安全和应急程序： 允许人员维护和修理装置或设备前，安全隔离设备和相关系统； 设备检测、维护、故障检查和修理的实际知识； 电气和电子控制设备的检测、故障检查、维护和恢复运行状态	考试并评估从下列一项或数项中获取的证据： .1　经认可的工作经历 .2　经认可的培训船经历 .3　经认可的模拟器培训，如适合 .4　经认可的实验室设备培训	准确识别相关机械和系统的故障的影响，正确解读船舶的技术图纸，正确使用测量和校准仪表并采取正确的行动； 装置和设备的隔离、拆卸和装复符合制造商的安全导则、船上须知、法规和安全规范；根据适合当时的环境和状况采取最合适的和恰当的行动使自动和控制系统恢复原状
维护和修理驾驶台航行设备和船舶通信系统	航行设备和内外部通信系统的原理和维护程序的知识 理论知识： 易燃区域电气和电子系统的运行 实际知识： 执行安全维护和修理的程序 探查机械故障、确认故障点和防止机械损坏的措施		准确识别相关机械和系统的故障的影响，正确解读船舶的技术图纸，正确使用测量和校准仪表并采取正确的行动； 装置和设备的隔离、拆卸和装复符合制造商的安全导则、船上须知、法规和安全规范。根据适合当时的环境和状况采取最合适的和恰当的行动使驾驶台航行设备和船舶通信系统恢复原状
维护和修理甲板机械和装卸货设备的电气、电子和控制系统	适当的电气和机械知识和技能 安全和应急程序： 在允许人员维护和修理装置或设备前，安全隔离设备和相关系统； 设备检测、维护、故障检查和修理的实际知识； 电气和电子控制设备的检测、故障检查、维护和恢复运行状态 理论知识： 易燃区域电气和电子系统的运行 实际知识： 执行安全维护和修理的程序； 探查机械故障、确认故障点和防止机械损坏的措施	考试并评估从下列一项或数项中获取的证据： .1　经认可的工作经历 .2　经认可的培训船经历 .3　经认可的模拟器培训，如适合 .4　经认可的实验室设备培训	准确识别相关机械和系统的故障的影响，正确解读船舶的技术图纸，正确使用测量和校准仪表并采取正确的行动； 装置和设备的隔离、拆卸和装复符合制造商的安全导则、船上须知、法规和安全规范；根据适合当时的环境和状况采取最合适的和恰当的行动使甲板机械和装卸货设备恢复原状

第1栏	第2栏	第3栏	第4栏
维护和修理生活设备的控制和安全系统	理论知识： 易燃区域电气和电子系统的运行 实际知识： 执行安全维护和修理的程序； 探查机械故障、确认故障点和防止机械损坏的措施		准确识别相关机械和系统的故障的影响，正确解读船舶的技术图纸，正确使用测量和校准仪表并采取正确的行动； 装置和设备的隔离、拆卸和装复符合制造商的安全导则、船上须知、法规和安全规范； 根据适合当时的环境和状况采取最合适的和恰当的行动使生活设备的控制和安全系统恢复原状

职能：船舶操作控制和船上人员管理（操作级）

第1栏	第2栏	第3栏	第4栏
适任	知识、理解和熟练	表明适任的方法	评价适任的标准
确保符合防污染要求	防止海洋环境污染： 防止海洋环境污染应采取的预防措施的知识； 防止污染程序和所有相关设备； 防止海洋污染的积极主动措施的重要性	考试并评估从下列一项或数项获取的证据： .1 经认可的工作经历 .2 经认可的培训船经历 .3 经认可的培训	监督船上操作和保证遵守防污要求的程序得到全面遵守； 采取行动以保证积极的环保声誉得以保持
船上防火、控制火灾和灭火	防火和灭火设备： 组织消防演习的能力； 火的种类及其化学性质的知识； 灭火系统的知识； 一旦失火时，包括涉及油类系统着火时应采取的行动	评估从第A-Ⅵ/3节第1~3款规定的经认可的消防培训中获得的证据	迅速确定问题的类型和范围，初始行动符合应急程序和船舶意外事故应急计划； 撤离、应急关闭和分隔程序适合紧急情况的性质，并迅速实施； 作出报告和通知船上人员的优先顺序、等级和时间范围与紧急情况的性质相适应并反映问题的紧急程度
操作救生设备	救生： 组织弃船演习的能力和操作救生艇筏和救助艇、其释放装置和布置，以及艇筏设备（包括无线电救生设备、卫星应急无线电示位标、搜救雷达应答器、救生服和保温用具）的知识	评估从第Ⅵ/2节第1~4款规定的经认可的培训和实际经验中获取的证据	在弃船求生情况下采取的行动适合于当时的环境和条件，并符合公认的安全做法和标准
在船上应用医疗急救	医疗急救： 实际应用医疗指南和无线电咨询，包括根据这种知识对船上可能发生的事故和疾病采取有效行动的能力	评估从第A-Ⅵ/4节第1~3款规定的经认可的培训中获取的证据	迅速确认伤病的可能原因、性质或程度，加以治疗以尽快减小对生命的直接威胁

第1栏	第2栏	第3栏	第4栏
领导才能和管理技能的运用	船上人员管理和培训的实用知识、应用任务和工作量管理的能力,包括: .1 计划和协调 .2 人员分派 .3 时间和资源的制约 .4 优先排序 应用有效的资源管理的知识和能力: .1 资源的分配、分派和优先排序 .2 船上和岸上的有效交流 .3 决策反映出对团队经验的考虑 .4 决断力和领导才能,包括激励 .5 领悟并保持情景意识 运用决策技能的知识和能力: .1 局面和风险评估 .2 确定并形成选择项 .3 选择行动方式 .4 评价结果的有效性	考试并评估从下列一项或数项获取的证据: .1 经认可的培训 .2 经认可的工作经历 .3 实际演示	以适合有关个人的方式分配海员工作,并告知所期待的工作和行为标准; 培训目标和培训活动以对目前适任性和能力的评估和操作要求为依据; 操作是有计划的并根据需要按正确的优先顺序分配和分派资源,以执行必要的任务; 语言交流清楚和无歧义; 表明有效的领导行为; 必要的团队小组成员分享对当前和预测的船舶和操作状态以及外部环境的准确理解; 决策对于局面是最有效的
有助于人员和船舶的安全	人员求生技能的知识; 防火知识和灭火能力; 基本急救的知识; 人员安全和社会责任的知识	评估从第 A-VI/1 节第 2 款规定的经认可的培训中获取的证据	正确使用适当的安全和防护设备; 始终遵守为保护人员和船舶而设计的程序和安全工作做法; 始终遵守为保护环境而设计的程序; 碰到紧急情况的初始和后续行动符合已建立的应急反应程序

参考文献

[1] 黄连忠、陈宝忠. 船舶管理. 北京:人民交通出版社,2008
[2] 吴宛青. 船舶防污染技术. 大连:大连海事大学出版社,2010
[3] 蒋德志、李品芳. 机舱资源管理. 大连:大连海事大学出版社,2011
[4] 李品芳. 船舶管理. 大连:大连海事大学出版社,2006
[5] 陈传明、周小虎. 管理学. 北京:清华大学出版社,2003
[6] 方泉根. 驾驶台资源管理. 北京:人民交通出版社,2006
[7] 孙永正等. 管理学. 北京:清华大学出版社,2003
[8] 姜皓、孙林岩. 如何构建团队:团队类型及构建思维. 上海经济研究,2007
[9] 中国船级社. 钢质海船入级规范,2009
[10] 贾舜华等. 船舶电气管理工艺学. 北京:人民交通出版社,1991
[11] 赵殿礼、张春来. 船舶电气设备管理与工艺. 大连:大连海事大学出版社,2010
[12] 魏海军等. PSC/ISM 检查及船舶自检手册. 大连:大连海事大学出版社,2009
[13] 洪雪燕等. 安全用电. 北京:中国电力出版社,2008
[14] 任福安、王名涌. 轮机工程基础(上册). 大连:大连海事大学出版社,2008
[15] 任福安、王名涌. 轮机工程基础(下册). 大连:大连海事大学出版社,2008
[16] 周云龙、洪文鹏. 工程流体力学. 北京:中国电力出版社,2006
[17] 李斌. 船舶柴油机. 大连:大连海事大学出版社,2008
[18] 于洪亮. 船舶动力装置技术管理. 大连:大连海事大学出版社,2009
[19] 陈海泉. 船舶辅机. 大连:大连海事大学出版社,2010
[20] 吴晓光. 轮机概论. 大连:大连海事大学出版社,2008
[21] 李世臣. 海上轮机实习. 大连:大连海事大学出版社,2010